我

COGITO

思

寻找消失在沙漠深处的文明

楼兰、鄯善考古研究

王炳华 著

GUANGXI NORMAL UNIVERSITY PRESS
广西师范大学出版社
·桂林·

寻找消失在沙漠深处的文明：楼兰、鄯善考古研究
XUNZHAO XIAOSHI ZAI SHAMO SHENCHU DE WENMING: LOULAN、SHANSHAN KAOGU YANJIU

丛书策划：吴晓妮@我思 Cogito
特约组稿：赵黎君
责任编辑：韩亚平
责任技编：王增元
封面设计：吾然设计工作室

图书在版编目（CIP）数据

寻找消失在沙漠深处的文明：楼兰、鄯善考古研究 / 王炳华著. --桂林：广西师范大学出版社，2024.5
（我思学园）
ISBN 978-7-5598-6851-0

Ⅰ. ①寻… Ⅱ. ①王… Ⅲ. ①楼兰－考古－研究②考古－研究－鄯善县 Ⅳ. ①K878.04②K872.45

中国国家版本馆 CIP 数据核字（2024）第 062138 号

广西师范大学出版社出版发行
广西桂林市五里店路 9 号 邮政编码：541004
网址：http://www.bbtpress.com
出版人：黄轩庄
全国新华书店经销
山东韵杰文化科技有限公司印刷
山东省淄博市桓台县桓台大道西首 邮政编码：256401
开本：710 mm × 1 000 mm 1 /16
印张：31.5 插页：16 字数：443 千
2024 年 5 月第 1 版 2024 年 5 月第 1 次印刷
定价：148.00 元

目 录

汉匈角力，拓出华夏历史新篇章（代序）

王炳华

这部《楼兰、鄯善考古研究》，奠基于笔者数十年中对楼兰、鄯善、居卢訾仓、伊循、精绝等西域名城、遗址进行持续考古调查、科学发掘的收获。

笔者有幸，在新疆大地考古行脚六十多年，虽备历艰辛，但六十多年的考古生涯，得以多次步入常人足迹难及的罗布淖尔荒原、塔克拉玛干沙漠之中，细察楼兰、鄯善、居卢訾仓、伊循、精绝故址全貌，穷搜细究幸存至今的诸多细节；更其幸运的是还能在相关古址上进行发掘，甚至是持续多年的发掘。不论是深度，还是广度，可以说，都超越了既往中外考古学者在这些遗存点上做过的工作，收获了新的资料，取得了不少新的认识。

从罗布淖尔荒原到塔克拉玛干沙漠中的尼雅废墟，今天看去已是一片少见人烟的荒漠、戈壁、沙漠，但在两千年前的西域，它却曾是牵动华夏大地命运、关乎中亚大地文明兴衰的核心舞台。战火纷飞，一辈辈志士仁人奋勇前行，一幕幕惊天动地、令山河变色的伟大华章不断上演！一点不虚夸，这片土地上两千多年前曾经展开的是今天华夏子民绝对不应忘却的历史篇页！

我们可以截取自公元前 176 年至公元前 60 年的岁月，作为时间轴，以之观察、认识在亚州东部、西域大地上曾经转动、翻腾过的岁月风云，它们在罗布淖尔大地、昆仑山北麓曾投射过的让人无法忘怀的光影，弃绝在这戈壁荒漠中的历史碎片，至今仍有太多值得吸收的文化营养。

秦末汉初，东亚大地上的匈奴、西汉王朝，是两支最强大的势力。在以刀、剑、弓矢等冷兵器为战争工具的时代，游牧民族的骑兵一旦行动，如电闪、似潮涌，真不是以农民为主体的步兵可轻易抗衡的。这时段中，匈奴王国旷世卓绝的冒顿单于，在艰难困顿中雄起，成为东亚大地北部草原上具有绝对权威的英主；汉高祖刘邦，承一统华夏之势，不明冒顿之能，北战匈奴。两雄相遇，刘邦败阵，三十万大军被冒顿率领的铁骑合围在了平城（今山西大同城郊白登山），差一点就成了冒顿的阶下囚。

面对无力与之抗衡的强敌，西汉王朝“和亲”之策应运而生。在似乎还可以看得过去的姻亲幕布下，实际要向匈奴“赠金千斤”，另外，须“岁奉匈奴絮、缯、酒、米、食物各有数”（《史记·匈奴列传》）。说得难听一点，是西汉王朝统治集团面对匈奴暴力侵凌的现实，在和亲幕布下的贡纳。彼此的矛盾，当然不会因为这一不时而行的“岁奉”而消失。平城之围后的西汉与强敌匈奴之间，在长达一个多世纪的对峙、角力、拼搏、交流中，难以数计的大大小小的矛盾、冲突与“和亲”交相上演。其中内核，有农、牧业不同经济实体间互补的需要与可能；可以惠及边境地区居民的关市，不同社会层面的物资交流；甚至相当规模的血统交融等，都是能够让居民高兴的好事。但不时会面临的“和亲”“岁奉”，又总是黄淮平原大地广大农民不能不承受的重负，也是西汉王朝统治上层内心难以消抹的屈辱之伤。

在匈奴冒顿单于四向侵扩、所向披靡的气势下，河西走廊、东部天山、西域大地先后、深浅不等地进入匈奴王国的统治、影响之下。公元前 176 年，冒顿单于曾送给汉文帝一纸照会性质的信函，宣称：“以天之福，吏卒良，马强力，以夷灭月氏，尽斩杀降下之。定楼兰、乌孙、呼揭及其旁二十六国，皆以为匈奴。诸引弓之民，并为一家。”这也是匈奴西扩、败月氏、围堵西汉王朝的战略布局。内容虽多有夸大处，但败月氏、抑乌孙、取河西走廊，威镇天山南北，应是基本事实。极力渲染这一事实，用心向西汉王朝传达的潜台词，还是十分清楚的：东、南阻于海，北境匈奴，西汉王朝可以拓展的生存空间，向外发展的西行一途，如今也被匈奴封堵了！西汉王朝将何以处？汉文帝刘恒自然是看明白了冒顿的函外之音。思虑斟酌后，王朝精英仍感军事对抗乏力，只能再与单于“俱弃细过”“结兄弟之义，以全天下元元之民”（《汉书·文帝纪》），再行和亲。

冒顿宣称西域大地已悉入其控制，是特别希望西汉王朝必须关注、尊重的地缘政治现实。但这其实只是表象之一。汉王朝精英层进一步分析、研判，认识到的政治内核还有：“西域诸国，各有君长，兵众分弱，无所统一。虽属匈奴，不相亲附。匈奴能得其马畜旃罽，而不能统率与之进退。”（《汉书·西域传》）政治结论判然有别。

去今两千二百年塔里木盆地内的政治图景，今天虽难以说得十分清晰，但变化不大的水文、自然地理形势，以及已获之考古成果，可以大概揭示：西汉王朝决定西向拓展自己的生存空间，当年的西域（主要为塔里木盆地），沙漠周围绿洲，大小有别，经济实力、人口、兵员，多少不等；大小绿洲间，为沙漠隔阻，难以统属；它们在强弱上的地位有别，可以发挥的作用也不相同……绝不是铁板一块。因此，区别对待，既有可能，也有必要。于是，一个符合客观实际的策略思想在西汉王朝精英决策层中应运而生，这就是向西域大地拓展，当“可安辑，安辑之；可击，击之”（《汉书·西域传》）。用和平的、经济的手段可以解决的问题，可走“安辑”之途；

战争、武力手段，放在第二位。这一奠基于社会实际而制定的策略，据汉代实践检验，确是显示了强大的生命力。击楼兰、立鄯善、屯伊循、置居卢訾仓、全力安辑精绝，曾经小小的精绝城邦，一度成为丝路南道上的政治明星；它们是这一策略成功的显例，给了我们不可轻估的历史文化营养！

冒顿统领西域的时期，是匈奴王国势力发展的顶峰。随着冒顿逝去，强大有力的集权中心倾倒，早已存在的内部矛盾不断突显。而西汉王朝面对强敌匈奴，不断清理积弊，强化自身力量，在文、景统治近四十年中，加强内部军政建设，打击割据，发展经济，增强武力。公元前 140 年，武帝刘彻登上王朝大位，面对宿敌匈奴，是仍然接受被匈奴凌辱、榨取的现状，维持和亲，求得苟安，还是择机反击，改变现状，争取建设全新的西汉大业？这是摆在刘彻面前的头等大事。

刘彻及其决策层的高明不凡处，是把握文、景统治时期改善了的经济、政治形势，呼应了普通子民渴求摆脱苦难、人心可用的社会要求，决定改弦更张，择机反击。一个新的时代揭开了帷幕！

公元前 139 年，为打破匈奴困围之势，奉刘彻之命，张骞西行，目的是找到战败西走的月氏，联手反制匈奴。这是明显的战略反击信号。但抓住了张骞，却没有引发匈奴统治层的警惕，他们还是沉醉在空前的军事霸业中。这极大的战略失误，导致了匈奴帝国最终的败亡。

前 121—前 108 年，踞留河西走廊的匈奴浑邪王、休屠王因战败将受严罚，降汉。西汉王朝置河西四郡，自酒泉列亭障至玉门。建设进一步西进的通路。

前 104—前 102 年，为加强骑兵建设，遣使重金求购大宛马，不仅遭拒，使臣还被杀。这是不能接受的屈辱，武帝发兵征大宛。初战不利，加强准备后，再战。终获良马数十，中马以下三千。实施了强化骑兵建设的大计。

前 101 年，加强西进交通设施建设，自敦煌至罗布淖尔一线，“往往起亭”。保证后勤供应，于轮台、渠犁屯田，置“使者校尉”领护。

前 99 年，汉用匈奴降将介和王成娩为“开陵侯”，率楼兰兵攻车师。强化对罗布淖尔、吐鲁番地区的控制。

前 92 年，匈奴已不能控制河西走廊，丧失了联络南羌的地缘优势。为阻抑西汉进一步西拓，匈奴日逐王在塔里木盆地东北角地居冲要、水土均佳的库尔勒地区设置“僮仆都尉，使领西域”，强化对塔里木盆地的统治，阻抑西汉进入西域。

前 90 年，西汉王朝因长期对匈奴用兵，国力耗损，户口减半，天下扰劳，社会矛盾日显。李广利大军北征匈奴，兵败投降。这重大的军事挫败，促使刘彻进一步思考面临的形势。汉武帝高明超凡之处，在于并不刚愎自用，而是十分清醒地意识到西汉王朝面临的危局，及时调整了政策，放慢与匈奴搏战的节奏，明令“禁苛暴，止擅赋，力本农，修马复令”，只要做到“毋乏武备而已”。这一决定断然否定了桑弘羊提出的屯田轮台“益垦溉田，稍筑列亭，连城而西，以威西国”的建议。看似退了一步，实质为前进两步铺垫了基石。

前 88 年，匈奴遣使至河西走廊寻小月氏，联络诸羌，希望匈、羌合力，共享张掖、酒泉肥美之地，阻遏西汉西进之势。

前 87 年，汉武帝刘彻病危。遗诏霍光、金日磾（匈奴王族之后）、桑弘羊、上官桀为辅命大臣，辅少主刘弗陵为昭帝，这一决策班子保证了西汉王朝开拓西进之战略得以继续实施。

前 85 年，针对匈、羌合力之威胁，昭帝决定加强张掖地区屯田。

前 77 年，楼兰地居冲要，楼兰王安归（一作尝归）心向匈奴，是拓展西域的阻力。霍光授命傅介子刺杀安归，灭楼兰。自此，西汉王朝直接驻军楼兰，在楼兰北境，建居卢訾仓：集屯田、邮传、卫护水陆交通安全于一身（利用罗布泊开展水运）。

同时，另立安归弟尉屠耆为新王，更楼兰为鄯善，都扜泥，地处若羌河谷。在米兰河谷置“伊循都尉”，大力屯田，保证缘昆仑山北麓西行“南道”之安全。

自此，拓展西域之战略工程，步入新境。

刘彻当年不允桑弘羊屯田轮台之议，十三年后，此事再次提上了日程，授扜弥国太子赖丹“校尉将军”，负责轮台屯田事务。

前 73 年，汉宣帝即位，汉、匈角力之重心，转至车师、乌孙。

前 68 年，郑吉、司马熹率免刑罪人屯田渠犁、车师。

前 62 年，宣帝授郑吉为“卫司马”，“护鄯善以西南道使者”。

前 60 年，匈奴统领西域地区之日逐王先贤掸，率数万骑归汉。郑吉发兵配合，保证其安全。郑吉破车师，护日逐王，为西域安定立下大功。汉在乌垒城设西域都护府，任命郑吉为西域都护。自此，匈奴僮仆都尉罢废，西汉王朝之号令得颁行西域。西域大地，正式进入西汉王朝版图。

这一关系亚欧历史文明进程的汉—匈大搏战，在历史文献中留下的有限文字，远不足以表现十分广阔，涉及经济、政治、军事、民族交融方方面面深刻改变的宏大画面。但在罗布淖尔、塔克拉玛干沙漠南缘的废墟下，仍清楚可见的诸多废墟、垂手可获的各种文物碎片，却可以从不同角度展示这些历史场景。曾反复、全力佐助匈奴阻抗西汉王朝西进大业的楼兰王安归之首级，在丝绸之路沿线示众；米兰河绿洲上伊循，干渠、支渠、毛渠有序布列；在新发现的主持屯田大任的伊循都尉府故址内，冶炼残渣，汉式铁镞、镰刀、甲片、五铢钱、玉料、汉式绳纹陶片，仍裸露地表。屯田吏士们完成农作任务外，还随时准备着应接敌情，卫戍驿路交通安全。这些仍然鲜活的平常景色，不见于文献记录，却是更珍贵、真实的历史细节。文献中只是一笔带过的“居卢訾仓”，在出土的近百件早到西汉时期的断简中，仓吏一早就在值勤，“坐仓受粲”，送使者东行西走，伴三老检讨屯士的短长。来自长安、南阳的戍边健儿们带妻儿、私从久居长住，新居渐成故乡……一片全新景象。文献中只是一句，考古遗址却有着方方面面的细节，可窥新局。……

在“安辑”大旗下，久长隐没在沙漠中的精绝王国，也一跃而成为丝路南道上的明星城邦，经济、文化空前繁荣。偏处亚洲东南一隅的华夏文明，终于得与南亚、西亚、地中海周围、南西伯利亚古老文明握手交流，亚欧文明史终于展开了全新的一页！

认真、冷静观察、认识历史进程，去今两千二百年的汉—匈搏战、角力，应该说获取胜利的不只是西汉王朝、华夏文明，它也为北亚草原上的匈奴民族、亚欧大陆文明发展史翻开了新的篇页。亚欧古老文明，至此，才步入一个全新的时期。

文明新旧能相益，风物必须放眼量，这样才能探索、认识到深一层的历史文化精神。

在公元前两百年开始的汉—匈角力图卷中，面对严酷的生存危机、异族侵凌，究竟是隐忍退让，求苟安于一时，还是在隐忍中求进取，在危难中觅新机，破危求兴？西汉一朝，在这一发展历程中，蕴含了太多可资思考、值得吸收的文化营养。

在古老的华夏民族得以自主、存续、发展、繁荣的进程中，在她终于屹立于东方，曾经历过的诸多丛林大战中，始于公元前2世纪，终于西域大地进入中华民族版图的进程中，汉—匈角力、搏战，是初战，是首章！在中华民族生成、发展史中，具有十分重要的历史价值，是怎么估量都不算过分的重要一页，是值得中华民族的子民们深思的一页！可以说，汉民族、匈奴民族，都曾为此做出过自具特色的奉献。在这一进程中，汉武帝刘彻做出的奉献，尤其不同寻常，他在中华民族发展史的宏大殿堂上，确实具有不应轻估的历史地位！

行文至此，自然就想到著名历史学家劳榦先生在南渡台湾后，在其刊布的《从历史和地理看过去的新疆》（《大陆杂志》第二卷第八期，1951 年）一文中，曾满怀深情地寄语后人：“两千年以来，中原和新疆是始终不可分的……今后的世界，只要有中国，就应当有新疆。”这本小书，择取新疆罗布淖尔、塔克拉玛干沙漠中汉晋时期一些故址的考古研究，算是呼应了劳幹先生的愿望，其实，这是中华民族共有的愿望。只是在此还可强调一句：说新疆，论古代新疆历史，真是不能疏忽、淡忘了楼兰、鄯善大地曾经展开过的历史篇页。它们，当之无愧，是中国，也是新疆富含历史教益的土地，对它们内蕴的文化营养，确无法忘怀！

王炳华

2023 年 2 月 28 日

改定于上海青浦澳朵花园十三号楼居室之中

彩图一　1979 年去楼兰，过孔雀河时所拍照片

彩图二　20 世纪 70 年代末所见孔雀河一景

彩图三　1989 年，从直升飞机上看楼兰佛塔、西域长史府故址

彩图四　西域长史府故址“三间房”远景

彩图五　西域长史府故址（局部）

彩图六　西域长史府故址（局部）

彩图七　楼兰佛塔遗址

彩图八　楼兰古城西城墙遗址

彩图九　贵霜钱币（1980 年楼兰古城遗址采集）

彩图十　石镞，出土于古墓沟青铜时代古墓第 30 号墓中男主人骶骨缝中

彩图十一　汉佉二体钱（1989 年由王炳华等人在安迪尔古城遗址采集）

彩图十二　楼兰古墓出土的毛纺织品，罗布淖尔地区汉墓出土，来自中亚西部

彩图十三　库木土拉石窟遗址区新见回鹘供养人壁画

彩图十四　土垠码头遗址（箭头处为码头遗迹）

彩图十五　龙城雅丹地貌

彩图十六　王炳华在伊循发掘的有翼天使壁画，风格为犍陀罗、贵霜。遗址坐落在西汉渠道之上

彩图十七　王炳华 1979 年发现、发掘之青铜时代古墓沟遗址

彩图十八　狩猎纹缂织带（1996 年和田山普拉古墓出土）

彩图十九　“马人”武士旗幡（残）（1983 年和田山普拉古墓群 2 号墓出土）

彩图二十　格里芬咬啄虎纹金牌饰（交河沟北墓地 1 号墓出土）

彩图二十一　金骆驼（交河沟北墓地 1 号墓出土）

彩图二十二　米兰遗址采集的镏金铜鹿

彩图二十三　八龙纹金带扣（1975 年焉耆黑圪哒汉代墓地出土）

彩图二十四　库车绿洲唐代烽燧

彩图二十五　玛扎塔格山戍堡

彩图二十六　王炳华（右一）陪日本画家平山郁夫夫妇在楼兰古城。时在 1989 年 11 月 25 日

彩图二十七　1989 年 11 月 25 日王炳华在西域长史府故址

彩图二十八　考察罗布淖尔湖盆变化情况，最右侧为王炳华

彩图二十九　王炳华一行步入罗布淖尔荒漠寻觅 1934 年后再未进入世人视野的古代小河墓地

彩图三十　2000 年 12 月，王炳华终于找到了已在人们视野中消失近 70 年的小河墓地

彩图三十一　小河古墓外景，不见一点人类活动的痕迹。丛丛列木，给人无限悬念

彩图三十二　从中国学人眼中消失 70 年的小河墓地遗址

彩图三十三　小河墓地考察中发现木雕人像一躯，保留文物在原地，带走的只是照片

辑　一

罗布淖尔考古
与楼兰-鄯善史研究

罗布淖尔考古与楼兰-鄯善史研究

引　言

《史记》《汉书》中记述西域小国“楼兰”“鄯善”，语焉不详。随着历史长河流泻，时过境迁，至20世纪初，除了少数专事西域研究者，中外史学界对地处偏僻的新疆与新疆沙漠中这些短暂显示光辉的弹丸小国，已少见关注。

1901年，20世纪帷幕初揭。在这一年，瑞典地理学家斯文·赫定（Sven Anders Hedin，1865—1952）发现了楼兰古城废墟，并在楼兰古城内发现了多件记有“楼兰”字样的汉文、佉卢文木简、纸质文书。从此，楼兰、鄯善跃入国内外学术界的视野。1906年12月，斯坦因（Marc Aurel Stein，1862—1943）在充分准备之后，进入罗布淖尔荒原及楼兰古城。他雇用数十名农工，在楼兰挖掘了11天，获取大量文物。随后又在米兰佛寺中发现、挖掘并带走了有翼天使画像，为世人掀开了古代希腊文明远及罗布淖尔荒漠的画面一角。

继斯坦因之后，1910年日本大谷探险队进入新疆。大谷探险队欠缺专业考古素养，考察记录粗疏。橘瑞超在楼兰城中发现了“李柏文书”，史料价值一流，但出土情况却没有记录。

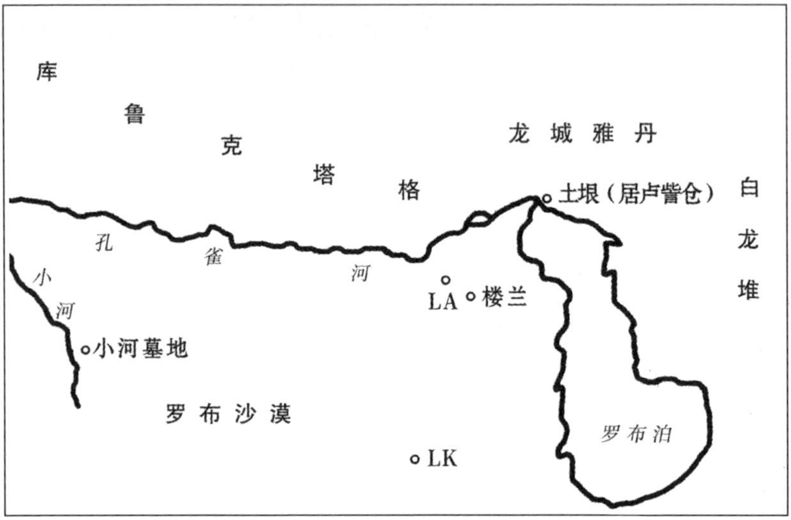

图 1.1 楼兰地理位置示意图

20 世纪 30 年代中国知识界觉醒、文物保护意识增强后，终止了西方列强学者对西域大地，包括楼兰等遗址的考察、发掘。但中国学术界当时自身也还没有力量单独进行西域考察活动。

20 世纪 30 年代前，西方学者在罗布淖尔荒原，尤其是楼兰、米兰的考古，对相关文物考古遗存造成了巨大破坏，但在西域历史文化研究上，也取得了十分重要的收获，有其贡献。最重要的一点就是，中亚腹地沙漠深处的这些古代遗存，比如其中西亚艺术风格的绘画、雕塑，佉卢文木牍及其封泥上的希腊神像，贵霜钱币，佛寺中的有翼天使像，波斯风格的玻璃器残片等，清楚显示了来自古代波斯、中亚希腊化城邦的文明信息，它们与大量汉文简、纸、丝绸、漆器、铜镜、五铢钱，一道呈现了黄河流域古代文明与亚洲西部大地文明交相辉映的景象。而这一点，正是亚洲内陆腹地古代文明最主要的一个特征。斯坦因对此进行了揭示，无疑，这为中亚古代文明研究展示了一个新的方向。

对罗布淖尔荒原、楼兰古城等重要遗址展开进一步考古，则要到近五十年后的20世纪70年代末、80年代初。对这片地区的工作，包括文物普查、遗址保护、抢救性发掘等，迄今未稍停息，获得了重要的、远远超过既往的成果。

1979年，因应形势要求，新疆考古研究所的工作人员进入罗布淖尔，觅见了楼兰故城，发现了古墓沟，并完成了当年斯坦因只做了一半的汉代墓地和汉晋西域长史府故址垃圾堆的清理工作。此后，又调查、验证了斯坦因当年足迹所及的墓地、遗址，清理了LE墓地，发掘了营盘古墓区，全面发掘了小河墓地，对米兰遗址也做了深入一步的调查，发现、测定了伊循一处古代灌溉水系，并在米兰河北岸发现了一处汉代遗址。这些工作虽不能说是有严密的计划，一些发掘清理也只是在清理盗墓贼的劫余（如LE古墓地），但还是取得了不小的收获。对小河墓地的全面发掘，也获得了较当年贝格曼（Floke Bergman，1902—1946）局部发掘远为丰富的文物资料，使得分析研究能更进一步扩大、深入。

近三十年的罗布淖尔考古，结合自20世纪80年代以来，沙漠、地理、水文、气象、动植物学等自然科学工作者对这片地区多次综合考察的成果，促使历史考古学者深刻思考一个问题：在不太长的一千五六百年间，曾是丝绸之路要冲的罗布淖尔大地和楼兰绿洲，怎么就化为了一片没有生命的荒原？曾经烟波浩渺的罗布淖尔湖，竟然成了滴水不存的盐漠荒滩？古代人类生存、发展与自然环境变化，存在怎样的关联？在地球生态危机日益明显的今天，认真剖析楼兰绿洲从兴盛走向绝灭的过程，全面检视人类社会活动与比较脆弱的生态环境间的关系，吸取一切可能的历史教训，是应该、也必须提上日程的研究课题。这些课题，比起20世纪30年代以来通过这些遗存只关切其中的点滴文化内涵，更具意义。

自1979年初次衔命步入罗布淖尔到2005年，这二十六年中，笔者先后进入罗布淖尔荒原达八次，时间长者达一个多月。其中，因应工作要求，自米兰入罗布淖尔湖盆，进楼兰、土垠、龙城雅丹，缘库鲁克塔格山入尉犁、库尔勒，或反向行进，到米兰后，经库若公路（库尔勒—若羌）返抵巴音郭楞自治州。可惜每每只是一个团队，循点前行，做规定要做的几件事。如是反复地进行，对深入一点认识相关遗址内涵，当然也有好处，可惜却无法进行更细致以及个人化的考察。但有几次稍具特点的考察，可略予申说。

1979年入罗布淖尔，是应中日合拍《丝绸之路》电视纪录片之邀约，要找到一处古代楼兰王国境内的古墓地进行发掘，最好能发掘到一具保存还完好的古尸，一显古代罗布淖尔居民的"风采"。这是中央电视台为我们办理进入楼兰考古工作手续的条件（当年这片地区仍为军事禁地，这才有了考古工作者进入考古现场，还要电视台办手续的怪事）。应约在先，自然不能食言。为此，我领着新疆文物考古研究所（以下简称新疆考古所）一些同事，在孔雀河下游河谷台地上辛苦工作了一个多月。库鲁克塔格山中极其干燥的地貌，孔雀河谷已经断水，但偶尔还可见到未完全干涸的水塘；河谷两岸胡杨、芦苇、红柳丛生，野兔、黄羊出没

图1.2　小河遗址，70年后中国考古学者首次至小河墓地时的地貌，墓地地表不见一点人类足迹

的景象；孔雀河谷下游鳞次栉比的雅丹；河谷北岸偶遇的孤立汉墓……无不给我留下了十分深刻的印象。

第二次印象特别深刻的是在2000年12月，寻找已没有任何消息近七十年的小河墓地。（图1.2）受工作经费之限，一行十人，选择自库鲁克塔格山南麓，直对小河墓地的方向行进，驼行与步行结合。经过四天，天佑人助，竟然基本无差地步入了小河墓地。这四天，见到途中有河滩，有倾扑在地、两人不能合抱的胡杨，林中水塘周围有密如繁星的兽蹄印迹（它们都是为求水而至此），有红柳、芦苇、连绵的沙窝，也见到还未进入文物考古工作者视野的石器、陶器等历史遗存。孔雀河下游，古代曾经水丰草茂、充满生命活力；断水后沙化，生物绝灭，人迹难至。这些景象，清楚呈现在眼前。这次的寻觅小河之行，找到了小河墓地，是计划中的收获。而途中的景象（包括人类活动遗存）却给了我强烈提示：要真正把罗布淖尔地区古文明遗存、变化完全搞清楚，现在的考古工作，只局限在孔雀河下游三角洲，基本没有离开斯坦因当年发现、考察过的一些遗址点，这样存在很大局限，并不完全合适。

再值得一说的考察是2005年自米兰绿洲北入楼兰、土垠、LE墓地、龙城雅丹后，东过白龙堆，穿过罗布淖尔湖盆东岸，经库木库都克、羊塔克库都克、甜水井，过库鲁克塔格山尾闾，进入疏勒河谷，过三陇沙，叩玉门关，入敦煌城。近一周的跋涉，走的就是汉代戍边健儿们自河西走廊西入楼兰绿洲的道路。说是“道路”，其实并没有路迹，只能算是一个行进的方向。途中沙泉、砾漠、雅丹、盐湖相继，少见水草。三百多公里的路程，十分艰难。汉代戍边健儿们在出敦煌、向西域，进抵罗布淖尔湖北岸后，必须努力建设一处相对安全，可以停息、补给的基地，这要求会是十分甚至是极其紧迫的。有没有这样一个基地，关乎使节、吏士的安危，关系开发西域大业的成败。对西汉土垠遗址的重要地位，对“楼兰”变“鄯善”的实质，由此得深切体会。

自20世纪初至八九十年代，罗布淖尔、楼兰一直是国内外学术界热烈讨论的课题，就荒原上的早期文明，楼兰的兴起和沉落，斯坦因编定的LA古城究竟是楼兰古都还是“海头”，罗布淖尔湖曾否游移，以及古墓沟墓地的年代，小河墓地的文化内涵等，有过不少次讨论热潮。笔者除报道过古墓的发掘，写过一些介绍性的文字外，始终未就上列研究热点发表过论文。按一般情势，在对罗布淖尔荒原环境、古代遗存有过这么多次的考察后，是可以参与讨论，并且提出一些具体观点的，笔者自然也不例外。只是有感于每次观察还有未到之处，对一些遗存中的细节应该调查得更具体、准确，才能看得更深入，于是一些想说的观点就迁延至今。

现在，自感年事渐高，毕竟已经77岁。虽腿脚仍健，但独力进入罗布淖尔荒原，再细细斟酌一些遗存，不再是容易实现的计划了。故而决心将这二十多年中，在罗布淖尔荒原考察、研究之主要心得，稍予梳理，条列于后，求教于方家；对并未止息的楼兰古代文明研究、罗布淖尔地区文物保护等，或也会有一点用处。

一　孔雀河是楼兰文明的母亲河

罗布淖尔荒原，南为阿尔金山，北为库鲁塔格山，西有铁干里克绿色林带隔绝了塔克拉玛干沙漠，东连敦煌绿洲。面积虽达20万平方公里，但其间盐湖、沙漠、雅丹丛集，人类可以生存活动的空间，只有荒原周边屈指可数的几条内陆河谷。罗布淖尔古代文明，尤其是西汉以前的楼兰王国，只能在这有限几处河谷，尤其是最主要的河谷绿洲上去觅寻。这一基本的人类文明发展格局，古今不变。

一百多年的罗布淖尔考古，发现过不少遗址，获得了许多在研究古代新疆史、亚欧内陆文明史时不能无视的珍贵文物。今天，总结性地观察，可以明白地结论：这些大大小小的遗址，不外乎分布在若羌河、米兰河、孔雀河三条水系内，而其中孔雀河水系最具重要地位。只有它，才是罗布淖尔新石器时代之细石器遗存、青铜时代遗存、汉晋时期遗存所集中分布的地带。作为罗布淖尔荒原之古代政治、经济中心的楼兰，依逻辑结论，只能发生在这一水系上，不可能在他处。

位居新疆东南部的罗布淖尔荒原，海拔不过780—800米。而西邻的塔里木盆地，海拔高度却在800—1400米。塔里木盆地西缘为世界屋脊帕米尔高原，西高东低的地势，使塔里木盆地内众多的内陆河都自然流泻向罗布淖尔荒原，并汇聚成烟波浩渺的罗布淖尔湖、台特马湖、喀拉库顺湖等。塔里木河、车尔臣河、孔雀河是它们最主要的补给源。

孔雀河源于北天山南坡，上游为开都河，汇入博斯腾湖后，下泻到罗布淖尔。孔雀河自博斯腾湖下泻，河口蚀穿天山支脉霍拉山，形成长约40公里的铁门关峡谷。晋代称此为“遮留谷”，两岸悬岩壁立，水势十分湍急，地势险要，真正是“桥跨千仞危，路盘两崖窄”。但越过铁门关，经过库尔勒，进入塔里木盆地后，水势变得十分缓平，由库尔勒斜向东南，慢慢流泻至罗布淖尔湖。全程长约500公里。这一流程中，两岸胡杨屏列，红柳依依，芦苇茂密，水色清碧幽蓝，绝无沙河混浊之景，故而人们称之为“孔雀河”。孔雀河河谷两岸，有比较合理的自然地理、生态环境条件，成为罗布淖尔荒原早期居民最为理想的生息处。

迄今为止，在孔雀河水系内，已经发现了新石器时代、青铜时代，以迄汉晋时期之城镇、墓地、仓储、烽燧、佛教寺院等各种遗存不下百处。[1]黄文弼在孔雀河北岸、库鲁克塔格山南麓的英都尔库什、阿尔特密西布拉克，斯坦因编号的LE、LF、LI，贝格曼在小河以东的雅尔丹布拉克，霍涅尔、陈宗器在楼兰地区周围，发现石器遗址点多处。新疆考古所王炳华、侯灿、伊弟利斯、常喜恩、邢开鼎等，多次在楼兰城周围采集到比较多的细石片、石镞、玉斧（图1.3），在老开屏采集到多量打制石器，配合石油勘探，在孔雀河下游河谷地带，发现多处细石器、小型玉斧、玉镞。大量考古资料表明，至少在一万年前，在孔雀河下游三角洲

1 参见黄文弼:《罗布淖尔考古记》,《中国西北科学考察团丛刊》之一,国立北京大学,1948年;斯坦因（Marc Aurel Stein，1862—1943），《西域》（1921）、《亚洲腹地》（1928）；新疆文物考古研究所自1979年至2005年间历史调查资料（夏训诚主编：《中国罗布泊》，第412—415页，科学出版社，2007年）。

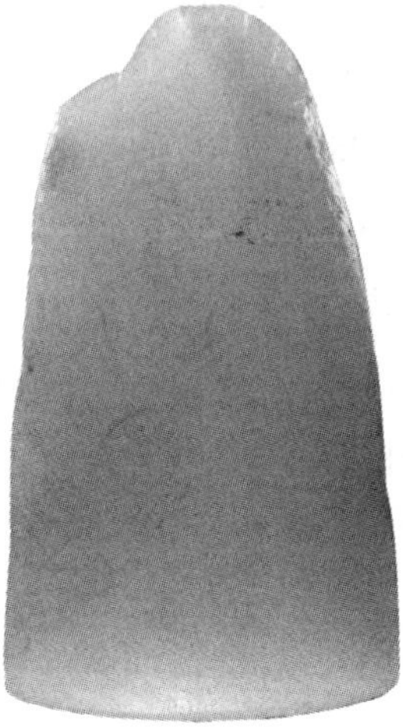

图 1.3　楼兰城遗址发现的玉斧

地带，新石器时代以细石器工具为特征的人类遗存是普遍存在的。这片地区当年曾是水草丰美、林森草茂、野兽出没，适宜人类狩猎、采集活动的地方。而在这众多的遗存中，孔雀河下游三角洲上的楼兰城内及古城周围，几乎每次、每个探险队员都可以觅见不少打制石器。从新石器时代起，在孔雀河下游三角洲，楼兰故城所在一直就是人类经济活动的中心点。[1]

青铜时代文化遗存，目前所见主要为墓地。古墓沟、铁板河、小河以及斯坦因发现的 LF、LQ、LS、LT 等处墓地，除小河墓地位于孔雀河支流上，其他几处墓地都在孔雀河北岸台地及孔雀河尾闾地带，墓地位置较高。墓主人生前居址，至今没有发现。青铜时代的居民，以孔雀河河谷绿洲为生存活动之依托，从墓地观察，自然是没有问题的。

汉晋时期的遗址，主要也分布在孔雀河谷及河流下游三角洲地区。LA、LE 这两座古城，LE 傍近的汉晋时期古墓地，居卢訾仓故址土垠，孔雀河北岸老开屏汉代墓地，LA 古城东北部孤台汉墓，楼兰城中城西北、东北多处佛寺，营盘古城及其北部大型佛寺等，就是其中主要的一些遗存。LA 古城中，已获大量汉晋简、纸文书，佉卢文木简。这座古城曾是东汉、魏晋时期西域长史府驻节地，开发最早，人口最多，经济文化最发达，是当年这片地区的政治、经济、交通、文化中心。这是若羌河绿洲、米兰河绿洲已见考古遗址绝难相比的。

从总体的自然地理形势及历史文化背景来观察，楼兰作为罗布淖尔荒原上主要的绿洲王国，只能出现、活动在孔雀河水系绿洲，尤其是孔

1　侯灿：《论楼兰城的发展及其衰废》，《高昌楼兰研究论集》，新疆人民出版社，1990 年。

雀河尾闾三角洲之上。离开这一主要绿洲寻找楼兰王国故址，离开青铜时代至汉晋文明发育中心地区去寻找楼兰王国的遗存，必是南辕北辙，难有所获。

二　楼兰都城就在LA城

LA古城，是孔雀河下游三角洲上已见规模最大的古城，是这片地区内最主要的经济中心，位置最近敦煌，濒临罗布淖尔湖，居于湖之西北部。《史记》《汉书》说楼兰位置“临盐泽”“最在东垂，近汉，当白龙堆”。从地理位置判定它就是古楼兰王国之都城，可谓持之有故，顺理成章。只是长期以来史学界对此总存歧见。理由之一，是考古资料不能提供有力证据。以下不避累赘，爬梳已获考古资料，辩证其中一些细节，申说考古资料中一些值得重视的证据。

1901、1906年斯文·赫定、斯坦因，在LA城获汉文、佉卢文文书，文中有汉文“楼兰”、佉卢文“Kroraina”等文字。所以希姆莱（Karl Himly）、斯坦因、沙畹（Èdouard Chavannes，1865—1918），均判定此城为西汉“楼兰”。“Kroraina”则为“楼兰”之原音。但自1914年，王国维在未能获见古城中主要出土文书的情况下，首先否定LA古城为楼兰国都，提出古城为前凉之“海头”起，近一个世纪以来，因LA古城中出土文物多属东汉魏晋时期，并不能与西汉前期楼兰国相关联，更引发各种议论，如楼兰都城在扜泥说[1]，楼兰始都LE说[2]等。

笔者在考研罗布淖尔荒原多年，对各种观念反复斟酌后，坚信楼兰王国始都就在LA古城。这可以从三个方面进行说明。

1　马雍：《新疆所出佉卢文书的断代问题——兼论楼兰遗址和魏晋时期的鄯善郡》，《文史（第七辑）》，第73—95页，中华书局，1979年；孟凡人：《楼兰新史》，光明日报出版社，1998年。

2　林梅村：《楼兰国始都考》，《汉唐西域与中国文明》，第279—289页，文物出版社，1998年。

首先，结合历史文献和LA的地理位置，可以结论：楼兰国都只有LA古城能与之相当。

《史记》《汉书》提到楼兰时，都强调楼兰“临盐泽”“最在东垂，近汉，当白龙堆……”。城址最近敦煌，又临罗布淖尔湖，“当白龙堆”（白龙堆就在罗布淖尔湖稍东北处，笔者曾经身临。由敦煌至楼兰，白龙堆是必经处所，所以称“当”），这样的古城只有LA可以相当。地处若羌的扜泥故城与“盐泽”无涉，不算“近汉”，不“当白龙堆”。LE古城位置虽与LA近，但城内只见一区遗址，少见文物，很难说明此地曾先为楼兰国都，后为西域长史驻屯地。

说LA古城为楼兰都城，与班勇所论所见，可以完全统一。

班超之子班勇，出生、成长在西域。他对西域的地理、政治形势了如指掌，是当年东汉王朝熟悉西域地理、政治形势的第一人。东汉元初六年（119），邓太后“召勇诣朝堂会议……勇上议曰……又宜遣西域长史将五百人屯楼兰，西当焉耆、龟兹径路，南强鄯善、于阗心胆……”[1]。班勇建言有可注意之三点：（一）他将楼兰与鄯善并列，说明东汉时，在楼兰王国迁都鄯善后，楼兰国虽已不存，人们还是习惯以早已熟稔的“楼兰”称之。（二）班勇强调楼兰“西当焉耆、龟兹径路”，这只有LA古城可以相当。汉代，从LA西走，在孔雀河北岸、库鲁克塔格山南麓，沿途烽燧相续。东、西方向一线铺展的汉代古烽，已见近十座：孙基、亚克伦、卡勒泰、西尼尔、脱西克吐尔、沙鲁瓦克、萨其垓；另在兴地沟南口，还有南北方向古烽一列，清楚可见者有三座。前者通轮台，后者向车师，它们保存还基本完好。循此西进，可以到达焉耆、龟兹。楼兰，汉王朝西出玉门关后的交通枢纽地位，于此可以得到清晰的揭示。如果像一些学者所说，楼兰都城不在LA，而在阿尔金山脚下、若羌绿洲上的扜泥，就完全说不通了。（三）有一支汉军驻屯在楼兰，对一心向汉的南道诸国，如阿尔金山脚下的鄯善、昆仑山北麓的于阗，军事上

1 《后汉书·班勇传》（卷四七），中华书局，1965年。

可以就近呼应，政治上会是有力支持。依班勇之议，塔里木盆地南、北缘的丝路干线，可得畅通。班勇的议论清楚说明：楼兰、鄯善，分列南北，人们十分明白，没有一点混淆。

从历史地理学角度可以判定LA为故楼兰城址。《三国志·魏书》引《魏略·西戎传》说："从玉门关西出，发都护井，回三陇沙北头，经居卢仓，从沙西井转西北，过龙堆，到故楼兰，转西诣龟兹，至葱岭，为中道。"由此可以看到，楼兰故城是与龙堆紧密毗邻、联系在一起的。所谓"龙堆"，就是罗布淖尔湖北面、东北面的雅丹群。过这片雅丹到LA城，距离不过30公里左右，一站驿程。这里的"楼兰故城"，同样只能与LA相当，而与扜泥丝毫无涉。

据上引《史记》《汉书》《后汉书》及《三国志·魏书》所引《魏略·西戎传》的相关文字，可以看到在两汉、三国之时，人们对故楼兰城的位置是相当清楚、明确，不稍含混的。但经过晋、南北朝相当时段的断裂、分隔后，中原与西域联系疏于两汉，此后文献就有不少混乱不清之处了。

将LA古城联系上列早期文献记录，可以结论：楼兰故城确实只能与罗布淖尔湖西北之LA古城遗址相当，与若羌绿洲上的扜泥，没有一点关联。

第二，判定LA古城为楼兰都城，可以得到城内出土文物的充分证明。自斯文·赫定、斯坦因发掘迄今，在LA城中发现了大量来自东西方的珍贵文物：西亚风格的玻璃器残片、晕染纹毛罽，贵霜钱币，佉卢文及其上钤印的希腊神像封泥，粟特文书；中原风格的漆器，大量丝、绢、锦，铜镜，五铢钱，大量汉晋简纸文书，三棱形铜镞等。这些文物汇聚之地，只能是居于丝路要冲的交通枢纽城市。而在罗布淖尔，也只有地居冲要的古楼兰城，可以承当。

在出土之佉卢文、汉文简牍中，近二十件写有"楼兰"。它们或是收文之地，或为发文之处。这么多文件提及"楼兰"，不可能是偶然现象，而只能判定出土地确为楼兰。古代西域，一个绿洲就是一个国家，因此国与都城每每同名。东汉、魏晋时，楼兰国虽早已灭亡，楼兰城却一直存在，而且以“楼兰”名称深深烙印在人们的记忆之中。楼兰国在公元前77年南迁若羌前，已在这片土地上屹立有年，作为欧亚内陆交通枢纽之一，其盛名已广播荒原内外，远近皆知。公元前77年，楼兰在西汉王朝精心策划、组织下，有序地、和平地迁徙。居民他去，城垣仍在，只是变为在西汉王朝直接统治下，其交通枢纽、丝路经济中心功能得到了进一步的强化（详后文）。在这一形势下，楼兰城的经济、社会影响，只可能进一步强大，而不可能有丝毫的削弱。所以，从实际情形看，孔雀河下游三角洲上的楼兰城，绝没有因为“楼兰国”他迁而遭受打击、削弱，而仍会以“楼兰”之名屹立在丝路干线之上，发挥其影响。这就是古城出土的文书资料，仍然会提及“楼兰”的原因。

对相关文书，包括佉卢文书与楼兰的关系，黄盛璋在他近年刊发的《楼兰始都争论症结解难与LA城为西汉楼兰城新论证》及其续编[1]，对相关分歧进行了清理、剖析，对LA古城为楼兰都城所在，可以说已进行了比较全面、多角度的论证。黄文的结论是比较充分而有说服力的；对第696号佉卢文书的文意，也作了合理的辨析。这里不再赘述。

第三，除LA城所在位置、出土文物外，LA古城现有遗迹中，也可觅得早于汉晋的早期文化层。目前考古工作所获成果，并不能支持古城遗存、出土文物全部都在东汉以后的结论。

斯坦因对楼兰古城的发掘，从一开始就十分无序、混乱，不符合考古学的发掘规程。1901年他进入楼兰LA后，兴奋异常，对民工宣称，只要获得文书，即有金钱犒赏。在工作进行的11天中，民工就在城内有数的几处居住遗存中，各展其能，随处乱挖乱掘；1906年，斯坦因再次进入LA，同样如此。他重点在西域长史府故址、三间房西侧的垃圾堆中进行发掘。同样，他没有对这一遗存认真清理，谈不上到达

1　黄盛璋：《楼兰始都争论症结解难与LA城为西汉楼兰城新论证》，《吐鲁番学研究》，2000年第1期，第61—74页；《楼兰始都争论症结解难与LA城为西汉楼兰城新论证（续）》，《吐鲁番学研究》，2000年第2期，第72—80页。

文化层底部，而只为得到“很多写在木板同纸片上的中国文书”，“写在木板、纸片以及绢上的佉卢文书”，再有一件粟特文残纸。1980 年，新疆考古所在楼兰城调查、试掘，也于这一垃圾堆上开了探沟，探沟同样没有交代文化层情况，只说“发现残木简 60 枚，纸文书一件”[1]，而这处垃圾堆，笔者多次仔细观察，实际至今并未有完整、严谨、科学的清理。尤其引人注意之处，如果从这一文化遗存北侧剖面观察，实际可以清楚见到在汉晋时期西域长史府建筑遗存之下 1.0 至 1.2 米处，明显有早期文化层：东西长近 2 米，厚 20—40 厘米。从暴露的剖面观察，文化遗物有草屑、骆驼粪、兽骨片、烧炭碎粒，未见陶片等物。但它是深压在东汉、晋时期文化层下面的早期遗存，则是清楚、没有任何疑问的。至于这一文化层是否确实早到西汉前期，甚至更早，它包含怎样一些考古文化内涵，只能期待今后新疆考古学者进一步的发掘了。（图 1.4）

楼兰故城（LA 遗址）现存遗迹，还有一个早期遗存的线索。认真

图 1.4　楼兰出土封检及文书

1　新疆楼兰考古队：《楼兰古城址调查与试掘简报》，《文物》，1988 年第 7 期，第 1—22 页。

图 1.5　西域长史府故址，“三间房”

图 1.6　楼兰故址东墙外一处军事防卫设施

观察 LA 古城城垣遗迹，可以清楚看到相关建筑存在不同特色。例如，除红柳、苇墙的建筑外，还有土建遗址。而土建遗存，又有土坯与垛泥版筑之别。出土了大量魏晋时期文书的西域长史府故址（以“三间房”为代表，斯坦因编号为 LAII）的建筑物，有比较坚固的土坯房屋。（图 1.5）土坯规格分别为 42 × 23 × 10 厘米、47 × 27 × 10 厘米。土坯宽大、致密，经历一千六百多年东北季风吹蚀，至今保存基本完好。曾经使用土坯的建筑物，除三间房，还有古城东北佛塔、古城西北郊古烽、古城东墙外一区巨型军事防卫性质的建筑（高达 10 米，图 1.6），这类建筑物，从三间房曾出土最晚到北凉时的文书，可以得出结论，它们都是古城中的晚期遗存。

与这种土坯建筑形成最明显对照的土建遗存，是垛泥构建的古城墙。楼兰城墙，保存十分不好。虽不少地段已被风力夷平，但只要认真辨析断续相继的残存墙迹，略近方形的土建城墙还是可以约略看清。张骞在第一次西域之行返回时，观察到“楼兰、姑师邑有城郭”（《史记·大宛列传》）。所以，楼兰城之始建，是早在西汉王朝通西域之前的。现存城墙，确也清楚显露早期比较粗率、比较原始的特征。笔者曾多次对楼兰城墙细作观察，可以肯定，它绝非“夯筑”[1]，也并不是如疏勒河一带长城所见一层芦苇、一层土，十分平整有序的形象。它明显是垛土筑墙的成果，垛泥层厚度分别有 0.15、0.45、0.6、0.7、0.8 米，真正是厚薄不均。土层之间，一些地段，可以看到夹杂红柳、芦苇，但并不见平均铺展。[2] 正因如是粗率，难经长期东北季风吹蚀，保存甚差。进入楼兰遗址之中，不仔细搜寻、观察，一般都难见到古城墙痕迹。新疆地区已经发现的与古楼兰城背景相近的相关古城遗存，如尼雅遗址所见两座古城（N2[3] 附近，及尼雅南城）[4]、克里雅河下游可早到西汉（或更早）

1 穆舜英《神秘的古城楼兰》（第 88 页，新疆人民出版社，1987 年）中称“间隔厚 80 厘米的夯土中夹芦苇秆和红柳枝”。

2 参见新疆楼兰考古队：《楼兰古城址调查与试掘简报》，第 1—22 页。

3 N 为尼雅遗址的拉丁拼音首字母。

4 王炳华：《西域考古历史论集》，第 503 页，中国人民大学出版社，2008 年。

的圆沙古城[1]，都可以发现相类的特征。垛泥筑墙自然是比较原始的建筑方式，也是新疆地区较早期古城的特色，与汉代红柳与夯土相继的建筑工艺，明显不同。

在西汉统治西域后，汉王朝主导下修筑之城堡在工艺上有了全新的发展。以下可以举两个实例说明。一是与楼兰古城相去只二十多公里的土垠。土垠遗址内，出土过75枚西汉木简，其中多枚有西汉纪年。这是西汉在公元前1世纪经营楼兰时修筑的一处仓储、邮置[2]。土垠遗址保存已不完好，东墙、南墙已遭毁损，但西墙、北墙之西段却仍然保存完好，特征鲜明。它们是高一米上下的夯筑土墙。夯层厚8—10厘米，墙体平直，至今仍相当严实。西汉纪年简和筑城用夯都可证明此址筑于西汉。

证据之二是，东汉时期耿恭苦守的疏勒城，位置在今天山北麓奇台县南郊的石城子。它是为保卫、控扼匈奴南入吐鲁番一条径道而修筑的军城。笔者曾多次考察，现场印象是：古城依山，东侧临深涧，北、西、南部是夯土筑就的城墙，夯层厚10厘米上下。这座军城，东汉时在匈奴的强攻下被毁。其时代与土垠一样，比较单纯，也可以得出明确结论：东汉王朝时修城，也是严密夯实的土墙，而绝不是比较粗疏、简陋、相当原始的垛泥垒土。

与LA楼兰故城不同，处于西域长史府直接控制之下的、同一地区的LE古城、LK古城，使用的方法才是一层红柳、一层土，平整均匀、经过夯实的土城墙。它们与LA城墙垛泥法同样明显存在差异。LA垛泥城墙，具有早期的、比较原始的特征，时代早于西汉，是可以从逻辑上推定的。

楼兰故城城墙，部分墙段（如东墙中段，南墙局部）在垛泥时，土层中夹有芦苇、红柳，这些是可以用作测年的良好材料，用这些物料

1　新疆文物考古研究所：《和田地区文物普查资料》，《新疆文物》，2004年第4期，第32页。
2　王炳华：《“土垠”遗址再考》，《西域文史（第四辑）》，第61—82页，科学出版社，2009年；《“土垠”为汉“居庐訾仓”故址说》，《古今论衡》，2011年第22期，第97—124页。

图 1.7　西域长史府建筑部件遗存，目前已不复见

进行 ^{14}C（碳十四）测年，对判定古城修建年代，可提供比较可靠的信息。希望这一工作，在今后的新疆文物保护工作中可以进行。

“三间房”西北地层剖面上可以清楚观察到早晚文化层叠压关系，楼兰故城土墙构筑工艺明显具有早期、原始特征，强调这两点，意在说明：我们今天，确实不能以十分不完备的楼兰城考古工作为据，就判定这座古城不可能早到西汉或西汉以前。它的城墙，就是明显具有早期特征的最大文物遗存之一。古城中文化层在近两千年的厉风吹蚀中，确已消失近尽。但进行严格的、科学的发掘，很难说就不会在魏晋遗址下面，找到西汉或较西汉更早之楼兰文物。因为从斯文·赫定、斯坦因到我们自己，至今一百多年，确实没有在这里进行过严谨、科学的发掘。在以保护为前提的方针下，我们过去没有规划、安排这一工作，这是一个要吸取的教训。

明明古城仍沿称楼兰，前凉之西域长史李柏，在致焉耆王的信函中，却要强调说明信函写在“海头”。这是一个小的悬疑，有可能是事涉军事机密，有保密之需，故布疑阵；也有可能故意标新求异以示亲切、求风雅。毕竟，地处罗布淖尔湖西北，居湖水之上游，自称古城为“海头”，也并无大碍。但无论如何，当年的前凉西域长史就驻节在古楼兰城中，这已为古城中大量出土的简纸文书所反复证实。西汉楼兰王国早已不存，但楼兰城却久蓄人们心头，并未因国灭就消失城名之影响。LA 古城就是西汉楼兰王国之都城所在，今天就已有之考古资料，是可以肯定结论的。

三　迁楼兰至鄯善——汉王朝加强对西域的控制

自张骞通西域，至公元前60年设西域都护，西域大地进入西汉版图，半个多世纪中，新疆大地的政治形势可以说是风云激荡，变化迅猛而深刻。这一过程中，楼兰由于其特定的交通冲要地位，始终处于政治旋涡的中心。

公元前 176 年，匈奴进入西域，击月氏，“定楼兰、乌孙、呼揭及其旁二十六国，皆以为匈奴”（《史记·匈奴列传》）。因此，公元前 2 世纪后期西汉通西域，形势是复杂而艰难的。匈奴控制着天山以北广大地区，塔里木盆地各绿洲王国也程度不等地羁属于匈奴。汉武帝刘彻雄才大略，确定通西域战略后，不论形势如何险恶，坚持初衷。面对不同环境，采取不同策略，区别对待，“可安辑，安辑之；可击，击之”（《汉书·西域传》）。大宛与汉王朝对抗，阻绝汉通西亚径路，就不惧困难，倾力动员，远征大宛；乌孙虽属匈奴，但又与匈奴有隙，则厚赂以结乌孙，嫁细君、解忧，使乌孙离匈奴而亲汉；小国仑头不自量力，全力对抗，不处置，将误大计，即予屠灭；楼兰，则为另一典型。

楼兰是一个蕞尔小国，但地理位置十分重要。它最近汉，控扼汉王朝进入西域的咽喉，汉王朝必须周全处理，不留隐患。如何面对汉王朝通西域的这一新形势，同样是楼兰统治集团面临的全新问题。历史进程表明，它们既不能正确估计内外形势变化，也完全没有驾驭这一事变的能力。

汉通西域之初，楼兰已在匈奴统治之下六十多年。匈奴在楼兰大地的政治、军事、文化各方面的影响，是不可轻估的。只从军事上看，匈奴游骑从伊吾（哈密绿洲）、车师（吐鲁番）入楼兰，或由匈奴控制西域的“僮仆都尉府”驻地（今库尔勒一带）沿孔雀河入楼兰，均相当便捷，楼兰很难摆脱匈奴的军事控制。

军事上受制，政治依附，文化相通，经济上不仅感受不到开通欧亚大陆交通路线的利益，而且徒增许多负担。楼兰对汉通西域，难有热情。张骞自中亚返国后，汉“使者相望于道，诸使外国一辈大者数百，少者百余人”“一岁中使多者十余，少者五六辈”《史记·大宛列传》），居于交通孔道的楼兰，负水担粮，负担沉重。因而，楼兰采取了追随匈奴与汉王朝对抗、破坏汉通西域的方针。“王恢数使，为楼兰所苦”，而且，它“又数为匈奴耳目，令其兵遮汉使”。公元前 108 年，面对这一形势，刘彻命令王恢伺机“击破”楼兰。这是西汉王朝与楼兰第一次冲突。楼兰受到打击，口头上对汉王朝表示“降服贡献”，但实际矛盾并未消除。

汉与楼兰第二次冲突，发生在李广利征大宛之时。公元前 104 至 103 年间，李广利征大宛。匈奴感到威胁，但无力正面阻击；采取了“遣骑因楼兰候汉使后过者，欲绝勿通”，将楼兰拖入了与汉朝对抗的水潭。西汉王朝又一次“捕楼兰王，将诣阙，薄责王”，将楼兰王表面臣服，背后做的一件件阻抑、破坏汉通西域的事实，摆在了他的面前，要争取楼兰改变亲附匈奴的初衷。楼兰王道出了苦衷：“小国在大国间，不两属无以自安。愿徙国入居汉地。”说的是实情。西汉王朝这次没有进一步苛责楼兰，而是让楼兰王返回，要求他同样为汉王朝“候伺匈奴”，疏离楼兰与匈奴的关系。这是汉与楼兰斗争的第二回合。

西汉王朝对如何处置楼兰，是十分用心的。楼兰只是新疆东部的弹丸小国，地理环境寒苦，“乏水草”，对导引汉使，供应水、粮、草料，难以负担；此外，也还有汉王朝“吏士”在需求不能满足时对楼兰的盗扰。因而总是心向匈奴，提供情报；并曾先后“遮杀”过汉卫司马安乐、光禄大夫忠及期门郎遂成，以及安息、大宛朝汉的使臣（《汉书·傅介子传》）。在汉、匈尖锐的矛盾前，楼兰实际往往都选择了站在匈奴一边。数十年中，西汉曾一次次联络、宽宥、倚重楼兰，总是一次次遭遇挫折；军事上重罚楼兰，虽不存在困难，可以如仑头一样，屠城灭国，但难得西域人心。总结历史、分析形势、权衡利害之后，霍光最后决策：清除楼兰亲附匈奴的代表人物，命令傅介子刺杀楼兰王，同时册立人在汉朝、内心亲汉的楼兰王弟尉屠耆为新王，但迁楼兰到若羌，“更名其国为鄯善”。这可以消除匈奴利用楼兰阻抗西汉通西域的努力。为此，对鄯善实施和亲，赐宫女为尉屠耆夫人，进一步坚定他亲附西汉王朝的决心。在尉屠耆返国时，“为刻印章”（接受汉王朝册封），“备车骑辎重”，由“丞相将军率百官送至横门外”，给予了极高的礼遇，向西域大地清晰宣示了西汉王朝全力支持尉屠耆的决策。

更楼兰为鄯善，自然不只是简单的国名改变，而是表明：楼兰国运，这时已画上了句号。楼兰国子民，南迁鄯善，再也不在与匈奴地域毗邻的孔雀河下游，而是到远离了匈奴影响的阿尔金山脚下的若羌河谷，以扜泥为都城。空间远离，荒漠、沙碛隔阻，匈奴影响受到极度削弱。这是汉与楼兰斗争的第三个回合。

汉王朝迁楼兰至鄯善，有两方面的收获：其一，南迁楼兰到若羌河谷，扶持亲汉势力尉屠耆踞守若羌河谷，不仅割断了匈奴对楼兰的实际影响，还大大强化了对丝路南道的控制。二，汉王朝直接控制孔雀河谷，可保丝路北道交通安全，有利于汉通西域战略的全面展开。

说楼兰南迁鄯善后，孔雀河下游原来楼兰王国领地成为汉王朝直接控制的领土，《史记》《汉书》并未有明确的文字记录，目前在楼兰故城内也没有见到与此相关的文物，并不足以为这一结论提供直接证明。但逻辑推论，楼兰国南迁后，其交通冲要之领地绝不可能拱手让于匈奴。最直接的办法就是在去除了摇摆不定的楼兰王后，西汉王朝自己直接控制、管理这条交通隘道。这一推论可以得到故城附近所获西汉考古资料的证明。

杀楼兰王安归这件事，发生在公元前77年。在楼兰故城东北30多公里处，黄文弼发现过土垠遗址，与此时段大略相当。土垠遗址曾见75支西汉木简，有汉宣帝黄龙元年（前49）、汉元帝永光五年（前39）、汉元帝河平四年（前25）、汉成帝元延五年（前8）等纪年简，虽然没有见到直接衔连汉昭帝时去楼兰、立鄯善的简牍文字，但说这批简牍表现着公元前77年楼兰南迁后这片土地上的政治、经济形势是并不牵强的。毕竟，弃置成垃圾的物料，只能是当年实际生活存在物的一小部分。这一小部分废弃物中，又能重现于两千年后的人间的，更会是小部分中的小部。仅见的75支木简，已清楚表明宣、元、成帝时，这片遗址与西汉王朝密切关系的政治脉动，自然也就表明了楼兰王国领土上新呈现的政治、经济生活现实。

认真检视出土的75支西汉木简，与军事组织、政治官员相关的木简即达9支，如“都护军候张□”“左部左曲候”“右部后曲候丞”“后曲候”“左部后曲候”“右曲候”“□部军守司马”“左右部司马”“伊循都尉左”“伊循卒史左”等，[1]他们在西汉王朝“西域都护府”“戊己校尉”营下，都是重要佐吏。这一定程度上表明土垠及去土垠不远的楼兰，这时已成为西汉王朝努力建设的军事中心。

西汉王朝必欲去楼兰、置鄯善，目的是保障自敦煌经楼兰入轮台之交通路线安全，不论军事上与匈奴对抗，还是保证使节、商旅交通给养，粮、草供应，均为第一要务。因此在孔雀河谷绿洲（楼兰是其中心城镇）组织屯田就成为头等大事。在土垠西汉木简中，有相当数量可以表明西汉王朝从中原移民屯垦的事实。如“里公乘史隆家属畜产衣器物籍”“霸陵西新里田由□□”“应募士长陵仁里大夫孙尚”“小卷里王护□□□”“右六人其二亡士四士妻子”“男□□孔六□”“家属六人官驼二匹食率匹二斗”“出南阳郡涅阳石里宋利亲妻玑年卅私从者同县

1　黄文弼：《罗布淖尔考古记》之《罗布淖尔汉简考释》，《西北史地论丛》，第309—320页，上海人民出版社，1981年。

籍同里交上□□□"等，[1]在75支木简中，所占比例也不算少，表明中原农民应募西迁的事实。他们或个人、或全家，家属、私从、畜产、衣器物都随身来到了罗布淖尔大地，祖籍地涉及河南、陕西等处，说明这曾是一件波及面相当广的大事，只可惜正史中未见明文著录。东汉、魏晋阶段，大量出土文字资料表明，楼兰故城成为西域长史府驻地和屯田中心。楼兰绿洲屯田事业，最大可能就是从南迁楼兰、置立鄯善时开始的。

楼兰南迁后，西汉王朝不仅大力经营楼兰故土和土垠绿洲，而且对诚心归附了西汉的尉屠耆也全力支持。《汉书》载明，首要一点，就是应尉屠耆之求，在伊循驻兵屯田。这对稳定尉屠耆统治、震慑亲匈奴势力，有着举足轻重影响。西汉王朝就曾为此投入大力。考古发现为此提供了有力说明。

1989年10月，笔者偕刘文锁、肖小勇在若羌县进行考古调查。在米兰吐蕃戍堡东偏南5°、距约2公里处，发现了一处西汉时代遗址。遗址在米兰河西岸，地表沙梁起伏。在两道东西向沙梁间，有几个风蚀土墩。土墩下、洼地上散见多量西汉特征的文物：多量砂质灰陶片，器表饰细绳纹；钻孔陶片、陶纺轮、石磨盘、三棱形带铤铁镞、鱼鳞形甲片、五铢钱、炼碴、玉石料等。遗物大概分布在200×500米范围内。钱币具有西汉武帝时期特征，细绳纹灰陶罐、三棱形铁镞、鱼鳞形甲片，都具有西汉时期特征，[2]与伊循都尉驻地颇可以联系。

与这区汉代遗址相去不远，为一规模宏大、至今地表痕迹清晰的灌溉渠系遗存。这一灌溉遗存，为新疆生产建设兵团水利工程师饶瑞符发现，并最先报道。我们据其测定的渠系图，对遗址进行了认真的踏查。这区灌渠，由一条总干渠、七条支渠，及多量斗渠、毛渠组成。总干渠长约8公里，七条支渠分别长4—5公里。渠迹宽10—20米、渠岸最高

1 黄文弼：《罗布淖尔汉简考释》，第331—335页。

2 中国科学院塔克拉玛干沙漠综合考察队考古组：《若羌县古代文化遗存考察》，《新疆文物》，1990年第4期；新疆文物考古研究所、新疆维吾尔自治区博物馆：《新疆文物考古新收获（续）1990—1996》，第549—554页，新疆美术摄影出版社，1997年。

近3米。灌溉面积达30平方公里。灌渠引老米兰河水，依地形顺地势展开双向灌溉，灌地面积可达4—5万亩。曾经从事过垦殖的土地，测算达1.7万亩。[1]还有一个值得注意的考古文化现象，即这片地区中目前仍为人们所关注的东汉以后的佛教寺院及吐蕃戍堡等遗址，其实都叠压在古代灌溉渠系地面之上，有力地支持了这一灌溉渠时代相对较早、应与西汉伊循屯地相关联的结论。

从目前获见的伊循都尉府故址遗迹——老米兰河西岸规模相当大的汉代居址可以推论，西汉王朝支持鄯善尉屠耆政权的努力，是绝不可小视的。它的规模、力度，绝不是《汉书·西域传》所说“汉遣司马一人，吏士四十人，田伊循以填抚之”[2]这样一个象征性的行动。伊循屯田实际规模是远远较此为大的。土垠遗址出土汉简有“伊循都尉”文字。“都尉”的品秩是“比二千石”，较之品秩“六百石”的“司马”，地位重要得多。伊循屯田，西汉时曾有一个迅猛的发展，可以由此推见。

楼兰，直接进入西汉王朝控制之下，自孔雀河西走，可以直入塔里木盆地东北口焉耆、渠犁、尉犁；伊循成功屯田，尉屠耆统治地位巩固，沿昆仑山北麓西走得到更有力支持。丝路南、北道交通顺畅，西汉王朝开拓西域的政治事业，获得迅猛发展。试看以下事实：

公元前77年，与伊循屯田同时，汉王朝以扜弥国太子赖丹为校尉将军，屯田轮台。

公元前72年，西汉王朝与乌孙联军，大败匈奴，匈奴实力大伤。

公元前68年，汉遣郑吉屯田渠犁；秋后，率所将田士攻车师，并在车师屯田。

公元前65年，龟兹王绛宾娶解忧女弟史为夫人，同至长安。龟兹强化着与西汉的政治关系。

公元前62年，西汉王朝命郑吉为“卫司马”“护鄯善以西南道使者”。

---

1 饶瑞符：《米兰汉唐屯田水利工程查勘——从伊循灌溉系统遗址看汉唐时代屯田建设》，《新疆巴州科技》，1981年第1期。

2 《汉书·西域传·鄯善国》（卷九六上）。

公元前 60 年，匈奴日逐王降汉。西汉王朝在乌垒设西域都护府。任命郑吉“并护车师以西北道，故号都护”，“汉之号令颁西域”，“匈奴僮仆都尉由此罢”。

“匈奴益弱”，“不得近西域”。

从公元前 77 年汉王朝直接控制楼兰绿洲、迁楼兰国都至鄯善后，西域的政治、经济形势如此迅捷、巨大的变化，是与西汉王朝灭楼兰、建鄯善，加强南、北道建设，集中力量打击匈奴等一系列举措密切关联的。

四　楼兰兴衰系于交通

青铜时代即已满溢生命活力的孔雀河绿洲，在公元前 2 世纪，成为沟通亚欧交通路线上的枢纽，其中心城市楼兰，举止动静，都会使西域大地、河西走廊受到震动。虽是雅丹丛集，戈壁、沙漠纵横，交通相当困难的一片土地，却随时随处都能感受到东方长安、西部贵霜、西南亚波斯的政治、经济、文化信息，感受到它们点点变化投射下的影响。而到公元 4 世纪以后，楼兰却突然从人们的视野中淡出，慢慢地化为荒漠、废墟，成了今天没有生命气息的死域。曾烟波浩渺的罗布淖尔湖，也成了今天一望无际的盐滩。

桑田沙海，绿洲化烟，成了楼兰考古中无法回避的最大问题：这一切，究竟是如何发生的？今天的人们从中可以得到怎样的启示、经验、教训？

在具体展开历史、考古分析前，首先关注这片土地上几个最基本的事实：

（一）从上新世末期到更新世初，欧亚大陆再次发生强烈地壳运动，青藏高原大幅抬升，印度洋的西南季风（其运行高度只有 3500 米），再无可能越过青藏高原进入新疆塔里木盆地。加上盆地东、西、北面也有高山隔阻，太平洋、大西洋湿润气流也无法进入，盆地内很难形成降水。因此，从地质年代上新世末更新世初，塔里木盆地干旱气候即已形成。极少降水、冷热变化剧烈、风沙活动频繁。

地貌地理学家们在罗布淖尔荒原台特马湖以南、罗布淖尔湖盆中心曾分别钻井，通过孢粉分析，得到的结论是：去今二万年以来（晚更新世至全新世），古代植物与现代植物种类、群落基本一致，不见喜温的蕨类植物孢子，而以耐旱、耐盐的麻黄、藜、蒿含量为多，最高可达孢粉的98.2%，说明这时期，罗布淖尔地区是明显的干旱气候环境。[1]

（二）罗布淖尔地区，地势低凹，是塔里木盆地内众多河流的汇聚中心，古代曾是泽国，罗布淖尔湖面积最大时曾达二万平方公里。清朝末年，仍达二千多平方公里。塔里木河、孔雀河、车尔臣河等是其主要补给源，历史上入湖水量盛大，随历史进展而入湖水量日愈减少，终至断流。

以罗布淖尔湖最大补给源塔里木河为例。关于塔里木河水量，历史上没有精确测量、统计资料。徐松《西域水道记》（成书于1823年）描写“塔里木河，河水汪洋东逝，两岸旷邈弥望”，可以看出水势之盛大。

20世纪50年代，在塔里木河主要支流和田河、叶尔羌河、克孜尔河、阿克苏河汇流处的阿拉尔水文站统计，塔里木河年流量为56.2亿立方。因为上游用水量增加了17.1%，至1994年，下泄流量只有39.4亿立方。上、中游用水量，至20世纪90年代，已超过塔里木河总水量的90%。塔里木河下游已出现了用水危机，阿拉干、罗布庄出现了干涸无水情况。

这类情形，成书于宣统三年（1910年）的《新疆图志》就曾记载：“塔里木河下游罗布庄各屯，当播种时，上游库车迤西，城邑遏流入渠，河水浅涸，难于灌溉。至秋始泄水入河，又苦泛滥。”河的下游，播种需水季节，不能保证灌溉，秋收不再用水之季，水则大流至达泛滥。

新疆大地无雨，农业悉凭引河水灌溉。处在河流尾闾地带的罗布淖尔大地，一旦出现全疆各地农业生产大发展的形势，命运会是十分

1　夏训诚主编：《中国罗布泊》，第134—136页。

可悲的。

楼兰古城，主要补给源是孔雀河。1921年塔里木河冲决轮台大坝，塔里木河经拉因河入孔雀河，水势一度盛大。1952年，在拉因河上筑坝，河水重归塔里木故道，入台特马湖。孔雀河出铁门关后，主要灌溉了库尔勒、尉犁绿洲，20世纪50年代后，库尔勒、尉犁农业不断扩大，孔雀河下泄水量趋少。1958年“大跃进”，修普惠大坝，截水灌普惠农场。20世纪70年代后，更截孔雀河水济塔里木河，孔雀河渐至断流。[1]

以上分析楼兰兴废、罗布淖尔变迁，引述了两大段相关气候、水文研究资料。所以如是，在于人类活动既可影响环境，又深受环境制约，彼此不能分割。分析历史时期古代绿洲和城镇的兴废、发展，必须遵行这一基本原则。

从气候角度观察，自二万年前至今，新疆大地就是一个十分严酷的自然地理环境。从干旱地区农业经营特点分析，人类所在绿洲，其兴衰、变化与水关系至密。而水的变化，不在于冰川雪水减少，而在于全流域中水的再分配、使用，完全受人的干扰。人类有组织的干扰，导致水资源不断被重新分配。而这一点，立即足以导致一个古老绿洲的毁灭，一个新兴绿洲的繁荣。

古代人口稀少时，罗布淖尔荒原、孔雀河水系内，曾是人类理想的生存空间，自一万年前的新石器时代至四千年前的青铜时代，直至西汉，可说都是如此：水足、草丰、林木茂盛，可渔可牧，得以发展农业生产。青铜时代的古墓沟墓地，一个聚落人口只有43人。孔雀河中下游最神圣的一处墓地——小河，前后持续数百年，全部墓葬也才200多座（共发掘167座，加上被破坏者），一墓一人，从墓地透视聚落人口，也是不多的。据《汉书·西域传》粗略统计，西域各绿洲王国人口，汉代总共也不过二十多万人。如是广阔的空间、充沛的水源、稀少的人口，生存状况自然是可以无虑的。两汉时期，汉王朝政府可以在这片地区驻军、

1　同前注。

在地旷人稀处屯田，保障使节、商旅来去，也充分显示这一绿洲可以接纳的广阔空间。

楼兰城内出土的大量汉文简牍，止于公元4世纪30年代。一般都同意作为西域政治中心的楼兰故城的陨落就应该发生在这一时段之中。

关于楼兰城废弃的原因，有多种观点。不同学科的研究者各有视角。但任何一个重大的社会变化现象，都不会是个别因素作用的结果，而必须从多个角度综合剖析，方可望恢复历史的本来面目。

苏联地质学家西尼村在20世纪50年代考察过罗布淖尔地区后，发表了《亚洲中部气候变迁中的大地构造因素》[1]，提出罗布泊地区"吹蚀作用的加强，沙漠面积的扩大，河水水量的减少，植物的衰亡及人类与动物生存条件的恶化"是所有变异的根本点。美国地理学家亨廷顿（Elsworth Huntington，1876—1947）和德国人特林克列尔（Emil Trinkler，1896—1931）持有相同观点。在分析楼兰绿洲的废弃时，持论精神与此一致，但表述得更加直接、具体："关于楼兰城及其周围遗址废弃原因……河道变迁可能是最直接和最重要的"，"楼兰故城的废弃时间，基本上就是孔雀河下游改道断流的时间"。[2]

其实，从前述钻井孢粉分析，可以看出二万年以来，这片地区就一直是一个干旱的环境。这一过程中，或有短时期的水量变化，风沙活动异常，局部地区生态的改变，但都是一个大的干旱环境下，有限地区、有限时段的变化，并不存在持续、不断变干的情形。干旱环境是地质年代就已存在的现实。罗布淖尔地区已获文物、考古资料表明，青铜时代的罗布淖尔人面对的就是一个特别干燥的环境。这一时段，古尸屡见，就是生动说明。人口增加，农业发展，绿洲扩大，大概恒定的冰川融雪水，在人口稀少时，可以满足人类及其生存环境的需要，而在人口大增后，自然流淌的水系，就在不断的蓄水、引水、灌水工程中，变得不再

1　B.M. 西尼村：《亚洲中部气候变迁中的大地构造因素》，《地理译报》，1956年第4期，第260—267页。

2　夏训诚主编：《中国罗布泊》，第229页。

能自然流淌。局部，尤其是河流下游缺水、无水，就会成为不可避免的结局。这时，曾有的绿洲就有可能变成荒漠。

在具体分析楼兰古城兴废时，除了要关注上述提及基本的，虽处在变化中但却是早就存在的环境因素外，绝不可以疏忽古城当年曾经面对的社会政治形势变化。

公元 4 世纪初，晋朝统治趋于崩毁。中原动荡，士民西走，日月相继。统治河西走廊有年的张氏家族军政势力膨胀。公元 314 年，晋封张寔为“都督凉州诸军事、凉州刺史，领护羌校尉、西平公”，西域诸国悉在其统治之下。公元 323 年，张骏更受封为“凉王”“西域大都护”。公元 324 年，前凉王张骏击败赵贞。公元 327 年，前凉在吐鲁番地区设置高昌郡。公元 335 年，张骏派军击降焉耆。焉耆、车师前部、于阗、鄯善都入贡于前凉。河西、西域悉入前凉版图。公元 4 世纪 30 年代，新疆形势如是变化，直接效果之一，是自河西走廊进入西域的交通线路发生了相当大的改变。

前凉张氏集团攻高昌，降焉耆，控制鄯善、于阗，目的同样是控制丝绸之路新疆段，以获取丝路贸易利益。当楼兰、吐鲁番、焉耆均已入其直接控制之下时，立即会面对一个具体问题：由河西走廊进入塔里木盆地，是一仍其旧从敦煌入楼兰，沿孔雀河西走焉耆，还是由河西走廊入伊吾、高昌，再进入焉耆？前者是汉代以来的传统老路，但沿途戈壁、沙漠、雅丹，缺水少草，交通补给不易；后者则路途比较平坦，绿洲聚落相继，路况、供应较之楼兰道要平顺得多。

为拓展丝路贸易计，前凉的抉择是变易交通路线，开拓自高昌入焉耆的新途。因此，在平定赵贞后，立即在吐鲁番绿洲内设高昌郡。军政重心移置高昌后，原踞楼兰的西域长史府自然撤守。河西走廊过楼兰入塔里木盆地的路线，转移为经过高昌西行。楼兰在丝路上重要的政治、经济地位，自此不复存在。可以说，楼兰之兴、衰，核心因素就在其丝绸之路冲要地位的起、落上。楼兰名城，成兴在交通，衰废也在交通！

西域长史府不居楼兰，与丝路交通密切关联的屯田、农业生产中心他移，有组织的、严密而强大有力的灌溉系统罢废，馆驿、邮置等与丝路相关的接待、通信联络设施撤销，会很快使楼兰绿洲从繁荣、兴盛转为衰颓、冷落。这是不会以人们意志为转移的经济生活现实。随着楼兰的逐渐沉落，高昌的中心地位冉冉升起。后来的高昌王国和隋唐时期盛极一时的西州文明都是与此密切关联的。

楼兰绿洲之衰落，实际也是一个逐步发展的过程。

晋十六国、南北朝以后，不少考古资料表明，经过孔雀河绿洲的交通路线，偶尔还有商旅在走动。1980 年，新疆考古所考古队在罗布淖尔湖东北一处山梁上，发现过“开元通宝”970 多枚，出土古钱不远处的山坡上，还有一条古道痕迹。灰黄色土路，在深色砾石地貌夹峙下，相当明显。这近千枚古钱遗弃在路边，既表明唐代这条路还可以通行，也表明在这条路上来去的行旅，确又是十分稀少。

唐代，这条路线还可以通行，也有历史文献的证据。公元 7 世纪中踞于吐鲁番盆地的高昌王国，在西突厥支持下，垄断丝路交通，重税盘剥。焉耆王国就此曾建议李世民，重开经过楼兰绿洲的“碛路”，撇开高昌。这会伤害高昌、西突厥的经济、政治利益，于是直接引发了公元 639 年高昌与西突厥处月、处密部联兵，攻击焉耆，陷焉耆五城，大掠居民的事件。但这件事也表明一旦有需要，经过楼兰西行，入焉耆的“碛路”，重新利用还是存在可能的。这也说明，唐代时孔雀河下游并没有断流，如果已断流，无水无草，还怎么可能行走？

其实，孔雀河下游断流是 20 世纪 50 年代后，上、中游不断截流灌溉、筑坝、堵水，引孔雀河水入塔里木河、济铁干里克绿洲，才出现的。孔雀河最后断流在 20 世纪 60 年代以后，是人们有意识改变其流向，才出现的严酷现实。

在极度干旱地区，不论自然绿洲，还是人工绿洲，其生命都是脆弱的。改变其生存状态，导致其兴衰，最有力的因素是人，是人类社会有组织的力量。楼兰古城、孔雀河尾闾三角洲的兴盛、衰废，十分生动地展示了这一真理。认清这一过程，不仅可以帮助分析古代文明、古代城镇的历史发展轨迹，尤其可以吸收到历史的教训：人类文明的兴衰，关键的因素，实际还是在于人类自身，在于人们如何对待自然、对待社会。这才是最最根本，最最要紧的。

五　其他几个相关问题

一百多年的楼兰考古，提出了许多需要关注的问题：

第一，扜泥、伊循与楼兰故址所在，存在密切的关联性。扜泥，是鄯善王国的都城，我已在前文中指明，它的故址当在若羌。这在《汉书·鄯善传》中，本来是十分明确的："当汉道冲，西通且末七百二十里。"这一地理位置，只能与若羌绿洲相当。黄文弼先生于20世纪50年代，在今若羌县城南6—7公里处，曾获见"且尔乞都克"古城，周720米，黄氏判其为扜泥故址所在。[1]但今天已难觅其踪。

同时，在《汉书·鄯善传》中，提到鄯善，"国中有伊循城，其地肥美"，汉王朝曾应尉屠耆之请，在伊循屯田。鄯善国都在若羌河绿洲，则国内可称"地肥美"的所在，只能是东80公里的米兰河绿洲。它濒河、土肥（土层厚15米）。在米兰遗址区，20世纪80年代后，不仅发现了设计合理的灌溉渠系，[2]还在傍近发现了一区汉代遗址，近十万平方米的范围，多量汉式绳纹灰陶片、西汉五铢钱、三棱形铁镞等，与伊循都尉府故址，可以呼应。[3]

依《水经注》等后期史籍中关于伊循、扜泥的比较混乱的文字记录，伊循屯地的确定、扜泥故址所在当可厘清。

楼兰、扜泥、伊循城作为鄯善王国境内三个城镇坐标点，明确后，

1　黄文弼：《新疆考古发掘报告》，第48—49页，文物出版社，1983年。

2　饶瑞符：《汉唐时代米兰屯田水利初探》，《水利史研究会成立大会论文集》，水利电力出版社，1984年。

3　塔克拉玛干沙漠综合考察队考古组：《若羌县古代文化遗存考察》，《新疆文物》，1990年第4期。

有关史籍文字可以条理顺畅。至于斯坦因发现并标示为 LE、LK 的两座古城，规模不大，LK 与邻近的 LL、LM 等遗址，地处楼兰与伊循之间；LE 居楼兰古城东北，是楼兰保卫东北方向安全的一区军事性质城堡，城内除偏北位置有一座方形地基建筑外，不见其他居址。这两座古城，与楼兰成掎角之势，利于防卫。从地理位置观察，与汉晋西域长史府属下的军事屯田机构存在关联，其时代当在东汉以后。

第二，关于罗布淖尔湖游移问题。自斯文·赫定提出罗布淖尔湖以一千五百年为周期南北方向游移后，这一观点产生了巨大影响。这虽不是考古学的研究范围，但又与楼兰考古、楼兰古代文明的研究存在一定关联。20 世纪 80 年代以来，罗布淖尔地区的综合考察在罗布淖尔湖是否转移的问题上，已取得重要进展，所以在此也稍予涉及。

根据湖区勘探测量资料和湖底沉积物年代及孢粉分析资料，可清楚结论：罗布淖尔湖水没有发生过游移，也不可能发生游移。从罗布泊湖心钻探取得的沉积物及孢粉，证明自二万年以来，罗布淖尔湖沉积作用一直持续未停，始终是有水环境。地形测量，湖盆所在是塔里木盆地的最低点，海拔只 780 米。因此，是盆地自然的汇水中心，其海拔高度较喀拉库顺低 10 米多，湖水不可能倒流进入南边的喀拉库顺湖。由于入湖泥沙含量少，湖水干涸后形成坚硬的盐壳，用金属工具砍挖都极困难，大风也极难吹蚀，湖底地形，难能发生吹蚀变化，因而难以出现斯文·赫定逻辑推论下的水体游移。罗布泊水体大小变化，主要受补给源影响。当塔里木河汇入孔雀河，流泻入罗布泊时，沿途湖沼很少，水量损耗也少，罗布泊水体会比较大，位置也偏北；当塔里木河南流入台特马湖、喀拉库顺湖时，罗布泊水体会相对缩小。罗布泊，从历史上观察，只有形状大小之变化，而无游移他走的可能。[1]

第三，鄯善王国境内，尤其是尼雅出土文物中，随处可以见到贵霜的存在。楼兰出土之佉卢文简牍提到在楼兰（Kroraina）城中有贵霜

1　夏训诚主编：《中国罗布泊》，第 233—240 页。

之“军侯”。他们占有不少土地，可以出卖。简文中有“朕”“伟大国王”的自称。那么，这所谓的“朕”“伟大国王”，与东汉、魏晋时期实际控制、管理楼兰古城的西域长史府是什么关系呢？进入鄯善王国境内的贵霜流民，究竟是什么实态？是真正的“朕”“伟大国王”，还是不过只是失国流亡贵族头脑中的历史记忆？揆诸相关史实，在贵霜失国，部分权贵、军民在故土没有立足之地后，又来到了他们祖先月氏人曾经活动过的故土，在经过鄯善收容、取得立足之地后，却仍然念念不忘往昔曾有的光荣，不忘在生活中仍以“朕”“伟大国王”自命？这是一个很值得认真清理的问题。在一国之边裔，相邻国土内发生重大政治、军事变故，是很容易受到波及的；特定情况下，也会成为失国统治集群的寄寓之地，历史、现实都不难觅见这类实例。贵霜在楼兰、鄯善王国境内存在的故实，可以算是例证之一。目前需要更进一步集中、梳理相关的考古文物资料，将此问题推向更深入的研究。

第四，罗布淖尔地区、塔里木盆地南缘沙漠之中埋藏着太多的历史遗存。站在亚欧内陆看中国，从中国全局看西域，对于加强这一地区的科学、严谨、细致的考古工作是十分必要的。过去曾长期制约相关工作展开的物质条件已经改观，有计划地开展这方面的工作已经成为可能。以罗布淖尔地区为例，如果先行组织室内研判，利用遥感地图，分析水系；依循水系，细致部署，对文物考古遗存展开认真踏查，不求速度，但求严谨；在将遗存情况摸清后，选择个别、少数点，进行有计划、科学的发掘；在对发掘资料进行多项学科的分析认识后，更须作验证，展开新一步的野外工作。如是，积以时日，持之岁月，当可揭开楼兰大地考古文化的全新一页。楼兰考古如此，若羌、且末、安迪尔、雅通古斯……一步步，均可依次推进完成。这些考古工作对西域早期文明史、中国史、欧亚内陆史研究都将有重大的贡献。笔者在新疆考古征程上跋涉一生，体会良多，能如是做，当可无愧于“新疆考古”这一称谓了。

2009 年 9 月初稿于北京，2010 年 2 月改定于上海

我所亲历、了解的罗布淖尔考古碎片

小　引

这是我想过，但决定不提笔，可思虑再三，又认定还是应该写的一篇文章。

曾想过，任何社会现象，都有它出现、存在的理由。新疆考古人，总会想着新疆考古的事业。没有必要苛责曾在相关工作中出现过的个人，尤其是已经谢世的奉献者。最后决定要写，是想，所有现象背后，都有可以汲取的精神财富。尤其，部分事件中的众多角色里，我又曾是关系人甚至是关键人物之一；不应该将许多值得吸取的文化营养，让它们稍稍寂灭。毕竟，笔者已届望九之年，最后化为飘散的轻烟，时间也不会太久了。将这些亲历、亲见的故实，留给现实的世界，助有机会也有兴趣翻读这篇小文的同道、友人，多一点素材、思考西域大地考古研究艰难前行的步迹，应该还有一点积极的意义。

一　难得机缘，新疆考古人步入罗布淖尔

作为在新疆考古舞台上踯躅六十多年的考古人，对罗布淖尔大地，自然是心怀难以言说之特殊感情的。1965 年前后，因不知罗布淖尔已处于特殊环境之中，曾向当年新疆科学院领导人谷苞教授请命：能否让我前往罗布淖尔一行？还记得谷苞老师听后，相当平静地告我："那是军事禁区，不能进入了。"自此，好像就断了这个念头。

改变，发生在 1979 年。当年，中央高层领导同意了日本 NHK 希望与 CCTV 合作拍摄"丝绸之路"电视纪录片的请求。绝对没有想到的是，这个多少人想吃的"馅饼"，猛的一下竟砸在了我的头上！

1978 年，"改革、开放"，对中国人民至深至巨的战略转变也很快影响到了表面看去与现实比较疏离的考古领域。

1979 年，奉命，我被借调到了中国社会科学院历史研究所，助马雍先生筹备"中亚文化研究协会"，请相关专家讨论《中亚文明史》提纲（联合国教科文组织的课题）。这次工作，留下了一篇马雍、王炳华合著的《公元前七至二世纪的中国新疆地区》（刊于《中亚文明史》英文版第二卷，1983 年），成为值得纪念的一章。

1979 年 10 月 23 日，比较具体听到消息：中日合拍"丝绸之路"电视片，是国家最高领导同意、批准，它表现历史，也呼应现实。丝路，不可能离开新疆考古。友人好意嘱我："你应该有点思想准备。"

10 月 24 日，中亚文明讨论会还在进行中，当时，新疆考古所负责人穆舜英也在会上。夏鼐先生是主持人。晚间，夏先生突然找到我，认真告诫了三点：在大沙漠中考古，可以调查，不宜发掘；真有发掘的必要，一定要以抢救为主；如发现古尸，宜在干燥环境中保存、保护。他没有向在京的新疆考古所领导说这些意见，也没有说我可能要去罗布淖尔，而只是严肃地对我提醒。当时相当纳闷，但不便多问。夏先生在和我们这些学生说话时，从来都是不苟言笑的。

10 月 26 日，通知我离京返乌。稍后，CCTV 摄制组几位工作人员，

图 2.1　20 世纪 70 年代末，中国学者进入罗布淖尔考察。发育中的雅丹，让人深深感叹行路难（摄影李广宽）

也到了新疆，住在新疆军区招待所，电话约见。负责人是屠国壁，还有几位，没有记住大名，但王纪言后来成为香港凤凰卫视负责人之一，大名屡见，自然有了印象。屠国壁兄是初见，面对这一不平常的拍摄任务，他的兴奋之情溢于言表，彼此可以说是相见恨晚、洽谈甚欢。他希望我帮助设计拍摄点，一定要找到楼兰；又，无论如何困难，要找到一处早期墓地，发掘到一具西方学者早有过报道的女尸；说这是日方再三表达的愿望，也会是电视片的卖点。内心虽清楚知道，在考古工作中，这是无法确定的结果，但也满口应承；毕竟，步入罗布淖尔的心愿，终是可以实现了。屠国壁在面商十分顺利的情况下，还动情地说：除他们负责一切经费外，核试验地，谁也没有进入过，污染是免不了的，工作完成后，要让现场工作人员到国内最好的疗养地，作适当健康疗养。时间可与野外工作时日相同。这是我们僻处新疆，从未听过、也没有想过的奢望。自然也禁不住传达给了和我同入沙漠进行野外作业的所内同人。那曾是我们大家十分兴奋的一天！

为落实相关工作计划，11 月 6 日，我受命专程去了马兰。

11 月 7 日，见到了基地指挥部内定随我们工作的陈书元，一位团级、负责宣传的参谋，和负责后勤事务的邓处长，熟悉地理环境的许主任。11 月 8 日晚，得见回到基地的司令员张蕴玉将军。因为有过中央的指示，一切都十分顺利。除特别指示要工程处处长王宏超具体介绍他曾注意过的古代文化遗存情况外，特别强调：所有进入人员，必须遵守基地规定，不得随意乱走；一些地点是绝对不能进入的，必须听从陈书元的指挥。

图 2.2　王炳华（右）在基地战士帮助下做记录

11 月 10 日，返回乌市，组队，准备进入罗布淖尔荒漠。

11 月 16 日，率队走向马兰。工作成员有吐尔逊·艾沙、伊弟利斯、邢开鼎、常喜恩、侯灿、刘玉生、陈树德。在了解考古所取得了进入罗布淖尔工作的机会后，中科院系统彭加木、黄盛璋、王守春、夏训诚，气象局李江风等学者，千方百计希望可以一道进入，甚至说了“用随队工人”的名义也可。渴望进入罗布荒原考察的激情、真情，非一般文字所可形容，但彼此心里相通，在已经有了基地领导的积极支持后，心中有了数，对虽与考古没有直接关系，但对认识罗布淖尔大地均是不可或缺的相关学科专家，自然一律冠以“顾问学者”的名义，浩浩荡荡，走向了罗布泊。

具体任务有二：一是摸准楼兰故址所在；二是找到一处早期墓地，最好能发现保存完好的古尸。

我带队找墓地，实施发掘；考古所常喜恩、侯灿及随队进入的彭加木、黄盛璋、夏训诚等，在基地工作人员陈书元、张占民等带领下，觅路进入楼兰城，不进行任何考古工作，只为稍后会开展的电视片拍摄提供准确现场。

在我们找到古墓沟进行发掘时，进入楼兰的同道已凯旋。参观过发掘现场后，彭、黄、夏等各位，希望可以在周围进行地貌、河道、植被等科学考察，不浪费这难得的宝贵机会。他们都是学有所长、术有专攻的专家，相关愿望既十分合理也更有意义。我这个负责人自然也是完全支持、同意的。侯灿提出要与黄盛璋一道考察，不参与发掘，我也同意。

谁知，这却犯了基地管理的大忌。张司令员在得知相关情况后，十

图 2.3　古墓沟发掘测绘，站立者为王炳华

分恼火。这么一批人突然消失在基地管理人员鼻子底下，被视为一件有可能影响基地安全的事故：司令部向周围单位发了“协查”文件；一点不客气地严令，我“不得随便离开电话”；同时，害怕出现意想不到的问题，还安排了直升机、医护人员，可以在不测情况下救人。大概10天后，彭加木一行，沿孔雀河谷愉快西行后，终于出现在了库尔勒一家理发馆中，情况立即报告到了基地，这才为这件事故画了句号。这是1979年楼兰考古中发生过，但从未向外道及的花絮。我之所以细说，是因为侯灿教授在其《论楼兰城的发展及其衰变》[1]一文中称：为研究楼兰，他于“1979年11月和1980年4月，两次深入罗布泊腹地进行考古考察和调查”；还说：“1979年11月29日至12月7日，除笔者（侯自称）外，参加考察的还有彭加木、黄盛璋、王守春、夏训诚……等24人”。将考古所主要成员实施着的发掘任务，不仅疏忽未提及一字，又将随考古所入罗布泊地区看看情况的顾问们，介绍成了是与他同行完成“考古”任务。其文字有点含混，但希望传达的信息还是清楚的。这实在是一个让人无法理解的失实。这原是我十分不愿意提起的插曲，但如果按上引的叙述介绍新疆考古人1979年的罗布淖尔考古，不仅完全背离了事实，而且真正在1979年辛辛苦苦进行过的调查、发掘工作，就成为一个无法向学界交待的域外异谈了。

二　1979年，新疆考古人罗布淖尔考古纪实

1979年11月17日，在中央的重视下，在考古工作人员十分认真但具体难说充分的准备下，我们开始了新中国考古工作者的第一次罗布淖尔考古。

应该感谢核试验基地各级领导的支持、协助，这第一次的罗布淖尔

1　侯灿：《楼兰文化研究论集》，第20—52页，新疆人民出版社，1995年。

图 2.4　王炳华一人独自发掘老开屏汉墓

考古，还是取得了成功。个别工作，深层改变了对罗布淖尔古代文明的传统认识。主要收获有四：

（一）在老开屏附近一处比较开阔的裸露河滩上，发现了一处旧石器时代晚期遗址点。共采集打制石片、刮削器、砍砸器 23 件。[1] 考古者为王炳华、吐尔逊、邢开鼎。笔者在《孔雀河青铜时代考古文化》一文中，曾有简单介绍。[2]

（二）踏查、发现、全面发掘了青铜时代墓地“古墓沟”。墓地深埋在厚 40 厘米沙土下，保存完好。对认识罗布淖尔地区早期文明，及古老欧洲居民南下的历史，有无可替代的价值。[3]

（三）全队全力踏查、觅求孔雀河北岸早期墓葬遗存的过程中，笔者在孔雀河北岸发现一座汉墓。竖穴沙室，丛葬。出土大量汉代锦、绸。

1　相关标本，存新疆文物考古研究所。相对年代，曾请法国科研中心 315 所旧石器研究专家观察、鉴定，初判，时代在去今两万年前后。北京联合大学有学者希望进一步研究，但论文仍未见刊布。

2　王炳华：《孔雀河青铜时代与吐火罗假想》，第 7 页，科学出版社，2017 年。

3　王炳华：《古墓沟》，新疆人民出版社，2014 年。

图 2.5 古印拓片，1979 年得之于楼兰工作过程中

这是笔者独自一人进行的清理，后由吐尔逊绘图。相关资料见《罗布淖尔地区东汉墓发掘及研究》，署名吐尔逊、文字整理王炳华。[1] 相关墓葬揭示着东汉时由白龙堆循孔雀河西走的具体路线。

（四）获得一件值得深入分析的古印拓片（图 2.5）。基地司令员张蕴玉命秘书硃拓印文多方，嘱我“请人研究，告他结果”。我在离开罗布淖尔后，曾广请古印专家鉴定，均以“不识文字”为复。目前，手头已只存硃印拓文一片，未敢再释手。印方形，每边 2.5 厘米，全印形制，未得可能入目，因而印质、印纽等细节，均不详。从印拓清楚之文字看，似与汉字有关，但又绝不是汉文。[2] 楼兰所见印章虽不是我们发现，但对深一步探讨古楼兰的历史，无疑有十分重要的价值。待我思及这些问题，苦寻已经离休的张蕴玉将军时，不意老人竟已病逝，这成了笔者至今难以平复的遗憾。

1979 年的楼兰考古，结束工作时是极不愉快的。发掘、CCTV 现场录像完成。但组队时的承诺（什么野外补助、相当于野外工作时间的疗养等），虽言犹在耳，具体却成了一个彩色的画饼。原因是屠国壁作为总负责人，并不管钱；管钱的制片却去了他处。最主要的是当时真没有留下什么文字的协议或合同，只是口头议定：君子一诺！作为现场工作负责人，请示考古所领导，指示：“不能让步，要据理力争，因为工作还要继续。”据理力争也没有什么好结果，只有“被愚弄”“被欺骗”的感觉满溢心头。而且身后还有一批与我一道吃了不少沙，受了不少累

1 《新疆社会科学研究》，1993 年第 1 期。

2 参见汪涛、汪海岚：《安瑙印章及其引出的问题》，《西域文史（第六辑）》，第 79—88 页，科学出版社，2011 年。

的同人。对自己的失误，只能以承担责任，退出这一项目为结局。事隔多年后，作为欣赏彼此工作的友人，屠国壁曾经坦言：他有失误。但制片他去，已经没有办法挽回了。

一度轰轰烈烈的、大家关注的楼兰考古行，个人真完全没有想到会是刚刚开始，却又戛然而止。一些可以深谈的友人，曾穷诘具体原因。在明白原委后，没有想到的是，他们竟有相近、相同的分析：罗布淖尔考古，是众人企盼的好舞台，希望有可能在这片舞台上一展身手，也可以一展身手的人，是并不少的。凭什么你去当这个头？更让我汗颜的话语还有：你并不明白，你根本不是一些人的对手。还是退出这小舞台，集中心力，做其他可以做的事，好多了！

初进罗布淖尔，背后，曾得到过不少师友的帮助。刚进就退，有过遗憾。但深一层想，真也不是什么不好的发展，摔过这一跤，总是成熟了一步。细想友人的忠告、剖析，权衡利弊，1979 年后还真是一次也没有参加过新疆文物考古部门组织的罗布淖尔考察活动。

罗布淖尔大地，近代，在中华民族知识精英认识华夏历史、认识西部世界历史的重大事业中，真可以说是一片伤心地。要做好罗布淖尔这篇文章，十分需要中国历史、考古学者真诚协力、同心，才有可能更快、更深一点觅得其真谛。但实现这一目标，从具体过程剖析，我们前行得真是相当艰难，相当艰难！

三　1980 年的罗布淖尔考古收获

这一年，新疆考古人继续配合 CCTV 的电视片拍摄，做了不少工作，取得了重大成果。穆舜英、侯灿于此有过著作、文章。[1]本文，只条列

1　穆舜英：《神秘古城楼兰》，新疆人民出版社，1987 年；《楼兰古墓地发掘简况》，《楼兰文化研究论集》，第 122—127 页，新疆人民出版社，1995 年。侯灿执笔《楼兰古城址调查与试掘简报》、《楼兰城郊古墓群发掘简报》，均署名“新疆楼兰考古队”，《文物》，1988 年第 7 辑。

其梗概，以便局外人把握楼兰考古之进展轨迹。

这一年的楼兰考古，根据 CCTV 拍摄丝路的要求，分为东西两路。东路由穆舜英领队，自敦煌西行，至楼兰。希望可以多少感受先贤们曾经的艰难历程。西路，先入楼兰，执行考古任务，为 CCTV 准备拍摄现场。

穆舜英主领楼兰考古东支考察队，由兰州部队及新疆基地部队承担护送、后勤的责任。行进具体路线，大方向是离敦煌、出玉门关、过三陇沙，缘疏勒河西行，至龙城雅丹，过土垠，抵楼兰。

途中重要收获是发现铁板河古冢，中有保存完好的女尸，即日本学者习称的“楼兰美女”。在铁板河转龙城雅丹途中，又发现、采集近千枚保存完好的“开元通宝”，是唐代丝路仍然可行的明证。

进入楼兰后，穆舜英总揽了楼兰拍摄的相关任务。参加工作的人员还有艾尔肯、陈树德。

西支考察队，由乌鲁木齐直抵楼兰古城。参加工作者有吐尔逊、侯灿、吕恩国、邢开鼎等人。穆舜英称这一分队“领队为吐尔逊”“侯灿协助”，侯灿则坚称具体负责人是他。主要成果除调查、测绘、记录楼兰城遗址全貌外，以侯灿为主发掘了“三间房”西南的西域长史府垃圾弃置处，新获简纸文书 60 多件；吐尔逊、吕恩国调查、发掘了古城东北两处墓地，获多量汉代文物。邢开鼎测了全图。大家均有不俗的奉献。

任何一项考古工程，有领队承担责任，但成果总是相关团队共同努力的结晶，参与工作的每个人，都有实质的奉献。对此，也是应该具体说明的。这既是对一线工作者的尊重，对知识产权的尊重，也可以让具体工作者意识到自己的责任。但这在当年号召大家要做“驯服工具”“不追求个人名利”的时代，稍不注意，也真会是许多人成了“螺丝钉”，而个别可以主事的领导，则成了全盘通吃的大赢家。这是值得研究的一个问题。

作为楼兰考古之余波，还有一个插曲，可以在这里一提。1994 年 10 月，瑞典斯文·赫定基金会负责人罗森教授和奎尔沃斯特、阎幽碧先生，曾专程访问过新疆考古所。罗森教授面告：新疆库尔勒地区“楼兰文化研究会”会长穆舜英，作为“新疆研究楼兰文化的学术代表人”，曾与基金会联系，希望合作，在罗布淖尔地区展开全面深入的考察、研究；另有侯灿教授，也曾与他们联系，他作为“研究楼兰的专家”，愿意与瑞典合作，深一步展开罗布淖尔地区考察、研究。条件都是希望瑞典在经费一环提供支持。考古所，自然只能一听，而此后也未见下文。由此联想：相关楼兰研究活动，如果进行，“楼兰研究专家”、重要考古活动的负责人，这深具光彩的头衔，也确是可以发挥不可轻估之影响的。

四　1988 年新疆考古所的罗布淖尔考察

两年的楼兰考古，随 CCTV 拍摄任务完成，复归沉寂。再一次主动进行的较大规模考察，已到 1988 年。因应旅游开发要求，国家文物局指示，新疆文物局具体组织、领导，新疆考古所负责实施，对罗布淖尔地区进行较大规模考古调查。这次调查，伊弟利斯任队长，艾尔肯、雷永公（来自兰州军区第二测绘大队）任副队长。主要成员有张玉忠、刘玉生、刘国瑞、陈树德及王健（新疆军区通讯团）等 23 人。工作时间自 4 月 6 日至 5 月 2 日，历时 22 天。主要任务是踏查自米兰至楼兰一线遗址，找到斯坦因编定的 LK，摸清环境及沿途交通情况。

具体考察了米兰吐蕃古堡，傍近的吐蕃墓地、米兰佛寺群、米兰古灌溉渠系、墩力克烽燧遗址，找到并详测了 LK 古址及傍近的遗址、水道。LK 工作结束，北行，穿过荒漠进入楼兰故城（LA）。

重要收获：

1. 详查、测绘了 LK 古城。此为国内首次。地在 E 89°40′52″ × N 40°05′15″ 处。东北距楼兰 50 公里，西南距米兰 114 公里。城址长方形，东墙长 163 米、南墙长 82 米、西墙长 160 米、北墙长 87 米。城址西南 300 米左右，有大片炼渣。城内存少量建筑遗迹。

2. 自米兰抵楼兰，直线距离约 164 公里。实际踏查行程达 300 公里。

途中荒漠、盐漠、戈壁、雅丹相继，行进相当艰难。汽车每小时只能前行 4—10 公里。

3. 墩力克烽燧：位于米兰东约 35 公里处。方形，残高 5 米。夯土。夹红柳、胡杨枝，叠筑，烽傍有半地穴式房舍 4 间。[1]

从 LK 形制、规模、地理位置来看，它作为 LA（西域长史府）与米兰（伊循屯地）间的交通联络点，是合理的；而作为统治当年西域大地政治、经济全局之“西域长史府”驻地，并不合适。

考古所这次考察，尤其是对相关交通路线的实际踏查，给人深刻印象：西汉王朝公元前 77 年，铁腕处理亲附匈奴之楼兰王安归，南迁楼兰于阿尔金山脚下的扜泥，改名“鄯善”，实际是利用步骑难越罗布荒漠的特点，使匈奴骑兵无法逞其勇。汉王朝直接统治这片地区，在楼兰故土建居卢訾仓，以保证交通东西所需的给养。长史所部以逸待劳，匈奴阻绝汉通西部世界的企图，将再难实现。罗布淖尔大地的历史，真正揭开了新页！

五　探索塔克拉玛干沙漠环境变化，再进罗布淖尔荒原

1979 年我初涉罗布淖尔考古，旋即又自觉离开，但内心对楼兰考古的思考，并未停息。

1980 年，应中科院沙漠地理研究所之邀，参与了他们组织的“塔里木盆地历史时期沙漠化研究”课题，希望以考古为切入点，观察历史时期考古遗址兴废与罗布淖尔环境变化的关联。

真正投入较多精力进入罗布淖尔相关科考活动，是 1989 年国家科委立项进行的“新疆塔克拉玛干沙漠综合考察”课题。其下有子课题“塔

1　楼兰文物普查队：《罗布泊地区文物普查简报》，执笔张玉忠、伊弟利斯，《新疆文物》，1988 年第 3 期。

克拉玛干沙漠古代城镇兴废——人类活动与环境变化的关系”，笔者受命为课题负责人，成员有刘文锁、肖小勇，松散联系成员何德修、钱国旗等。这一课题之设立、展开，得之于当年国家科委宋健主任睿智的决策。

课题持续有年，得机会全面梳理了塔干沙漠周缘诸多古代城镇的相关资料。涉及罗布淖尔地区，重点考察了米兰河、若羌河、且末河流域诸多城镇遗址：如米兰河下游古代灌溉渠系，发现了汉代伊循都尉府故址、扜泥城傍近残留之遗迹、安迪尔古城，寻找且末县境塔地让河下游可能的且末故城遗址等。主要收获是：

1. 饶瑞符首先发现、报导了的米兰河下游古代灌溉渠系遗迹。因为渠址叠压在东汉以后的佛寺下，可以判定古渠为汉代遗存，纠正了称渠址为“汉–唐时期遗址”的误判。逻辑可推定与汉代伊循屯田有关。[1]

2. 发现可能为汉“伊循都尉府”故址。地在米兰吐蕃戍堡东偏南 5 °，距约 2 公里处。城址南北长 200、东西宽 500 米。城内广布汉代遗物。[2]

3. 史载：“真君三年（442）鄯善王比龙避沮渠安周之难，率国人之半奔且末”（《魏书 · 且末传》卷九十）。为认识鄯善文明最后的篇章，曾至且末县塔地让北部沙漠觅求且末故城。据兰州沙漠所朱震达教授，他在考察、研究这片地区沙漠时，曾入塔地让北沙漠，得见一古城，并在城内采集得佉卢文木简。我们自塔地让北行，踏查中，唯见沙丘纵横，不见古城踪影。沙漠学家告知，塔克拉玛干沙漠东南隅主要在且末县境，环境变化至巨。关于且末故城之调查，至今，未获具体进展。

4. 在安迪尔古城郊，采获贵霜风格木雕佛像、汉佉二体钱（彩图十一）。[3]

1　饶瑞符：《米兰汉唐屯田水利工程查勘——从伊循灌溉系统遗址看汉唐时代的屯田建设》，《新疆巴州科技》，1981 年第 1 期。

2　塔克拉玛干沙漠综合考察队考古组：《若羌县古代文化遗存考察》，《新疆文物》，1990 年第 4 期。

3　塔克拉玛干沙漠综合考察队考古组：《安迪尔遗址考察》，《新疆文物》，1990 年第 4 期。

六　应平山郁夫邀，考察楼兰故城

1989 年 11 月 23 日，以日本朝日新闻社为后援，平山郁夫组织“楼兰学术考察团”获批进入楼兰故城，坚邀同行。

23 日，直升机由乌鲁木齐飞库尔勒。24 日，由库尔勒飞楼兰。

按考察要求，飞行路线自库尔勒市沿孔雀河谷东飞，复转折向南抵楼兰故城。机组降低了飞行高度，加之天气晴朗，孔雀河谷地貌、地物，可一览无余。河道迂曲回环，胡杨红柳密布，生机盎然。折转南飞后，眼底立即成为少见生命迹象的荒漠。转瞬之间，LA 古城的地标性遗迹——佛塔，已展现在机身下。飞行员好意，在古城上空缓转了两圈。古城西郊稀疏的、已成干枝的小胡杨林，也给人留下了印象。最后，飞机降落在了佛塔傍近、已选定好的一块比较平缓的无沙泥滩上。楼兰古城与孔雀河水系紧紧依存的关系，感受至深。

这次楼兰行，是了却平山郁夫先生的夙愿。同行者中，除平山夫人外，还有朝日新闻社的负责人谷久光先生、日本知名考古学家樱井清彦先生等。我们在此整整活动了 72 个小时，没有虚费过一点时间，在城内外穿梭、踯躅，对古城有了虽只是概略但却重要的印象：

（一）不少著述、文章说楼兰城墙为“夯筑”。[1] 其实古城墙不是“夯筑”物。是实实在在的、取大小不一的垛泥块，层层堆叠成的。垛泥层厚薄不匀。认真观察，薄者 40 厘米左右，厚者可达 70—80 厘米。其间，夹置红柳枝、芦苇、胡杨枝。许多地段，已在长期季风吹蚀下，成为缺口。这种筑城工艺早于汉代。汉代疏勒河长城，是夯土间杂芦苇。楼兰城墙工艺，较城内仍基本完好的佛塔、西域长史府故址（“三间房”）明显不同，是较汉晋更早、更原始的工艺。

（二）古城所在是罗布淖尔荒原北部孔雀河下游、河网密布地带，生态较好，是荒漠北部经济中心。古城南北，孔雀河支流、河床仍清晰

1　参见穆舜英：《神秘的古城——楼兰》，第 88 页。

可见。古城供水，也是引孔雀河水，自西北角入城、东南角流出，最后入罗布泊。河道流贯全城，保证了生活用水。河床底部，还可见到河螺空壳。

（三）古城区内居民住室，构建简单：枋木为基，其上凿孔立柱，木柱间用红柳、芦苇编结成墙，内外敷泥。居室规模、大小不一，主人社会身份不同。

（四）古城东门外，有大型晚期建筑基址。古城北郊，见砖窑、青灰色方砖，具汉代风格，是可以进一步工作的遗址点。

（五）最难忘怀、深深铭刻在心的是，与平山郁夫先生时断时续的交流。当年，他是"国际文物保护恳谈会"成员。他曾不止一次说起："政府做事，动作慢"，"个人间的联系比较方便，也比较快"，"日本军费少，有可能在文物保护一环多尽一点力"。还说"日中学者，可以考虑成立一个西域文明研究中心"。（均大意）这次考察结束，临回国前，他嘱人告我：他的"平山郁夫基金会"，可以提供经费，希望我认真考虑，选一个人到日本去学习。（后一年，决定选送了李肖。）

在楼兰古城中与平山先生共处的三天里，十分难忘的还有他凝视古城中的断垣残壁，轻轻细语："总感到这里有一种久经风霜的美"，一种它处难觅的"特殊的美"，"可以深层思考人与世界、人与环境的关系"。还说："这里，曾是人类生活的空间，是可以交通世界的要站，但终沦为一处空漠的世界。我们在这里，真有会被吞噬的感觉"，"应该让人可以体尝这种特殊的感觉"。平山先生是感情丰富的艺术家，我总感到自己在古代遗存中泡得太久了，似乎已经变得僵化。但平山先生当年那满怀深情的目光，想起来，仍如在眼前。

难忘与平山郁夫先生、樱井清彦先生等一行的楼兰行！

在这次楼兰行程中，平山先生、樱井先生、谷久光先生等，随便谈过的想法不少。我想到自己处境，其实并没有相关能量，于是总未作具体回应。细想，好像错失他设想的不少值得珍视的机会。生活中，要做好、做成一件事，确实需要内外多方面因素的契合。现在回想这些事，自然也只能徒叹奈何了！

七　居卢訾仓考古新发现

2000年3月28日至4月3日。巴音郭勒蒙古族自治州“楼兰研究学会”负责人何德修，组织“走进罗布泊——楼兰历史文化考察”，坚邀参与其事。

考察路线是从库尔勒市沿孔雀河谷东行，先入楼兰，再穿罗布荒漠，南下若羌，可以全面见识罗布荒原上已知的遗址点。设计是吸引人的。组织者目的是推介旅游，因此，请的外国学者不少；但最后能得进入的却只有日本学者金子民雄一人。对我们这些往往只是曾“匆匆走过”的研究者来说，可以重履故地，再一次思考、验证深积心头的诸多问题，自然还是大好事。

我在这次考察中的最大收获，是对土垠为居卢訾仓故址，有了比较全面也比较深入的认识。

土垠，黄文弼先生曾在《罗布淖尔考古记》中，有详细报告。只是它的地势很低，几乎淹没在层层雅丹之中，视野受到障蔽，是很难肩承观察、报警之烽燧使命的。出土之西汉木简，也比较具体展示了它曾经屯田、积谷，接待东来西走、南下北上的各式官员、使者的景况，负责的邮传使命等。

我在土垠古城西缘水湾边，新发现了一处保存还基本完好的小码头：残长30米、宽3米、高0.4米，以土块垒就。码头所在，地近居卢訾仓地穴，得收纳、发运之便。[1]（彩图十四）

在干旱异常的罗布淖尔荒原上，至少，在土垠（居卢訾仓故址）与楼兰（LA、西域长史府故址）之间，曾经存在水运，这是据考古遗存

1　王炳华：《居卢訾仓故址研究》，《丝路考古两题》，香港大学饶宗颐学术馆，2010年。本书也有收录。

可以肯定的史实。在楼兰历史文化研究中，它推开了值得重视的一个新视窗。由此想到，仍有幸存留在罗布荒原上的楼兰历史遗痕，较之十分有限的文字记录，真是丰富得太多、太多。有志于楼兰研究的学界师友，能离开书斋、步入荒原，认真、细致、深入观察（绝不能只是走马观花）可以入目的地貌迹象，实在是十分、十分重要的一环。

八　觅见小河

2000 年 7 月 24 日。导因于李铁映、费孝通的创意，国家民委决定组织摄制《西域历史文化》电视纪录片，求增强人们对西域大地的认识、了解。民委决定，由下属之民族摄影艺术出版社组织实施；刘鸣远社长领队，请屠国壁顾问、戴露阳负责经费；新疆武警部队、塔克拉玛干油田后援。屠与我在 1979 年拍摄丝路电视片时，有过不短的相处，抵乌后，立即将我拉进了这一计划之中。这一工程，也是开始得轰轰烈烈，但经费不能及时到位，所以稍稍铺开，旋又停止。

但课题的价值，是大家都认同的。挫折过后，具体任务转由深圳《古大唐》项目接手，经费得到民间赞助；屠国壁因此离开了剧组，回了北京，我则接手了完成剧本、顾问其事的责任。

与罗布淖尔古代文明直接关联的项目内容，是决心一定要找到“小河”，完成自 1934 年 F. 贝格曼发掘小河后，再没有中国学者进入小河、认识小河的遗憾。

自 2000 年 12 月 6 日至 12 月 12 日，备历艰辛，终于实现了这一夙愿，走到了小河古冢沙丘之下！共同经历了这一艰辛考察的有方军、余楠、曹东江、李学亮、何德修、吴士广、彭戈侠、张树春、才外等人。我负责领队。当年，我已满 65 岁。事后想，有过一点后怕，但多的还是骄傲、自豪：终于在 20 世纪最后的几天，我们实现了这发自中国人民、中华民族内心深处深涵伤痛、绝不甘心落后的夙愿！

图 2.6　2000 年 12 月底，新疆考古人走到了小河墓地

当我们站在 F. 贝格曼向世界报道过的“小河五号墓地”前，看到没有一点新的人类足迹，沙面平静见波。除暴露的棺板，一具红发少年的半残干尸，少数几根已被抛弃很久、骨质已经极度松脆的人体肢骨外，一切，似乎是营墓当年的情状。

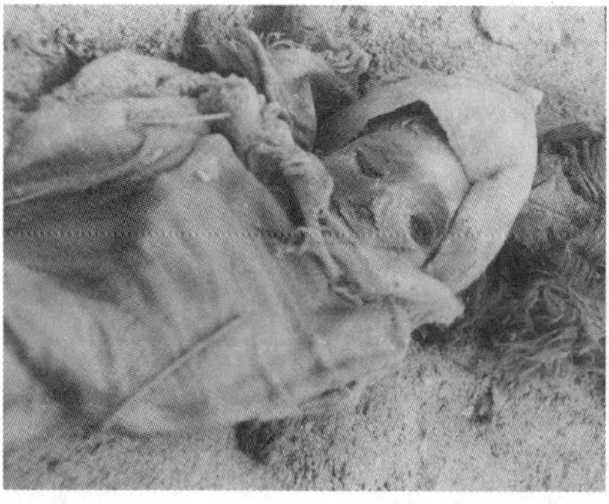

图 2.7　古墓沟女尸刚出土。她头戴尖顶毡帽，身裹毛线毯

我们全队人员，在墓前、墓周停留了相当一段时间，力求刻印下现场的一切。

1979 年发掘的古墓沟，是从沙尘掩覆下掏出来的，作为全程发掘者，将它与小河比较：简单与复杂、普通平常与精心建构，丛立的“建木”、巨型男根、整齐的隔墙、加工的巨型木棺，不仅可直感时代早晚不同，而且还有朴素入葬与复杂营构之理念差异。研究罗布淖尔早期文明，我们不仅是来对了，而且，真是来迟了！[1]

九　再访楼兰

2012年4月初到4月20日，再得机会，又一次步入楼兰。这一年，中日恢复邦交30周年。

平山郁夫生前曾建议举办“丝绸之路文物展”、拍摄大型纪录片。纪录片要有好画面，要能引发观者丰富、深刻的联想。由日本NHK组织拍摄西域文化纪录片，很快获中国政府同意，日方坚请我作为相关纪录片的“首席顾问”。为顺利实现，日方通过外事部门邀请。久在广大日本人民思念中的楼兰古城、孔雀河一线风物、古墓、古烽，不能不进入镜头。同时，也接受了我的建议，将孔雀河中游尉犁县喀尔曲尕作为古代西域遗存的参照物：交通仍然闭塞、与外界联系不多，村居溪流纵横、胡杨广布、红柳丛丛，民房古朴（也是架木为樑，苇草、红柳枝编结，内外敷泥为墙），还用着独木舟来去捕鱼，只在河滩小块地上散播小麦，入秋再收的粗放农业……绝对不事修饰、不人为加工，实拍一切。希望可助益人们对古代罗布淖尔荒原上居民散处、有农、有牧、有猎、有渔生活的联想。建议得导演万一、摄影师佐藤的赞同，实拍也进行得比较顺利，反响不错。

再一个收获，是在拍摄楼兰古城时，在汉晋西域长史府故址、“三间房”的北侧苇墙下，觅得一处早期文化层。晋时西域长史府北侧苇墙，高仍有50厘米，其下，为土坯地面，厚约10厘米。其下30厘米处，见含草屑、碳粒、羊粪、驼粪、碎骨片的早期人类活动文化层，最深可

1　王炳华：《小河：寻找失落66年的神奇墓地》，《新疆访古散记》，中华书局，2007年。

及地下 1.3 米。逻辑上可以推论：在楼兰南迁，古城成为汉晋西域长史府之前，这片地区曾是羊、驼散处的空旷地带。自然，无法否定它在西汉通西域前，曾是楼兰王国早期经济、政治活动之中心。

十 又作楼兰行

2005 年 9 月 20 日至 10 月 10 日，诸多因素，又作楼兰行。

这次楼兰行，核心点是冯其庸先生亟望亲历、目验久蓄心头的玄奘西行返国之途。纳缚波（罗布淖尔）、楼兰城、白龙堆、三陇沙、玉门关、敦煌，其间的环境实态、路线景况，是不能或缺的环节。我有几次相当粗浅的罗布荒漠考察体验，理当伴驾随行。同行者中，还有同道荣新江、罗新、朱玉麒、孟宪实等诸位教授。加上新疆部队友人的后勤协助，一路，堪称顺利。

图 2.8 王炳华（左）陪冯其庸先生（右）观察西域长史府故址下深一米的早期文化层

其庸先生是玄奘精神的崇拜者，也是践行者。为寻求心目中的佛学义理，渡同胞出迷津，玄奘可以说是绝对不惧一切艰难险阻。这种精神，在完成任何事业面前，其实都是不可或缺的；但在我们生活的现实世界，以物质利益为最终依归的各色人群，随处可见。其庸先生内心深处十分希望，厚重凝结在玄奘身上那种为寻真理而万死不悔的精神，能在中华民族之精英群体心灵深处激起波澜；亟望这一宝贵精神财富，能在中国大地上焕发新的光彩。因此，不少次曾听他说起过，要去楼兰、罗布淖尔，能直接感受玄奘的情怀、精神世界。

这次楼兰行，真是从罗布淖尔穿过荒漠、楼兰、白龙堆、三陇沙，经过玉门关，回到敦煌的。虽然，没有步行，而是有了越野车，但遍望极目的荒凉，没有水，只有一个大方向，没有具体的可以遵行的路，真是步步惊心、步步有险象相随。这旅程，放在1300多年前，放在孤身只影西走的玄奘身上，该有怎样强大的精神支撑，才可能不惧不畏，走向印度文明？！

这次楼兰行，印象最深的又一件事，是在楼兰故城郊外的宿营大帐中，其庸先生通过卫星电话，听到了夏师母传来的消息：中央领导人同意了他和季羡林先生筹建“国学院”的创议，下拨了专款。其庸先生兴奋难已，很快向我们这批随行者宣布了喜讯，他深情地说：“今天，弘扬国学，可以为构建和谐社会注入不同于一般的精神力量！”“传统文化中的精神，是绝不可以轻忽的中华民族精神的根基。”还告诉我，他想在国学院内成立西域研究所，请我也步入这一事业中。因为中华民族的文化、发展，与亚欧大陆西部世界是有关联的。其庸先生心心念念的“国学”，中华民族文化之复兴大业，背后热得发烫的感情、形象，至今仍如在眼前。

斯人已远行，其情永难忘！

十一　探索精绝文明

汉代鄯善王国兴起，尼雅河流域之精绝，成为鄯善王国西境的政治中心。

深一步了解楼兰-鄯善文明，精绝是不可轻忽的一环。

尼雅，是改革开放过程中，新疆文化厅文物处与日本企业家小岛康誉合作，逐步开展的一个考古项目。1988年开始，1990、1991年持续，文物管理部门破格同意日本客人由游览至初步考察。1992年，经国家文物局批准，双方共同展开文物调查。考古所奉命，介入此事。1994年，进一步批准，中日双方可深入一步合作展开尼雅考古，新疆考古所可以在调查基础上择点发掘，资料归中方管理，日方参观，成果共享，经费由日方承担。笔者当年已任新疆考古研究所所长，自然步入了尼雅合作考古项目之中，负责业务指挥，名义为考古队中方“业务队长”。文物处长任尼雅“考古队队长”，负责管理经费之重任。这是当年新疆涉外考古中的一个“创举”。

看似相当完美的设计，但实际运行也会有诸多出乎意料的矛盾。

幸好，这类不愉快还不是太多；持续有年的尼雅考古，收获还是巨大的。

尼雅考古，斯坦因自1901年至1931年，曾断续进行过4次，有开拓之劳。但4次实际工作时间，总共不过40多天。获得的成果，尤其是总数近千件的佉卢文简牍，惊动过世界。我们的尼雅考古，如何前行一步，迈入新境，是当年受命后，我反复思考的一件大事。持续多年的工作，在中日学者的共同努力下，已有多卷报告，成果具列，本文不赘。拙文只择少数曾经深思、自感值得一说、还没有形成专文的观点，奉献于此，供读者批判。

（一）精绝王国所在的尼雅河绿洲，西距克里雅河、东距安迪尔河均在100公里以上，其间是浩莽无际的沙漠。因此，尼雅河绿洲是一个相对独立的自然地理单元。它由自然绿洲发展为人居绿洲，自古远至今天，对绿洲居民的发展、运行轨迹，运用考古学手段，一步步调查、展开，不同学科学者合作研究，从而认识人与环境、人与人之间的联系、接触、碰撞、矛盾、发展的过程，是深具学术价值的。因为空间不大，只要抓住不放，持续展开，当可取得有益于绿洲文明研究的大成果。主持尼雅工作时，曾经粗放地、大线条地做过这一工作，但没有获得比较充分、令人更满意的收获，这是明天的尼雅考古工程还值得继续进行的一个课题。

（二）至公元前1000年中期，尼雅河居民，可能已选择定居在了目前精绝王国所在空间。这是一处水流丰沛、四边有天然屏障、可助益安全的地理单元：北部，为无垠沙漠；东、西两边，有两道高100米以上、稳定不动的沙梁拱卫；南部，是一片地域广阔的原始胡杨林（图2.9）。1991年，笔者第一次进尼雅，竟因无路可行而在胡杨林中东穿西突，最后还是半途折返。在这片约200平方千米的地域范围内，尼雅河纵贯南北，支流河网密布。农业、园艺、家庭饲养……均可得其便。加之四边不是人为却胜过人为的天然阻障，构成可寻而难得的安全围篱。精绝王国在此，不仅表明了他们对尼雅河谷地理形势已有比较全面的了解，

图2.9　王炳华在尼雅遗址南部原始胡杨林中

而且说明，随塔里木盆地周缘绿洲步入文明，异己力量间的联系日增，矛盾冲突，也自然随生。精绝王国统治层的安全防卫观点，具体表明了他们对这一形势的感受、防范。

（三）主持尼雅考古，虽经费可以无虑，但沙漠动土用费难以轻估。所以在这一点上，我是慎之又慎。不必要、不发掘；最终也就是在斯坦因编定之 N5、N2 及另外不期而遇的几处墓地，进行了抢救性的工作。但这几处发掘，还是深深烙印下了我们新疆考古人的辉煌。在认识精绝文明一环，确步入了新的殿堂。

这里，稍多说几句，1995 年对精绝王陵的发掘。

天道酬勤。1995 年 10 月 11 日，可以说纯属偶然，在我与几位同道计划再次感受、认识 N14[1] 的道途中，发现并立即抓住了墓地出露之痕迹，随即决定改变安排，调动中方队员，不用民工，发掘墓地。

精绝王陵发掘，出土了大量从无所见的精美丝锦，不仅表明了汉王朝政权在西域大地推行“安辑”政策取得的巨大成功，精绝对汉文化的广泛吸纳，丝路畅通，为精绝王国经济、文化发展注入了强大动力，也清楚捕捉到了她已面临的严重危机。精绝王国，虽只能算是塔干沙漠中的弹丸之地，此时却成为中亚大地诸多绿洲王国东向汉王朝交流的中心。甘肃悬泉置出土汉简，于此有过具体、生动的揭示。东向长安的数百人团队，往往要先在精绝集结。精绝在这盛大事业中，获得了耀眼的光环，明显居于舞台的中心。只是，头头不好当。认真注视，在光环的阴影下，明显已诱发新的矛盾，发生新的变故。

值得关注、深思的考古现象有：精绝王廷故址所在的 N14 突然废毁，证明是显示王室成员间亲密关联、彼此礼赠琅玕（蜻蜓眼玻璃珠）的汉文木简，被丢弃在了故址一边的垃圾箱中；与王廷邻近的王室墓地，主人配饰的琅玕数，与王廷垃圾箱中 8 枚汉简所载相同。可以推见：它们是在同一时间、相关同一事件的不同细节。再，精绝王廷弃毁，王国

1　N14 为尼雅第 14 号遗址精绝王廷故址。

的政治中心很快南迁，由N14南迁到了斯坦因编号的N1、N2，佛塔所在地区。之所以作如此大胆推定，是斯坦因在精绝所获大量王室佉卢文档案，就十分集中出土在N1的狭小档案室内。也是由这一时段开始，曾经以汉文为主的精绝，很快转变为以佉卢文为主，汉文退居为次要地位。这变化，明白无误地表现了精绝王廷政治、文化生活的剧变。与这一剧变可以呼应的，是与N1紧密相连的N2，其建筑布局，与精绝故址多见的独院、分散居住风格，完全不同。它是在一处直径达百米的环形广场上，20栋建筑物近环状布列。[1]广场四周有多座稳定沙包围绕，北缘，有以栅栏围护的蓄水洼池；西侧为大型佛寺、佛塔；更大范围观察，还可以见到断续分布的土筑围垣，似城墙遗迹。凡此种种，可以说明：N2是值得注意的、地位不同于一般，也异于王境北部的建筑遗存。联系王廷故址N14废毁、精绝王被杀身，一场政变确曾发生、政治中心南迁的推理便更显合理。

这一观点，萌生在精绝王陵文物整理过程之中，但只能说是一个形式逻辑的推演，还不能作为肯定的考古学结论。曾经设想过在可以进一步展开考古工作时对之进行验证，但退休年龄已届，我的新疆田野考古，已经不容许再作大的铺展，相关设想，自然也就胎死在腹中。这次将其书之于此，是祈明天的尼雅考古人，能吸收这一观点中的合理成分，在合适地点设计、发掘，取得进一步证明。这对认识精绝历史进程，当可做出重要的贡献。

还有一件事，值得在这里一说：2014年12月13日至12月23日，应北京大学外国语学院老友段晴教授之邀，再一次进入尼雅-精绝王国故址之中。任务是陪同她邀约的“佉卢文世俗文书国际研讨会”的欧美专家，了却他们终身从事佉卢文研究，却无缘亲履佉卢文世俗文书最主要的出土地——尼雅之域的遗憾。这一过程中，我也再认真巡礼了

1　（日）吉崎伸：《从N2的调查》，《中日日中共同尼雅遗迹学术调查报告书（第二卷）》，第42—54页。

图 2.10　王炳华向佉卢文专家介绍精绝王国故址

N1、N2 遗址，伴着、拉着段老师的手，看着、说着我深藏在心的、对精绝后期历史文化的研究构想。所以如此，是深知在世俗佉卢文研究中可以自由来去的段晴，是我在这一探索研究中必须联手的同道。而世俗佉卢文，当是解开相关谜团的核心。

稍有遗憾的是，这次精绝行，段晴是绝对的中心、明星，西方专家、中方学者，谁都想抓住机会，让她说感触、希望。我的议题，她注意听过、想了，也说“一定要合作进行”，“找机会再深谈”，没有想到的只是，她终是太忙，这一机会竟再未来到我们跟前。现在提笔说尼雅，段晴教授已无法不丢下她怀有深情的西域、精绝研究，驾鹤西行！

我自己也已步近 90 高龄之大门，再进入沙漠，已几乎是幻想了。念及于此，真是情难以堪！

行文至此，还是得再一次谢谢老友段晴：是她使我在近 80 岁之时，得以再一次进入自己曾经魂牵梦绕的尼雅绿洲，并为我提供了一个高光汇聚的舞台，让我在一个最适宜的场合，与我热爱过的楼兰–鄯善研究作别！难忘段晴！

图 2.11　王炳华与段晴教授（右）在尼雅遗址

十二　并非多余的话

拙文记录下了不少师友对楼兰大地寄托的深情、期许，吉光片羽，弥足珍贵。笔者有幸，亲历亲听，获过教益，心有所得，曾大助于个人的认识，但并不是个人思虑的结晶。

串起这篇文字的主线，是罗布淖尔，是楼兰。但通读全文，这些琐记式的文字中，读者可敏锐捕捉：自 20 世纪 80 年代以来近半个世纪的时光中，新疆考古工作者主要是被动地承应着国外、国内特定的需要，多是做着一些服务性的工作，顺带着有了一点考古发掘、一点文物收获。在楼兰，与历史研究的期许比较，贡献是不多的，好像手脚曾经被捆绑，难有作为。后面的驱动力，说得难听、俗气一点，是相关管理部门一些人十分看重的经济效益，真不是学术的追求。这自然不能说是全部，但比例确不能说小。对认识罗布荒原、探求楼兰历史文化展开的轨迹，这些专业工作者应该承担的基础性研究使命，他们的手脚并没有被放开，无法全力、虔心前行。

这是一个很难让人愉快的事实。回忆这一切，在那特定的时段，不能，也不必苛责任何个人。经济是基础。没有转动工作必需的润滑剂，文化事业的繁荣是无根、无基，难有前行之资的！

干旱、生命脆弱的罗布淖尔大地，以及在这一舞台上出现的人类，去今一万年以来，经历过楼兰前、楼兰-鄯善时、鄯善以后的悠长历史篇页，有断层，但总又再生。这也是有认识价值的现象。这过程，以及它们内涵的根据，个性独具、它处难觅，多有值得剖析之处。有太多需要认识、研究的大大小小空间。唯其有鲜明、独特的个性，也才更具研究的价值。有机会承担这一研究使命，是新疆考古人的幸运，不是什么地方都可以找到这一舞台的！

改革、开放，中国考古学的春天，已真正降临在华夏大地！新疆考古舞台上的新一辈探索者，可以放开膀子、大展身手的时代大幕，已经拉开。钱，已经不缺了，前行，自然少了困难。在科学技术不断进步的背景下，不再有克服不了的困难。面对罗布淖尔、楼兰文化的前世今生，需要的是一个强大的大脑、一个战略性的设想、能科学有序展开的计划……使这片连接着华夏与西部世界的大地，其上烙印的深深浅浅的历史痕迹，能在我们的手铲下，一步步、一点点重见天日，焕发光彩，让更多层面的，可资认识古代亚欧旧大陆人群曾经存在的文化、经济交流及心灵沟通的鳞爪，多一些、更多一些呈现在今人面前，为构建人类命运共同体做出考古学者的奉献！

期待明天！

2022 年 5 月初稿，2022 年 6 月 24 日改定
时在上海青浦朱家角玲珑坊

居卢訾仓故址研究

前　言

土垠遗址，坐落在罗布淖尔湖北岸，是新疆地区迄今唯一出土过西汉纪年木简的古代遗存。它既是汉王朝开拓西域的前进基地，又是交通西域的后勤补给、邮置站点。相关遗存，蕴含丰富的历史内涵。对深入认识汉晋时期的楼兰，了解西汉王朝开拓、经营西域的事业，了解西汉戍边健儿们筚路蓝缕、拓疆卫边的丰功伟业，具有无可替代的价值，值得认真关注。

土垠，在20世纪前期中外学者重点展开过的罗布淖尔考古中，当之无愧，应是重大的考古收获之一。其意义，并不弱于发现楼兰。它的发现，是黄文弼（1893—1966）先生不朽的奉献；在黄先生毕生从事的西域考古事业中，算得上是最重要的建树之一。可惜的是黄先生初涉土垠，认识一开始就进入误区，判定遗址为烽燧。先入的结论，严重局限了他对遗存的深入研究。

这一遗址，自七十年前黄文弼先生调查后，直到20世纪晚期，再未有考古工作者涉足。在笔者四十多年的新疆考古生涯中，也只是20世纪80年代以后，才得机会到了土垠。第一次进入，手持黄文弼先生

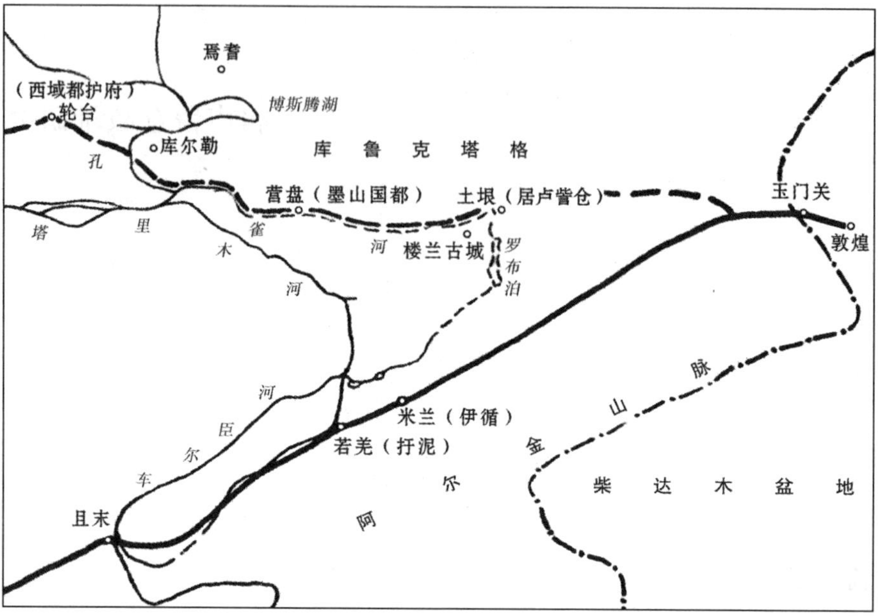

图 3.1 土垠地理位置示意图

当年的考古报告，目验他曾经报道的诸多遗迹，不少竟已寻觅无处。但也见到一些重要遗迹，是黄先生当年未曾关注，自然也未得可能介绍的。如遗址西侧傍湖存在一处土码头，直接显示着罗布淖尔古代水运事业的存在，这是西域研究中从无所及的新问题，可以给人以新的启迪。

为深入认识土垠在楼兰地区的交通枢纽地位，自第一次考察发现一些问题后，继后又多次进入土垠进行踏查。具体路线，有自库尔勒循库鲁克塔格山南缘东行；也有自阿尔金山北麓米兰北向；还曾自土垠东向，经三陇沙入玉门关，抵敦煌。这涉及当年土垠向东、西、南、北方向交通的地理形势。在经历过这一系列的考察、调查后，逐渐明白土垠遗址在古代自敦煌进入西域的道途中，确实具有无可替代的重要地位。也逐步深入，渐渐领悟到它在汉代西域历史中，曾经发挥过重大的作用。其中，不少尚未为人们关注。故不揣粗陋，为之再考。不足之处，尚祈能者不吝示教。

一　土垠遗址的发现与调查

（一）土垠遗址的发现及遗存简况

发现“土垠”遗址，功在对西域考古有开拓之劳的黄文弼。

黄文弼对土垠遗址有过两次工作。第一次在1930年4月，主要调查了土垠遗址本身；三年后，1933年5月，他再到土垠，除重访土垠遗址外，还调查了土垠遗址北面的汉代古道，遗址西部与屯种有关的古渠、柳堤、居住遗址等。他两次进入土垠，具体路线都是由吐鲁番盆地鄯善县鲁克沁南下，经迪坎儿入库鲁克塔格山，越山至阿尔特密希布拉克（六十个泉），复沿库鲁克塔格山南麓、孔雀河谷东行，入龙城雅丹，进抵土垠。这是一条我们未走、可以互相补充的路线。相关情况，见于其《罗布淖尔考古记》及《蒙新考察日记》。[1]

土垠遗址，位于罗布淖尔湖北岸一处深入湖盆中的半岛之上，居孔雀河尾闾地带：三面环水，只北面与鳞次栉比的龙城雅丹相连续，而且被深深掩覆在丛丛土丘林中，真可以说是形势独具，十分隐秘，不同一般。当年西汉的拓边将士，选择这一土岛作为进入楼兰、联络西域南北道的前进基地，是曾经过认真调查、分析的，绝非偶然的决定。

土垠遗址经纬位置，在E 90°12′30″、N 40°46′30″处。[2] 黄文弼首次对这一遗址进行调查，先后费时六天。当年观察到的现象、初步的测量、附近的遗存，都是不可取代且值得珍视的重要数据。自20世纪30年代至今，黄先生目验、报告了的部分遗址，已消失无存。据黄氏当年测图、报告文字，本文略作归纳，引述介绍如下。

1. 主要遗存：遗址居于“土垠平滩上”，“傍于海岸之三角洲，三

1　黄文弼：《罗布淖尔考古记》，第105—112、179—220页。黄文弼遗著，黄烈整理：《黄文弼蒙新考察日记（1927—1930）》，第545—550页，文物出版社，1990年。

2　此据笔者用地球卫星定位仪在遗址所作之实测记录。黄先生当年以陈宗器先生测定结果为据，记其为“经度九十度，北纬四十五度十分”，有误，见黄文弼：《罗布淖尔考古记》，第105页。

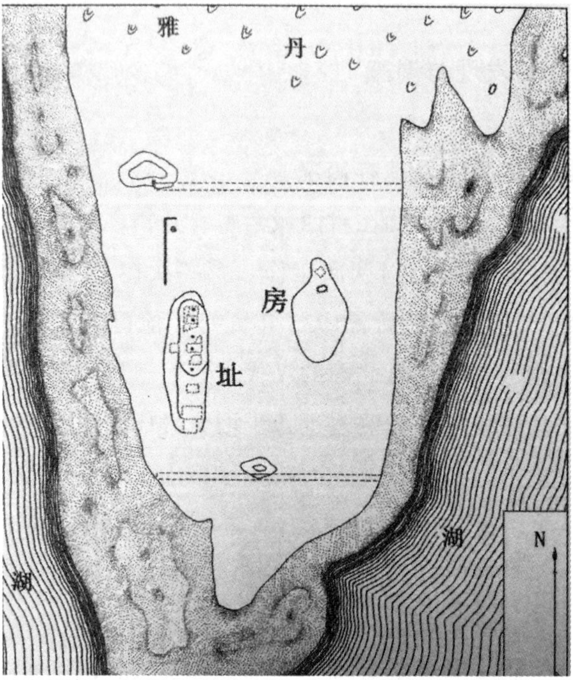

图 3.2 黄文弼所绘土垠遗址平面图（据《罗布淖尔考古记》）

面环水，唯北路通陆”。（图 3.2）据其测图，遗址大略为长方形，南北长约 110 米，东西宽约 80 米。遗址西部，有“长方形土台，高八英尺，长十九英尺，宽五英尺五寸”，其上有地穴式建筑五处。另在遗址南北两端见残房址二处，以不规则土块、碱块为墙，顶已塌毁。遗址东部，有房址残迹一处。北围墙外“距约数十步”，有古房址一处。[1]

2. 汉代古道遗迹：古道。这是黄先生于 1933 年 5 月第二次考察罗布淖尔土垠遗存时的主要发现，遗迹见于遗址北约五华里处，在盐层下“显白色泥痕，宛若铲铲，刮磨光平”，东北、西南走向。道路两旁“时有五铢钱，及零铜件，与玛瑙之属”。在持续多日的踏查中，对这一古道路迹、走向，黄氏曾多次“遭遇”，古道“蜿蜒屈行”，“五铢钱散

1 黄文弼：《罗布淖尔考古记》，第 105—107 页。

布地表，俯拾即是”。[1]

3. 柳堤、古渠、居址：在土垠遗址西北、孔雀河下游。黄文弼第二次罗布淖尔考察中，曾发现柳堤一道：“西南东北行，长九百五十双步。下为土垠，上覆柳条，旁栽柳条一线。宽一九〇米突，高八〇米突……其附近即有一四方形土台……但此堤之东南约十里二十里地，时觅得零铜件及玉器之属，则当时居民必麕聚于此堤之东南，及大河两旁垦殖地无疑也。”古渠“宽丈余，高者约二尺，直通于河……渠畔布陈黑沙陶……沙堆上，有古房二所……在此一带，黑沙陶片极多，有一陶器残底，凿七孔，类古陶甑”。“在河边时拾铜镜碎片，及陶片”，与上述柳堤距四十余里。[2] 这些居址、渠、堤遗迹，汉式风格陶器，显示了汉地炊煮文化的陶甑，以及汉镜、漆器、麻履等物，显为汉族居民集聚处。

4. 多种多量汉文物：1930 年、1933 年黄氏两次调查土垠及傍近居住遗存，共采获有西汉纪年木简七十七枚，漆、木器，丝麻织衣履，木杂器，骨、石、陶器等共六百多件，以铜件为最多，大概皆散布地表，随手捡拾。其三棱形铜镞、五铢钱，均作紫铜色，皆为西汉遗物，在土垠地穴式房址附近，还曾拾到铜印一方，文曰“韩产私印”。另有铁器、

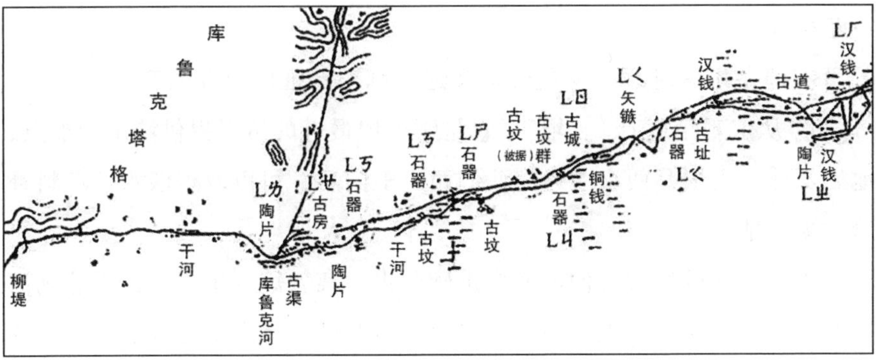

图 3.3　土垠附近屯戍遗址（据《罗布淖尔考古记》）

1　黄文弼：《罗布淖尔考古记》，第 110 页。

2　黄文弼：《罗布淖尔考古记》，第 111 页。

料珠、草具，以及玻璃等。[1]

（二）20 世纪 80 年代以来对土垠的考古调查

20 世纪 80 年代以来，中国考古学者对罗布淖尔地区文物考古遗存进行了多次调查，少量发掘。在这些工作中，土垠遗址均受到关注。只就笔者言，在土垠地区的调查、踏勘，即达四次。相关踏查路线，与黄文弼先生都不相同。概而言之，有三条：

其一，由库尔勒出发，缘库鲁克塔格山南麓、孔雀河北岸东行，与孔雀河北岸一线绵延的九座汉代烽火台相依相伴，进抵营盘，复东行，达龙城雅丹。复穿越雅丹土丘林，觅见土垠。复由土垠入 LE、楼兰城；又一条系由阿尔金山脚下伊循故址——米兰出发，北行，入楼兰城，穿越已经干涸的罗布淖尔湖盆，入土垠，再至龙城雅丹之中。湖盆虽已滴水俱无，但楼兰城、土垠与罗布淖尔湖之相对位置，可以更清楚地具体把握；第三条，也是由米兰入楼兰、LE、土垠、龙城雅丹后，再由龙城雅丹东行，经白龙堆、库木库都克，过疏勒河尾闾地段的甜水井，穿过库鲁克塔格山与阿尔金山间缓平的峡口荒漠，抵甘肃西部三陇沙，入疏勒河谷、汉玉门关故址，进入敦煌。这几次穿越，与当年黄文弼自吐鲁番（车师故地）穿越库鲁克塔格山进入龙城、土垠的路线，完全不同，可互相补充。

1. 罗布淖尔地区地理、交通形势及遗址细部特征的重要收获。

1）从宏观角度看“土垠”，它是距敦煌最近的可以提供淡水的地点，地处要冲。土垠是西汉戍边健儿们西出玉门后，可以取得淡水、草料补给的第一站。

中原王朝戍边健儿们由河西走廊西走，离敦煌，出玉门，沿疏勒河谷西行，过三陇沙，进入阿奇克谷地、白龙堆，除个别可以取得饮水的井泉外，几乎都是缺水、少草的戈壁、荒漠。直线距离长达三百多公里。在以马、驼为运输工具的形势下，需经十天左右的跋涉，其困难、艰苦

1　黄文弼：《罗布淖尔考古记》，第 108 页。

是难以尽说的。进抵罗布淖尔湖北岸龙城雅丹地带，正是极度困疲、干渴之时。而这里，是孔雀河尾闾入罗布淖尔湖地段，可得到水质基本没有盐化，或盐化甚弱的淡水补给。极度干渴之下得见甜水，它的重要性，是怎么估计也不过分的。

2）土垠军事地理形势十分重要。土垠，实际居车师（吐鲁番盆地）、楼兰（西汉时为楼兰国都，东汉、魏晋时为西域长史府驻地）、西域都护府（今轮台境内）、营盘（墨山国都城）、伊循（今米兰）、若羌（鄯善王国都城）、敦煌这么几个重要的军事、政治中心之间，是交通往来的要隘。尤其西汉时期，车师所在的吐鲁番盆地，更东的伊吾（今哈密），均在匈奴控制之下，吐鲁番盆地南缘库鲁克塔格山中有多处山口可供骑兵出入。匈奴铁骑，可由此十分便捷地南下罗布淖尔，阻断汉王朝与塔里木盆地的联络。因此，汉王朝要安全交通西域，控制住楼兰，扼守土垠，就是第一要务。守住了“土垠”，就有可能在孔雀河北岸移民屯田，就可以有效防阻匈奴征骑南下，保证西域都护府与敦煌间的交通安全。

3）土垠所在半岛，地势低，东、西、南环水，北面为龙城雅丹。所谓“雅丹”，是指丛丛列列的风蚀土丘林，绵延铺展 2 至 3 公里。每道土丘均作东北—西南向，高约3—5米，最高可达十多米、长数十米，攀越不易。雅丹土丘林与库鲁克塔格山之间是一片开阔、平展的山前冲积地带，宽在 10 公里以上。这片地势开阔、缓平的地面，除地表有小砾石外，土层颇厚。与孔雀河谷接连处，只要引水可及，可得农业垦种之便。黄文弼先生当年发现的西南—东北向古道、柳堤、灌渠、居住点，就在这片区域之内。作为屯田之所，是并不困难的。

2. 考察土垠遗址，微观的新收获

1）土垠遗址虽已遭受严重的自然、人为破坏，但遗迹仍然清晰，显示了相当周密的军事防卫性质：遗址深处于雅丹土丘掩覆之中。西侧土墙加夯。南北为陡坎，北部中间显门阙，可收防御之功。西部半地穴式建筑，为粮储仓窖。绝无高台、土塔类登高望远、可以与烽火台联想的设施。而在土垠以西，近十处汉代烽火台遗存，都是以高耸瞭墩为第一特征的。

2）遗址虽三面环水，但水势有别。南、东两面，无任何屏障，风大浪急之日，湖水势必盛大。西侧，实为一处湖湾，相隔 100 米左右，为另片土岛。西风盛大时，可收屏障之功，在风起浪盛时，这片水域水势会是相对平静的。

3）傍西侧湖岸，在夯土围墙外，可以见到一处南北向的土筑台基，相当整齐。南半段保存完好，北半段残损。残长 30 米、宽 3 米、高 0.4 米，以土块垒就。这濒水的土台基，明显为水运码头遗址。与码头台基相近，土墙围垣外侧，见到相当多量的加固土岸木楔钉。木楔钉以胡杨为料，钉长不足 30 厘米、直径 1—2 厘米，端部尖锐，深楔在土墙之中，其加固土堤，抗御风浪侵蚀的能力，不言可自明。地处湖湾，堤岸经加固，码头地近粮仓，清楚表明，粮运是当年重点关注的任务。

判定这一土台为汉代水运码头，还有另一旁证。在离湖岸约 50 米处的湖湾中，据若羌县文物保管所焦晓峰介绍，他们在调查时曾采集到一束三棱形青铜镞，总数近 60 枚。[1] 今天干结的湖底，当年曾是水波荡漾，而且水势不浅，所以不便打捞沉入之物。60 枚青铜镞集中在一道，与箭镞实际被使用、散落各处截然不同，明显是运输中失落。铜镞遗落在湖盆中，只有一种可能：当年存在水运。军备物资，曾经通过土垠码头运输至濒临湖盆的其他军事要地，如楼兰、LE 古城等。这样说，并不纯为逻辑推论。我曾认真观察过相关遗迹：楼兰古城中，自西北斜穿古城，由东南角出城，有一条古河道。这条小河出城后，与孔雀河支流相通，最后与罗布淖尔湖通联，至今河谷痕迹清晰。这河道，自然可用作水运。自土垠至 LE 古城的车道，因穿越湖盆、平易好走，已成为考察者来去的路线，形成辙迹。而这一线路，实际就是当年由土垠穿过湖盆后，进入一条小河道。小河道两岸芦苇侧伏，今天痕迹依然。顺这一

1 2005 年，为探察玄奘东归之路，焦晓峰参与考察工作，在土垠遗址现场曾向考察队具体介绍遗物出土情况。

河道行进，即可抵达 LE 古城边。昔日河道、河床，成了今日的路面。土垠与楼兰、LE 古城曾经借水路来去，若可触摸。

汉王朝曾经开拓罗布淖尔湖水运，是一个新观点。

这是与罗布淖尔地区雅丹密布的地理形势（彩图十五），不时又有人员、粮饷运输的紧迫需要密切相关的。改善这片地区的交通，可肯定是汉通楼兰时曾经面临的一个重要问题。水运，大概正是呼应这一要求而产生的。

说雅丹起伏的罗布淖尔湖北岸，汉晋时期的楼兰与四周交通困难，是史有明文、著录在册的。LE 古城，是一座城内只见一处建筑遗存的军事城堡，是楼兰古城西北一座重要的军事防卫点。其周围，都是林立的风蚀土丘。这种地理形势有助于它的军事防卫，但对自敦煌至焉耆的丝路交通干线（孔雀河北岸、库鲁克塔格山前），却是十分的不便。在汉与匈奴的角逐中，楼兰王国上下深以“向导”“负水担粮”为苦，一定程度上表现着这一交通艰难的形势。我们在 1979 年初进罗布淖尔地区，寻觅楼兰古城遗址时，自库鲁克塔格山前南入龙城雅丹之中，觅路抵达楼兰，高低起伏，穿谷越坎，短短 18 公里的直线距离，徒步行进，竟费 12 小时以上，行进之艰难，超乎一般想象。这种交通不便，即使有马、驼之助，也是无济于事的。

在对水运并不陌生的中原戍边健儿面前，面对陆上交通的如是艰难形势，会转而开拓水运，这是情理中事：既有需要又有现实可能。西汉戍边健儿行进至罗布淖尔湖北岸、觅路向楼兰时，最终在湖北岸土垠半岛上营建码头，发展水运，完成了一个重要的、成功的水运工程项目。缘何这一水运实况竟未得可能进入史家的视野，没有留下一星半点记录，倒是留给了我们一个悬念。

4）土垠遗存活动的年代，并不局限在西汉，会远较西汉为长。2000 年，笔者考察土垠时，同行者中曾在土垠遗址东缘采集到一枚王

图 3.4 “居卢訾仓”遗址

莽时的钱币“大泉五十”。[1]直接说明，终西汉之世，这区遗址一直存在活动。揆诸形势，及《魏略》等著录中关于居卢訾仓的记录（详后），更可进一步推论，直至东晋阶段，遗址曾一直作为丝路干线上的重要站点，继续发挥着运输的功能。（图 3.4）

因此，这些遗存、文物，尤其是水运码头遗迹，有相当重大的、不能轻忽的历史价值。

5）楼兰遗址，曾是古代农业生产、屯田中心，这早已为古城内外出土的多量汉、晋简牍所直接证明。土垠遗址附近区域也曾作为屯地而存在过，是应予关注的新视点。古楼兰城遗址内及其周围地区发现过相当多新石器时代文化遗存，中外考古学者在古城内外采集到多量与农业生产有关的文物。青铜时代重要墓地古墓沟，去楼兰也并不远，清楚表明孔雀河流域，自新石器时代至青铜时代，一直是罗布淖尔荒原上的农牧业生产中心。楼兰王国正是在这一基础上建设、发展起来的。

1 采集者为库尔勒地区旅游工作者吴仕广，这一重要文物后为同行一学者收存。

而土垠西北所见之古道、房址、柳堤，明显具有汉代特征的陶甑，也有不少早到青铜时代、晚至汉代的古冢等，[1]又揭示了一个十分重要的事实：土垠附近，也曾作为屯田基地而发挥过经济补给功能。前引黄氏报告，是根据之一；根据之二，是笔者主持发掘的孔雀河北岸老开屏汉墓。[2]家族聚葬，锦绢保存仍然完好。死者的墓地，自然是与生者的聚落相去不远的。只是风吹水蚀，居处又是十分简陋的草木类建筑物，多已湮没无存。

楼兰、土垠屯田，与土垠这一仓储、水运遗址的出现、经营，直接关联。

三　土垠遗址的性质与年代

（一）土垠为“居卢訾仓”故址

自土垠发现迄今，已历八十年。但关于土垠遗址的性质、兴废、历史地位等，至今，考古界并没有一致的认识。它的历史文化内涵还有待充分揭发。

黄文弼先生 1930 年发现土垠，对其房址上部竖直斜陈的散乱木梁、遗址东北一束苇草把印象深刻，多角度申述，认为与古代烽亭燃烽举燧有关，判定这一遗址是丝路古道上的烽亭。[3]这一结论成为主导观念后，黄先生的思路均循此而展开，这严重束缚了他进一步的研究视角。他 1935 年在《国学季刊》上刊《释居卢訾仓》一文[4]，首次刊布多件遗址内出土之居卢訾仓简文、照片，遗址本身与汉居卢訾仓不可割裂的关系，

1　黄文弼：《罗布淖尔考古记》，第 97—104 页。早期古冢与青铜时代古墓沟、小河墓地同，如 L ㄎ、L ㄇ；晚期，具有汉代特征，如 L ㄎ、L ㄈ等。

2　吐尔逊·艾沙撰，王炳华整理:《罗布淖尔地区东汉墓发掘及其初步研究》,《新疆社会科学》,1983 年第 1 期，第 128—134 页。

3　黄文弼：《罗布淖尔考古记》，第 105—108 页。

4　黄文弼：《释居卢訾仓》，《国学季刊》，1935 年第五卷第二号，第 65—69 页。

几乎已呼之欲出，但黄先生却丝毫未作土垠即居卢訾仓故址之思考。

土垠遗址，从诸多方面斟酌，它不可能是古烽遗存，而应该就是西汉时期自敦煌至楼兰古道上的重要站点——居卢訾仓所在。

考古界首先提出土垠不是烽燧，而是汉居卢訾仓故址这一结论的，是孟凡人教授。他在《楼兰新史》中，据地势、遗迹遗物，判定它不可能是古代烽燧，而系居卢訾仓。说它“是楼兰道上的桥头堡”，其时代“大致与西汉在盐泽一带开始列亭至西汉绝西域之时相当”。并进而推论，土垠遗址“当年，曾是西域都护府左部左曲侯或后曲侯的治所”，承担着“仓储”“交通”的使命。[1]揭明土垠为居卢訾仓，是孟文一大贡献。但相关阐发仍有不足、可讨论之处，故更作申述。

土垠绝不是一般之烽燧遗迹，而是两汉时期自敦煌、玉门通西域大道上的位居关键的居卢訾仓，承担着军事、屯田、仓储、交通、邮传的多重使命。

作此论断，不仅得到遗址本身、出土文物的直接证明，而且可以与古文献记录相呼应。

土垠遗址中，先后出土了西汉时期的木简七十五支。[2]其中，直接涉及居卢訾仓的木简有四支。（图 3.5）文字移录如下：[3]

简一三：“居卢訾仓以邮行”（图 3.6）

简一五：“河平四年十一月庚戌朔辛酉，别守居卢訾，车师戊［校］……”

简一六：“交河曲仓守丞衡，移居卢訾仓”

简一七：“元延五年二月甲辰朔己未，□□□土□尉，临

1　孟凡人：《楼兰新史》，第 60—83 页，光明日报出版社，1990 年。

2　土垠出土木简，《罗布淖尔考古记》刊布为七十一支。1999 年，台湾“中央”研究院历史语言研究所简牍整理小组，用红外线重新拍摄释读相关木简，有四支木简上存文字，原报告未释。故共出木简应为七十五支。

3　相关简文，据中国简牍集成编辑委员会编：《中国简牍集成》（第二十册），第 2324—2325 页，敦煌文艺出版社，2005 年。与《罗布淖尔考古记》所刊简文，个别文字有异。

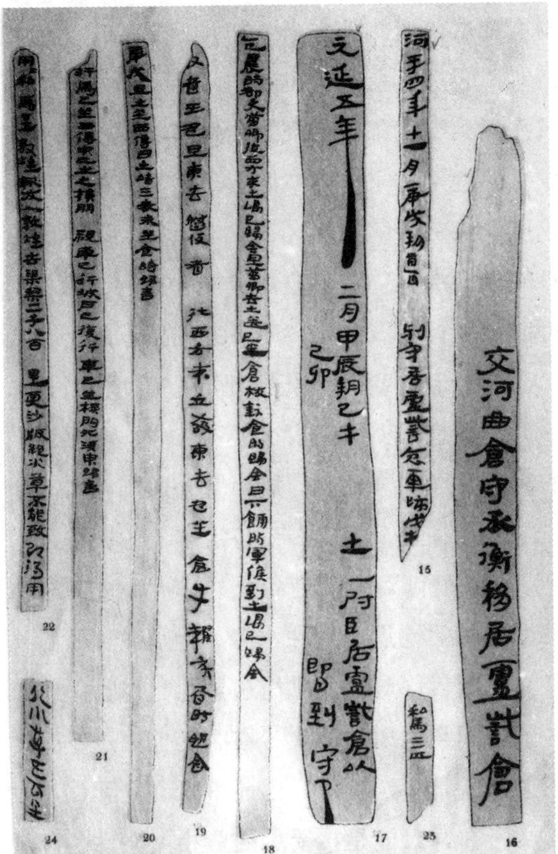

图 3.5　居卢訾仓出土的西汉简牍

图 3.6　“居卢訾仓以邮行”木简

居卢訾仓以……已卯即日到守卩"

这四支木简，均涉及居卢訾仓。第一三简，文为“居卢訾仓以邮行”。“以邮行”，意为按邮行制度依次传递相关文书。如是，它的出土地，应是执行邮传任务的邮舍，即“居卢訾仓”所在。

所以作这样的判定，既注意到汉代邮行的规定，也吸收了汉代有关行政公文递送制度的研究成果。近年张家山第二四七号墓出土的竹简，为汉代“行书律”。据此，可以清楚了解：汉代，文书上行、下达，有严格的制度。一般文书，只能以“次行”。不按规定“次行”，可“罚金四两”。而文书较急，可以“邮行”。如果“书不急，擅以邮行，罚金二两”。“邮人行书，一日一夜行二百里”，误期迟到，会受到笞刑，并罚钱。“书不当以邮行者，为送县道，以次传行之”等。[1]这些规定细则，可以帮助认识“以邮行”的相关含义。据此，“居卢訾仓以邮行”应是送达居卢訾仓的一组文书，封缄在一道，置于一个特定容器中，外面有一个醒目标签，[2]如“居卢訾仓以邮行”，就是命令“居卢訾仓”邮置以邮行办法迅速将有关文书发向相关地点。这件木简，特别宽、短，文字特别规整，字体很粗、又大又醒目，与普通木简迥异。与作为一组邮件的标签这一特别任务相一致。同类性质的简文，在居延也见过不少，如“甲渠侯官以亭行”“甲渠侯官行者走”等。因此可以确定无误，发现“居卢訾仓以邮行”的简文所在，只能是接受、处置相关文件的邮置地点，即居卢訾仓。

第一六简“交河曲仓守丞衡，移居卢訾仓”。“移”，为官文书之一种。在不相统属的官署之间行文，称“移”。交河曲仓之守丞名衡者，“移”文至居卢訾仓，这是既不相统属，但彼此又地域相邻，会有相关

---

1 张家山二四七号汉墓竹简整理小组：《张家山汉墓竹简（二四七号墓）》，第 170 页，文物出版社，2001 年。

2 这种传递方式，曾有学者进行过研究、复原。参见（英）迈克尔·鲁惟一著，于振波、车今花译：《汉代行政记录（上）》，第 46—52 页，广西师范大学出版社，2006 年。

事务的两处曲仓之间的来往文件。出土之处，按逻辑结论，自当在收文之地，也就是居卢訾仓守官的驻节之处。

第一五简、第一七简字迹比较漫漶，文字不完整，只是年、月、日明确，记录了"别守居卢訾""尉临居卢訾仓"，它们均与在居卢訾仓的事务相关。据文意，相关木简，同样是应该专送到居卢訾仓这一地点的。

如是，则可以结论，第一三简、第一五至一七简，收文地点，应该都在居卢訾仓。严重破坏了的遗址，只出土残损严重的七十五支木简，其中就有四支木简可以清楚捕捉到与"居卢訾仓"的关联。因此，遗址是居卢訾仓故址，可以说是铁案如山，不容置疑。

遗址肯定为居卢訾仓，它在汉代经营西域时曾具有的特别重要地位，立即显现出来。

《汉书·西域传》"乌孙国"条记述，宣帝甘露元年（前53），因乌孙内乱，汉王朝曾经计划"遣破羌将军辛武贤将兵万五千人至敦煌，遣使者案行表，穿卑鞮侯井以西，欲通渠转谷，积居卢仓以讨之"。[1]准备对乌孙动武，粮食先行。甘肃河西地区运粮，曾考虑"通渠转谷，积居卢訾仓"，透露的重要信息之一是，汉代居卢訾仓，是可以水运联络的仓储地点，这很值得关注，它与前面提到的居卢訾仓西侧傍湖而在的水运码头遗迹，是可以联想的资料。这提示我们，应认真考虑汉晋时期罗布淖尔地区曾经存在过水路运输的问题。

《魏略·西戎传》（《魏书·乌丸鲜卑东夷传》注引）："从玉门关西出，发都护井，回三陇沙北头，经居卢仓，从沙西井转西北，过龙堆，到故楼兰……"[2]

足见，自西汉到魏晋，在楼兰仍然承担着丝路枢纽功能的过程中，其间的"居卢仓"，一直是人们熟知的、敦煌至楼兰间的重要站点。

这里须要辨清一个问题：史籍中的"居卢仓"，与出土木简上的"居

1 《汉书·西域传》（第十二册），第3907页，中华书局，1962年。

2 《三国志·魏书·乌丸鲜卑东夷传》，第859页，中华书局，1962年。

卢訾仓”是什么关系？黄文弼在《释居卢訾仓》一文中对此进行了分析，判定“居卢訾仓”与“居卢仓”实为一地。前者为当地土名，尾音为“訾”，“班固作《汉书》，取其典雅，故略去訾字尾音。鱼豢亦从之未改”[1]。不仅地名用字基本一致，而且在交通线路上的实际地位也一样，因此，这一分析，深具说服力，可以信从。如是，则《汉书》《魏略》中的“居卢仓”，与土垠出土汉简中的“居卢訾仓”，为同一地点。

将罗布淖尔湖北岸的土垠坐实为“居卢訾仓”遗址，则近代不少学者对“居卢仓”位置的考订，必须进行辨正。这方面，如王国维（1877—1927）的相关论述，他称：《水经注》所述之龙城，故姜赖之墟。“居卢”“姜赖”一声之转，即今瑞典之斯文·赫定氏所发现之楼兰。[2]说“居卢仓”在楼兰，明显错误。又如，黄文弼据《魏略·西戎传》记述，认为“居卢訾仓应在涸海（罗布淖尔湖——引者）之东南，即三沙（三陇沙——引者）之北头，与楼兰为东南、西北之对峙，向西北行过涸海，方到楼兰”[3]，将居卢訾仓放在三陇沙附近，显然也是错误的。

判定居卢訾仓故址在土垠，对《魏略·西戎传》中由玉门关进入楼兰的线路记录进行分析，可以发现，这一段文字记录也明显存在舛错。“从玉门关西出，发都护井，回三陇沙北头，经居卢仓，从沙西井转西北，过龙堆，到故楼兰……”居卢仓肯定了在土垠，从土垠“转西北过龙堆，到故楼兰”，“龙堆”，大家都可接受，意指罗布淖尔湖北岸、西北岸广泛分布的风蚀土丘林——雅丹。穿过这片雅丹地，约三十公里，即可进入楼兰故城之中，形势、路线，可以说完全吻合。但如是行，“居卢仓”与“龙城”之间，就不可能再有“沙西井”的地位。由此可以判定：沙西井必不在居卢仓之西，而只能在居卢訾仓以东，文字显然存在舛错。

只从文献出发，也早已有学者注意到这一矛盾。黄文弼在其《释居

1　黄文弼：《释居卢訾仓》，第 66 页。

2　王国维：《流沙坠简序》，《王国维遗书》第二册，第 246—248 页，上海书店，1983 年（1996 年重印）。

3　黄文弼：《释居卢訾仓》，第 67 页。

卢訾仓》一文中，曾有一段文字：“今据斯坦因亚洲腹地地图所述：自玉门关西之拜什托胡拉克以西，沙碛迤逦，疑即《魏略》所称之三陇沙，再西至库木库都克（突厥语意为沙井——引者），疑即《魏略》之沙西井。”[1] 只是黄氏深信土垠为烽燧，从而绝未将其与“居卢訾仓”故址相联系，所以不能在注意到沙西井方位后，再前一步，指出相关文字的舛错。

新疆地理研究所的历史地理学者黄文房，也曾注意及此。他在对罗布淖尔地区实地调查后，注意到罗布淖尔地区受自然地理制约，提出：“沙西井应在羊塔克库都克的东部。‘羊塔克’，维语意为骆驼刺，水质较好，长有骆驼刺，故名。”并介绍称，这里“水草丰茂，有泉出露……在泉水旁，我们没有认真搜索就拾到几枚唐代和清代的钱币和一对钉有铁掌的马蹄。在泉水南面平坦的沙梁上有清晰的驼道”，沿途有标示方向的堆石，他认为沙西井所在，“是南道与中道的分发点”，即“羊塔克库都克”。[2]

结合地理实际，自羊塔克库都克向西，南面是库姆塔格沙山，北面是坚硬的龟裂盐漠，道路只能在盐漠以北的山麓地带行进，只是在这里才有些许水草可觅，驼马可以通行。

《魏略》中的“沙西井”，近代研究中，大都认为它在罗布淖尔以东，不论是今天的库木库都克，还是与其相近的“羊塔克库都克”，都不出这个方位。

2005 年，笔者在罗布淖尔地区考察，由楼兰越湖盆，抵土垠。复自土垠穿越罗布淖尔湖盆北面、东北面的雅丹向东，经过白龙堆（一列列东北、西南向的巨大风蚀土丘，其上盐碛，阳光下闪烁，银光熠熠，顾名思义，称之为白龙堆），过库木库都克。（实际是一片宽阔的盐漠地带。稍见耐盐的植被。1980 年，彭加木在罗布淖尔考察中，在这一

1　黄文弼：《释居卢訾仓》，第 67 页。

2　黄文房：《罗布泊地区古代丝绸之路的研究》，《罗布泊科学考察与研究》，第 312—313 页，科学出版社，1987 年。

片盐漠中因寻找水源走失。）更东行，途中有一处规模相当大的甜水井，林木葱郁，井水水面至少有 10 平方米左右。更东行，穿过库鲁克塔格山南缘开阔地带，东行。库鲁克塔格山至此，已只是一片起伏的石丘，地势坦平。由此十分方便进入三陇沙，又一片广袤展开的雅丹土丘林，形势壮观。自此东行，沿疏勒河谷，进抵玉门关，入敦煌。结合这一实际考察体验，再读《魏略》之相关记录，古代由敦煌进入西域，最便捷的路线，只能是穿越库鲁克塔格山与阿尔金山的前山地带——库姆塔格沙山之间的陷落盆地，这是地下水汇集处。不少地段有泉水出露，因地下水的补给，山麓地带也有芦苇、柽柳生长。这为旅人提供了有限的草料、燃料。汉代的“丝路”，《魏略》记录的通路，都只能在这一基本局限之中。“都护井”“沙西井”，都只能在这条路线上去寻觅，而绝无可能在土垠之西的龙城雅丹之中。

“沙西井”，不论在“羊塔克库都克”，或者在“库木库都克”，都只能在居卢仓之东。如是，《魏略》的文字，最合理的可能是：“从玉门关西出，发都护井，回三陇沙北头，经沙西井，从居卢仓转西北，过龙堆，到故楼兰……”如是行文，就与实际必须遵行的地理条件完全一致了！目前文献上的错误，在于将“沙西井”与“居卢仓”颠倒了位置。这是著者鱼豢或其后的抄录者不谙实际地理、道路情况而出现的文字错讹。在有过 20 世纪的罗布淖尔地区地理大考察之后，是可以而且应该根据地理实际予以廓清、订正的。

（二）居卢訾仓附近曾存在屯田

“居卢訾仓”，顾名思义，当年它承担的最根本任务是后勤供应。作为“丝路”上的后勤供应基地，充分的粮食、草料、饮水，是第一需要。与之相匹配，往来使节、官员的住宿，马、驼的替换，向导的提供……任何一项都不能缺少。

有学者认为，居卢仓所在，不宜于农业，为此，所需粮秣“似主要依靠伊循屯田。此外，渠犁屯田和车师屯田，可能也是粮食的供应者”[1]。这一推论虽有逻辑上的可能，但揆诸实际地理形势，是存在困难的。伊循、渠犁、车师屯地，到居卢訾仓，最短直线距离也得在二百公里以上，途中有山地、盐漠，交通相当困难，这还不包括种种非自然条件，如战争等社会因素干扰，运输之难是不言自明的。粮秣供应如奠基于此，没有安全、稳定的保证。

黄文弼第二次考察中，在土垠附近发现的柳堤、苇坝、房址、汉代居住遗址等文化遗存，是可以与汉族居民屯地相联系的要素。笔者认为，当年所以选择在土垠设居卢訾仓，很重要的一个理由就在于：这里不仅地居冲要，有必要建设一处后勤基地，而且自然地理条件允许，完全有可能营造出一处后勤屯戍基地。西汉王朝使节、官员离开敦煌、疏勒河水系后，一直在少水少草的荒漠地带行进，经过三百多公里的艰难跋涉后，人员、马匹的困疲，对补充饮水、粮秣，获得向导的要求是十分紧迫的。进入罗布淖尔湖北岸的土垠，在这里第一次见到了淡水（罗布淖尔湖水盐化程度相当高，不能饮用；但在孔雀河水进入罗布淖尔湖盆处，如土垠，却是可以取得没有盐化的淡水的），不仅人、畜可以饮用，而且也可以进行农业浇灌。这是一。第二，在孔雀河尾闾之北、至库鲁克塔格山之间，存在一片相当广阔、平缓的土地，宽可有十多公里，绵长延展，基本与孔雀河平齐。这片土地地势稍高，但却是可以开垦、屯种的。自敦煌出发后，寻求水、粮补给的汉王朝使节、官员，在觅见土垠及傍近荒漠后，不思利用，是难以想象的。它既可以建设成为积粮蓄草、住宿停息的基地，也有可以择地进行屯垦的空间。虽然，目前在土垠遗址北部（与遗址间有宽三公里多的雅丹相隔）的广阔平野上，并没有发现屯种、居住的痕迹（实际，至今也并没有考古工作者详细地踏查）。地表，一般观察，主要只是细沙砾。但其下，却是厚数十厘米至一米以上的壤土，垦殖利用，并无困难。

1　孟凡人：《楼兰新史》，第 81 页。

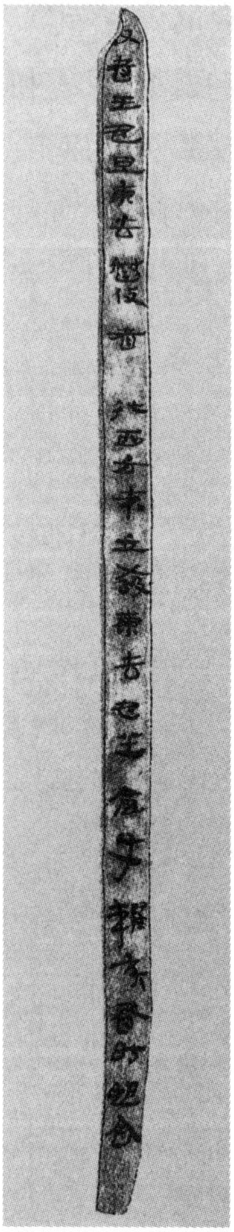

图 3.7 “坐仓受籴”木简

笔者判定在土垠遗址附近曾存在过屯田，主要根据有三：一是这里存在相当好的土地，且有通过屯种取得给养的紧迫需要；二是在土垠遗址内，出土了直接有关徙民屯田的木简；三是在土垠遗址以西，孔雀河北岸，黄文弼曾发现了居住遗址，及提高水位，也可以说是与农业经营有关的柳堤。黄文弼当年即有柳堤旁“地势平坦，可以种地。故筑堤障水，使水东南流灌地”[1]的结论。当然，这一与居卢訾仓故址相去不太远的汉代聚落，可以是支持居卢訾仓粮食补给的较近一处屯垦遗址。行文至此，还有一件直接的文字资料可以说明相关史实，这就是黄文弼当年在土垠所获第一九号木简，具体文字是居卢訾仓主管官员的值勤记录，文为“□者王君旦东去。督使者从西方来。立发东去。君坐仓受籴。黄昏时，归舍”[2]。（图 3.7）其中“君坐仓受籴。黄昏时，归舍”文字，清楚表明，在居卢訾仓，是有可能籴得民间粮食的，因而才有可能出现“坐仓受籴”的记录。有粮食可资入籴，则附近必有生产粮食的田地。这也自然是土垠遗址附近，汉代确曾存在过农业垦殖基地的证明。否则，可供入仓的籴粮，是无缘得到的。

居卢訾仓所见七十五支木简，不少残缺，文字漫漶不清。这中间，明晰可见与屯戍有关的简，至少有八支。其他部分木简，存文字很少，也可作这方面的联想。从这一角度分析，与屯戍有

---

1 黄文弼：《罗布淖尔考古记》，第 111 页。

2 此简录文引自中国简牍集成编辑委员会编：《中国简牍集成》（第二十册），第 2325 页。“君坐仓受籴”数字，黄文弼在其《西北史地论丛》（第 320 页，上海人民出版社，1981 年）中，只录“仓”字，释“受”字为“吏”，文意不明。

关的，占出土木简至少达十分之一，比例不小。具体如下：[1]

简二七："□□里公乘史陆家属畜产衣物籍"

简二九："□□霸陵西新里田由□□"

简三十："应募士长陵仁里大夫孙尚"

简三一："北□土田□□□"

简三二："□□□小卷里王护"

简三四："出南阳郡涅阳石里宋利亲　妻玑年卅私从者同县籍同里□□……"

简四十："恽私从者大马【护】　六月乙丑尽七月积一月十二日食粟　四石二斗"

简四一："□□□□□家属六人，官驼二匹，食率匹二斗"

汉文帝时，晁错（前200—前154）曾有募民屯戍以固边防的奏章，说："遣将吏发卒以治塞，甚大惠也。然令远方之卒守塞，一岁而更，不知胡人之能，不如选常居者，家室田作，且以备之。……先为室屋，具田器，乃募罪人及免徒复作令居之；不足，募以丁奴婢赎罪及输奴婢欲以拜爵者；不足，乃募民之欲往者。皆赐高爵，复其家。"[2]汉代西域屯田的基本内容，大概都遵循着晁错的这一设计。土垠遗址出土的戍卒名籍，表明他们或来自京畿附近，也有来自河南南阳郡的，其中有"公乘""大夫"等高爵，不知是因为自愿戍边而获得的爵赏，还是原来就有的爵位。但这些细节，明显可以看到，是晁错戍边政策的具体实施。为了安心、长期戍守，随行人员包括了妻子、私从，还有畜产、衣、器物等财产，明显是长居久住、"守边备塞"的架势。这些人进入土垠，很难设想只是单纯的戍卒，而不从事农业屯垦。因为只有那样做，才能

1　相关简文，据中国简牍集成编辑委员会编：《中国简牍集成》（第二十册），第2331—2333、2335页。

2　《汉书·爰盎晁错传》（第八册），第2286页。

实现“使屯戍之事益省，输将之费益寡”[1]的目的。

有淡水，有可以耕种的土地，有屯戍之需要，而且居卢訾仓故址内确又见到与屯戍有关的简文，据此，判定居卢訾仓附近曾是又一处屯种的中心，是大概可以推定的。目前需要进一步细致、翔实的考古踏查，相关遗存或有望呈现。

（三）屯戍移民的社会生活

居卢訾仓所在，曾有一处屯地。这屯戍基地与居卢訾仓的关系，自然是十分密切的，居卢訾仓的正常运转，必须有屯地农业生产的支持；其邮传、军事戍守任务，也会与屯地的戍卒们密切相关。这一屯地的管理情形，在居卢訾仓出土木简中有无反应，是值得我们认真关注、搜求的。

居卢訾仓出土的木简，只是两次调查中的采集品。遗址至今没有经过科学概念上的发掘。这些木简中的相当部分记录、保留下了仓吏当年的工作、生活，其中有一支记录了仓吏接待来访“三老”的情况。其文字如下：“庚戌。旦，出坐西传。日出时三老来坐，食时归舍。”（简二十）[2]这是居卢訾仓仓吏值勤的工作记录。“旦”，清晨。日方出时谓之旦，仓吏已至传舍值班。日出时（卯时，约当晨六时左右）三老来坐。食时（辰时，约当晨八时左右），归舍。这是清晨有“三老”来访的具体记录。三老可以在清晨到访，住地必不会远。这清楚说明，居卢訾仓傍近，确有一实施着汉王朝基层行政管理制度的聚落存在。这一聚落，必为汉王朝屯戍的移民，因为只有他们，才会采取与内地一样的行政管理制度。当地的土著居民，行政管理均依其旧俗，不会有“三老”之制的。

“三老”，是秦汉时的乡村小吏。《后汉书·明帝纪》“其赐天下男子爵，人二级，三老、孝悌、力田人三级”，注云“三老、孝悌、力

1 《汉书·爰盎晁错传》（第八册），第2288页。

2 此简录文引自中国简牍集成编辑委员会编：《中国简牍集成》（第二十册），第2325页。

田，三者皆乡官之名。三老高帝置，孝悌、力田高后置，所以劝导乡里，助成风化也。文帝诏曰‘孝悌，天下之大顺也。力田，为生之本也。三老，众民之师也’。其以户口卒置员”[1]。三老，这是两汉时期农村基层管理制度。乡村小吏，自然不可能衔中央之命前来西域；他们，只能是来自与居卢訾仓相去不远的屯地，是屯地基层官员。因处西域，远离故土，而居地相邻、密切，屯地每年上交的粮食都会入于居卢訾仓中，以供时需。因此，仓守与屯地三老，彼此会是谙熟，而且时相过从的。也正因如此，简文中只说“三老”而不说姓名。这支简文，透露的最重要的文化信息是：一、与上引多件戍卒、私从、家属名籍相呼应，清楚表明居卢訾仓附近，确实有屯田。这些屯地，保证了当年的各类交通供应。二、屯地戍卒，来自中原。进入西域后，其基层组织，一仍其旧，行三老之制，与中原大地并没有差异。作为一个新的移民点，他们把老家的一切都带到了西域。严密的组织，平时务农，教育学习，孝悌父母，有敌来侵，可以守御应战，这就使居卢訾仓一线，成为不仅可以来去，而且可以取得充分给养、安全无虑的休息地点。不从这一角度去理解，“日出时，三老来坐”的简文记录，就会成为一个无法理解的谜团了。

这些来自中原大地的戍边者，田作、日常生活秩序，大概是与故土无异的。对此，文献不见记录，考古资料也不能提供准确的说明。同出的木简中，有《论语》《刑法志》残文。《论语》残文为“亦欲毋加诸人。子曰：赐、非”（简五十九）十字。[2]当为《公冶长》章中“子贡曰：我不欲人之加诸我也，吾亦欲无加诸人。子曰：赐也，非尔及所也”[3]一句之残文。表明《论语》类的儒家经典，在边防驻军及屯戍基地中，也都是文化思想灌输的主要内容。除这类儒家经典外，还有就是实际社会生活中关系至为密切的刑法类规定，如简六十，文为“及剑，贼（？）

1 《后汉书·明帝纪》，第96—97页，中华书局，1965年。
2 此简录文引自中国简牍集成编辑委员会编：《中国简牍集成》第二十册，第2339页。
3 杨伯峻译注：《论语译注》，第48—49页，中华书局，1980年。

杀死以律令从事"[1]，即明显是与刑法相关的律令文字。此外，还有一些疑为古籍之断简，只是残缺过甚，已难知其所出了。

生活用品，从居卢訾仓出土文物看，有陶器、甑、漆杯、铜镞、钱币、梳、各色履底、襦、裤、布袋、毛布、残毡、罗纱、麻纸、绒线帽、簪、栉、耳饰、铜镜等，实际表现着当年西域戍边健儿们的生活情况，与河西地区戍卒及中原大地农民的生活情况，是并无大差异的。

（四）土垠是"仓"也是"邮"，具有交通枢纽地位

土垠，不仅是汉代重要仓储，而且是西域道上的重要邮置，具有交通枢纽地位。

西汉时通西域，因政治、军事形势，重点只能择罗布淖尔地区楼兰一道。选择在罗布淖尔湖北岸土垠建设"居卢訾仓"，是保障楼兰通道安全的重要举措：它深处龙城雅丹之中，地势隐秘，却控扼着东西、南北交通之咽喉，匈奴游骑自伊吾、车师进入楼兰，均在其侦伺、控制之下。在此驻军，可有效抗阻匈奴游骑的侵扰。徙卒屯田，不扰楼兰，保证供给，这就为西域大地来去中原，建设起了一处重要的补给站。使节、商旅往来，居住、休息、供给无虑。在楼兰王国北境，构建了这么一处军事补给基地，可以保证楼兰北境的安全。通过居卢訾仓，汉王朝与楼兰的联系，既有穿龙城而走的陆路，又有自湖上方便抵达 LE 古城、楼兰古城的水路，它的意义是十分重大的。

居卢訾仓既然具有如是重要的交通地位，自然也成了一处重要的邮置基地。出土简文中"居卢訾仓以邮行"（简一三）十分清楚地揭明它承担着"邮置"的使命。"都护军侯张良所假官骍牡马一匹，齿八岁，高五尺七寸"（简一）、"交河曲仓守丞衡，移居卢訾仓"（简一六）等，也都是通过邮置"移"文、用马，是记录邮置运行情况的文字。

居卢訾仓在丝路交通上的重要地位，使节、官员往来不绝于途的景

1　此简文字，诸家释文不一。此从中国简牍集成编辑委员会编：《中国简牍集成》（第二十册），第 2340 页。

象，于出土木简中也可见一斑：[1]

简一：“都护军侯张良所假官骍牡马一匹，齿八岁，高五尺七寸”

简二：“永光五年七月癸卯朔壬子，左部左曲侯”

简四：“二月庚辰朔丙午，后曲侯□□□”

简五：“□□□者马君，左部后曲侯尊、丞商、令史利□□”

简六：“□□□部右曲侯□□令史□□□□□□”

简七：“□□□【部】军守司马□□□□”

简八：“君使宣告左右部司马衍□□□□□□□”

简一〇：“伊循都尉左□□”

简一一：“伊循卒史箕广宗　二”

简一二：“龟兹王使者二□□”

简一八：“乙巳。晨时，都吏葛卿从西方来，出谒，已，归舍。旦，葛卿去，出送，已，坐仓校钱。食时，归舍。日下餔时，军侯到，出谒，已，归舍。”

简一九：“□者王君旦东去。督使者从西方来。立发东去。君坐仓受来。黄昏时，归舍。”

简二一：“□□行马。已，坐西传中。已，出之横门视车。已，行城户。已，复行车。已，坐横门外。须臾，归舍。”

西域都护府驻节在乌垒城，其下属官有军侯、左部后曲侯、□部右曲侯，驻守在阿尔金山脚下的伊循都尉、伊循卒史，位于天山南麓库车河畔龟兹王国的使者，东来西走的督使……都以这里为进出中原的住宿、

1　诸简录文，均见中国简牍集成编辑委员会编：《中国简牍集成》（第二十册），第2323—2326页。

中转处，送往迎来的事情是不少的。第一八、一九、二一简十分生动地记录了居卢訾仓守官的日常迎送、接待工作，公务忙迫。这几支简文，虽并不足以表明当年丝路上东来西往的全部景况，但也多少表明了当年丝路上匆匆来去的官员、使节，数量确实是不少的。龟兹王使、西域都护府属官，是循天山南麓丝路北道前来的客人；伊循都尉、伊循卒史则来自阿尔金山脚下的屯戍重地伊循（今米兰），它是丝路南道上的重镇。南、北道的使节、官员，都通过这里进入河西走廊，居卢訾仓所具有的交通枢纽地位，清晰可见。

（五）居卢訾仓之兴废年代

居卢訾仓的兴废年代，历史考古界观点不一。黄文弼据遗址中相关简文，推定公元前1世纪中叶是故址的使用阶段，这自然没有一点问题。孟凡人在《楼兰新史》中推定，该遗址当与西汉王朝开拓西域的事业密切相关，起始在西汉王朝开拓西域、罗布淖尔建列亭之时；而直到西汉王朝末年，这一仓、邮建制，仍在运行之中。[1]这一分析，相当合理。出土简文，虽只是这一时段中的一个小阶段，也属情理中事：出土遗物，与遗址的全局、全貌比，毕竟只能是其中的局部、一角，不可能要求遗物表现遗存的全局。2000年3月底4月初，我在土垠考察期间，同行的吴仕广曾经在土垠遗址东侧湖岸荒滩中，采集到王莽时的货币“大泉五十”，这虽只是一枚普通钱币，却十分清楚地揭示，土垠遗址直到西汉末的新莽时期（9—23）仍在活动之中。而如果联系《魏略》中提到的自敦煌通达楼兰的路线，又表明自汉代起至魏晋时，居卢訾仓，还继续承担着重要的交通使命，居于交通枢纽的地位。如果这样，作为居卢訾仓故址的土垠，不仅应该保留着西汉时的文物，而且晚到东汉魏晋阶段的文物，在这处古址上也应有所见。目前所见木简，从书体观察，主体是西汉风格的隶体，虽个别简文明显时代较晚，但总体分析，目前所见出土文物显然不会晚到魏晋，与上述逻辑推论存在难以统一的矛盾。

1 孟凡人：《楼兰新史》，第62—65页。

对这一现象应如何理解，是一个值得深究的问题。一种可能，是相关晚期文物应处于遗存之上层，在黄文弼调查这区遗址时，上层文化遗存，尤其是简牍类文书，多已在凛冽的东北季风中消失难觅，少量日用器皿，如陶、织物、藤类，有可能晚到东汉以后，但我们并未能具体辨析清楚；再一个因素，对这处遗址，除了黄文弼先生当年比较简单的两次调查外，并未进行深入一点的工作，也没有扩大范围调查，更没有对相关遗存组织一定规模的科学发掘。如果展开相关工作，或有可能对居卢訾仓及其傍近相关遗存的兴废年代提供更为全面的数据，对遗址中积淀的社会文化生活也有望获得更为丰富的信息。

四　再议“居卢訾仓”水运

在古代西域地区的交通中，只见驼、马，从未见到有关水运的文献记录。但土垠古址西侧傍水的土码头，又明显揭示着在古代罗布淖尔地区的交通联络中曾存在水运。这一点，无可置疑。这可弥补文献的缺失，也提出了一些须待深入的问题。

丝路中道出河西走廊自疏勒河谷向西，过阿奇克谷地，尤其是进入白龙堆、龙城雅丹后，风蚀土丘丛集，交通艰难。西汉以后，为开拓通向西方世界的交通，汉王朝在楼兰、车师、轮台等地，经武扬威，不稍息停。远征军伍，不患战而患饥，军事后勤补给是头等大事。公元前1世纪中叶，设立西域都护府，使节、商旅往来，邮置供应，粮秣草料，不可稍缺。屯田，可解决粮、草生产；戈壁沙漠、雅丹地带的运输，仍是相当难以克服的困难。因应这一社会需要，西汉王朝的戍边将士在进入龙城地区后，面对危难，曾因地制宜，利用罗布淖尔湖、孔雀河，开拓、发展过水运事业。粮食、军资，曾是水运的主要内容。罗布淖尔湖北岸居卢訾仓故址，水运码头保留至今，基本完好。居卢訾仓，不居陆路要冲，而傍湖建设，是因应水运需要而设置的一处仓储。考古遗址为

图 3.8　1959 年，中科院科考队荡舟罗布淖尔湖

图 3.9　罗布淖尔湖边，半埋在土中的独木舟

此提供了实证，也为我们开展进一步研究拓展了思路。

在罗布淖尔，西域交通中既存在过水运，却绝不见诸古代文献。这一矛盾，如何解析，是一个应予探讨的问题。我推论，这可能是因水运只是局限在这一小片地区，是西汉在楼兰的戍边将士们因应本地情况而开拓的事业，使用时间不是很长，规模也不是很大，未关涉全局，因而并未引起当年朝野上下关注，未能见诸相关文献记录。

罗布淖尔存在水运，从交通地理环境角度分析，是既有必要也存在可能的。

在孔雀河下游发掘的古墓沟墓地，是距今3800年的青铜时代遗存。在这片墓地内，曾出土过“一小块残破网罟”，[1]这一小块网罟，混杂在墓葬上部的覆土、皮张中，当不是作为生产工具有意识随殉的文物。但网罟存在总说明在3800多年前，在孔雀河流域，古代先民能够网捕鱼类，以补生活资料的不足。既会捕鱼，就可能存在简单的木船。在20世纪30年代以前，在塔里木河、孔雀河、罗布淖尔湖、喀拉库顺湖中，有独木舟来去，也有捕鱼业存在。（图3.8、3.9）说明在这片地区，历史上曾有过原始的水运，只是它没有能得到充分的发展。

风蚀土丘密布在罗布淖尔湖东、北、西边，成为交通楼兰绿洲时难以逾越的天然阻隔。楼兰，居于孔雀河下游三角洲地带。这里河网密布，适宜农牧，是青铜时代迄至汉晋时期罗布淖尔荒原上的政治、经济中心。而且，位置最近敦煌。西汉王朝时开拓西域，首先必须进入楼兰。而与楼兰交通往来，穿越其北部的雅丹土丘林，是十分艰难的旅程。这是西汉王朝时，与楼兰发生过实际联系的任何人都会铭刻在心的一个印象；第二个强烈印象，会是长途荒漠跋涉后，波平如镜、水域不深的罗布淖尔湖面。这辽阔的湖水，对骑马民族，是难以逾越的困难，对处身西域、中国北方的不习水性、不谙水运的居民，同样是认识不到、驾驭不了，

1 王炳华：《孔雀河古墓沟发掘及其初步研究》，《新疆社会科学》，1983年第1期，第117—127页。这一网罟图形象，见于王炳华：《沧桑楼兰：罗布淖尔考古大发现》，第95页，浙江文艺出版社，2002年。

因而也不会想到开发、利用的资源。但放在谙熟水性，水路运输是日常生活一环的江南水乡居民的面前，这水波不兴的湖面，简直就是可以畅行无阻的坦途。

作一个逻辑推论：西汉王朝的戍边将士们来到罗布淖尔湖北岸，面对龙城雅丹的阻遏、罗布淖尔湖宽阔的水面，尤其看到了楼兰土著居民们在孔雀河上往来的独木舟，立即决定利用罗布淖尔湖水域进行水运，以避开龙城雅丹地势带来的交通困难，是不存在一点问题的。

西汉王朝将居卢訾仓设置在背靠雅丹、面对罗布泊湖的土垠半岛上，这一选择本身，十分清楚地表明了要利用这一水域的意图。

公元前1世纪，活动在西域大地上的西汉王朝的官员、吏士，其祖籍不止于北部中国，来自江南水乡的吏员也是不少的。汉武帝元封年间（前110—前105），武帝以江都王刘建之女细君为公主，远嫁乌孙。不几年后的太初年间（前104—前101），细君过世，又以楚王刘戊之孙女解忧为公主，再嫁乌孙。[1]刘戊的封地在今长江北岸的扬州，细君、解忧都来自长江下游河网密布的水乡，她们的随从，自然也多出自南方。据《汉书·西域传》，细君远嫁乌孙时，西汉王朝曾“为备官属宦官侍御数百人”[2]；解忧远嫁，规格不会低于细君。这庞大的随从队伍中，不少会是细君、解忧身边的南方亲随。这些人，自然是了解水性的。丢开这些远去乌孙的使团成员不说，远戍西域的江南吏士中最后成就大功业的人物，还有来自长江三角洲的第一任西域都护郑吉（？—前49）。他祖籍会稽，年轻时以“卒伍”从军，曾数出西域，屡有建树，终由卒伍升迁为“郎”官。在他担任西域最高行政长官西域都护前，公元前68年，他曾经率士卒在罗布荒原西部的渠犁屯田。渠犁，是紧邻罗布淖尔荒原的一块绿洲。后来他又曾在罗布淖尔北部的交河屯田。公元前62年，汉宣帝时，他因功封为“卫司马，使护鄯善以西南道”[3]。“卫

1 《汉书·西域传》（第十二册），第3903—3906页。
2 《汉书·西域传》（第十二册），第3903页。
3 《汉书·傅常郑甘陈段传》（第九册），第3005页。

司马”是一个军职。“使护鄯善以西南道”者，顾名思义，是负责傍阿尔金山、昆仑山北麓西行的丝路南道的管理事务。由敦煌西行进入阿尔金山北麓的鄯善，可以在罗布荒原东部羊塔克库都克斜向西南行，也可以先到楼兰，复由楼兰进入伊循。楼兰是汉王朝着力控制的重要经济、交通中心，由此折向南行抵阿尔金山脚下，相当便捷。这一任命，清楚表明了郑吉在任西域都护前，曾经肩负过经营、管理罗布淖尔地区交通的重任。《汉书·西域传》中称郑吉“为人强执，习外国事”[1]。他由基层的“卒伍”，最后得为首任西域都护，是与他在罗布淖尔荒原及傍近地区艰苦戍边所建功业密切相关联的。郑吉故乡所在的古越地区，向长水运。战国时期，越国即曾以水军沿海北上进攻齐国，表明水运在古代越国是十分平常的。郑吉出身越地会稽的贫困家庭，且为人强力、勇毅、百折不回。他在罗布淖尔地区活动时，会注意到这里的地理环境，开拓或推进相关水运事业，是一点也不会令人费解的。虽然这一推论目前还只是逻辑的推理，是一个假说，但它存在的合理性是不能轻估，而且必须予以重视的。

古代文献记录浩如烟海。但是，根据零散出土的考古资料，验之相关文献记录，那浩如烟海的文献，比起曾经展开过的历史生活实际，真也不过是九牛一毛。日常生产、生活，特别是普通的、基层的、民间的生活，大多是无缘、无法进入统治上层文人们的视野，进而流泻在他们的笔端，形成我们今天可据以认识古代历史之文献的。从这一角度说，这类有幸保存的点滴史迹，自然更为珍贵，值得重视并认真探究，发掘其背后蕴含的历史文化信息，以求逐步走向古代历史文化的真实。

---

1 《汉书·傅常郑甘陈段传》（第九册），第3005页。

伊循故址新论

引　言

伊循古城今地，很早就是西域史地研究中存在歧见的一个问题。20 世纪 40 年代，冯承钧先生为此撰著、刊布了《鄯善事辑》[1]，全面辑录相关历史文献，钩稽鄯善史资料，评注国内外已见研究成果，也呼应当年沙畹在面对伊循今地时不能看清楚《水经注》简文错讹而陷入的迷误[2]，揭明西汉时的伊循故址，应在若羌县境米兰。这本是一个可以信从的结论。只可惜时间虽已过去 70 年，伊循故城今地，截至今天，竟仍然是一个没有获得共识的问题。

涉及或主要谈伊循的文章，粗略阅览，就不下数十篇。最近，又有《西汉时期楼兰“伊循城”地望考》，对有关伊循的研究作了近乎全面的梳理，还附以卫星图片，提出伊循就在楼兰古城西北 30 多公里处的 LE。这是作者为参加 2010 年日本奈良女子大学举办的“从天、人、地角度

1　冯承钧：《鄯善事辑》，《华北编译馆馆刊》2 卷 10 期。后收入《西域南海史地考证论著汇辑》，第 1—24 页，中华书局，1957 年。

2　冯注伊循今地，明确揭示鄯善“东故城应为古之伊循……因《水经注》之错简，致使徐松误解于先，沙畹附会于后，而误以扜泥在东，伊循在西”，指明了伊循今地在若羌米兰。

分析探讨居延、额济纳、楼兰”丝绸之路国际研讨会而提交的论文。此文随后也交《新疆文物》刊发[1]，影响面颇广。但这一结论，仍有难以令人信服的地方。因此，作深入一步剖析，仍属必要，冀可助益于伊循故址的论定。

伊循，是公元前1世纪西汉楼兰王国政治舞台上突显出来的一处屯戍中心，西汉以后，即渐渐淡出人们视野。作为当代史，直接叙说了伊循历史、地理背景的，就是《汉书》卷九六上《西域·鄯善》，算是当代记录。与伊循程度不等地存在关联的还有《史记·大宛传》《汉书·傅介子传》《汉书·冯奉世传》等。涉及伊循历史、地理的汉代文献十分有限，就那么几条可以数得清楚的资料。再有就是土垠、悬泉等汉代驿传、仓储遗存出土的与伊循相关、“伊循”两字著录在册的简牍。如果不将汉代以后著录考虑在内，相关资料是并不多的。资料既不繁、线索也清楚。自清代徐松以来，关注学者也不能算少。不仅国内学者，也有日本、欧洲学者，都在这一具体问题上参与过讨论，但却总无法求得共识。这一现象，粗看与以下原因有所关联：西域距离辽远，亲履其地考察不易；古代文献记录简单、容留太多的解读空间；后期文献存在错讹。但细酌有关分歧，还远远不是只限于文献的解读，还有对当年楼兰王国的政治现实，如楼兰、鄯善王国地理位置，当年西汉、匈奴、楼兰彼此军事政治角逐，楼兰破灭、鄯善新生等不同理解有关。

一

伊循是因应楼兰破灭，为了保卫、新建鄯善而设置的一处屯戍中心。它的出现，与特定时段内楼兰的政治形势密切关联。准确了解伊循，必须理清楼兰、鄯善之递变。而伊循只能在罗布荒原南缘、可以与若羌河

1　于志勇：《西汉时期楼兰“伊循城”地望考》，《新疆文物》，2010年第1期，第63—74页。

畔鄯善绿洲相呼应的米兰河绿洲上。

公元前77年以前，在罗布淖尔荒原北部，曾存在一个楼兰王国。这是清楚见于《史记》《汉书》文字记录的。《史记》卷一二三《大宛列传》中说："……而楼兰、姑师邑有城郭，临盐泽。""楼兰、姑师，小国耳，当空道。"它的具体位置，在《汉书》卷九六上《西域·鄯善》中有更明晰的揭示："然楼兰国最在东垂，近汉，当白龙堆。"意即楼兰地处西域大地最东陲，傍罗布淖尔湖，近白龙堆，居交通孔道。从敦煌西走进入西域大地，最近的国、城，就是楼兰。联系这一系列政治地理因素，是只有王都在楼兰古城中、位于孔雀河下游三角洲上的楼兰王国才可以相当的。而远在阿尔金山脚下的鄯善都城扜泥，与这一系列地理要素绝对无法关联。

坚持楼兰、鄯善实为一体，政治中心一直就在扜泥的学者们，虽也可以在"鄯善国，本名楼兰，王治扜泥城"（《汉书·西域·鄯善》）这句可作不同解读的文字中寻得根据；实际真正支持他们作出这一判定的，是20世纪初在楼兰古城（斯坦因编号为LA）中虽然见到近20

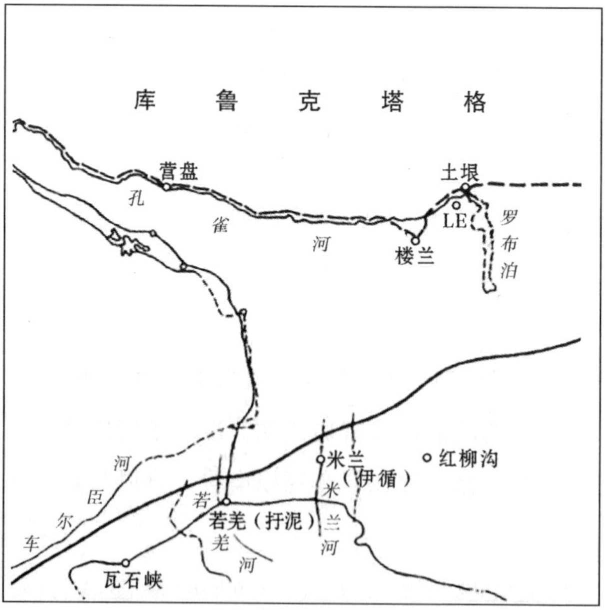

图4.1 楼兰、扜泥、伊循地理位置示意图

件与“楼兰”有关的汉文文书，及收件人在“kroraian”（音为楼兰）城中的多件佉卢文书，但时代都在东汉以后，并没有发现早于东汉的文书、文物。这就与时当西汉前期的楼兰城存在矛盾。但这只是当年考古工作未到位的说明，笔者在《罗布淖尔考古与楼兰-鄯善史研究》一文中曾经对此进行过剖析[1]。如楼兰古城城墙构筑工艺十分原始，是一种垛泥堆筑工艺，是早于汉晋西域长史府土坯建筑的比较原始的风格。与新见克里雅河北部西汉或早于西汉的圆沙古城建筑风格、尼雅新见精绝古城的建筑风格相同，具有地方特色，时代在西汉或西汉以前。其次，在东汉—魏晋西域长史府遗址下，下深一米多，也可观察到一处叠压其下的文化层。长两米多，最厚处达20厘米。因此，说LA古城绝不存在早于东汉的文化遗存，是并不足以凭信的。东汉班勇出生在西域，深谙西域地理形势。他在东汉朝廷讨论西域大计方针时，曾有过精辟议论，将“楼兰”与鄯善区别得十分清楚，楼兰“西当焉耆、龟兹径路”，而“南强鄯善、于阗心胆”[2]。由此可见，楼兰和鄯善，是绝不可能同在一处的。

公元前2世纪后期，通西域、反击匈奴侵扰，断其右臂，是西汉王朝重要战略。要实施这一战略，居于西域东陲、最近汉朝的楼兰，立即处在了汉、匈斗争的第一线。从西汉王朝计，通西域的战略任务，是压倒一切的，在这一过程中，对西域各绿洲城邦，西汉王朝的策略是“可安辑，安辑之；可击，击之”（《汉书·西域传·总叙》），务求全胜，实现“都护”西域、反制匈奴之目的。面对交通西域的咽喉要地楼兰，数十年中，一直是“伐谋”为先、“全国”为上。想尽方法、竭尽力量，要使楼兰从传统亲匈奴立场改弦更张，站到西汉王朝一边。不止一次，

1　王炳华：《罗布淖尔考古与楼兰-鄯善史研究》，《西域文史（第五辑）》，第1—20页，科学出版社，2010年。本书也有收录。

2　《后汉书·班勇传》（卷四七）：东汉元初六年（119），“召勇诣朝堂会议……勇上议曰……又宜遣西域长史将五百人屯楼兰（此时，楼兰王国早已不存。后继之鄯善远在阿尔金山下——引者），西当焉耆、龟兹径路，南强鄯善、于阗心胆”。这表明，楼兰虽已不存，但楼兰城仍为人们所习用，而且它与鄯善是分列南北，并不混同。

既让楼兰感受汉王朝的强力，迫其屈服，但又并不直接用军事手段破灭楼兰、不伤楼兰子民，以获其人心。只可惜半个多世纪的实践，始终未能如愿。核心原因是地缘政治影响，楼兰总难以摆脱匈奴的控制，与西汉王朝存在距离。

从楼兰角度分析，这有其内在根据，有可以理解的理由。匈奴对楼兰的政治、军事、文化影响，积有年月，难以轻估。只从军事角度看，匈奴骑兵从伊吾、车师等地进入楼兰，因地域毗连，相当便捷。楼兰在骑兵称雄的当年，军事上实际难以完全摆脱匈奴之控制。

楼兰在军事上受制于匈奴，因而政治依附、文化相通；在经济上，这时也还感受不到汉通西域、开通亚欧交通路线后从中可以获取的利益，而且徒增提供粮食、饮水、草料、向导交通的负担[1]。偶尔，还会遇到汉朝吏卒的强掠、骚扰。自张骞返回长安，汉“使者相望于道，诸使外国一辈大者数百，少者百余人”“一岁中使多者十余，少者五六辈”（《史记·大宛列传》），这对蕞尔小国楼兰，确也是重负难荷。在楼兰王国左右摇摆、骑墙不下的形势下，如何变楼兰大地为通向西域的安全大门，成不留隐患的坦途，是摆在西汉王朝最高统治集团面前最大的一个问题。汉武帝刘彻及后继的昭帝刘弗陵，在这一环节上，是有过精彩表现的。他们深思熟虑，不急不躁，不轻易用兵，注意收民心、全楼兰之国。这一政策坚持了半个世纪，是在历史事实中可以触摸的。最后，终于取得了理想的成功。这是值得总结的一章。

自公元前126年张骞西使返国，至公元前77年，经霍光决策、傅介子实施，只清除楼兰王，不伤楼兰实体，不伤楼兰民心，改变了楼兰政策，完成迁楼兰至扜泥，改楼兰为鄯善，消除了汉通西域的隐忧。在这50年的时光中，西汉、匈奴、楼兰，曾经有过三次大的较量。冲突、妥协、再冲突，矛盾不断发展，终以西汉王朝全胜而收场。

---

1 《汉书·西域·鄯善》：“初，武帝感张骞之言，甘心欲通大宛诸国，使者相望于道，一岁中多至十余辈，楼兰、姑师当道，苦之……楼兰国最在东垂，近汉，当白龙堆，乏水草，常主发道，负水担粮，送迎汉使，又数为吏卒所寇，惩艾不便与汉通。”

初始，汉通西域，往往是“赍金币帛值数千巨万”，费币帛以购食，市驼马方骑用。每至一国，对统治者总是赂遗为先。但在楼兰，因有匈奴作梗，这方法却往往不能奏功，汉使王恢等，还常遭攻击，这导致第一次冲突。在公元前108年，赵破奴率军进攻姑师的过程中，王恢率“轻骑七百余先至，虏楼兰王”[1]。楼兰被迫表示要改弦更张，对汉“降服贡献”。但这又立即遭致“匈奴闻，发兵击之”。汉、匈双方都不能、也不会放弃对楼兰的控制，矛盾依旧。变化只是楼兰较前进了一步：“遣一子质匈奴，一子质汉。”希望两面卖好，求两面不得罪。如是做，实际两面都不落好，两面都要得罪。这导致第二次大冲突。前104年至前101年，李广利征大宛。匈奴无力正面阻击，但又不甘心西汉成功，采取的办法是“遣骑因楼兰候汉使后过者，欲绝勿通”。这自然不能为西汉容忍，“上诏文（任文）便道引兵捕楼兰王，将诣阙，簿责王”。楼兰王被带到刘彻面前，没有怕死，而是坦陈苦衷，“小国在大国间，不两属无以自安”；如果汉王朝不能谅解，则“愿徙国入居汉地”（《汉书·鄯善传》）。刘彻理解、也欣赏他的直白，“直其言，遣归国。亦因使候司匈奴”。用匈奴之道，还治匈奴之身。匈奴，自是不甚、也无法再亲信楼兰。但楼兰出于自身之处境——匈奴的传统影响、军事上随时可能到来的匈奴骑兵——并不可能全心投入西汉王朝一边，这才最后导致了第三次冲突。这次是总结了半个世纪中楼兰总难摆脱匈奴影响、王族与匈奴关系密切的实情，而且，数十年中，一次又一次进入长安城的楼兰质子中，汉王朝也已培养了一个亲汉、为楼兰王安归（亦作尝归）之弟、有资格接位为楼兰王的尉屠耆。尉屠耆自然也十分希望可以返回楼兰接掌大权。内外条件均备，于是，傅介子建言、霍光批准，实施了刺杀楼兰王安归、扶植亲汉派首领尉屠耆为新王，不伤楼兰实体，迁楼兰国至远离匈奴影响的阿尔金山北麓的完整计划。这一计划如愿成功，于是楼兰被更改国号为鄯善，而孔雀河谷这一交通要隘，直接处在了西

1 《汉书·鄯善传》《汉书·傅介子传》。

汉王朝经营之下，为汉通西域的战略完全扫清了障碍[1]。

认真总结西汉、楼兰50年间在楼兰大地上展开的三次冲突，西汉王朝的策略、战术是完全符合其通西域这一战略方针的。西汉王朝的决策层，深谙《孙子兵法》的要旨，力求取得楼兰人心，实现完胜目标，绝不在楼兰这一战略要地上留下隐患。实事求是评析，以西汉之力，取小国楼兰，可以说是举手之劳，并不用费大气力的。汉王朝两执楼兰王，两次放还，做的就是全楼兰子民的工作，也就是“用兵之法，全国为上，破国次之”（《孙子兵法·谋攻篇》）。这样一次又一次妥协，实际是要争取在最合适条件下把握全局，不留隐患，最后终得楼兰如是“全国”而迁之于鄯善。消极因素转化成为积极力量，一个十分依附西汉、也必须依附西汉的新政权，在“南道”上站住了脚跟，并协助开拓南道交通，很快形成了西域大地的新局面。

灭楼兰、立鄯善、屯伊循，鄯善、伊循又必在罗布淖尔荒原之南裔，作出这一判断，要从统有罗布淖尔荒原之楼兰国的自然地理形势去求解。

罗布淖尔荒原地域辽阔，但适于垦殖、居住的地带，几乎就是北部的孔雀河水系绿洲，南部若羌河绿洲、若羌绿洲以东的米兰河绿洲。这三处绿洲外，多是沙漠、盐漠、罗布淖尔湖。旧国楼兰据有之孔雀河绿洲，水势大，流程长，绿洲开发早，自新石器时代以来，就是荒原上的经济、文化中心，青铜时代曾发展了别具特色的古墓沟、小河文明。楼兰，顺理成章，自然就奠基在其下游三角洲上[2]。现在楼兰国灭，要扶植一个远离匈奴影响、亲附汉王朝的新王国，只能将其置于荒原南裔、距离在300公里外的若羌、米兰。《汉书》明确指出鄯善新城位置在“西通且末七百二十里”处（《汉书·西域传·鄯善》），这一空间距离，就只有若羌河谷的若羌绿洲可以相当，其他任何一处绿洲，都与此无涉，不相关联。

---

1 王炳华：《居卢訾仓故址研究》，《丝路考古两题》，第158—198页，香港：香港大学饶宗颐学术馆，2010年。

2 侯灿：《论楼兰城的发展与衰废》，《中国社会科学》，1984年第2期，第155—171页。

尉屠耆在这一事变中，深知自己大大得罪了楼兰国内原来亲匈奴的一派，所以，他向汉王朝提出“身在汉久，今归，单弱，而前王有子在，恐为所拒。国中有伊循城，其地肥美，愿汉遣一将屯田积谷，令臣得依其威重”（《汉书·西域传·鄯善》）。只有如此处置，才既可保障尉屠耆的安全，也可以为汉王朝取楼兰故土、直接控制孔雀河绿洲提供条件。如是，不论南道、北道，政治、经济形势均得顺利、迅捷发展，短短十数年中，郑吉成为“护鄯善以西使者”，南道为西汉羁属。随后，公元前60年，西域都护得以设立，“西域服从”，汉通西域的战略至此基本取得成功。这一历史过程中，在伊循绿洲，西汉王朝先是“遣司马一人，吏士四十人，田伊循以填抚之。其后更置都尉，伊循官置始此矣”（《汉书·西域传·鄯善》）。初始只是一个官秩“六百石”的小司马，不几年后，伊循田官即升格为官秩为二千石的“都尉”。伊循屯田事业迅捷发展，既与“其地肥美”有关，也适应了丝路交通、西域形势发展的要求。

将楼兰、鄯善、伊循放在公元前1世纪前后罗布淖尔荒原上曾经展开的政治风云中去理解，再把握罗布淖尔大地孔雀河、若羌河、米兰河这基本的自然地理形势，就可以准确认定“鄯善国，本名楼兰，王治扜泥城”这句话，它的意思是：今天的鄯善国，前身是楼兰。是在楼兰破灭后，才建设了鄯善新城的。

西域辽远，涉足不易。两千年前的中原文人，不谙罗布淖尔荒原的自然地理形势，坐在书斋记述、认识这片土地上的政治、军事风云，盲点会不少，很难避免线索不完全清晰导致语意含混的情形。从有关楼兰、鄯善短短12个字的记录，就可以感受到沉淀在其中的行文遣字的含混不清，用笔不明。

《汉书·西域传》中记述的、今天已熟稔于人心的汉代丝路南、北道，实际正是因为有了伊循之屯、鄯善之设，才得以完成、实现。伊循之屯，在历史上厥功至伟。

二

扣住两汉时期的文献记录，楼兰原在罗布淖尔荒原北部。公元前77年，汉杀楼兰王，清除楼兰亲匈奴势力，扶持亲汉一派取得政权，远避匈奴影响，移徙楼兰到鄯善、屯伊循，其变化轨迹，可以说是十分明晰的。

鄯善、伊循故址理不清、说不明这一状况，与郦著《水经注》存在相当关联。

东汉以后，中原大地兵祸连连。三国分列，晋十六国，如短剧登场，须臾谢幕。南北朝时期，仍然是政局纷扰。边隅西域，同样社会不靖。塔里木绿洲王国彼此兼并。五十多个绿洲王国，化成七个较强的政治、经济实体。如是大的变动，也因消息隔绝，信息难通，而线索不明。三四百年中，见于中原史籍的记录，也就寥寥可数的几条。郦道元有感于资料舛缺，力搜各种可以见到的文献，从史、传到僧人行记，不稍遗缺，殚精竭虑，将它们组织于《水经注》中，希望能成就一件好事，也确实完成了一件值得称道的文化工程。但书中资料纷杂、讹乱，堆集一处，也带来不少新矛盾。这是自清代以来，学者早就注意到的一个问题。冯承钧在撰著《鄯善事辑》时，曾对此有过分析，说："郦道元《水经注》所录古遗书最多，然多未详其成书年代。而且传抄错讹，经注夹杂，读是篇者竟不辨何者为经，何者为注，何者为注中之注。"[1]这方面例子不少。涉及伊循者，如《水经注》卷二，有文字为"扜泥城，其俗谓之东故城"。这件事，曾见于《魏书·西域传》《魏书·沮渠蒙逊传》，相关文字为：永和二年（441），"（沮渠）无讳遂谋渡流沙，遣（沮渠）安周西击鄯善。鄯善王恐惧欲降，会魏使者劝令拒守。安周遂与连战，不能克，退保东城"。沮渠无讳由河西走廊发兵，攻鄯善（今若羌绿洲）不克，退保"东

1　冯承钧：《鄯善事辑》，《西域南海史地考证论著汇辑》，第19页，中华书局，1957年。

城”。揆诸事理，这一“东城”，只能在鄯善以东，近河西走廊处。但在《水经注》中，却将扜泥城与“东故城”混为一处。

关于《水经注》在扜泥、伊循城问题上之舛误，中亚研究大家章巽教授也曾有过很具体的剖析。他在仔细校读了《汉书·西域传》和《水经注》相关文字后，发现《水经注》有关文字很不流畅、文意混乱、层次不分明。郦氏作为文化大家，绝不会低至如是水平。细经校勘，他看清了流传至今的各种版本《水经注·河水注》明显存在错简。他在《〈水经注〉中之扜泥城和伊循城》一文中，揭示因《水经注》之错简，鄯善、扜泥、伊循诸城问题上产生了一些混乱，如一说鄯善国治伊循城；二说注宾河流向，先涉伊循，再涉扜泥，似扜泥居伊循之东；再说前已引述之“扜泥城其俗谓之东故城”等，混乱明显。这一舛乱，为徐松在《汉书·西域传补注》所承袭，进一步扩大了影响。章巽先生此文，还揭示了斯坦因、藤田丰八等所受之误导。同时，也明确指出了《水经注》之记述，与《北史·西域传》《新唐书·地理志》，敦煌所见版本不同的两种《沙州都督府图经》均有不一致处。揭明扜泥城在西，故址在若羌绿洲。伊循在东，故址在米兰。[1]

理清这些错乱后，《水经注·河水注》与《汉书·西域传》《新唐书·地理志》即和谐统一、不相抵牾了。章先生的这一校勘功劳，使长时间在伊循、扜泥问题上的分歧，得到合理的统一。关于伊循故址所在这一具体问题，如果只从文献展开讨论，应该说，确实可以就此画上完美的句号了。[2]

1 章巽：《〈水经注〉中之扜泥城和伊循城》，《中亚学刊·三》，第 71—76 页，中华书局，1990 年。

2 上引章文，谈及楼兰。笔者看法不同。已见前文论述，此处不赘。

三

实际生活中具体展开的诸多事物，相当复杂，会受到当时、当地诸多因素的影响，诸多条件的制约。实际进程，有的可以与形式逻辑相统一，不少也会与形式逻辑之推论南辕北辙，完全不同。这就是现实生活进程难以为形式逻辑所逆料的道理。对此，人们是不难理解的。

老友长泽和俊教授，我们曾有六年多时间，共同操持丝绸之路新疆境内具体路段的调查，足迹及于塔里木盆地周缘、天山南北、葱岭内外。他在丝绸之路历史研究中，曾多有创见。大学者自然也会有小疏漏，例如，他在伊循故址的分析上，所持之方法、推论，就实在无法让人苟同，他曾据《汉书·冯奉世传》引申出伊循必在汉代丝路北道某处，而必不可能处于丝路“南道”上。为什么？因为冯奉世是送大宛客使出境，而汉至大宛，从形式逻辑计，是必然要走丝路北道的，否则路就不顺，有悖于常理了[1]。因此，长泽和俊推定西汉之伊循，在楼兰故城（LA）东北40公里处的土垠，这里曾出土过西汉简牍。于志勇十分赞赏长泽氏观点，认为“长泽和俊将冯奉世持节使送大宛客经行线路定在北道即楼兰道，甚是”；只是不同意将伊循放在土垠，而认为“LE古城，更有可能是西汉时期的伊循城”[2]。实质是认为，冯奉世既送大宛客，必走北道，因此，伊循故址只能在北道求之。

这个观点，表面看有相当道理，其实却是站不住脚、不具备充分理由、不能作为根据的。

西汉时，出敦煌去大宛（今乌兹别克斯坦费尔干纳盆地），经由楼兰、沿孔雀河谷西行，经天山南麓入疏勒，至大宛，自然是最为顺道、好走的路线，一般情况下，是会作如此选择的。从长泽和俊到于志勇，

1　长泽氏的观点是：“伊修（伊循）城应该在大宛使节往来的丝绸之路某处。而大宛使节一定是自敦煌至楼兰，再西北行至库尔勒，沿北道西进至疏勒，再经过葱岭北部抵达大宛。因此，伊循城一定在这条道路的某处。”载长泽和俊《楼兰王国史の研究》，转引自于志勇：《西汉时期楼兰“伊循城”地望考》，《新疆文物》，2010年第1期，65页。

2　于志勇：《西汉时期楼兰“伊循城”地望考》，《新疆文物》，2010年第1期，第66页。

据此，从形式逻辑出发，判定冯奉世也应这样走，没有错；但是，在作出最后结论前，还必须考虑其他因素，如冯奉世与大宛使臣这时西行，交通安全形势如何（毕竟，安息、大宛使臣入汉，经由这条路，是有过被楼兰劫杀之前例的）？冯奉世与大宛使臣，还负载什么另外的使命没有？其他等等，可以影响行走具体路线的因素，揆诸实际，既可能十分简单，也有可能十分复杂。毕竟，由敦煌西行，进入罗布淖尔地区并继续西行的路线，并非只有一条，可选择的路线是相当多的。因此，只从冯奉世送大宛客西返，经过了伊循，就完全不管汉代史籍中相关伊循的其他文字记录，而径直结论伊循必在丝路北道路线上，就陷入了十分武断、相当片面的境遇之中。这样的推论，唯形式逻辑是从，把复杂的问题过分简单化，研究方法完全不足取。实际情形是否确实如是，须要经受其他方面的认真审视。

在罗布淖尔荒原，在西域大地，东来西往，出于特定情势要求，舍弃顺理成章的交通路线，而走上一条匪夷所思、背离常情的路，甚至令人至今难以索解的例子，其实是并不少见的。我们举两个大家比较熟悉的实例以为说明，助益思考。

其一，可以李柏文书为例。李柏是前凉西域长史，驻节在楼兰。他派信使严参事携密函去焉耆，商量如何共击驻扎在高昌的赵贞。严参事的行进路线自当由孔雀河谷西走，直达焉耆。这样走，路近、道顺。如是行进，可以说是太合情理的一件事；而不走这条路，就十分不合常情。但出于特定需要，李柏之密使竟就不从孔雀河谷西走，而选择了自“北虏”（也就是敌手赵贞控制下的路）中转至焉耆。这是在“李柏文书”中清楚说明的事实。至于李柏、严参事为什么决定如是走，自有他们认为充分、合理的根据，这理由至今仍未为我们所洞悉。因此，交通路线，应该怎样与实际如何，完全是两码事，不能把“应该怎样”作为历史根据去分析问题。

其二，是稍后法显西走印度的例子。法显出河西走廊已经到了鄯善。顺乎常理，这时他应该循昆仑山北缘西行，经且末、入精绝、至和田，越喀喇昆仑或帕米尔，进入北印度。而实际，他走的路线却是由鄯善，北行到了焉耆，又由焉耆穿越塔克拉玛干大沙漠，进入和田，再走印度。“路中无居民。沙行艰难，所经之苦，人理莫比”（《法显传》），路线是十分不顺的。但如是走，自然也有法显自己的理由。政治的、宗教的因素都可能影响他的决定，并不能以路线顺不顺为转移。

李柏信使严参事、法显，这两个实例，治西域史者都了解，已近常识。应取之通行路线与实际行进的路线，差得竟是那么遥远，遥远得以常情绝难理解。

长泽和俊以“应该”怎样走，当成“就是”那样走，再据以分析、引申，得到自己希望的结论，其结论之不足凭信，是十分明白的。

关于冯奉世送“大宛诸国客”（不只是大宛使——引者）返国，经由鄯善一事，时在公元前 65 年。那正是西域多事之秋：莎车国内政变，汉封之莎车王万年及汉使奚充国，均为王弟呼屠征所杀。丝路南道受莎车攻击，“从鄯善以西皆不通”。匈奴又一次发兵攻车师城。莎车遣使扬言：“北道诸国已属匈奴矣。”真是一片黑云压城之势。在这一形势下，冯奉世驻在伊循，伊循都尉宋将随时提供着西域情报。最后，因时就势，当机立断，冯奉世矫制征发西域诸国兵，得万五千人，以迅雷不及掩耳之势，平定莎车政变。西域形势立转，“诸国悉平”，冯奉世随后顺利行进，“西至大宛”[1]，得不辱使命。

这件事，足以引发思考的因素太多。一是形势不靖，冯奉世必须随机决定最安全的路线；二是所送使臣是一批，大宛使是其中重点。在这样一个形势下，说冯奉世行进路线肯定“应该”如何走，是十分武断的。《汉书·冯奉世传》在记述冯的这番平莎车内乱、稳定西域大局的作为时，特别提到“至伊修城（伊循——引者），都尉宋将言，莎车与旁国共攻杀汉所置莎车王万年，并杀汉使者奚充国”。这位伊循屯田都尉宋将，在冯奉世呼风唤雨、特立独行，迅捷改变了西域

1 相关资料，均见《汉书·冯奉世传》（卷七九）。

形势的活动中，也是发挥了不小作用的。冯奉世走伊循，而不走其他路线，其背后的缘由，于此似乎也可以略见端倪。

不论具体因素有哪些，冯奉世衔命礼送的“大宛诸国客”，是经过伊循、并在这里见识了一番风雨的。我们绝对没有理由因为冯奉世这一西行路线，就判定伊循必在由楼兰循孔雀河西行之北道上。毕竟当年的伊循，是驻有西汉王朝一支部队的屯田重地，也是军事重镇，是西汉王朝吏员可以得到安全庇护的处所，并不单纯只是一处交通驿站。

实际生活（包括历史上的实际政治形势）是复杂、丰富、多姿多彩的。它的运行轨迹，绝非形式逻辑所能规范，所可局限。我们在面对历史时，也必须将自己的思想放得开阔点，变得复杂点，要深入到当时、当地的矛盾中去，才有可能接近、触摸到历史的真实。

于志勇《西汉时期楼兰“伊循城”地望考》利用卫星遥感资料，展现LE古城图像，支持论文观点，这是值得支持、肯定的新方法。沙漠广布，地旷人稀，古城古址不少已沦入沙漠、荒漠之中，古代河道也会因自然、人为因素而改变流向。这时，利用遥感图像，寻找河川，搜索古城，进行宏观的历史、地理、环境变化研究，是十分有用的，可收省时省力、便于把握全局之功效。本文虽对LE古城为伊循故地之观点持否定态度，但对使用如是方法进行西域古代城镇兴衰研究，却持完全肯定意见。这是一个在西域考古中大有前景、值得利用的好方法。

《西汉时期楼兰“伊循城”地望考》一文，利用卫星图片，参照地面实测资料，联系汉晋时期居延、河西走廊广大地域内已见鄣、塞、城址，进行比较研究，探索共同规律，同样也是一个有积极意义的探索。只是在面对伊循城时，必须注意，它可不一定是按西汉王朝规制而建设的城。尉屠耆在离开长安回楼兰准备鄯善立国事宜时，曾说“国中有伊循城，其地肥美”，足见在汉军进入伊循屯田前，伊循城是已经存在的。因此，希望通过梳理西汉王朝在西北边裔设置之鄣、塞、城的规制，而推见伊循城的规制，大概也是要多角度分析的。当然在汉军进驻这片地区后，在西汉王朝统一规划下，在罗布淖尔大地上，新建的校尉城、屯城、都尉城，可能会遵循汉王朝的制度，那又是另一个问题了。

四

根据《汉书·西域传》，扜泥必在且末以东720里处的若羌绿洲上。而在扜泥以东、可以当得上“其地肥美”这四个字的，也就只有米兰。这本来早已是西域研究学界许多学者共有的认识。这里结合自然地理、新见考古资料，稍细予以解析，求其深化。

（一）米兰绿洲，确可称“其地肥美”

20世纪50年代后，在巴音郭楞蒙古自治州境内屯田戍守的是新疆生产建设兵团农二师。师属水利勘察队工程师饶瑞符，长期在这片地区从事水土资源勘察，十分熟悉相关资源。米兰河谷绿洲，是这片地区水土资源最为富厚的所在。关于这片地区的适宜于农业垦殖的要素，清楚见于他的著文[1]。米兰河，是源自阿尔金山的独立水系。米兰绿洲地处米兰河口，引水近便。黄土层厚5—15米，以轻壤、沙壤为主，含盐分少，是罗布淖尔、塔里木河流域少见的优质土壤。加之地下水埋藏深，矿化度弱，冬日少风，较温和，是比较理想的适宜于农垦的地带。新疆生产建设兵团农二师第36团所以设置在米兰，原因在此。从若羌至米兰，空间距离达70千米，中间均为荒漠、盐漠，基本不见人烟。如是地理形势，于扜泥（若羌）以东、求“其地肥美”的所在，确实只有米兰绿洲可以承当。视米兰绿洲为伊循故址，从自然地理角度分析，是切合不悖的。

（二）米兰绿洲，确有古代屯田遗迹

在米兰绿洲发现的屯田遗迹，主要指一区大型水利灌溉设施。这一遗存的发现，也是水利工程师饶瑞符的贡献。1965年，他曾手持相关

1 饶瑞符：《米兰汉唐屯田水利工程查勘——从伊循灌溉系统看汉唐时代屯田建设》，《新疆巴州科技》，1981年第1期；修订稿以《米兰古代水利工程与屯田建设》为题，发表于《新疆地理》，1982年第Z1期，第56—61页。

测量图到乌鲁木齐，找到考古所李征先生与笔者，进行了认真交流。希望考古所能从考古专业角度，对相关水利遗迹踏勘、验证，争取进行少量发掘，判定其始建时代。李征对进行这一工作，也特别积极，亟望成行。其情其景，至今犹历历在目。十分遗憾的是，限于当时的客观条件，根本不可能进行这一野外作业。待后来有可能进入米兰，对相关遗迹进行少量试掘时，饶、李二位竟都已先后辞世西行，令人唏嘘。

饶瑞符发现的古代灌溉遗迹主要为一条总干渠，七条支渠、斗渠、毛渠，构成一个相当完整的灌溉渠系。渠引古米兰河水进行浇灌。渠首已毁。总干渠长约 8 千米，高仍近 10 米，宽 10—20 米。七条支渠，分别长达 4—5 千米，高近 3 米。斗渠、毛渠也约略可见。依地形，自南向北，顺地势展开，可双向流水。水头控制良好，干渠线路平直整齐，渠系分布均匀，引水势顺，全灌区均可得水。测算，灌溉总面积可达 4 万—5 万亩。据饶瑞符及其同事现场观察、细算，曾经垦殖的面积，估算可能达 1.7 万亩。他们据地势高程判断，只要将渠道内的积沙完全清除，建好渠首，立即可以古为今用，利用渠道恢复灌溉功能，实现垦种。在这一渠系范围内，他们曾经采集到麦草、麦穗、陶片、一枚五铢钱[1]。

关于这一灌溉渠系的时代，有过“汉唐时期”“吐蕃占领期”等多说。

笔者的观点是：目前虽还未经发掘、清理，没有掌握到直接证据，但据已掌握之多种因素分析，最大的可能，它始建在西汉，与伊循屯田存在直接关联。汉代以后，自然不妨碍曾继续使用。理由是：

1. 伊循屯田，见于《汉书》记录，是肯定存在的事实，田官秩为“都尉”，规模不小。在西域屯田，没有雨水可依恃，人工灌溉，是其首务。这一遗迹，可与伊循，也就是米兰绿洲历史上最辉煌的屯田篇页彼此联系，相互印证。

2. 这一灌溉渠系之支渠、斗渠遗迹，伸展至米兰绿洲现存的多处佛寺、城堡遗存旁。部分佛寺，斯坦因曾经发掘，大量保存完好的壁

---

1 同前。

画明显具有犍陀罗风格[1]，可以与贵霜子民东行，佉卢文在精绝、楼兰流行相统一，时代当在东汉以后，公元3—4世纪是其盛期。笔者在20世纪80年代初也曾择其一，略事清理，也见有翼天使（安琪儿）像之遗留。佛寺、城堡保存完好，水渠痕迹至此不见，清楚表明：东汉以后的佛寺、城堡，实实在在叠压在先前使用的灌溉渠系、垦殖农田之上。因此，灌溉水渠工程，较佛寺年代相对为早，可以确定是东汉以前的遗存。

3. 灌区内曾得汉五铢钱一枚。笔者1982年在米兰调查中，同样是在这片地区，见到一件鎏金铜卧鹿（采集者为当地农民吴海忠），显具战国、西汉风格，应为匈奴文物遗留。（彩图二十二）这些文物，可作为辅助资料，助益于说明这片遗址有可能为汉代遗存。

4. 新见西汉遗存。与上列水利灌溉工程遗存互相发明，1989年10月，笔者与刘文锁、肖小勇再次进入米兰进行考古调查。在米兰吐蕃戍堡东南，距约2千米，老米兰河北岸台地上，发现过一区西汉时期遗址。地表沙梁起伏，在两道东西向沙梁间，有几座风蚀土墩，土墩下，洼地上见多量西汉特征文物：多量加砂灰陶片（器表饰细绳纹）、钻孔陶片、陶纺轮、石磨盘、三棱形带铤铁镞、鱼鳞形铁甲片、五铢钱、炼碴、玉石料等，遗物分布在500米 ×200米的范围内，五铢钱具有西汉武帝时期特征，与细绳纹灰陶罐、三棱形铁镞、甲片，时代风格一致[2]。这一发现意义是很重大的。它与西汉王朝组织的伊循屯田活动，也可以联系分析。遗憾的是发现、进入遗址现场时，已近傍晚，采集必要标本后，已不可能展开进一步工作，事后又未得可能再对这一遗址进行深入调查，也未得可能进行试掘。2005年，笔者与冯其庸先生，荣新江、罗新、朱玉麒、孟宪实诸位教授一道，满怀期望，再访这一遗存。地表文物，除陶片外，竟少有所获。印象深刻的三大块玉石料，自然也不知所终，

1　向达译：《斯坦因西域考古记》，第82—89页，中华书局，1936年。

2　塔克拉玛干沙漠综合考察队考古组：《若羌县古代文化遗存考察》，《新疆文物》，1990年第4期，第5—12页。

颇以为憾。再一步认识这区遗址的真面目，只能寄希望于今后可能的发掘了。

米兰绿洲，居扜泥之东，可称“东城”。它是若羌县境离敦煌最近的一处绿洲，正处于自敦煌至若羌绿洲的狭长交通线上。斯坦因得自敦煌藏经洞的唐《沙州图经》，说“鄯善之东一百八十里有屯城，即汉之伊循”[1]，说明唐代士人，对自敦煌西行至若羌途中，东距若羌180里的“屯城”，即汉之伊循故址，仍然是有明确认识的。自米兰向东，距约5千米，至今还屹立一处汉代烽燧——墩力克。

林林总总，这许多考古文化细节，都启示我们，汉代伊循就在米兰绿洲之上，可以肯定无疑。文献记录与考古发现，可以互相印证。但望今后能组织力量，对相关灌溉渠系遗存，展开严谨的考古调查、实施少量发掘。将相关结论夯得更实，将汉代伊循、楼兰-鄯善研究推进一步。

余　论

《西汉时期楼兰“伊循城”地望考》一文，关注了相关文献，梳理了近一个世纪来相关研究结论，对近年在罗布淖尔荒原上的考古工作新收获，甚至相关卫星图片资料，都没有放过，用功不可谓不勤，着力不可说不多，但结论却仍难让人信从。这就引发一个问题：在已见之诸多论述中，所据之文献记录，几乎没有一点差异，但解析及进一步的结论却判然有别。问题究竟出在什么地方？笔者以为，其核心在于对楼兰王国的自然地理、历史地理背景，未能准确把握，这直接导致对同一文献的解析产生歧义。因此，矛盾的解决不能只寄希望于文字解读本身，而应结合罗布淖尔自然地理形势、相关考古收获，求解文献记录的真谛。换句话说，伊循既是公元前77年为破除匈奴威胁，灭楼兰、立鄯善的

1　转引自《鄯善事辑》。

关键时刻建设的新城，对其故址的探求，不能脱离当年这一特定的时空背景，不能忽视当年仍十分强大的匈奴王国的军事威胁。这就使伊循必然不可能在楼兰近边的 LE，而只能在阿尔金山脚下另觅他途。有关伊循故址所产生的歧见，结合这一形势去解读，就可以得到合理的统一；歧误、错讹的晚出文字，如《水经注》相关记述，前贤已有很好的辨析，应该得到重视。一些看似有理、实质并不能成立的推论，应予合适的辨明。在米兰绿洲上一些新见的、可助益认识伊循故址的考古发现，应该受到更好的关注。

本文即本以上思路展开，自感稍有新意，希望能为这个分歧得太久的小问题，寻求到一个正确的结论。尚祈识者赐教。

2011 年 1 月 19 日初稿

2012 年 9 月 17 日修订

若羌县古代文化遗存考察

1989 年 10 月，新疆塔克拉玛干沙漠综合考察队考古组一行在南道若羌县作了为期一周的考察，实地考察了遗存在若羌地区的主要古代文化遗址共 8 处。对若羌的考古学考察，获得了一批较有考古学价值的遗物，包括陶器、铁器、铜器、玻璃器、石器以及钱币等。

在若羌考察时，得到了若羌县史志办公室李双城、县文体局买买提·司马义，以及米兰中学教师丁松灿、武警兵团指挥所驻米兰三大队战士王志军等同志的热情帮助，在此谨致谢意。

一　地理环境及考古发现

若羌县位于塔克拉玛干沙漠东南缘，地处北纬 36°05′—41°23′，东经 86°45′—93°45′，南北宽 580 公里，东西长 570 公里，海拔 846—4500 米（南部阿尔金山区），总面积 20.23 万平方公里。东与甘肃、青海两省相接，南依昆仑山脉与西藏接壤，西与且末县，北与尉犁县及吐鲁番、哈密两地区交界。

若羌县地势南高北低，呈不规则形展开延伸，南起昆仑山褶皱带，北入塔里木盆地和库姆塔格沙漠，由西南向东北倾斜，大致可分为四个地貌单元：1. 南部山区，昆仑山及其支脉阿尔金山。阿尔金山 1985 年已列为国家级自然保护区，海拔 1500—4500 米，面积 98600.42 平方公里。2. 中部山前洪积扇平原。海拔 1000—1500 米，面积 8836.05 平方公里。3. 罗布泊风蚀湖积平原。海拔 780—846 米，面积 5604 平方公里。4. 北部冲积沙漠平原。海拔 846—1000 米，面积 89258.31 平方公里。[1]

若羌县的河流共分两大水系：南部山区水系和罗布泊水系。南部山区水系的河流源于南部昆仑山—阿尔金山，一般流程短，出山后不久即消失在戈壁沙漠中，季节性强。该地区主要的绿洲河流若羌河、米兰河、瓦石峡河等即属于南部山区水系。属于罗布泊水系的河流主要是客水：塔里木河、孔雀河、车尔臣河，此外还有若干小河流。罗布泊地区目前已沦为荒漠。然而在历史上，这里曾经是一处绿洲，生态环境优越，生活着历史悠久的古楼兰-鄯善人。其文明一度辉煌光耀。

（一）现存的古代遗存

主要分布在下列四条河流绿洲地区

1. 罗布泊地区。闻名于世的古楼兰城，也是前凉西域长史驻地，包括居卢訾仓故址、LE 古城，及其周围的一些较小的聚落。

2. 米兰地区。依米兰河，在米兰的古遗址共 6 处：唐代吐蕃戍堡遗址、佛教寺院遗址、米兰伊循屯地、伊循都尉府故址、水利灌溉渠系遗址、吐蕃墓葬遗址，均分布在今米兰农场以东。时代延续较长，由汉至唐，约一千年。米兰地区是一处很好的屯垦绿洲，至唐后期废弃。1964 年，由新疆生产建设兵团组建农一师 36 团在此开辟农场进行屯垦，成为若羌地区的一大重要垦区。

3. 若羌河流域。发现不多，截至目前，共有 4 处：若羌河口古遗址、若羌河畔遗址、土台遗址、且尔乞都克古城址。县城一带的城址已破坏殆尽。

1　以上数据据《巴音郭楞蒙古自治州州情 · 若羌县》。

4. 瓦石峡地区。目前为若羌县的瓦石峡乡，现在所知的遗址仅有一处，即瓦石峡遗址，过去曾称瓦石峡古城遗址[1]。

（二）除上述四个地区的古遗存外，在阿尔金山中，目前新发现三类文化遗址

1. 细石器文化遗址。共发现两处，卡尔墩及野牛泉，两者相距约200公里，海拔在4500米左右，两者纬度大致相同。阿尔金山细石器文化遗址，为研究若羌地区的古人类文明起源提供了新资料。此外，对研究高寒山区原始人类的生存等问题也提出了新的研究课题。

2. 吐蕃文佛经石刻。发现于阿尔金山自然保护区的库鲁克皮特勒克塔格山北麓及祁曼塔格山南部之间约120公里的广大范围内，共5处，总数量在2000片以上，50余万字。这些石经对研究古代若羌、且末地区翻越阿尔金山进入青藏高原的交通及佛教文化的传布等问题，是一份极有价值的考古学资料。

3. 哈萨坟。位于阿尔金山自然保护区的依协克帕提西南25公里处，有5座，用土坯砌筑而成，圆丘状。时代及文化性质待考。

二　古代文化遗存

这里介绍的包括若羌河、米兰河、瓦石峡河三个地区的主要古代文化遗址共10处。

（一）若羌河流域

从若羌河出阿尔金山河口向北至若羌县城凡40公里，在若羌河西岸，分布着3处遗址：沟口古遗址，若羌河畔遗址，县城西土台遗址。3处遗址均含军事性质。

1. 若羌河沟口古遗址

1　黄文弼：《新疆考古发掘报告》。

位于若羌河出阿尔金山沟口。北距县城约40公里。遗址位于沟口一座小山丘顶，该山丘异常陡峭，位于沟口谷地正中，扼沟口。若羌河绕山丘南、东及东南三面呈弧形流过，山丘约高150米，山表碎石嶙峋，风化严重，西部有一条狭窄的山脊，成为上下山顶的唯一通道。山丘顶部较平坦。整个地理形势背山、面南部戈壁，易守难攻。向上可以警戒若羌河沟谷通道，向下可监视若羌河及南部戈壁，居高临下，与北面的河畔遗址遥遥相望。

山顶台地呈东北—西南向，狭长，长73米，宽15—25米。东北及北部边缘有一道凸起的石壁，台地表层不甚平整。台地东壁，有一段被用石块垒砌过。台地东部平坦，但面积不大。

遗存在台地之上的遗迹共包括：房屋基址3间，墙垣基址1处，石坑1处，大型盗坑1处，以及在台地南侧边缘大断崖之上的人工垒筑的护坡。

1）盗掘破坏坑。位于台地西南端，不规则圆形，直径12.5—14米，坑底深约1.8米，南侧豁口宽3.5米，长3米。在现存坑表层，发现有砖块、碎铁块等文化遗物，从坑底向下试掘1米，一直为熟土（含红烧土块、炭末、砖、砂石等），此外还发现四块磨制过的石片，石英岩质，呈长方形，四角钻有小孔，可能为甲片。砖呈青灰色，长约40厘米，宽20—24厘米，厚6—7厘米不等，数量很多，大小规格不尽一致。在盗掘坑南壁，尚存一处比较完整齐全的砖砌墙。

由此看来，盗坑所在可能是一处房屋，并且显然是这处遗址的中心建筑部分。

2）石坑。位于台地中部偏西南端，在盗掘坑的东北侧，两者紧邻，间距1米。石坑约呈方形，其东北端残毁不全，走向与台地一致，长2—2.4米，宽1.5—2.2米，深约0.3米，石坑周壁系用石块垒砌而成，在坑中未发现任何文化遗物。

3）房屋遗址。现共存3间。其中一间较大的在台地中部，位于石坑东北侧1.3米，呈方形，边长7—7.2米，门向南。该房屋目前只残存墙垣基址，残高约20厘米，墙垣厚度已无法测知。另外两间面积较小，在台地的中部偏东北端，两间相连；方向与上述房屋一致，距上述较大型房屋9.5米。两者大小一致，皆约呈方形，3.5米×4米大小，残高约10—20厘米，亦大致被毁坏殆尽，只残存一道石块垒筑的墙垣基址。在上述3间房屋中未发现任何文化遗物。

4）墙垣基址。共1处，处于台地东北端、石壁内侧，邻房屋遗址。只残存了两段墙垣基址。从现存状况判断，当属一长方形的较大型的房屋，也可能是两间或多间相连的房屋，残存的墙垣残长7.5米，宽4.6米，石块砌筑。

5）护坡。在台地的东部，地表曾经为人工砌整过，在东部边缘的大断崖，有一块人工用石块砌筑的护坡，宽约10米，高约7—8米，砌筑非常整齐，以防止台顶石块下坍并加固台地。

1988年6月，新疆文物考古研究所张平同志勘察了该遗址，认为是一处唐代戍堡遗址，与鄯善地区的城镇设置有关。[1]

2. 若羌河畔遗址

即孔路克阿坦遗址[2]，或若羌河畔戍堡遗址[3]。位于县城南稍西约10公里，若羌河老河床西岸台地。这一带地势稍平，为山前冲积地带戈壁滩。河床早已干涸，地表植被稀少。

遗迹：现残存三段墙垣，以及一个小土墩（建筑残迹，已无法辨认）。其东墙外侧及北墙东端，均已被河床冲刷坍陷，遗址的南墙及西墙南段，目前几已不存，但地表尚有较清晰的墙垣痕迹。

东墙：残宽2—3米，残高1.8—2.5米，残长约5米；

北墙：残宽0.5—1.5米，残高1.3—1.4米，残长约10米；

西墙：坍陷严重，不甚清晰。

遗址中部之残土墩，残高1.5米，不规则，底部有一个洞。墙垣系

1 张平：《若羌县“石头城”勘查记》，《新疆文物》，1990年第1期。

2 黄文弼：《新疆考古发掘报告》。

3 黄小江：《若羌县文物调查简况（上）》，《新疆文物》，1985年第1期。

利用切割整齐一致的胶泥块垒砌而成，一般厚8—9厘米，宽27厘米。

遗物：地表遗物非常少，只有少量陶片，夹粗砂，红陶，胎很厚，时代较早。

1959年黄文弼教授考察该遗址时曾发现有寺院、壁画等遗迹，认为是公元3—4世纪即鄯善国时期遗存[1]；1979年黄小江、张平在此考察，认为是戍堡遗址[2]，并经^{14}C断代，认为是公元后100年，东汉及其后的遗存，两者断代较相一致。据我们观察，黄文弼所说较正确，即公元3—4世纪前后鄯善国时期的一处聚落遗址（以佛教文化为中心）。

3. 若羌河土台遗址

位于若羌县城西部，若羌河西岸，周围为村舍、农田及工厂等。

遗址现存状况：一个直径约30米、高约10米的圆丘状大土包，在土包之上有土坯垒筑的建筑残迹，但目前已无法辨识清楚，现在山包顶上还遗有一个过去立置的木标测三角架。土包表层长满了骆驼刺之类的野生植物，在土包之上拣拾到若干夹砂质红陶片，胎较厚。

从周围的地形状况来判断，此土包显然系人工堆筑而成，而非自然形成。若羌河地区的地势十分平坦，视野开阔，因而我们推断这个土包也是一种警视性质的守望台。在土台之上再设堡垒，以利观望戍守。

关于土台遗址的起讫时代，目前已无法考知。1959年，黄文弼教授等人在若羌考察期间，在该遗址发现了红烧土、灰土、陶片、骨片等遗物，数量较少。此外，在台顶还有建筑遗迹，其时代无法得知。

（二）米兰河流域

米兰位于若羌县城东偏北45公里（地图直线距离），为米兰河冲积绿洲。目前为生产建设兵团第36团屯垦农场。米兰河绿洲的最早屯垦时代，按目前学术界观点，始于西汉鄯善国之伊循城。伊循城址之位

---

1 黄文弼：《新疆考古发掘报告》。

2 黄小江：《若羌县文物调查简况（上）》，《新疆文物》，1985年第1期。该文作者1978—1979年在若羌县调查时，该城址尚存。“此外，县城内有1座古城，破坏严重，城墙只留局部，为夯土筑，夯土内有夹砂红陶片，古城内有一高约4米的土坯台基，原来古城外西南的一座大型土坯建筑，现已无存，可能是烽燧。”

置，一般认为在今米兰。今天的米兰绿洲，为改过道后的米兰河（即所谓新米兰河）冲积绿洲。新米兰河位于老米兰河之西数公里，约从上游出山的沟口开始分叉西移。河水的改道、迁移，造成了新绿洲的兴起，及老绿洲的废弃。

现知的米兰地区的古文化遗存分布在老米兰河西岸，即今天米兰36团团部驻地以东的戈壁滩，目前已沦为一片荒原，大多已沙化，成为雅丹地貌。目前所知的遗址共6处，分布非常集中，并且在地域上有叠压、重合情况，时代上延续很长。

1. 戍堡遗址

位于老米兰河西侧，老米兰河自出山后，呈北偏东流向，戍堡建立在寺院遗址及一处居住遗址（即米兰遗址）之上。因而这两处遗址的时代要较戍堡为早。

戍堡现存状况：戍堡为一军事性质的建筑，南北长56米，东西宽70米，长方形，堡墙最高处残存有7米，戍堡四角均筑有角楼。堡内南边，筑有一高守望台，堡内主要建筑物集中在北边，自底部至古堡北墙，遗迹构成一斜土坡，房屋即一层层倚坡建筑。房屋为半地穴式，屋顶较平，在古戍堡房舍遗址中，曾出土了大批吐蕃文简和文书，也有汉文木简，木简内容涉及分占耕地、种植小麦和贩卖丝绸。这是一批关系到当时吐蕃人社会经济生活的重要材料。在遗址中出土的大量生活用具，主要是木器（碗、勺、盘、锹）、石磨盘、陶器（罐、釜、瓮壶、纺轮），还有毛皮带、毛毯、织花毛毯残片。武器有木弓、刀鞘、三棱形铁镞、骨镞及大量漆皮甲片，在遗址区还清理出了相当数量的卜骨，骨料是羊肩胛骨，经过烧灼，灼洞直径约为1厘米，其中一块骨上还见到吐蕃文卜辞。经研究为唐代中后期吐蕃人的军事戍堡。[1]

2. 吐蕃墓葬

吐蕃墓葬位于戍堡以南约800米，墓葬都是挖建在淤沙土层中，距

1　穆舜英、王明哲：《新疆古代民族考古文化》，《新疆社会科学研究》，1985年第6期。

地表很浅，为竖穴掏洞式，即先挖一个长约1.3—1.6米，宽约0.3—0.4米、深约0.7—0.9米的长圆形竖穴，然后在其旁掏一个长约1.1—1.25米，宽约0.4—0.6米，深约0.8米的长圆形墓室，尸体置于墓室中，在竖穴与墓室之间，用泥块堆砌成一个长约0.8—1.2米，宽约0.3—0.4米，高约0.8米的隔墙。墓葬葬式有两种，一种为侧身屈肢葬，周身用毛毡、毛布和麻布包裹；另一种将头骨、胸骨、肢骨、足骨等分别用毛毡、毛布和麻布包裹，按顺序排放，头发保存很好，为单辫或双辫。中国社会科学院考古研究所新疆队曾对墓地中的一些墓葬做过清理。根据他们的发掘情况，发现墓葬中随葬品非常贫乏，仅在头部放一只木碗，或者没有，但每座墓葬都有一个山羊头置于头侧。经过对比研究，发现这些墓葬中的毛毡、毛布、麻布和木碗等均与吐蕃戍堡中所出土的完全一样。根据墓主人辫发和实行土葬的情况及遗物的相同性，这些墓葬的主人当为吐蕃小城堡的主人无疑。[1]

3. 佛教寺院遗址

对佛教寺院遗址所做的考古工作最多，包括：1906年12月—1907年1月，英国人斯坦因在米兰吐蕃戍堡及佛寺遗址所做的考古发掘工作；1958年，中国社会科学院考古研究所黄文弼教授及助手在米兰古城（即吐蕃戍堡）及塔庙遗址（即寺院遗址）所做的考古学考察工作；1978年—1979年，新疆博物馆文物队黄小江、张平在若羌米兰地区的考古调查等。

（1）遗址的现存情况

① 佛塔8座。均残，一般高约3—6米，基底宽约4—10米，有夯土筑，也有土坯砌筑，有的上部是中空的圆形，塔顶部已残破。所有佛塔底部都有盗洞。

② 佛寺遗址3座。破坏严重，其中两座在戍堡西南佛塔群中，相距约40米，一座有9×9米的方形围墙，中心为土坯垒砌的直径为2.7米的圆形矮佛塔，塔被1.2米宽的残断回廊围绕。原来有顶，覆盖中心

1　陈戈：《新疆米兰古灌溉渠道及其相关的一些问题》，《考古与文物》，1984年第6期。

的矮塔，现已坍塌，风蚀，塔下部有壁画残块、丝、麻布、碎片等。1907年斯坦因在此发掘，从回廊内壁上揭走了著名的“有翼天使”像壁画7幅，“有翼天使”的形象带有浓厚的犍陀罗佛教艺术特色，而犍陀罗艺术又源于古希腊文化的影响。壁画上题有佉卢文题记，经斯坦因等人的解读和研究，认为它涉及画家的名字“Tita”及其所得到的报酬数目。另一座塔寺在上述塔寺的南侧，形制相同，其塔直径约4米，围墙12×12米，回廊宽2.1米，不同的是围墙内有数间僧房。这座塔庙的回廊壁上，曾绘有水平很高的“皮珊多罗王子”（Prince Vessnatara）本生故事，在其下部有一组青年男女群像壁画。第三座寺庙遗址位于戍堡东北约2公里处，即被称为“米兰大寺”的大型寺院遗址，由一座双层土坯垒筑的主建筑佛塔及其东部的一座塔洞（支提窟）遗址，和周围一组僧房遗址组成。佛塔高约9米，上层呈方形，土坯间残留有木柱，下层为方形基座，四面有壁龛。现在东墙、南墙的壁龛仍存，龛间是一排等距的泥塑希腊式柱头。在南墙现存的6个龛中，还残存有彩色和泥塑的半雕塑式的立塑像。塔洞遗址残毁严重，只能看出大致形制，与戍堡以西的上述两座塔洞遗址大致相似。周围僧房遗址所剩无几，被毁严重。在附近地面散布着大量的陶片、石磨盘（残）、小饰件、铁器残件等物。1907年，斯坦因在此曾发掘到一些大型佛像头，其中最大的一件高近0.9米。

1989年，当地武警王志军在一座塔洞遗址中发现有壁画，经过我们清理后发现为两幅并列的“有翼天使”图像，该图像与斯坦因所发现的8幅“有翼天使”图像风格相似，当属于同时代作品。壁画位于回廊内壁近底部，上面有一条黑色分栏线，在此线左端上面，有一莲花座，赭红色。莲花座左侧，残存不甚清晰的双腿下半部分，黑线条，残高16厘米。天使像为白底，以黑线条勾出轮廓，身体涂成红色，左侧天使通高27厘米、残宽52厘米；右侧天使通高28厘米、残宽43厘米；莲花座宽32厘米、高15厘米。在天使像底下有一道底线，底线距上部分栏线31厘米。左侧天使两翼翅端涂成黑色，与斯氏所得之8幅不同。

（2）遗物

在米兰大寺及其周围采集到一些遗物。其中寺址 9 件，寺址周围 4 件（89RMM：11—14），分为陶器、铁器两种，均残。（图 5.1）

陶器 9 件，夹砂质，个别微加砂（89RMM：3），有 3 件为纹饰陶片（89RMM：4、6、11），余皆素面，均为罐类。陶色包括红、灰、土黄、黄褐色四种。其中 89RMM：2、5、7、8，光圆唇，唇外起一道三角形凸棱，若“檐”，侈口、颈较高（与且末那勒克遗址所出之“三角状唇部”具有相似特征）。89RMM：11，两道凹弦纹间夹一道波线纹，及某种符号图案。M：6，圆圈纹，凹弦纹。M：4，拍印的曲折线纹。

铁器。共 4 件，均残，锈蚀严重。其中铁盘一、盆一、甲片二。

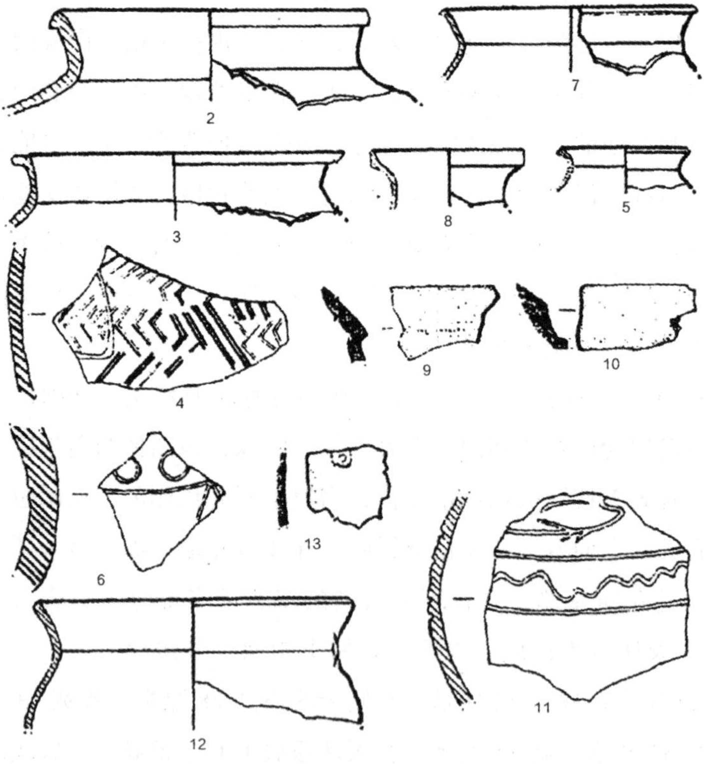

图 5.1　佛寺遗址遗物

4. 米兰遗址

在戍堡以东、东北及寺院遗址附近地表，散布着大量陶片、铁器（残块）、炼渣、磨盘石、铜饰件等遗物。此外，还残存有灶、灰坑、房址、烽火台（2 座）等遗迹。由此看来，这当属于一种有别于寺院遗址的居住遗址，两者或许有内在联系。（图 5.2）

遗物分为陶、铁、铜器三种，以陶、铁器为主。

陶器 5 件。皆夹砂质、素面，红陶或灰陶两种，其中 89RM：2、5、6 三件为陶罐，卷沿，侈口，鼓肩、腹，束颈。M：3、4，带鬲耳，直口、无沿、方唇，似为缸类。

铁器 5 件，均残，锈蚀严重，器形及制法等不易辨识。其中铁镰 1（89RM：1）、圆铁棒 1（M：11）、铁器 1（M：8）、铁甲片 2（？两片或三片相叠，铁片有钻孔）。

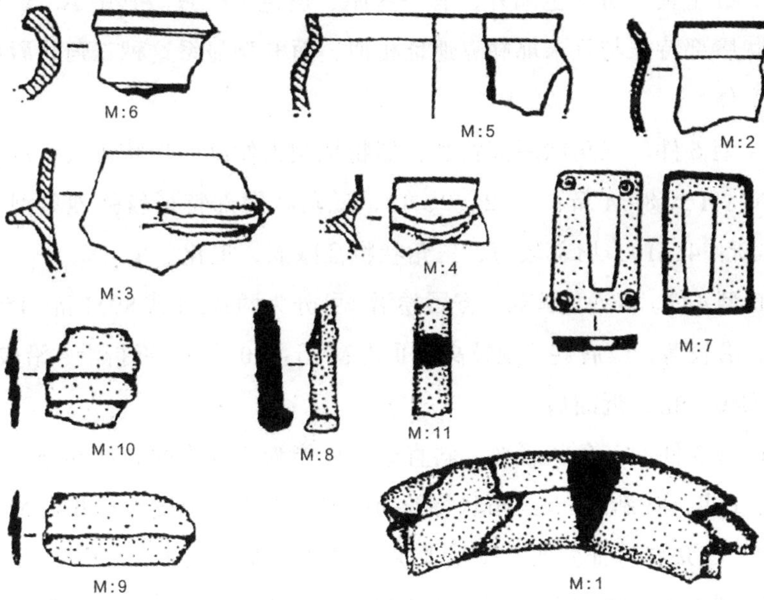

图 5.2　米兰遗址遗物

铜器共1件（89RM：7）。基本完整，有装饰。

5. 老米兰河畔遗址

该遗址系此次考察的新发现，位于戍堡东偏南5°，约2公里，老米兰河西岸，紧邻河床。这一带目前已完全沙化，地表沙梁起伏不大，有几个风蚀土墩。在两道起伏的东西向沙梁之间的洼地地表，散布着大量的遗物：陶片、铁器（镞、鱼鳞甲片等）、炼渣、铜器残件、铜币（五铢钱）、磨盘石、玉石料等。现存遗物范围南北约200米，东西约500米。在遗址区还发现一个直径53—58厘米的圆形土坑，残深在40厘米以上。坑壁为一层厚1.4厘米的红烧土壳；坑内填细砂土，较纯净，板结成硬块，内含大量动物骨，坑下部填土中有灰土和木炭渣土，推测可能是一处小型窑址或灶址。（图5.3）

采集的陶器标本共26件。包括罐、盆、纺轮、钻孔陶片、纹饰陶片五种，以罐为主。

罐共18件，器型变化较多，可分为A—F6型，均夹砂质素面轮制，除灰、红土黄、黄褐色陶外，有一些胎、皮色不一致。其中A、C型的三角状唇部特征与且末那勒克遗址相似，而F型显系这种三角状唇部特征的变体。

A型6件。三角状唇部特征，器物烧制火候高，形状较大、规整，分两式：Ⅰ式89M新：1、2、9、11，三角状唇部特征较强烈典型；Ⅱ式M新：4、19，唇部较薄，三角状特征减弱，退化。

B型4件。普通型陶罐，方唇卷沿，可分为两式：Ⅰ式89M新：15、5，卷沿，沿较薄，鼓肩甚，颈较高；Ⅱ式M新：10、13，近折沿，沿较肥、厚，颈短、粗，近溜肩。

C型3件。三角状唇部，斜直壁，可能为一种罐的高颈部分，分为两式：Ⅰ式，M新：6，三角状特征尚明显，壁直，斜度大；Ⅱ式M新：7、16，三角状特征微弱，壁呈弧状，倾斜不甚。

D型1件。89M新：14，竖直口，鼓肩近折。

E型1件。89M新：3，高颈罐，口较小，带耳，微卷沿。

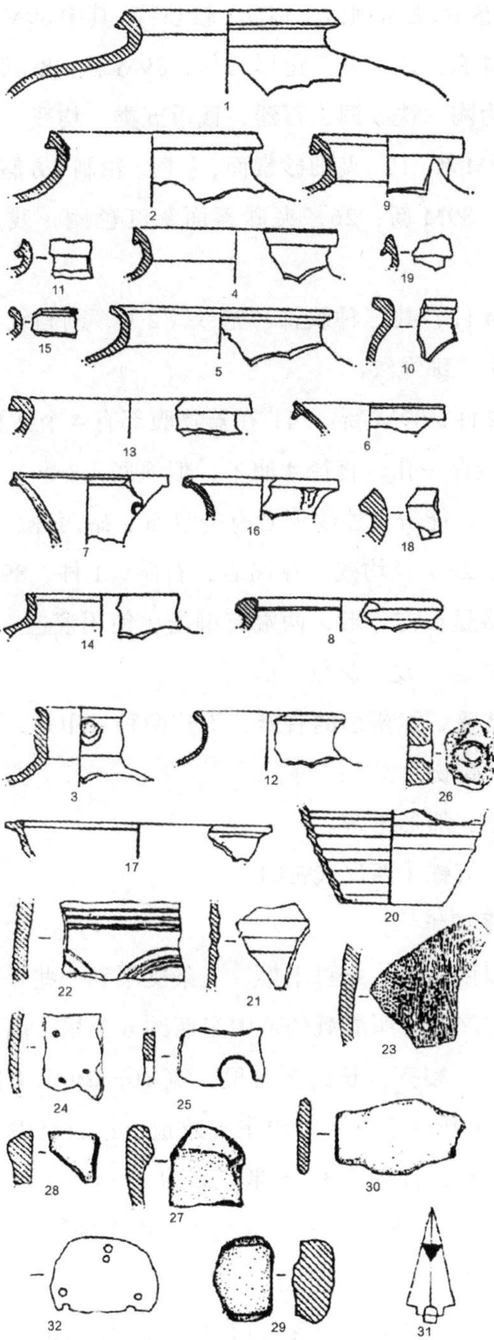

1
2
9
11
4
19
15
5
10
13
6
7
16
18
14
8
3
12
26
17
20
22
21
23
24
25
28
27
30
32
29
31

图 5.3　米兰新遗址遗物

F型3件。卷沿，唇部肥大，厚重，较独特。其中89M新：12，颈较高，特征较弱；89M新：18，呈三角形唇部；89M新：8，唇内壁有一凹槽。

遗物：分为陶、铁、铜、石器、钱币五类。均残。以陶器为主。

盆1件，89M新：17，夹细砂素面，灰陶，轮制、方唇，折沿、斜收腹。

纺轮1件，89M新：26，夹砂素面灰红色陶，残，钻磨孔，似专门烧制品。

纹饰陶片4件，共三种纹饰：箍纹（2）、刻画纹（横平行线下为一列同心弧线）、细绳纹。

钻孔陶片2件，89M新：24，在器物腹部有4个钻孔，直径4毫米。89M新：25，残存一孔，直径4厘米，似甑底（？）。

石器共4件，能辨出器物形者有磨盘石、砧两种。磨盘石，共2件（89M新：27、28），均残，花岗岩；石砧，1件，89M：29，完整，花岗岩卵石，略呈长方体形，两端有砸击、使用痕迹。斧或锄，1件，89M新：30，砂岩，残，灰色，磨制。

铁器锈蚀严重，能辨出的有镞、甲片两种。甲片，一片，鱼鳞状。镞，三棱体状，带铤。

铜器太碎小，器形不辨。

钱币1枚，五铢（西汉武帝时）。

6. 水利灌溉渠系遗址

位于戍堡以南，由一条总干渠、七条支渠和一些斗渠、毛渠组成，呈扇形由南向北展开，所灌溉的范围东西约6公里，南北约5公里，总干渠高大、笔直、整齐，长约8公里，宽10—20米（包括堤宽），高约10米。其上端开口于古米兰河东支故道，渠首已毁，下端接支渠，七条支渠屈曲蜿蜒，各宽约3—5米，高约2—4米，其长度自西向东分别约为3、4、4、5、4.5、5、5、4.5公里。除西面第一支渠外，余6渠，皆在总干渠末端集中分水，每支渠上均有许多斗渠，每斗渠上又有毛渠，斗渠多系双向开口。总干渠和支渠均建立在地形较高的位置上，以利灌溉上水。[1]

水利灌溉渠系遗址之时代，当与米兰的古遗址使用时代一致，始建在西汉，为遗址的主人不断开挖建设而成。当属于古代米兰绿洲的水利灌溉设施。

（三）瓦石峡河

瓦石峡河在若羌河西80公里。目前发现的只有一处，即瓦石峡遗址。

瓦石峡遗址位于瓦石峡乡政府驻地西南约6公里的盐碱荒漠地带，老瓦石峡河干河床西约2公里。遗址呈长条状分布在红柳丛生、沙包散布的沙滩上。分布范围南北长约2公里、东西约1公里。根据张平、黄小江1978年和1979年的两次调查和试掘资料[2]，在遗址内未见城墙，但发现30余处较集中的房址、3处窑址、2处集中的墓葬区、1处冶铁遗址。采集到的遗物非常丰富，有大量陶片、石磨盘、玻璃片、瓷片、钱币（“开元通宝”“元丰通宝”“景德地宝”“喀拉汗朝钱币”等）、纺轮、坩埚、称盘砝码、丝织品、木梳等。这些遗物有的被压在沙丘下，有的只残存痕迹。1979年的发掘，共清理了房址8座（编号79RMF1—F8）、窑址1座（79RWY）、墓葬7座（79RWM1—M7），出土有残玻璃器皿、元代汉文文书、陶器、木器等，发掘者认为遗址时代在公元4—14世纪，即鄯善国后期至宋、元时期，以宋、元时期遗物为主。

遗址现存状况非常紊乱，由于风沙侵蚀，地表的遗迹多已不存。在地表可见到大量陶片、铁器（残块）、玻璃片及少量石器等。下面介绍此次采集的遗物。（图5.4）

遗物共30件，主要为陶器，此外有2件石器。

陶器可分罐、瓮、钵、纺轮（包括圆陶片）、纹饰陶片五类，以罐为主。罐，共8件，均残，皆夹砂质，素面，以红陶为主，此外有红皮灰胎、

1　陈戈：《新疆米兰古灌溉渠道及其相关的一些问题》，《考古与文物》，1984年第6期。

2　黄小江：《若羌县文物调查简况（上）》，《新疆文物》，1985年第1期。

土黄皮灰胎。可分为三型：A 型，5 件（89RW：2、5、6、10、11），方唇，直口外侈，束领鼓肩。B 型，2 件（89RW：4、7），圆唇，卷沿，唇部较肥厚。C 型，1 件，89RW：12，方唇，卷沿，带鋬耳。瓮，共 2 件（89RW：8、9），均残，夹砂，素面，红皮灰胎，方唇，敛口，鼓腹。钵，共 2 件（89RW：1、3），均残，夹砂，素面红陶，圆唇，卷沿，直壁收腹圜底，器形较小。纺轮（包括圆陶片）共 13 件，其中纺轮 11 件，完整者二，有 1 件钻孔未遂，均利用陶片磨制而成。纹饰陶片，共 3 件：89RW：18，刻画的两列横弧状弦纹间夹一列半圆纹，另有折线纹（局部）；89RW：16，刻画线纹及符号；89RW：13，在 1 件罐唇部平台面上有一列圆圈纹。

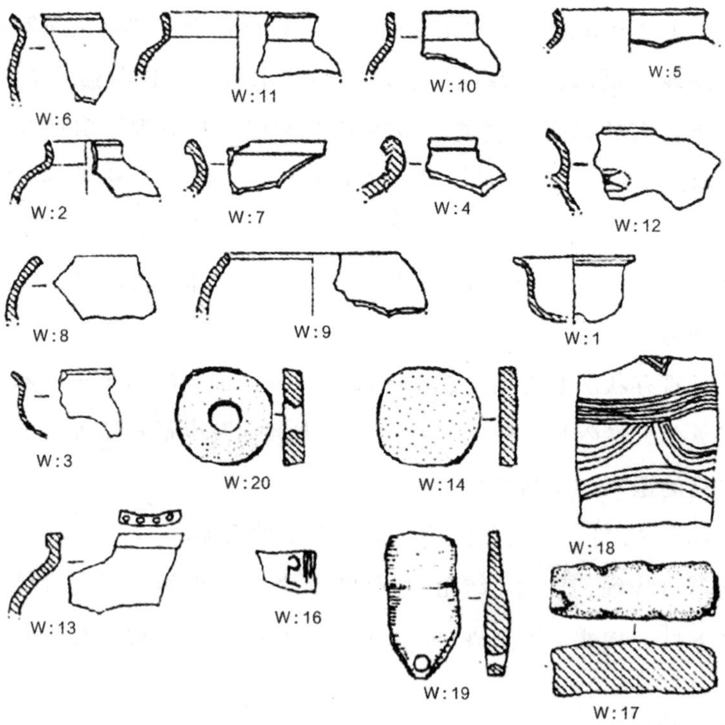

图 5.4　瓦石峡遗址遗物图

石器共2件：89RW：19，完整石，鱼坠，装饰品，黑色，燧石质，磨制；89RW：17，石杵，完整，砂岩质，一端有砸击等使用痕迹，器身有两箍纹。

领队：王炳华

执笔、绘图：刘文锁

描图：金琴香

原载《新疆文物》，1990年第4期

2024年2月13日校订

汉晋西域所见汉文简牍探究

王炳华、刘子凡

汉晋所称之西域，大致相当于今日之新疆塔里木盆地及周边地区。20 世纪初，西方探险家在这一地区掘获了大量汉晋简牍文书，引起了学界关注。时至今日，陆续发现的汉晋时期西域汉文简牍已经有数百枚，表现了两汉、魏晋中原王朝向西拓展，与羌胡、匈奴斗争的历史场景，也是研究汉晋西域史的重要材料。然而，同样作为两汉与匈奴军事、政治角逐的主战场，居延、敦煌一带，近百年来已经陆续发现了近五万枚汉文简牍。相比之下，西域简牍的数量实在不能算多。但即使以目前十分有限的汉文简牍为题，稍事深入剖析，也可以展现、印证两汉魏晋中原王朝在西域地区曾展开的政治、军事、文化、教育状况，大可有助于相关历史文化的研究。相关简牍资料，早有罗振玉、王国维进行考释[1]，影响极大。近年来，孟凡人、林梅村等学者对楼兰、尼雅出土简牍又进行了一些整理工作[2]。但简牍内容的阐释，尚有进一步深入的空间。本文即是通过对汉文简牍内容的研究，探究它们反映的汉晋西域历史状况。

1　罗振玉、王国维：《流沙坠简》，中华书局，1993 年。

2　孟凡人：《楼兰鄯善简牍年代学研究》，新疆人民出版社，1995 年；林梅村：《楼兰尼雅出土文书》，文物出版社，1985 年。

一　西域汉文简牍的出土及整理情况

本文探讨的对象，主要是疏勒河流域以西地区出土的汉文简牍。这一地区汉文简牍的出土地点集中在楼兰古城及周边遗址、土垠遗址、尼雅遗址；另外，吐鲁番地区也有个别汉文简牍出土。首先，以简牍出土遗址为类，介绍各地汉文简牍的出土和整理情况。

（一）楼兰

我们通常所说的楼兰出土简牍，既包括楼兰古城（斯坦因编号LA）出土简牍，也包括以古城为中心的周边遗址出土的简牍。1900年3月，瑞典探险家斯文·赫定在其第二次中亚考察过程中，首次进入楼兰遗址。次年3月赫定重返楼兰并进行了发掘，获得大量汉文简牍文书。[1]这批简牍数据，斯文·赫定先交与德国学者希姆莱（Karl Himly）研究。希氏去世后，孔好古（August Conrady）继续整理这批资料，并最终于1920年出版《斯文·赫定楼兰所获汉文文书和零星物品》，其中刊布汉文木简120件[2]。但斯文·赫定这次所获简牍并没有完全公布。2001年，日本学者富谷至在《流沙出土の文字资料：楼兰·尼雅文書を中心に》书中，刊布了其中4件未发表过的汉文简牍，并提及尚有相当部分的简牍残片未见于世。[3]跟随斯文·赫定的脚步，斯坦因在其第二次、第三次中亚探险（1906年、1914年）过程中，两次进入楼兰，并以楼兰古城为中心，对周边遗址进行了大范围的考察和挖掘，同样获得了大批的

1　可参见斯文·赫定第二次中亚考察的旅行记（S. Hedin，*Asien. Tusen mil påokända vägar*，2 vols.，Stockholm，1903）。

2　A. Conrady，*Die Chinesischen Handschriften-und Sonstigen Kleinfunde Sven Hedins in Lou-lan*，Stockholm，1920.

3　（日）富谷至：《流沙出土の文字资料：楼兰·尼雅文书を中心に》，第177—210页，京都大学学术出版会，2001年。

简牍文书。[1]其第二次中亚探险所得简牍文书交给法国汉学家沙畹考释，沙畹 1913 年发表《斯坦因在新疆沙漠中所获汉文文书》，刊布了包括“敦煌汉简”在内的众多简牍文书资料，其中包括楼兰出土汉文木简 173 枚。[2]斯坦因第三次探险所获资料则由马伯乐（H. Maspero）考释，但直到其去世后的 1953 年，其整理成果《斯坦因第三次中亚考察所获汉文文书》才得以出版，该书刊布了楼兰出土汉文简牍 56 件。[3]其间，日本大谷光瑞探险队亦曾进入楼兰，并在楼兰古城遗址中掘得著名的“李柏文书”（图 6.1）及少量简牍。日本大谷光瑞探险队所获资料大多刊于《西域

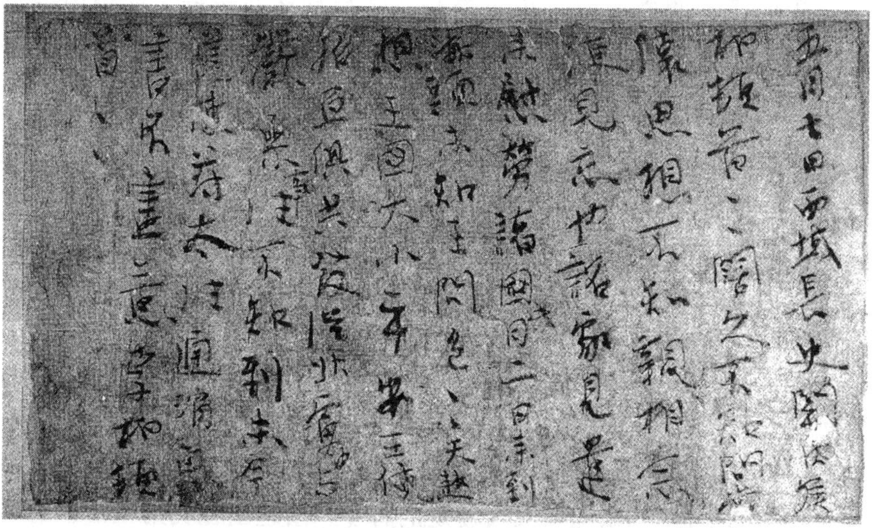

图 6.1　李柏文书

1　斯坦因第二次中亚考察的考古报告为：A. Stein，*Serindia. Detailed Report of Explorations in Central Asia and Westermost China*，5 vols.，Oxford，1921。第三次中亚考察考古报告为：A. Stein，*Innermost Asia. Detailed Report of Explorations in Central Asia，Kan-su and Eastern Iran*，4 vols.，Oxford，1928。

2　Ed. Chavannes，*Les documents chinois decouverts par Aurel Stein dans les Sables du Turkestan oriental*，Oxford，1913.

3　H. Maspero，*Les documents chinois de la troisieme expedition de Sir Aurel Stein en Asie centrale*，London，1953.

考古图谱》，其中就包括 4 件汉文木简。[1]1979—1980 年，借中日合拍丝绸之路纪录片之机，新疆考古工作者三次进入楼兰地区进行考古工作，在楼兰古城内的"三间房"西南之垃圾堆遗存中获得木简 63 件。[2]

沙畹在《斯坦因在新疆沙漠中所获汉文文书》一书未刊之时，便将书稿寄送罗振玉。罗振玉、王国维利用这批材料，撰成名著《流沙坠简》，不仅对文书内容进行了奠基性的考释，而且根据内容对这批汉文简牍进行了分类整理。此后，张凤《汉晋西陲木简汇编》[3]也同样利用分类的方法，收集、整理了沙畹、马伯乐刊布的楼兰简牍。1985 年，林梅村《楼兰尼雅出土文书》一书出版，全面搜集了各家刊布的楼兰地区出土简牍及文书，统一编号，并逐一做了录文。1995 年出版的孟凡人《楼兰鄯善简牍年代学研究》一书之第三章《楼兰汉文简牍合校》，也对所见全部楼兰出土简牍进行了整理，给出了录文。但可惜的是，上述两书均没有配图，学者要想查看图版，还是要去翻阅沙畹、马伯乐等人的著作。1999 年，侯灿、杨代欣编著的《楼兰汉文简纸文书集成》[4]出版，该书以遗址为序，全面收录了楼兰地区出土的汉文木简和纸文书，配有清晰的彩色图版，极便使用。

总之，到目前为止，已刊布的楼兰地区（除土垠外）出土汉文木简共有 421 件[5]，其中绝大多数出土于楼兰古城，且以城中之"三间房"遗址为多。楼兰地区出土汉文简纸文书，有纪年者最早为曹魏嘉平四年（252），最晚为北凉建兴十八年（330）。[6]可惜未见有汉代纪年的简牍。但自傅介子刺杀楼兰王时起，楼兰地区就处在中央政府的统辖之下，因此楼兰出土简牍中可能也会有一些汉代简牍。

---

1 （日）香川默识：《西域考古图谱》下，史料（1），东京：国华社，1915 年。

2 具体发掘情况，可参考侯灿：《楼兰新发现木简纸文书考释》，《文物》，1988 年第 7 期，第 1—22 页；侯灿：《楼兰城郊古墓群发掘简报》，《文物》，1988 年第 7 期，第 23—39 页；侯灿：《楼兰古城址调查与试掘简报》，《文物》，1988 年第 7 期，第 40—55 页。

3 张凤：《汉晋西陲木简汇编》，有正书局，1931 年。

4 侯灿、杨代欣：《楼兰汉文简纸文书集成》，天地出版社，1999 年。

5 该统计资料，依据的是侯灿、杨代欣《楼兰汉文简纸文书集成》第 20 页之统计表格。

6 关于楼兰出土文书的年代考证，可参考孟凡人：《楼兰鄯善简牍年代学研究》，第 11—58 页。

（二）土垠

严格意义上来说，位于罗布泊北岸的土垠遗址也应当是广义的楼兰遗址群的一部分。但由于土垠遗址发现与发掘不同于其他楼兰地区遗址，其出土木简的时代也相对较早，故将土垠遗址出土木简单列出来讨论。1930 年 4 月，黄文弼以中瑞西北科学考察队队员的身份进入楼兰地区调查，虽然并未能成功进入楼兰古城遗址，却意外发现了罗布泊北岸的土垠遗址。1933 年 5 月，黄文弼再次进入土垠遗址进行了调查。黄文弼在此先后掘得一批汉文木简，其中 71 枚刊载于其考古报告《罗布淖尔考古记》中。[1] 林梅村在《疏勒河流域出土汉简》的附录中，重新对这批简牍进行了释文。[2] 孟凡人《楼兰鄯善简牍年代学研究》的《楼兰汉文简牍合校》部分，亦收录了土垠出土汉文木简。[3] 侯灿、杨代欣《楼兰汉文简纸文书集成》亦在附录一中收录了这批木简，并配有彩色照片。[4] 但以上几家学者的整理均只限于黄文弼最早刊布的 71 件木简。1998 年，台湾“中央”研究院历史语言研究所借出版《居延汉简补编》之机，利用红外线技术重新拍摄黄文弼所得罗布淖尔汉简，另外发现了 4 枚有字汉简，这样黄文弼所获汉文简牍数量增加到 75 件。《居延汉简补编》一书在附录中也同样收录了这批木简的图片和录文。[5]

黄文弼在土垠遗址发掘到的汉文木简共有 75 件。其中有纪年的简三枚，分别为永光五年（前 39）、河平四年（前 25）、元延五年（前 8）[6]，因此这批木简的年代大致应为西汉。

（三）尼雅

孤悬于民丰县北沙漠中的尼雅遗址，亦有汉文简牍出土。1901 年

---

1 黄文弼：《罗布淖尔考古记》，第 179—220 页。

2 林梅村：《疏勒河流域出土汉简》，第 98—102 页，文物出版社，1984 年。

3 孟凡人：《楼兰鄯善简牍年代学研究》，第 272—285 页。

4 侯灿、杨代欣：《楼兰汉文简纸文书集成》，第 579—620 页。

5 “史语所”简牍整理小组：《居延汉简补编》，图版见 203—216 页，录文见 231—234 页，台北“中央”研究院历史语言研究所，1998 年。

6 这一年实际已改元为“绥和元年”。

1 月，斯坦因在其第一次中亚探险过程中进入尼雅遗址，并在编号为 N.V.XV 的房址中掘得汉文简牍 53 件。这批简牍由沙畹整理，收录于《丹丹乌里克、尼雅、安迪尔发现的汉文文书》一文，该文附于斯坦因第一次中亚探险考古报告集《古代和田》书后。[1]1906 年 10 月，斯坦因在第二次中亚探险中再次发掘尼雅，并在 N. XIV 房址中掘得汉文木简 11 件。这批简牍亦由沙畹整理，刊布在前引《斯坦因在新疆沙漠中所获汉文文书》一书中。斯坦因第四次对新疆的考察因为中国学界的抵制和政府的禁止发掘而草草了事，但他依然在 1931 年再入尼雅遗址，并掘得汉文简牍。这批资料一直没有发表，直到 1995 年王冀青访问伦敦期间，才在大英博物馆东方与印度事务部收藏品部（Oriental and India Collections，The British Library）发现了斯坦因第四次探险所获文物的照片底版。其中包括 N.XIV 出土的汉文木简 22 枚，N.II 出土的汉文木简 4 枚。[2]20 世纪 90 年代，林永建等在尼雅遗址掘获 2 枚汉文简牍，发表在《梦幻尼雅》一书中。[3]1996 年，中日联合考察队第八次考察，在 N.V 发掘出土汉文木简 6 枚，稍前在 N.XIV 采获汉文木简 2 枚，共 8 枚。[4]

关于尼雅简牍的考释整理，最早有王国维《流沙坠简补遗》，考释了斯坦因第一次探险所获尼雅汉文简牍。[5]林梅村《楼兰尼雅出土文书》及孟凡人《楼兰鄯善简牍年代学研究》，也都整理了斯坦因前两次中亚探险所获尼雅汉文木简。此后，林梅村发表《尼雅汉简与汉文化在西域的初传——兼论悬泉汉简中的相关史料》一文，补录了王冀青新刊布的

---

1 Ed. Chavannes, "Chinese documents from the sites of Dandan-uiliq, Niya and Endere", Appendix A to *Ancient Khotan. Detailed Report of Archaeological Explorations in Chinese Turkestan*, Oxford, 1907, pp.521—525. 中译本见巫新华等译：《古代和田：中国新疆考古发掘的详细报告》，第 569—595 页（但这一部分法文系影印，未汉译），山东人民出版社，2009 年。

2 王冀青：《斯坦因第四次中亚考察所获汉文文书》，《敦煌吐鲁番研究（第三卷）》，第 259—290 页，北京大学出版社，1998 年。

3 林永建等：《梦幻尼雅》，第 99 页，民族出版社，1995 年。

4 中日尼雅遗迹学术考察队、日中共同ニヤ遗迹学术调查队：《中日日中共同尼雅遗迹学术调查报告书（第二卷）》。

5 罗振玉、王国维：《流沙坠简》，第 251—276 页。

斯坦因第四次探险所获简牍，以及两件中日联合考察队所获汉文简牍的录文。[1]

总之，目前已经刊布的尼雅遗址出土汉文简牍共有100件，大多出土于N.XV、N.XIV与N. II房址。另据林梅村的研究，斯坦因在第四次中亚探险到访尼雅所获汉文简牍，除上文所述王冀青刊布的26枚外，尚有其在N.X II遗址中采集到的汉文木简4枚，只是可惜目前不知所在。[2]根据简牍内容可以大致判定，出土于N.XIV遗址的简牍大致为汉代，而N.XV和N.II遗址出土的简牍多为西晋时期的。

（四）吐鲁番

吐鲁番地区仅有1枚汉文木简出土。1966—1969年间，新疆维吾尔自治区博物馆对吐鲁番阿斯塔那墓进行了清理发掘，在TAM53号墓中掘得木简一枚。木简纪年为泰始九年（273），时代为西晋。[3]

以上为新疆地区出土汉文简牍的发掘和整理情况。从年代上说，新疆出土汉文简牍跨越西汉至北凉这一较长的时间段，基本与汉晋经营西域的时间段吻合。其中，土垠、尼雅遗址汉文简牍时代相对较早，而楼兰汉文简牍则时代较晚。数量上，目前已经刊布的新疆地区出土汉文简牍总共有597件。当然，这仅是各家刊布数字的简单累计，其中不能排除存在一件多号或多件可缀合为一件的情况，必须仔细比对、整理，才能得出更精确的数字。但总数在600件左右当是不差的。这一数字，与居延、敦煌已获汉简的数量相比，实在是太少。楼兰遗址中就未见一枚两汉时期的木简。但楼兰作为汉代经营西域的重要基地，其重要程度绝不亚于居延、敦煌，出土简牍数量不应相差如此悬殊。这当与考古工作规模和深入程度有很大关系，尤其是在有简牍出土的楼兰、尼雅、土垠等遗址，考古工作做得很不充分。早期的西方探险家只是进行了盗宝式

1　林梅村:《尼雅汉简与汉文化在西域的初传——兼论悬泉汉简中的相关史料》,《中国学术(总第六辑)》，第240—258页，商务印书馆，2001年。

2　同前。

3　新疆维吾尔自治区博物馆:《吐鲁番县阿斯塔那——哈拉和卓古墓群清理简报》，《文物》，1972年第1期，第8—29页。

的发掘，而1949年后，在楼兰等重要遗址点也没有进行正式发掘，只是以简单清理和调查为主。如果考古工作能够深入和全面地开展，相信会有更多的汉晋简牍出土。

最后需要指出的是，近年出版的《中国简牍集成·20》（新疆维吾尔自治区、四川省、北京市卷）对于新疆地区出土简牍收录较全，且录文比较精审，是目前能够看到的最全面可靠的简牍整理著作，只是可惜该书只有录文而没有配上简牍照片[1]。

二　简牍内容探究

这批汉文简牍虽然出自远离中原王朝的西域，且数量不多，但还是可以反映汉晋西域居民生产、生活的一些内容。关于简牍内容所涉及的职官及地理，前人研究得已经比较充分了，这里不再赘述。以下只从屯田戍边、丝路贸易等几个方面对简牍内容及其所反映的社会状况作一简单探究。

（一）屯田

1. 屯田生产

汉晋西域简牍中，有一些是直接反映屯田生产状况的，例如：

将张佥部见兵廿一人　大麦二顷，已截廿亩　下床九十亩，溉七十亩

小麦卅七亩，已截廿九亩

禾一顷八十五亩，溉廿亩，莇九十亩（正面）

大麦六十六亩，已截五十亩　下床八十亩，溉七十亩

1　初师宾等主编：《中国简牍集成·20》（新疆维吾尔自治区、四川省、北京市卷），敦煌文艺出版社，2005年。

将梁裒部见兵廿六人　小麦六十二亩，溉五十亩

禾一顷七十亩，莇五十亩，溉五十亩（反面）

（L.A.VI.ii.0107—沙木 753）[1]

此简详细记录了各部兵屯田生产的情况。首先，它确定无误地提示我们，西域的戍边士卒是要参与到屯田劳动中的。而且，此类军屯是以“将某部”为单位进行生产的。其次，我们还可以看到屯田生产的具体工作内容。这些出现在简中的工作包括“截”“溉（溉）”“莇”。其中，“截”字或指收割，“溉”是灌溉，“莇”则应是指锄草。另外，该简还提示了屯田规模，可参考孟凡人的讨论。[2] 此外，还有一些反映耕作情况的简牍，如：

□□将城内田，明日已讫，便省斫地，下种，□（L.A.I.ii—孔木 44）[3]

将伊宜部　溉北河田一顷　六月廿六日刺（L.A.VI.ii.01—沙木 760）[4]

☐□□□☐

☐楼兰耕种☐（L.A.VI.ii.045—马木 227）[5]

由此我们也可以知道，汉晋时期在西域的屯田生产，有很强的计划性，以至灌溉、锄草等事务都有明确的分工部署。

从作物种类上看，简牍中出现较多的是大麦、小麦、床、粟等粮食作物。除此之外，我们还能看到一些零星的蔬菜种植，比如：

1　《中国简牍集成·20》，第 2171 页。

2　孟凡人：《魏晋楼兰屯田概况》，《农业考古》，1985 年第 1 期，第 350 页。

3　《中国简牍集成·20》，第 2084 页。

4　《中国简牍集成·20》，第 2172 页。

5　《中国简牍集成·20》，第 2234 页。

□斛，加饶种菜，豫作冬储，孙□（L.A.VI.ii.0135—沙木 774）[1]

水曹掾左郎白，前府掾所食诸部瓜菜贾彩一匹付客曹□□▨（L.A.VI.ii.046—马木 228）[2]

可见，“加饶种菜，豫作冬储”说明蔬菜种植不仅应保证时需，而且要考虑冬储以供足冬日的需要，这充分适应了西域大地之气候特点。而“诸部瓜菜”中的“诸部”显然是指各个将官所领之部，说明蔬菜的种植既比较普遍，而且品种有别。食用了诸部“瓜菜”，须以“彩一匹”充值，也可透见这一时期屯田的规模和调剂时需的方法。

先进的耕作技术也随着屯田的进行而被引入西域，其中最具代表性的便是犁耕技术，如：

▨□因主簿奉谨遣大侯究犁与牛诣营下受试（L.A.VI.ii.0153—沙木 755）[3]

这是一件记录西域长史营考课屯田所用“犁与牛”的简牍[4]。值得注意的是，此简明确无误地表明汉晋时期西域屯田已经使用先进的犁耕技术。

2. 水利建设

汉晋时期，中原王朝在西域的主要屯田地点，多在今新疆塔里木盆地东缘。气候异常干燥，几乎终年无雨。要进行农业生产，水利灌溉堪称首务。魏晋时期，西域长史下就设有水曹，如：

使君营以邮行

1 《中国简牍集成·20》，第 2175 页。

2 《中国简牍集成·20》，第 2234 页。

3 《中国简牍集成·20》，第 2171 页。

4 胡平生：《楼兰木简残纸文书杂考》，《新疆社会科学》，1990 年第 3 期，第 85 页。

书一封水曹督田掾鲍湘张雕言事

泰始三年二月廿八日辛未言（L.E.i.2—马木247）[1]

水曹请绳十丈□（L.A.I.ii.1—沙木888）[2]

我们在楼兰地区出土简牍中，常见“督田掾”这一名称，顾名思义，自当是主管田作事务的官吏。而从上引马木247简可知，督田掾是在水曹治下。从名称上看，水曹应当主管水利事务。西域特殊的气候环境，使得人工灌溉成为屯田的首务，水曹的责任就显得尤为重要了。

具体来说，我们还可以在简牍中找到西域水利建设与维护的一些实际例证，如：

史□，当舍东有大涿，池深大，又来水少，计月末左右已达楼兰（L.A.II.ii—孔木2）[3]

称为“大涿”之池，很有可能就是人工修筑的蓄水工程。所谓“来水少”也有可能与引水灌溉有关。时至近代，新疆地区仍然广泛使用类似的蓄水池，称为涝坝。涝坝直接挖在地下，周围夯实，并在周边栽种树木作为标志。夏季水量充沛之时，便引水入涝坝蓄水，以备冬季及来年春天的饮水、灌溉。简中出现的“大涿”，应当与涝坝性质相同。可见，涝坝这种新疆地区特定的引水工艺，在将近两千年前就已经被屯田士卒使用。除池之外，还有堤，如：

□至，镇军堤相迎，营从左蔚（L.A.II.ii—孔木5）[4]

帐下将薛明言，谨案文书，前至楼兰耕还守堤兵廉□□☐

1 《中国简牍集成·20》，第2245页。

2 《中国简牍集成·20》，第2193页。

3 《中国简牍集成·20》，第2081页。

4 《中国简牍集成·20》，第2081页。

（L.A.III.i.16—沙木 754）356[1]

堤堰是典型的防洪、灌溉水利设施，楼兰简牍中反复出现堤，也能说明堤堰一类水利设施在西域的广泛存在。沙木 754 简中所谓“守堤”，即是派兵把守堤堰，可见水利设施安全对镇军来说是有重要意义的。而堤堰的日常维护可能也是由戍边士兵来完成的，如：

将敕 □□兵张远马始今番上堤，勅到，具粮食、作物诣部，会被勅时，不得稽留、设解 （正面）

五月三日未时起 （反面）（L.A.VI.ii.0204—沙木 769）[2]

这是通知兵张远、马始上堤工作的敕书。从简的内容看，士兵是轮番承担上堤任务的，同时还要自备粮食及作物。作物当是指劳作的工具，也说明上堤的任务不只是守卫，还可能包括日常的维护修理。

☐东空决六所，并乘堤，已至大决中，作☐
☐五百一人作
☐增兵（L.A.VI.ii.056—沙木 761）[3]

此简似是在描述洪水决堤的情形。在这种紧急时刻，便须临时动员更多的士兵参加抢修。由此也可见，水利设施对屯田乃至戍边都有十分重大的意义。

3. 仓储与廪给

在黄文弼发掘得到的土垠遗址出土简牍中，就有关于“居卢訾仓”

1 《中国简牍集成·20》，第 2171 页。
2 《中国简牍集成·20》，第 2174 页。
3 《中国简牍集成·20》，第 2172 页。

的记载，如：

居卢訾仓以邮行（罗布 13）[1]

河平四年十一月庚戌朔辛酉，别守居卢訾、车师戊⊠⊘（罗布 15）[2]

⊘交河仓守丞衡，移居卢訾仓（罗布 16）[3]

元延五年二月甲辰朔己未，□□□出□尉，临居卢訾仓以⊘

己卯□□□□□□□□即日到守也⊘（罗布 17）[4]

按，所谓“居卢訾仓”便是位于罗布泊北岸的土垠遗址，是汉代一个重要的储存粮食物品的据点[5]。居卢訾仓的存在，必然是以周边地区的屯田活动为基础的。土垠遗址同时还出有若干与廪给有关的简牍，如：

凡用卅三石七斗七升大（罗布 42）[6]

十二月十日　　□□粟二石（罗布 43）[7]

这些零星的粮食给出记录，体现了居卢訾仓储存粮食的作用。

汉代以后，楼兰地区一直保持了较大规模的屯田。楼兰古城遗址中出土的粮食出入簿、券的数量不少，惜大多是残简，其中比较完整的一枚是：

1　《中国简牍集成 · 20》，第 2325 页。
2　《中国简牍集成 · 20》，第 2325 页。
3　《中国简牍集成 · 20》，第 2325 页。
4　《中国简牍集成 · 20》，第 2325 页。
5　王炳华：《“土垠”遗址再考》，《西域文史（第四辑）》，第 61—82 页，科学出版社，2009 年。
6　《中国简牍集成 · 20》，第 2335 页。
7　《中国简牍集成 · 20》，第 2335 页。

出床 卌一斛七斗六升给禀将尹宜部兵胡皮 等
十二人人日食一斗二升起十月十一日尽十一月十日 司 泰始二年十月十一日仓曹史申传监仓史翟咸
□阚携付书史杜阿（正面）

录事掾阚凌 （背面）（L.A.II.ii—孔木 50）[1]

此件木简正面分为两栏，两栏之间有半个“同”字，是合符的标志，表明该简为一式两份书写的券书之一。开头之“出”字，则标明其为床支出券，是授予方所持之券。相应的，领取方所持另一半券书，便当是以“入”字开头[2]。从具体内容上看，该简上栏记载出床的数量、领取人员姓名、供给人员人数、每人每日食用数量、该笔支出床所能够维持的起止时间；下栏记载日期以及仓曹史、监仓史等经手人的姓名。这件相对完整的床给出券内容，应当能够代表床、粟等粮食给出券的一般格式。楼兰三间房遗址（L.A.II）出土的大量类似残简，大致与此给出券格式相似。

提到一式两份的券书，楼兰出土简牍中，正好有一件左右两半尚未剖离的券书实物：

☐麦
十二升

☐□□
□□

泰始五年十一月九日仓曹掾李平监仓苏受
奏曹史淳于仁兵曹史瓠今从掾位张雅

泰始五年十一月九日仓曹掾李平监仓苏受
奏曹史淳于仁兵曹史瓠今从掾位张雅（正面）

☐鸾录事掾李
☐鸾录事掾李
☐鸾录事掾李 （背面）

（L.A.II.ii—孔木 49）[3]

该简虽然上栏残破，但从残存的“麦”“十二升”等字判断，此简应是

1 《中国简牍集成·20》，第 2088 页。

2 大致“出”字简为右券，“同”字存右半；“入”字简为左券，“同”字存左半。参见胡平生：《楼兰出土文书释丛》，《文物》，1991 年第 8 期，第 42 页。

3 《中国简牍集成·20》，第 2087 页。

麦出入券。从残存的下栏的书写格式看，也完全与上引床给出券完全一致。此简左右两部分下栏内容完全一致，正是一“出”一“入”相合的两券，只是尚未分离而已。

除给出券外，楼兰出土简牍中还有一类相对简单的粮食给出记录，并没有代表券书的“同”字，从内容上看，应当是账簿。例如：

出粟七斛六斗五升给假
死四十人作祭具　　— 右出粟三百卌四斛三斗四升（L.A.II.ii—孔木 90）[1]

上栏记载某次支出粟的数量和用途，下栏当为某段时间内出粟的统计结果。这种格式较上文列举的券书显然是比较简略的，而且没有经手官吏的签署，应当是编连成册的账簿之一简。除此之外，还有一种类似的簿类木简，但内容更加省略，如：

—右出小麦二斛六斗（L.A.I.ii—孔木 91）[2]

“右”表明此处记录也是统计结果，此简应当也是记录粮食出入账簿的一部分。相关遗址还出有很多记载粮食数量的残简，大多应是此类簿、券。

然而即便是有仓廪屯粮的保证，在一些特殊时节，已然可能出现粮食物资供给不足的情况，如：

宜渐节省，使相周接☑（L.A.III.i.12—沙木 830）[3]

☑今権复减省督将吏兵所食，条所减（L.A.III.i.26—沙木

1 《中国简牍集成·20》，第 2094 页。
2 《中国简牍集成·20》，第 2094 页。
3 《中国简牍集成·20》，第 2183 页。

826）[1]

这种所谓“节省”“减省”，很可能就是因为某种难以预见的情况，使粮食供给出现了问题，不得不减少吏兵供应量。也从另一角度说明了西域屯田事业之重要性。

（二）戍边

1. 戍卒生活

土垠遗址出土简牍中，有一批记录边防戍卒情况的簿籍，比较完整的如：

> ☐里公乘史陆家属畜产衣器物 籍（罗布 27）[2]
>
> 霸陵西新里田由☐（罗布 29）[3]
>
> 应募士长陵仁里大夫孙尚☐（罗布 30）[4]
>
> 小卷里王护（罗布 32）[5]

简 27 自称为记录名为史陆之人的家属、畜产、衣器物的“籍”。“公乘”为爵位自不待言，只是可惜此简断裂，表明其原本籍贯的记录只残存一“里”字。据陈直先生研究，居延、敦煌出土汉简的戍卒户籍，先书身份、次郡县里名、次姓名、次年龄，而骑士名籍则不称郡名及年龄。[6]如此看来，简 30 比较符合这种书法，“应募士”为身份、“长陵”为县名、“仁里”为里名、“大夫”为爵位、“孙尚”为姓名，但无年龄。简 29 与此类似，但更无身份。简 30 与简 27 相合，或正可组成一个名籍中记录某位戍卒的完整书式。另有一件记录相对详细的木简：

---

1 《中国简牍集成·20》，第 2186 页。
2 《中国简牍集成·20》，第 2331 页。
3 《中国简牍集成·20》，第 2331 页。
4 《中国简牍集成·20》，第 2331 页。
5 《中国简牍集成·20》，第 2331 页。
6 陈直：《居延汉简研究》，第 19 页，天津古籍出版社，1986 年。

土南阳郡涅阳石里宋利亲 妻巩年卅 私从者同县籍同里（罗布 34）[1]

此简在宋利亲下，又记录了他的妻子和私从的情况。从内容上判断，很可能是户籍的具体内容。

这些簿籍使我们对戍卒的情况有了一个基本认识。从籍贯来说，这些戍卒应当都来自内地，霸陵与长陵在关中，南阳在河南，都是中原腹心地区。他们来到西域戍边有的也是拖家带口，上引罗布 34 简中的宋利亲就有妻子和私从。而如罗布 27 简所载，他们的家属、畜产、衣器物等信息都要登记在籍，说明对这些戍卒及其家人的控制还是比较严格的。又如：

右六人，其二亡出，四出妻子（罗布 35）[2]

很可能就是对逃亡人口的统计。戍卒及其家属的口粮可能也是官给，例如：

恽私从者大男□　六月乙丑尽七月积一月十二日食粟四石二斗（罗布 40）[3]

□□□□□家属六人，官驼二匹，食率匹二斗（罗布 41）[4]

就是统计私从者、家属等食用的账簿。

楼兰地区出土魏晋简牍中，戍卒多以部为单位进行编制，部则以将

1　侯灿、杨代欣：《楼兰汉文简纸文书集成》，602 页；《中国简牍集成 · 20》，第 2333 页。第一字改。

2　《中国简牍集成 · 20》，第 2333 页。

3　《中国简牍集成 · 20》，第 2335 页。

4　《中国简牍集成 · 20》，第 2335 页。

的名字称，如：

将梁惠部　卅二人　七月二日（L.A.II.ii—孔木 113）[1]

☐徐部百一人　其七十 / 卅一人留　（L.A.II.ii—孔木 48）[2]

孔木 113 中所谓“将梁惠部”就是指将梁惠所领之部，戍卒大多以此编制，前文提到的屯田劳作事务，就是以部为单位进行的。楼兰简牍中此类例子甚多，不再一一列举。孔木 48 简中提到徐部有百一人，似乎是已见简牍中涉及某部人数最多的简，我们或可据此猜测，一部士兵的总数可能就是一百人上下。简中亦对每部士兵的状态进行了统计，说明部兵的管理也是比较严格的。

2. 兵器装备

戍卒守卫边疆，必然要有完善的武器装备，涉及兵器领授的事宜当亦不少。新疆出土简牍中，也确实有一些关于兵器及相关武备出入的簿、券。例如：

入杜督部兵数　　（正面）

入　敦煌兵王得仁等鏥十一枚 / 胡斧五枚获剑一枚今还　司　泰始五年六月十七日监藏掾赵辩 / 杨得都佰韩应……　　（背面）

[L.K—橘木西图史图版（1）1][3]

此件简牍为日本大谷光瑞探险队掘得。从开头之“入”字及半个“同”字看，此简为兵器入券，是一式两份之券书的左券，正与上文引到的几件以“出”开头的右券简牍相对应。其两栏的记载方式也大致与出券相似。此类武器装备统计及相关簿、券还有很多，由此可见，斧、剑等武

1 《中国简牍集成·20》，第 2097 页。
2 《中国简牍集成·20》，第 2087 页。
3 《中国简牍集成·20》，第 2293 页。

器装备出入仓库，也是要有严格的审查和记录的。土垠遗址出土汉简中，也有类似武器装备的统计，如：

☐五石具弩一 ☐
☐承弦二 ☐
☐犊丸一 ☐（罗布52）[1]

装备缺失的情况，也会有详细的报告，例如：

□吏赵辩弓箭未具□（L.A.VI.ii—侯木 LBT：023）[2]
刘得秋失大戟一枚、盾一枚、皮韦兜鍪一枚（正面）
胡支得失皮铠一领、皮兜鍪一枚、角弓一张、箭卅枚、木桐一枚。高昌物故（反面）（L.A.II.ii—孔木104）[3]

可见，没有配齐装备或者遗失装备的情况，也是有严格统计的。侯木LBT：023中，赵辩身为吏也要配备弓箭，似乎也暗示我们这些戍边的吏在特殊时刻也要参加战斗。

（三）交通

1.邮传

汉晋时期，为了保持中原与西域的联系、维护丝绸之路的畅通，中原地区的交通措施和制度也在西域得到了贯彻、实施。其中，我们就发现了汉晋邮传制度进入西域的证据，例如：

居卢訾仓以邮行（罗布13）[4]

---

1 《中国简牍集成·20》，第2337页。
2 《中国简牍集成·20》，第2310页。
3 《中国简牍集成·20》，第2096页。
4 《中国简牍集成·20》，第2324页。

……以邮行

……曹史梁□言事

泰始……月十日丙辰言（L.E.I.6—马木 248）[1]

邮传制度，是中国古代重要的信息传递系统。所谓“以邮行”，就是邮传系统传递文书的一个重要方式，其具体方法就是利用“邮”“亭”“驿”等设在各地的机构，一站站地传送文书或其他物品。[2]上引两件一为汉简，一为西晋泰始年间封检，其中都出现了“以邮行”，而且包含类似字样的简牍还有不少，这说明汉晋邮传制度在西域地区，同样得到很好的贯彻、执行。

2. 过所

除了邮传制度，过所也是与交通有关的制度。汉唐之时居民出行迁徙受到限制，只有申请过所才能出行。尼雅出土汉文简牍中，相当一部分与过所相关。编号为 N.xv.109+N.xv.123、N.xv.353、N.xv.116、N.xv.42 的四件简牍[3]，经王国维考释，其内容皆与过所之行用有关[4]。此外，我们还可以看到一些直接反映过所内容的简牍，如：

月支国胡支柱，年卌九，中人，黑色（N.xv.53）[5]

☐异，年五十六，一名奴，中人，髭须仓白色，着布袴褶，驢履（N.xv.192+N.xv.02）[6]

□男生，年廿五，车牛二乘，黄犗牛二头（N.xv.61）[7]

1 《中国简牍集成·20》，第 2245 页。

2 可参考高敏：《秦汉邮传制度考略》，《历史研究》，1985 年第 3 期，第 69—85 页。

3 分见《中国简牍集成·20》，第 2350、2351、2352、2355 页。

4 罗振玉、王国维：《流沙坠简》，第 263—265 页。

5 《中国简牍集成·20》，第 2352 页。

6 《中国简牍集成·20》，第 2353 页。

7 《中国简牍集成·20》，第 2355 页。

这三件简牍的内容都是对通关人员外貌、衣着的具体描述。第一件内容相对简略，只记载国籍、姓名、年龄、身量和肤色。第二件则更标出特殊身份（奴）、有髭须，并记录了衣着。第三件则有关于车牛的记载。由此可见，过所的重要内容之一，就是记录持过所人的体貌等特征及车牛等事项。另外，N.xv.116 号简：

右一人属典客寄□织钱佛屠中，自赍敦煌太守往还过（N.xv.116）[1]

提到在敦煌太守处申请过所，说明敦煌太守具有发放进入西域的过所的权力。居延汉简中，也保存有相当数量的汉代过所，其中大多数都记载了申请过所的各种事由，也能反映过所申请的程序。[2] 由此也可知，汉代的过所是要包括相关人员信息、申请理由等内容的，晋代的过所大致也应如此。而这批尼雅出土简牍中的过所，则以记录相关人员体貌特征、携带物品等内容为主，正可与居延汉简互补。尼雅虽深居沙漠腹地，但地处丝路要冲，同样发现不少过所，可见魏晋时期中原王朝的交通制度，在西域大地的贯彻实施一样有力。

（四）丝路贸易

1. 丝绸贸易

丝绸之路因丝绸而得名。丝绸曾是丝路贸易物品的大宗。我们也确实在汉晋时期的西域简牍中发现了大量丝绸及丝绸买卖相关的内容。

以籴谷贷□，见彩籴谷□贷彩十八匹，谨案文书

（LA.VI.ii.03—沙木 853）[3]

兵胡腾宁市青旃一领，广四尺六寸　　　　（正面）

1　《中国简牍集成·20》，第 2352 页。

2　陈直：《汉晋过所通考》，《历史研究》，1962 年第 6 期，第 145—148 页。

3　《中国简牍集成·20》，第 2187 页。

长丈一尺；故黄旃褶一领，贾彩三匹　　　　（反面）

（L.A.VI.ii.0213—沙木 804）[1]

“彩”是丝绸的一种，西域简牍中常见彩，说明此类丝织品流通最广。沙木 853 内容大致是要用粲谷来借贷丝绸。而沙木 804 则是士兵胡腾宁用青、黄旃褶换取彩三匹，是用衣物交换丝绸的记录。这或许可以表明丝绸作为丝路贸易的主要商品，流通量非常大。因为丝绸贸易具有不同于一般的地位，西域各国在使用银钱外，似也会以丝绸为一般等价物。除了丝绸成品外，生丝也会流入西域，例如：

右五颜丝各一纠（L.A.VI.ii.023—沙木 843）[2]

记录了五种颜色的丝，此处的丝便应当是尚未做成丝绸的生丝。

除了日常贸易外，驻守西域的官方仓库中，也储存有大量丝绸。楼兰出土简牍中，就常见记录布帛出入的簿、券。例如：

出 敦煌短度彩廿匹 给吏宋政粲谷 司 泰始五年十一月五日从掾位马厉主者王贞从掾位赵辩付从史位宋政（正面）

功曹阚□　　　　（背面）

（L.A.II.ii—孔木 102）[3]

简中“出”字、半个“同”字，表明此简亦是关于敦煌彩的给出券。其格式大致与上文提到的粮食给出券（孔木 50）类似，上栏记载出彩规格、匹数和用途，下栏记载日期和经手官吏姓名。背面是级别较高的长官签字。这里的“敦煌短度彩”中之“短度”据胡平生推测，当为一种标识

1　《中国简牍集成·20》，第 2179 页。
2　《中国简牍集成·20》，第 2185 页。
3　《中国简牍集成·20》，第 2095、2096 页。

布帛长短规格的单位[1]。“敦煌”可能是产地的标识。可见，此类券书可能是要对布帛的长短规格和产地有明确标注。同样，楼兰遗址中也见有记载布帛出入的账簿，例如：

> □匹贾 长度彩二匹
短度十四匹 寄藏☐（L.A.VI.ii.0154—沙木 812）[2]
>
> 出余彩七匹又一匹毡布十三匹（L.A.II.ii—孔木 102）[3]
>
> 从入三百一十九匹，今为短度彩四千三百廿六匹（L.A.II.ii—孔木 46）[4]

孔木 46 简中，一次就入库丝绸三百余匹，库存量也达到了四千余匹，这一数量是相当庞大的。这一方面能说明官府将丝绸作为重要物资储备，更能说明中原丝绸流入西域数量之多。

2. 胡商

作为丝路贸易的重要成员，胡商在丝路贸易中起了至关重要的作用。西域简牍中也有若干关于胡商的记录。其中最著名的便是下简：

> 同 建兴十八年三月十七日粟特胡楼兰☐
一万石钱二百 （正面）
>
> 功曹　主簿 （反面）（L.A.I.ii.1—沙木 886）[5]

简中出现“粟特胡”的字样。众所周知，粟特人是以经商见长的一个中亚民族，为了追寻丝路贸易，他们的足迹遍及丝路沿线。此简便表明粟特人魏晋时期亦曾在楼兰地区活动，从事相关的经营[6]。另外，有些简

1 胡平生：《楼兰木简残纸文书杂考》，第 89 页。
2 《中国简牍集成 · 20》，第 2180 页。
3 《中国简牍集成 · 20》，第 2096 页。
4 《中国简牍集成 · 20》，第 2086 页。
5 《中国简牍集成 · 20》，第 2192 页。
6 关于简牍内容的解读，详见胡平生：《楼兰出土文书释丛》，《文物》，1998 年第 1 期，第 41、42 页。

牍也能提示胡商的存在，如：

☐诸州郡下记贾胡著名戸（L.A.VI.ii.044—马木 226）[1]

此简虽然很像是中央下达各州郡的文书，传达到西域，或可说明此地胡商亦不少。胡商的往来进一步促进了丝绸之路贸易的繁荣。胡商携货往来于丝路之上，当为平常景象，也有简牍与此相关，为：

☐□姜南乡货物☐（N.V.N.xv.78）[2]

具体货品虽已缺失，但交通路线上曾有各类货品东往西来，而且在汉晋政府管理之中，可于此透见消息。

尼雅遗址出土简牍中，也有类似的关于胡人的记载，如：

月支国胡支柱，年卅九，中人，黑色（N.xv.53）[3]
月支国胡支☐（N.xv.191）[4]

月支国胡，就是指来自汉晋时期著名的大月支（氏）国的胡人。众所周知，西域胡人以汉文书写名字时，通常是以国名为姓，上引两件简牍中的月支国人均姓支便是如此。关于月氏人的人种及族属问题，历来争论不休，亦有认为月氏人为东迁之雅利安人者[5]。此简明确标示月支国胡为“黑色”，当是指其肤色较一般汉人为黑，可为这一问题讨论提供重要的思考点，说明在月支人中，确有一部分属于肤色较黑的人种，而非

1 《中国简牍集成·20》，第 2234 页。
2 《中国简牍集成·20》，第 2355 页。
3 《中国简牍集成·20》，第 2352 页。
4 《中国简牍集成·20》，第 2353 页。
5 例如（日）羽田亨著，耿世民译：《西域文明史》，第 7 页，新疆人民出版社，1981 年；王青：《也论卢水胡以及月氏胡的居处和族源》，《西北史地》，1997 年第 2 期，第 25—30 页。

全部是白种。这两名胡人出现在过所中，从身份上看并不像地位较高的使者，很可能也是在丝路上往来经商的商人。

（五）典籍文化

1. 汉字

汉代以后，伴随着中原王朝开拓西域的步伐，汉地的礼仪、文化也已进入西域地区并逐渐拓展其影响。中原文化最具代表性的符号无疑就是汉字。汉文简牍出土于西域，本身就可以说明汉字在西域的流行与应用。更能具体说明这一问题的，是字书《仓颉篇》在西域的出现。《仓颉篇》简一共两枚，是20世纪90年代林永建在尼雅遗址采集到的，第一枚简内容为：

> 溪谷阪险，丘陵故旧，长缓肆延，涣□（N14：1）[1]（图6.2）

图6.2 《仓颉篇》残简

该简背面亦有文字，但漫漶不可释读。第二枚简牍的文字也同样难以辨认。《仓颉篇》是著名的以教人识字为目的的小学类著作，流行于秦汉，在居延、敦煌等出土汉代简牍中比较常见。其在西域出土，意义更显重大，它清楚表明汉晋王朝统有西域后，随即在西域地区推行汉字教育的努力。

另有一枚楼兰出土木简：

> 敦煌敦煌煌煌煌煌 敦煌敦煌 泰泰始四年（L.A.I.ii—孔

1 《中国简牍集成·20》，第2363页。

木 116）[1]

敦煌的“煌”被重复书写，很明显是习字，体现着一种更好地掌握书写汉字能力的追求，正可与《仓颉篇》简相呼应。

进入西域的汉人习用汉字自是平常，西域当地居民也学习、使用汉字，则有力说明汉文化教育在西域取得可喜的成果。斯坦因在尼雅掘获的一批东汉简牍，便可说明这一问题：

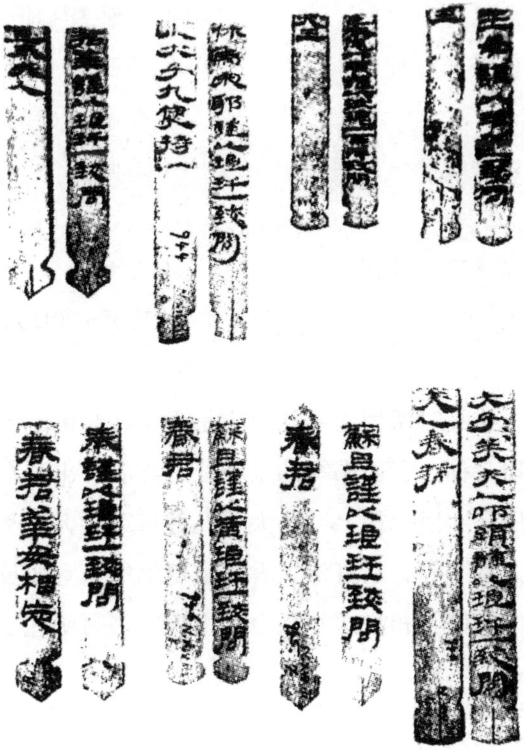

图 6.3　斯坦因在精绝故址所获的 8 枚汉简

1　《中国简牍集成・20》，第 2098 页。

大子美夫人叩头，谨以琅玕一致问	（正面）	
夫人春君	（反面）	（N.xiv.ii.1）[1]
臣承德叩头谨以玫瑰一再拜致问	（正面）	
大王	（反面）	（N.xiv.ii.2）[2]
王母谨以琅玕一致问	（正面）	
王	（反面）	（N.xiv.i.4）[3]
奉谨以琅玕一致问	（正面）	
春君幸毋相忘	（反面）	（N.xiv.ii.5）[4]
休乌宋耶谨以琅玕一致问	（正面）	
小大子九健持一	（反面）	（N.xiv.ii.6）[5]
苏且谨以琅玕一致问	（正面）	
春君	（反面）	（N.xiv.i.7）[6]
苏且谨以黄琅玕一致问	（正面）	
春君	（反面）	（N.xiv.ii.8）[7]
君华谨以琅玕一致问	（正面）	
且末夫人	（反面）	（N.xiv.ii.10）[8]

这批简牍为赠送礼品时所用之函札，应是系于礼品函之上。正面书写的是送礼者及礼物名称，背面书写的是受礼者姓名。出现在其中的人物有“大王”“王母”“臣承德”“小大子九健持”“大子美夫人”“夫人春君”“且末夫人”等，从身份上看都是精绝的王室成员等核心人物。值得注意的是，他们互相赠送礼品也要用汉字书写函札。其中“休乌宋

1 《中国简牍集成·20》，第2356、2357页。
2 《中国简牍集成·20》，第2356页。
3 《中国简牍集成·20》，第2356页。
4 《中国简牍集成·20》，第2357页。
5 《中国简牍集成·20》，第2358页。
6 《中国简牍集成·20》，第2357页。
7 《中国简牍集成·20》，第2358页。
8 《中国简牍集成·20》，第2357页。

耶”“苏且”“九健持”等是很典型的精绝人姓名，却也同样使用汉字。这应能够说明，在精绝国上层，汉字已经成为通行的主要文字，或主要文字之一。

2. 典籍

以汉字为载体，汉文典籍也得以传入西域，如黄文弼发现于土垠遗址的《论语》残简：

> ☐亦欲毋加诸人。子曰："赐非（罗布 59）[1]

此句出自《论语·公冶长》，今本作："子贡曰：'我不欲人之加诸我也，吾亦欲无加诸人。'子曰：'赐也，非尔所及也。'"与此简文字稍有出入。作为儒家经典的《论语》也是具有标志性意义的文化符号，它的西传也表现出中原王朝推行汉文化的努力。

3. 医学

汉晋西域所见汉文简牍中，也有一些与医药有关的，说明中原的医药技术也在此时流布西域，例如土垠出土汉简中便有：

> 没盐中女子二七□为□男子□□□月 月□☐
> 治大风烦心□□□□□出恶风，头恿，项直，□□☐
> □□四分　　　　（正面）
> 人参二分　　　　（反面）（罗布 39B）[2]

"大风烦心""出恶风，头恿，项直"等用语，明显是在描述疾病症状。其后之"□□四分""人参二分"便应是治疗这种病症的药物。故此简极有可能是药方或者医书的一部分。

---

1 《中国简牍集成·20》，第 2339 页。

2 《中国简牍集成·20》，第 2335 页。

楼兰出土魏晋简牍中，也有大量与药物相关者，如：

承　　前桔梗八両☒（L.A.VI.ii.0168—沙木 782）[1]

承　　前桔梗八両☒（L.A.III.i.19—沙木 783）[2]

前茱萸五升，称得☒（L.A.III.i.19—沙木 784）[3]

承　　前大黄……（L.A.III.i.19—沙木 786）[4]

桔梗、茱萸、大黄都是十分常见的中药材。还有记录成药者，如：

☒监蔵史虞及属□，出注丸五□丸☒（L.A.VI.ii.0120—沙木 796）[5]

承前注丸二百七十二丸☒（L.A.VI.ii.0108—沙木 785）[6]

発寒散五合☒（L.A.VI.ii.0195—沙木 790）[7]

中医制作之成药，多有以丸称者，故怀疑此处的"注丸"可能也是某种成药。而"发寒散"则更似是治疗疾病的药物。如此大量的药材、成药的记载，说明中原的汉医药学已经在西域大地生根发展。实际上，汉代之后汉医药学对中、西亚医药学也产生了积极的影响。

1 《中国简牍集成·20》，第 2176 页。
2 《中国简牍集成·20》，第 2176 页。
3 《中国简牍集成·20》，第 2176 页。
4 《中国简牍集成·20》，第 2176 页。
5 《中国简牍集成·20》，第 2178 页。
6 《中国简牍集成·20》，第 2176 页。
7 《中国简牍集成·20》，第 2177 页。

三　从简牍看汉晋西域

（一）屯田、戍边与西域开拓

屯田与水利建设对于中原王朝在西域的统治至关重要。从上文讨论的西域简牍中所反映的情况看，汉代以后是在西域进行了相当规模的屯田的。然而当西汉王朝初入西域之时，并未以屯田为意，以致往来使者及征行军旅的粮食都得不到充足的供给。最著名的例子便是贰师将军李广利的两次征伐大宛。据《史记·大宛列传》所载："贰师将军军既西过盐水，当道小国恐，各坚城守，不肯给食。攻之不能下。下者得食，不下者数日则去。比至郁成，士至者不过数千，皆饥罢。"[1]散落塔里木盆地中的各小国，各占绿洲，只要闭门自守不提供粮食，便再无他处可寻供给。贰师将军万里迢迢远征大宛，却因粮食供应不足，最终铩羽而归。李广利二征大宛时，动用"牛十万，马三万余匹，驴骡橐它以万数。多赍粮，兵弩甚设，天下骚动"[2]。此次虽然征下大宛，但也付出了沉痛的代价。除去征伐，汉家使者往来西域也常苦于供给不足。而汉使的频繁往来也给农业本就欠发达的绿洲国家造成了很大的负担，如《汉书·西域传》所载"使者相望于道，一岁中多至十余辈。楼兰、姑师当道，苦之"，"敦煌、酒泉小郡及南道八国，给使者往来人马驴橐驼食，皆苦之"[3]等，便是如此。过度的供给需求，也成了绿洲国家不愿全心全意服从汉朝的一个重要原因。

有鉴于此，汉王朝决定在西域进行屯田，这也是在实践中取得的最重要经验。"自贰师将军伐大宛之后，西域震惧，多遣使来贡献，汉使西域者益得职。于是自敦煌西至盐泽，往往起亭，而轮台、渠犁皆有田卒数百人，置使者校尉领护，以给使外国者"[4]，便记录了汉代最早推

1　《史记》，第 3175 页，中华书局，1959 年。

2　《史记》，第 3176 页。

3　《汉书》，第 3876、3893 页，中华书局，1962 年。

4　《汉书》，第 3873 页。

进屯田的情形。土垠遗址出土汉简中的“居卢訾仓”，便应是汉代西域屯田的成果之一。笔者通过在土垠遗址进行实地考察，根据当地的地理环境推测，土垠遗址确实有进行屯田耕作的条件。[1]黄文弼在土垠遗址发现的古渠和柳堤遗迹，也清楚显示此处有用于耕作的水利设施建设。[2]也正是因为屯田提供了足够的供给，汉朝的士兵才得以长期驻守西域，维护交通通畅。据《汉书·赵充国传》：“愿罢骑兵，留弛刑应募，及淮阳、汝南步兵与吏士私从者，合凡万二百八十一人……分屯要害处……谨上田处及器用簿，唯陛下裁许。”[3]可知汉代西北屯田，有来自内地淮北、汝南的步兵及吏士私从者，正与土垠出土简牍所反映的士卒祖籍霸陵、南阳的情况相符。又可知屯田机构掌握详细的“田处及器用簿”，罗布27简中对家属、产、衣器物的统计，正与此相合。《汉书·晁错传》：“然令远方之卒守塞，一岁而更，不知胡人之能，不如选常居者，家室田作，且以备之……先为室屋，具田器……皆赐高爵，复其家。予冬夏衣，廪食，能自给而止。”[4]因这段记载说明了招募各色人等屯田的措施，罗布30简中的“应募士长陵仁里大夫孙尚”，便当是应募而来的屯田者。这些也能说明土垠遗址出土的与戍卒相关的简牍，正反映了典籍记载的历史情况。

西域屯田在很大程度上解决了汉代以来中原王朝统治西域时的粮食供应问题，以屯田为基础，汉晋中原王朝就可以进一步维护西域的稳定。往来使者的粮食供应得到保证，中原与西域各国的交通更加通畅，政治、文化上的交往也更加频繁，远在中亚的康居、西亚的安息诸国都曾派使者进入中原。借此，中原王朝和西域各国互相之间的了解更加深入，张骞出使西域时的陌生感被逐渐加强的互利、互信关系所取代。同样，在屯田的背景下，士卒得以长期驻守西域，保护中原与西域交通路线的安

1　王炳华：《“土垠”遗址再考》，第74—76页。

2　黄文弼：《罗布淖尔考古记》，第111页。

3　《汉书》，第2986页。

4　《汉书》，第2286页。

全。这也使得汉朝在与匈奴争夺西域的过程中逐渐占得优势，稳定了西域局势。一直到魏晋时期，中原王朝在西域的据点也都是以屯田为基础的。例如西域长史长驻楼兰，就是以大规模屯田为支柱的。总之，汉晋西域屯田，为维护西域的稳定和通往中原的丝绸之路的畅通提供了基础。

（二）交通、丝绸与丝路贸易

张骞凿通西域之后，汉代在丝路沿线广设亭障以备匈奴。如《史记·大宛列传》中“而敦煌置酒泉都尉。西至盐水，往往有亭”[1]，以及《汉书·西域传》中“于是自敦煌西至盐泽，往往起亭”[2]，便都记录了这一历史情形，说明自敦煌通达楼兰的交通得到了很大保障。武帝时桑弘羊亦曾提出“稍筑列亭，连城而西，以威西国，辅乌孙，为便”[3]，企图进一步将亭的建设延伸到西域更远的地方，可见亭对于维护稳定和交通还是具有重要意义的。可惜汉武帝因为边疆政策的转变否决了这一提议，所以终汉一代，西域也没有进行全面的大规模亭障建设。但在丝路沿线仍然有亭的设置。位于新疆拜城县的著名的东汉永寿四年（158）“刘平国刻石”，便记录了龟兹左将军刘平国设置关亭的事迹。[4]亭，虽然主要是起着军事作用，但亭之所在往往有馆舍，可以提供食宿，而且邮政传递也往往以亭为载体。所以亭的建设不仅可以保护丝路安全，也为交通的通畅提供了必要的基础设施。罗布13汉简中的“以邮行”便应当是以通往西域的列亭为基础运行的。

在交通得到保证的前提下，商旅得以畅通地往来于中原与西域，丝路贸易也十分活跃。汉代无论是中原还是西域各国，都有很多冒用使者名号实则经商贸易者，使得使者的数量显得相当庞大，正如《史记·大宛列传》所载“而天子好宛马，使者相望于道。诸使外国一辈大者数百，少者百余人……汉率一岁中使多者十余，少者五六辈，远者八九岁，近

1　《史记》，第3179页。

2　《汉书》，第3873页。

3　《汉书》，第3912页。

4　拓片见新疆博物馆：《新疆出土文物》，图41，文物出版社，1975年。

者数岁而反”[1]，他们多“私县官赍物，欲贱市以私其利外国”[2]，实际上促进了贸易的发展。而西域各国来的使者更是“奉献者皆行贾贱人，欲通货市买，以献为名”[3]，借着进贡的名义进行商品买卖。自魏晋起，中亚粟特人逐渐成为丝路贸易的主要经营者，他们往来于丝路沿线各国，极大地促进了丝路贸易的繁荣。前引出土于 L.A.I.ii.1 遗址的著名的沙木 886 简，便清楚地显示北凉建兴年间，粟特商人已经进入楼兰地区从事贸易活动。与该简同时，斯坦因还掘得了几件粟特文简牍，都与粟特人的活动有关，其中 L.A.IV.i.0104 由赖歇尔特（H.Reichelt）发表[4]，另有四件由英国粟特语专家辛姆斯-威廉姆斯（N.Sims-Williams）刊布[5]。这批材料大致都是北凉时期的，它们证明这一时期开始，粟特商人便在丝路贸易中扮演了重要的角色。

随着丝路贸易的发达，中原的丝绸等物品大量流入西域，原产于西域的各种物品也逐渐进入中原。在汉代引入中原的西域奇珍，有苜蓿、石榴、名马等动植物，也有玻璃器皿等器物。而原产于中原的货物则是以丝绸为大宗。《太平御览》卷九八二《香部》中有：“班固《与弟超书》曰：‘窦侍中令载杂彩七百疋，市月氏苏合香。’”又卷八一四《布帛部》：“班固《与弟书》云：‘今赍白素三百疋，欲以市月支马。’”[6]班固写给其弟班超的书信原文已然不存，我们只能从《太平御览》中窥见一二，其中记载的用杂彩七百疋购买苏合香、以白素三百疋买月支马两事，正能说明汉代中原以丝绸交换西域商品的历史实际。百余年的新疆考古，也陆续发现了大量汉晋时期丝绸实物。在距离楼兰遗址不远的

---

1 《史记》，第 3170 页。

2 《史记》，第 3171 页。

3 《汉书·西域传（上）》，第 3886 页。

4 H.Reichelt, *Die soghdischen Handschriftenreste des Britischen Museums*, II, Heidelberg, 1931, p.42.

5 N.Sims-Williams, “The Sogdian fragments of the British Library”, p.43, n.10; E Grenet and N. Sims-Williams, “The Historical Context of the Sogdian Ancient Letters”, *Transition Period in Iranian History (Studia Iranica, cahier 5)*, Leoven, 1987, p.111, n.42.

6 严可均：《全后汉文》（上），第 247 页，商务印书馆，1999 年。

营盘遗址，发掘清理出数量众多的汉晋时期丝织品，有绢、纱、绮、绫、锦等各种织物。[1]1995年在尼雅遗址95MN I遗址M8墓中，也出土了大量精美的汉代丝绸。[2]土垠、楼兰等遗址中出土的大量关于丝绸布帛的简牍，也正反映了这样一种丝绸贸易繁盛的场景。

（三）文化、技术与东西交流

从汉晋西域简牍出土情况看，汉字及中原典籍确实在此时已经逐步传入了西域。虽然我们难以在传世史书中找到西域地区行用汉字的记载，但简牍以外的其他考古出土资料，还是能够为我们提供宝贵旁证的。例如，前文已经根据尼雅遗址出土的“且末夫人”等往来礼品函札，提出汉代精绝国上层已经开始接受汉字，我们也同样可以从尼雅遗址出土其他文物看出这一点。同墓出土的一件陶罐上，写有“王”字，更清楚地表明精绝国王室对于汉字的认同。[3]这也是汉字逐渐被西域地区接受的一个缩影。

汉文典籍方面，除了土垠遗址出土的罗布59简《论语》外，西域地区还出土了一批典籍类的纸文书，正可与此相印证。例如，斯坦因于楼兰遗址掘得的纸文书：

〼子曰学
◎◎◎◎而　　　　（正面）
君君□□〼
子曰来复想〼

1　1989年营盘墓地清理资料见《新疆尉犁县营盘古墓调查》，《文物》，1994年第10期，第29、30页。1995年发掘资料可参考李文瑛、周金铃：《营盘墓葬考古收获及相关问题》，《新疆维吾尔自治区丝路考古珍品》，第63—76页，上海译文出版社，1998年；《新疆尉犁县营盘15号墓发掘简报》，《文物》，1999年第1期，第15、16页。

2　于志勇：《新疆民丰县尼雅遗址95MN I号墓地M8发掘简报》，《文物》，2000年第1期，第4—40页；《新疆尼雅遗址95MN I M8概况及初步研究》，《西域研究》，1997年第1期，第1—10页。

3　《新疆尼雅遗址95MN I M8概况及初步研究》，《西域研究》，1997年第1期，第2页。

想想　　　　　　　（反面）（L.A.IV.v .027—马纸 191）[1]

一望便知，“子曰学而”取自《论语·学而》：“子曰：‘学而时习之，不亦说乎？’”那这件纸文书便是与《论语》抄写有关，也可说明西域确有人在努力习学经典《论语》。除此之外，楼兰、吐鲁番等地也出土了不少魏晋北凉时期的典籍类文书，也能够充分说明汉文典籍在西域的流布。

生产技术方面，中原对西域影响最为深远的，便是水利技术。受地理、气候环境限制，西域各国大多以绿洲农业生产为主。这些绿洲国家一般都将居民点选在水势较缓的内陆河尾闾地带，以便于取水，楼兰、精绝等国都是如此。他们的农业生产也依赖于河水，因此农田的规模都很小。要想扩大生产就必须进行大规模的水利建设。随着汉晋中原王朝在西域进行屯田，中原先进的水利技术也被引入西域，极大地促进了西域地区的农业生产发展。其中一个最为著名的例子，便是《水经注》卷二所记索励屯田楼兰、进行水利建设的故事。[2]1965 年，水利工作者饶瑞符在米兰古堡发现了大型水利工程遗址。这一水利工程主要由一条干渠和七条大型支渠构成，渠道覆盖范围内有古代屯田遗迹。根据饶瑞符的研究，遗址内渠道的分布十分合理，可以保证全区内所有土地都能上水。古灌溉区面积也达到了 4.5 万亩，其中曾经进行农业生产的有 1.7 万亩。[3]米兰古堡正当汉代伊循之地，根据渠道与寺院的叠压关系，可以判定此水利遗址的时代为汉代。西汉傅介子刺杀楼兰王后，汉更立尉屠耆为王。尉屠耆便建言：“国中有伊循城，其地肥美，愿汉遣一将屯田积谷，令臣得依其威重。”“于是汉遣司马一人，吏士四十人，田伊循以填抚之。”[4]米兰发现的水利遗址，便正是伊循屯田的遗迹。米兰

1　《中国简牍集成·20》，第 2240 页。
2　《水经注校证》，第 37 页，中华书局，2007 年。
3　饶瑞符：《米兰古代水利工程与屯田建设》，《新疆地理》，1982 年第 Z1 期，第 56—61 页。
4　《汉书》，第 3878 页。

有如此大规模的水利设施，也证明因为中原水利技术的引入，汉代时西域地区进行的水利建设也达到了很高的水平。这也与上文讨论的孔木2简中的“大涿”、孔木5简中的“镇军堤”相呼应，共同说明了中原水利技术在西域的行用，而这也保证了汉晋西域大规模屯田的开展。

汉代以前，新疆地区并未见出土过犁类的生产工具，说明此时西域并未大规模使用犁耕技术。随着汉晋时期中原在西域的屯田，犁耕技术也随之被引入西域。在今新疆伊犁地区昭苏县的一座西汉时期乌孙古墓中，出土有一件铁铧，这也是迄今为止新疆出土的时代最早的一件犁铧类农具。[1]据《汉书·西域传》：“后乌就屠不尽归诸翎侯民众，汉复遣长罗侯惠将三校屯赤谷，因为分别其人民地界……”[2]可知西汉已然在乌孙屯田，这件出土铁铧便极有可能是这时由中原屯田吏卒引入的。在拜城县克孜尔石窟第175窟中，有一件壁画生动地描写了二牛抬杠的犁耕场面，其时代很可能为晋。[3]吐鲁番阿斯塔那墓地出土的晋墓纸画中，也有表现犁耕场景的。[4]这些都与前文所引沙木755简呼应，证明汉晋中原犁耕技术对西域产生了重要的影响。

四　简牍反映的汉晋统治西域政策的历史意义

汉晋时期，以塔里木盆地为中心的西域具有十分独特的地理和人文环境，维护这一地区的稳定和繁荣，是一项非常艰巨的任务。新疆出土的汉文简牍，充分说明汉晋中原王朝出色地完成了这一任务，这也给了我们很多非常重要的启示。

1　穆舜英、王明哲、王炳华：《建国以来新疆考古的主要收获》，《新疆考古三十年》，第8页，新疆人民出版社，1979年。

2　《汉书·西域传（下）》，第3907页。

3　阎文儒：《新疆天山以南的石窟》，《文物》，1962年第7—8期，第45页。

4　《新疆出土文物》，图版四十五。

虽然新疆出土汉文简牍数量并不算多，但从已见简牍出土地点的分布上，还是可以看出汉晋西域交通的一些特点。首先，汉晋西域经营的重点是南道。汉代丝绸之路有南、北道之分，南道自鄯善沿昆仑山北麓至莎车，北道则是经车师前王庭沿天山行至疏勒。汉以后的情形也大致与此相同。但是北道经常受到游牧民族的侵扰，并不易通行，南道的交通更便利一些。这一时期的汉文简牍，集中出土于楼兰、尼雅附近，正当丝路南道，而北道各个重要遗址却没有见到简牍出土，这也可以从一个侧面说明，中原王朝经营的重点在南道。其次，居卢訾仓是汉代西域交通的中心之一。土垠遗址即是汉代居卢訾仓。从这里出土的简牍内容来看，居卢訾仓不仅是一处重要的屯田地点，更是交通的重要枢纽。例如罗布 13 简中的“居卢訾仓以邮行”，说明其为汉代邮传制度中的一个重要站点。又如罗布 12 简“龟兹王使者二□☑”[1]，说明居卢訾仓也是接待外国使者往来的一个重要处所。再次，东汉以后，楼兰不仅是西域长史驻地，更是西域的政治中心和屯田中心。在楼兰遗址出土了大量的魏晋时期汉文简牍，内容涉及了屯田、仓储、贸易等多个方面。这充分说明了这一时期楼兰具有的重要地位。

塔里木盆地气候异常干燥，水资源紧缺，西域各族居民只能聚居于沙漠边缘的分散的绿洲中。受环境制约，在中原王朝势力进入西域之前，这一地区的农业生产状况还是比较落后的。例如前文所引的“使者相望于道，一岁中多至十余辈。楼兰、姑师当道，苦之”[2]，充分说明了绿洲国家在汉代初通西域之时，无法供给往来使者的状况。然而在汉晋政府坚持在西域屯田的背景下，西域的绿洲农业得到了长足的发展。土垠遗址以及楼兰古城出土的大量与屯田及粮食供给相关的简牍，正可反映当地农业生产的进步。同样，如沙木 769、761 简所反映的，中原的水利技术也被引入西域，极大地改善了西域地区的农田水利状况。《水经

1　《中国简牍集成・20》，第 2324 页。
2　《汉书》，第 3876 页。

图 6.4　暴雨后干裂的楼兰地貌

注》中所记载的索劢修堤溉田折服西域各国的故事，正是发生在这样一种背景下。农业的发展和粮食储备的增加，为西域的稳定和发展提供了最基本的保证，汉晋时期丝绸之路的繁荣都是建立在此基础上的。这也提示我们，维护西域地区的稳定，促进地区经济发展是首要一环。

西域一直是多民族共存、多种文化交融的地区，中原王朝要在实现这一地区贯彻统治、维护地区稳定，就必须采取一些有效的文化政策。从汉晋西域简牍所反映的情况看，汉晋中央政府在西域地区坚定地推行了语言、文字、文化思想教育。在尼雅发现的《仓颉篇》以及出土于土垠的《论语》，充分说明了汉字及汉文典籍在西域的行用。更重要的是，尼雅出土的 N.xiv ⅲ.1 等简牍表明，汉代精绝国王室成员开始将汉字作为日常行用的文字，充分说明了汉代在西域推行文化政策的卓越成效。在不断的交流中，西域各国也仰慕并乐于接受中原的文字和文化。可以想见，推行文字和文化教育，对维护西域地区的稳定和加强双方理解，应当还是具有十分重要的意义的。

有一些观点认为,汉族人口大量进入新疆是在清代平定准噶尔之后。然而从西域汉文简牍的内容来看，自汉至晋，内地的汉人就已经开始不断进入西域地区，而且数量并不少。土垠遗址出土简牍中，就记录了一大批来自中原的戍卒。比如罗布 29 简中来自关中霸陵的田由、罗布 34 简中来自河南南阳郡的宋利亲。这些戍卒通常是协同亲属、私从等一起来到西域居住，随着大规模屯田和戍卫活动的进行，来自内地的汉人也大量进入了西域。同时，他们也将中原比较先进的生产技术、丝绸、文字、医学等带入了西域，促进了西域经济、文化的繁荣，产生了深远的影响。由此可见，汉人迁入西域，不仅时代很早，而且为西域发展做出了很多贡献。这对于我们理解西域历史具有重要的意义。

楼兰古国兴衰与环境变迁的考察

一　楼兰的兴衰

《史记》《汉书》中记述过西域有小国“楼兰”“鄯善”，语焉不详。随历史长河流泻，时过境迁，至20世纪初，除了少数专事西域的研究者外，中外史学界对地处偏僻的新疆，对新疆沙漠中这些短暂显示光辉的绿洲城邦，已少见关注。

楼兰、鄯善真正进入国内外学术界视野，是在20世纪帷幕初揭的1901年。这一年，瑞典地理学家斯文·赫定发现了楼兰古城废墟，并在楼兰古城内发现了20多件记有“楼兰”字样的汉文、佉卢文木简及纸质文书。1906年12月，斯坦因在充分准备之下，进入罗布淖尔荒原及楼兰古城。他雇用数十名农工，在楼兰挖掘了11天，获取大量文物。继后又在米兰佛寺中发现、挖掘及带走了有翼天使画像。

20世纪30年代前，西方学者在罗布淖尔荒原、楼兰等地的考古，对相关遗存造成了巨大破坏。但在西域历史文化研究上，也取得十分重要的收获，有其贡献。最重要的一点，就是清楚揭明：中亚腹地沙漠深处的这些古代遗存，如其中西亚艺术风格的绘画、雕塑，佉卢文木牍及其封泥上的希腊神像，贵霜钱币、佛寺中的有翼天使像、波斯风格的玻璃器残片等，明白显示了来自古代波斯、中亚希腊化城邦的文明信息，它们与大量汉文简纸、丝绸、漆器、铜镜、五铢钱一道，呈现了黄河流域古代文明与亚洲西部大地文明交相辉映的景象，而这一点，正是亚洲内陆腹地古代文明最基本的一个特征。无疑，这为中亚古代文明研究，投射了一束光明。

对罗布淖尔荒原、楼兰古城等重要遗址展开进一步考古，是在近50年后的20世纪70年代末、80年代初。迄至于今，对这片地区的工作，包括文物普查、遗址保护、抢救性发掘等，未稍停息，获得了重要的、远远超过既往的文化成果。就我个人而言，从1979年衔命步入罗布淖尔，至2005年自楼兰东走敦煌，26年中，因责在新疆考古，八次进入罗布淖尔荒原，时间最长者达一个月以上。

三十多年来的罗布淖尔考古，结合20世纪80年代以来，沙漠、地理、水文、气象、动植物学等自然科学工作者对这片地区多次综合考察所取得的成果，促使历史考古学者深刻思考一个问题：并不太长的一千五六百年间，曾是丝绸之路要隘的罗布淖尔大地、楼兰绿洲，怎么就迅速化为了一片没有生命的荒原？烟波浩渺的罗布淖尔湖，为什么成了滴水不存的盐漠荒滩？古代人类生存、发展与自然环境变化，存在怎样的关联？认真剖析楼兰绿洲从兴盛走向绝灭的过程，全面检视人类社会活动与比较脆弱的生态环境间的关系，吸取一切可能吸取的历史教训，应该是今天日益重视环保的我们需要提上日程的研究课题。

二　楼兰的地理与气候

青铜时代即已满溢生命活力的孔雀河绿洲，公元前2世纪时，成为沟通亚欧交通路线上的枢纽，其中心城市楼兰，举止动静，都会使西域大地、河西走廊受到影响。这里虽是雅丹丛集，戈壁、沙漠纵横，交通相当困难的一片土地，却随时随处，都能感受到东方长安、西部贵霜、西南亚波斯的政治、经济、文化信息，感受到它们点点变化投射的影响。而到公元4世纪30年代以后，楼兰却突然从人们的视野中淡出，更慢慢化为荒漠、废墟，成为如今没有生命气息的死域。与楼兰的消失、死灭相呼应，傍楼兰而居、曾烟波浩渺的罗布淖尔湖，也成了今天一望无际的盐漠、盐滩。

在具体展开历史、考古分析前，我们首先需要关注这片土地上几个最基本的事实。

第一，从上新世末期到更新世初，欧亚大陆再次发生强烈的地壳运动，青藏高原大幅抬升，印度洋的西南季风（其运行高度只有3500米）再无可能越过青藏高原进入新疆塔里木盆地。加上盆地东、西、北面也有高山隔阻，太平洋、大西洋湿润气流也无法进入，导致盆地内很难形成降水。因此，在地质年代的上新世末更新世初，塔里木盆地干旱气候即已形成，极少降水、冷热变化剧烈、风沙活动频繁。

地质地理学家们在罗布淖尔荒原台特马湖以南、罗布淖尔湖盆中心曾分别钻井，通过孢粉分析，得出的结论是，去今两万年以来（即晚更新世至全新世），古代植物与现代植物种类、群落基本一致，不见喜温的蕨类植物孢子，而以耐旱、耐盐的麻黄、藜、篙含量为多，最高可达孢粉的98.2%。这说明，这一时期的罗布淖尔地区已经是明显的干旱气候环境。

第二，罗布淖尔地区地势低凹，是塔里木盆地内众多河流的汇聚中心，古代曾是水之泽国。罗布淖尔湖最大面积曾达两万平方公里。清朝末年，仍达2000多平方公里。塔里木河、孔雀河、车尔臣河等是其主要补给源，历史上入湖水量曾经盛大，入湖水量随历史进展而日愈减少，终至断流。

以罗布淖尔荒原最大补给水源塔里木河为例。关于塔里木河水量，历史上没有精确测量、统计资料。徐松《西域水道记》（成书于1823年）描写“塔里木河，河水汪洋东逝，两岸旷邈弥望”，可以想象水势盛大之情形。

20世纪50年代，据塔里木河主要支流和田河、叶尔羌河、克孜尔河、阿克苏河汇流处的阿拉尔水文站统计，塔里木河年流量为56.2亿方，因为上游用水量增加了17.1%，至1994年，下泄流量只有39.4亿方。上、中游用水量，至20世纪90年代，已超过塔里木河总水量的90%。塔里木河下游，已出现了用水危机，阿拉干、罗布庄出现了干涸无水情况。

这类情形，成书于1910年《新疆图志》记载过类似感受："塔里木河下游罗布庄各屯，当播种时，上游库车以西，城邑遏流入渠，河水浅涸，难于灌溉。至秋始泄水入河，又苦泛滥。"河的下游，播种需水季节，不能保证灌溉，秋收不再用水之季，水则大流至达泛滥。

楼兰古城所在，主要补给源是孔雀河。孔雀河，1921年塔里木河冲决轮台大坝，经拉因河入孔雀河，水势一度盛大。1952年，在拉因河上筑坝，河水重归塔里木故道，入台特马湖。孔雀河出铁门关后，主要灌溉了库尔勒、尉犁绿洲，20世纪50年代后，库尔勒、尉犁农业规模不断扩大，孔雀河下泄水量趋少。

分析楼兰兴废、罗布淖尔变迁，之所以引述了两大段相关气候、水文研究资料，目的就在于思索，在这一地区的人类活动，既深受环境制约，又可影响环境，彼此不能分割。分析这片大地之上历史长河中的古代绿洲、城镇的兴废、发展，我们必须重视这一基本原则。

从气候角度观察，自两万年前至今，这片大地就是一个十分严酷的自然地理环境。从干旱地区农业经营特点分析，人类所在绿洲，其兴衰、变化，与水关系至密。而水的变化，不只在于冰川雪水减少，也在于全流域中水的再分配、使用，这都与人类活动密切相关。人类有组织的生产，导致水源不断重新分配。水从此处分配到彼处，可能就会带来一片旧绿洲的毁灭，以及一片新绿洲的兴盛。

在古代，这片地区人类居民稀少之时，罗布淖尔荒漠、孔雀河水系内，曾也是理想的生存空间。自一万年前的新石器时代至四千年前的青铜时代，乃至西汉，可以说都是一种宜居生存格局：当地水足、草丰、林木茂盛，可渔可牧，当地居民可以充分发展农业生产。考察该地区的青铜时代古墓沟墓地，一个聚落的人口才只有43人；作为孔雀河中下游最重要的一处墓地——小河，前后持续数百年之久，而其全部墓葬，加起来也只有300多座（共发掘167座，加上被破坏者150多座），考虑到一人一墓，从墓地角度来透视当地数百年间的聚落人口，也是不多的。这种情况一直到西汉时代，据《汉书·西域传》粗略统计，当时西域各绿洲王国人口，总共也不过20多万人。如此广阔的空间、充沛的水源、稀少的人口，生存状况自然是可以无忧无虑的。两汉时期，汉王朝政府可以从容在这片地区驻军，在地旷人稀处屯田，保障过往使节、商旅来去，也充分证明，当时的这片绿洲，还可以接纳更多的人类活动。

三　楼兰废弃原因的猜想

由于楼兰城内出土的大量汉文简牍，均止于公元4世纪30年代，一般都同意西域政治中心——楼兰绿洲城邦的陨落，就应该发生在这一时段之中。

关于楼兰城废弃的原因，有多种观点。不同学科的研究者们，各有自己的视角。但任何一个重大的社会变化现象，都不会是个别因素作用的结果，而必须从多个角度综合剖析，方可望恢复历史的本来面目。

苏联地质学家西尼村在20世纪50年代考察过罗布淖尔地区后，发表了《亚洲中部气候变迁的大地构造因素》，提出罗布泊地区“吹蚀作用的加强，沙漠面积的扩大，河水水量的减少，植物的衰亡及人类与动物生存条件的恶化”，是所有变异的根本点。美国学者亨廷顿和德国人特林克列尔持有相同的观点。在分析楼兰绿洲废弃时，他们的表述更加直接、具体：“关于楼兰城及其周围遗址废弃原因……河道变迁可能是最直接和最重要的”，“楼兰故城的废弃时间，基本上就是孔雀河下游改道断流的时间”。

其实，从前述钻井孢粉分析，罗布淖尔地区已获文物、考古资料，先秦时期以来的相关记录，都可以看出自去今两万年以来，这片地区就一直是一个干旱的环境。这一过程中，或有短时期的降水变化、风沙活动异常、局部地区生态改变，但都是一个大的干旱环境下，有限地区、有限时段的变化，并不存在持续、不断变干的情形。干旱环境，是地质年代就已存在的现实。青铜时代的罗布淖尔人，面对的就是一个特别干燥的环境，这一时段的古尸多次被发现，就是生动说明。人口增加，农业发展，绿洲扩大，大概恒定的冰川融雪水，在人口稀少时，可以满足人类及其生存环境的需要；在人口大增后，自然流淌的水系，就在不断地蓄水、引水、灌水工程中，变得不再能自然流淌；局部，尤其是河流下游缺水、无水，就会成为不可避免的结局。这时，曾有的绿洲就可能变成荒漠。

在具体分析楼兰古城兴废时，除了要关注上述基本的、虽处在变化中但却是早就存在的干旱环境因素外，绝不可以忽略楼兰古城命运变化时它曾经面对的社会政治形势。

公元 4 世纪初，晋朝统治趋于崩毁。中原大乱，士民西走，日月相继。统治河西走廊有年的张氏家族军政势力膨胀。公元 314 年，晋封张寔为“都督凉州诸军事、凉州刺史，领护羌校尉、西平公”，西域诸国悉在其统治之下。公元 323 年，更受封为“凉王”“西域大都护”。公元 324 年，前凉王张骏击败赵贞。公元 327 年，前凉在吐鲁番地区设置高昌郡。公元 335 年，张骏派军击降焉耆，焉耆、车师前部、于阗、鄯善都入贡于前凉。河西、西域悉入前凉版图。公元 4 世纪 30 年代，当地的形势如是剧烈变化，直接影响之一，是自河西走廊进入西域的交通线路发生了相当大的改变。

前凉张氏集团攻高昌、降焉耆，控制鄯善、于阗，目的同样是控制丝绸之路新疆段，以获取丝路贸易利益。当楼兰、吐鲁番、焉耆均已入其直接控制之下时，统治者立即会面对一个具体问题，这就是：

由河西走廊进入塔里木盆地，是一仍其旧从敦煌入楼兰，沿孔雀河西走焉耆；还是由河西走廊入高昌、车师，进入焉耆？前一条路，是汉代以来的传统老路，但沿途多戈壁、沙漠、雅丹，缺水少草，交通补给不易；后者则路途比较平坦，绿洲聚落相继，路况、供应较之楼兰道，要平顺得多。

为拓展丝路贸易计，前凉的抉择是变易交通路线，开拓自高昌入焉耆的新途。因此，在平定赵贞后，立即在吐鲁番绿洲内设高昌郡，军政重心移置高昌后，原踞楼兰的西域长史府自然撤守。河西走廊过楼兰入塔里木盆地的路线，转移成经过高昌西行。楼兰在丝路上曾经的重要政治、经济地位，自此不复存在。从这个角度来说，楼兰之兴、衰，其核心因素是在其丝绸之路冲要地位的起与落。楼兰名城，成、兴在交通，衰、废也在交通。

由于西域长史府不居楼兰，与丝路交通密切关联的屯田、农业生产中心向他处转移，结果就是当地有组织的、严密而强大有力的灌溉系统罢废，馆驿、传置等与丝路相关的接待、通信联络设置也被撤销，这些会使楼兰绿洲很快从繁荣、兴盛转化为衰颓、冷落。这种衰颓，是不以人们意志为转移的经济生活现实。伴随着楼兰在这一时期的逐渐沉落，高昌的中心地位冉冉升起。后来的高昌王国、隋唐时期盛极一时的西州文明，都是与此有密切关联的。

目前的考古及文献证据，也能够显示，古代楼兰绿洲的衰落，实际也是一个逐步发展的过程。

在东晋十六国、南北朝以后，一些考古资料表明，经过孔雀河绿洲的交通路线，偶尔还有商旅在走动。1980 年，新疆考古所考古队在罗布淖尔湖东北一处山梁上，发现唐代钱币“开元通宝”970 多枚，距离出土古钱不远处的山坡上，还有一条古道痕迹。这是一条灰黄色的土路，在当地深色砾石地貌夹峙之下，相当明显。近千枚古钱被遗弃在路边，直到 20 世纪被考古人员发现，这一事实本身，既表明到了唐代，这条道路上还有商旅活动，还可以通行；同时也表明，在这条路上来去的行旅，确又是十分稀少，这才让古钱留存到今天。

到了唐代，这条路线还可以通行，还有历史文献的证据。历史文献记载，公元7世纪中踞于吐鲁番盆地的高昌王国，在西突厥支持下，一度遏阻丝路交通，重税盘剥。焉耆王国就此曾建议李世民，重开经过楼兰绿洲的“碛路”，撇开高昌。此举必然会伤害高昌、西突厥的经济、政治利益，结果引发了公元639年高昌与西突厥处月、处密部联兵攻击焉耆，陷焉耆五城、大掠居民的事件。这一事件表明，一旦有需要，经过楼兰西行入焉耆的“碛路”，重新启动还是存在可能的。这同时也说明，至少到了唐代，孔雀河下游并没有断流，如果已断流，必然无水无草，也就不存在交通的可能性。

在极度干旱地区，不论自然绿洲，还是人工绿洲，其生命是脆弱的。改变其生存状态，导致其兴衰，最有力的因素可能是人，是人类社会有组织的力量。楼兰古城，孔雀河尾闾三角洲的兴盛、衰废，十分生动地证明了这一点。认清这一过程，不仅可以帮助分析古代文明、古代城镇的历史发展轨迹，尤其可以吸收到历史的教训：人类文明的兴衰，关键的因素，实际还是在于人类自身，在于人类如何对待自然、对待社会。这才是最根本、最要紧的。

根据2018年于北京大学所做学术讲座成稿

彩图三十四　尼雅河中游，绿色车辆为考古队行进中的车辆

彩图三十五　尼雅佛塔

彩图三十六　王炳华在尼雅遗址考古现场详记建筑遗存细节

彩图三十七　王炳华、李季研究员、王邦维教授在尼雅遗址

彩图三十八　由西亚经陆路进入黄河流域的蜻蜓眼玻璃珠，春秋晚期

彩图三十九　精绝故址南部发现的一处早期墓冢的遗存

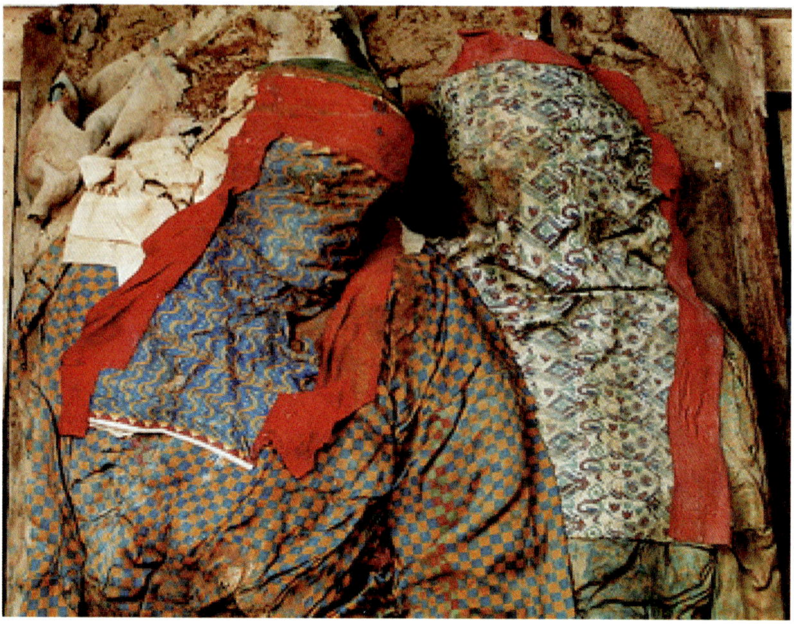

彩图四十　精绝王夫妇上半身出土时情形，尼雅一号墓地 3 号墓出土（彩图四十至彩图五十五的文物均为 3 号墓出土）

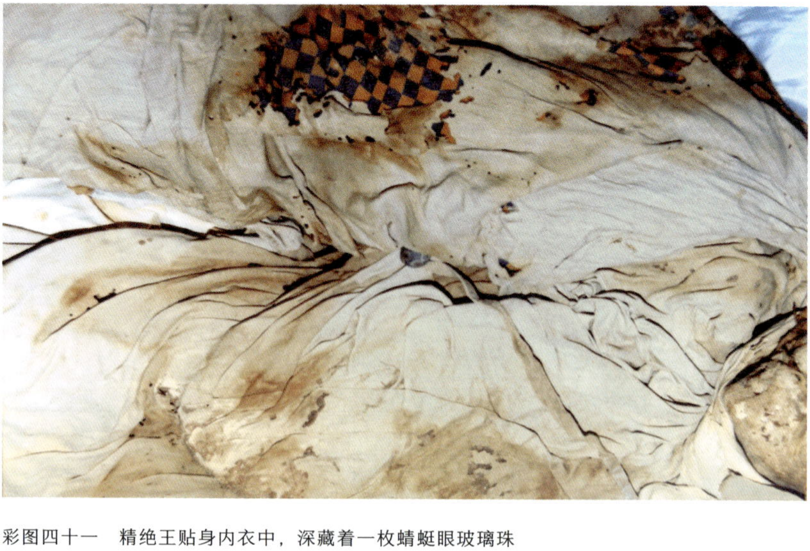

彩图四十一　精绝王贴身内衣中，深藏着一枚蜻蜓眼玻璃珠

彩图四十二　精绝王夫妇遗体

彩图四十三　精绝王妃遗体，面颊有淤血，被杀害殉葬的实证

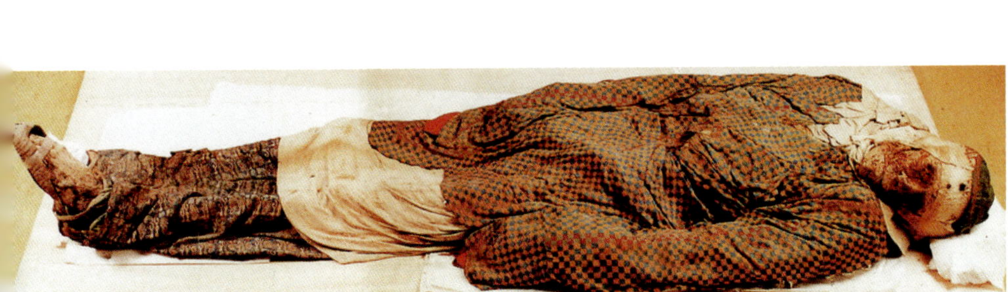

彩图四十四　精绝王遗体

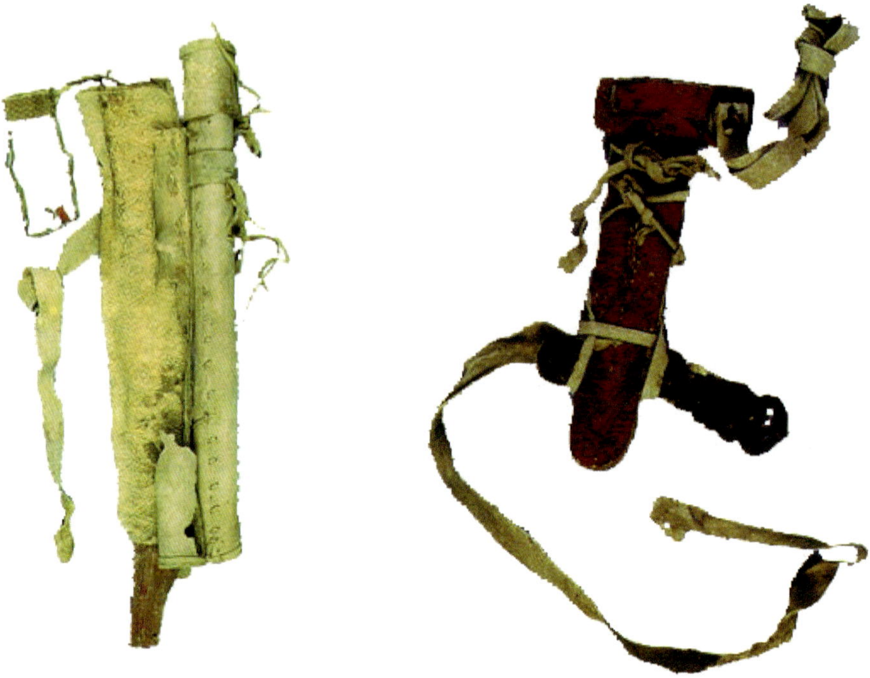

彩图四十五　精绝王随身携带的箭箙、弓袋、刀鞘

彩图四十六　剑鞘、皮带、毡帽，均系挂在男主人之衣架上

彩图四十七　“王侯合昏千秋万岁宜子孙”锦衾

彩图四十八　精绝王“世毋极锦宜二亲传子孙”锦覆面图案

彩图四十九　精绝王锦袍方格纹图案

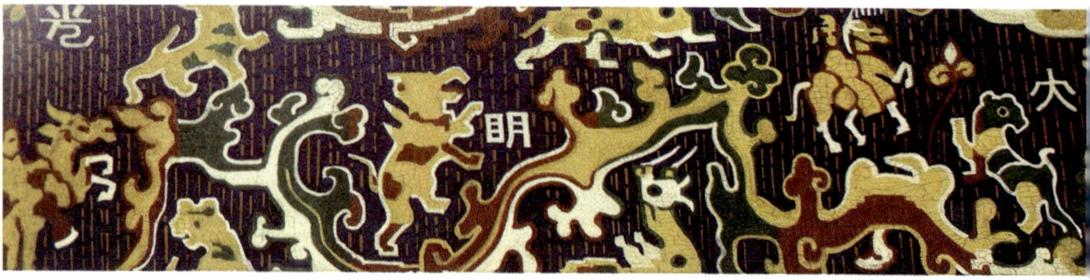

彩图五十　精绝王妃“长乐大明光”锦裤图案

彩图五十一　精绝王妃茱萸回字纹锦覆面图案

彩图五十二　精绝王“世毋极锦宜二亲传子孙”锦护膊

彩图五十三　精绝王“世毋极锦宜二亲传子孙”锦覆面

彩图五十四　精绝王妃的红蓝菱格纹丝织头巾

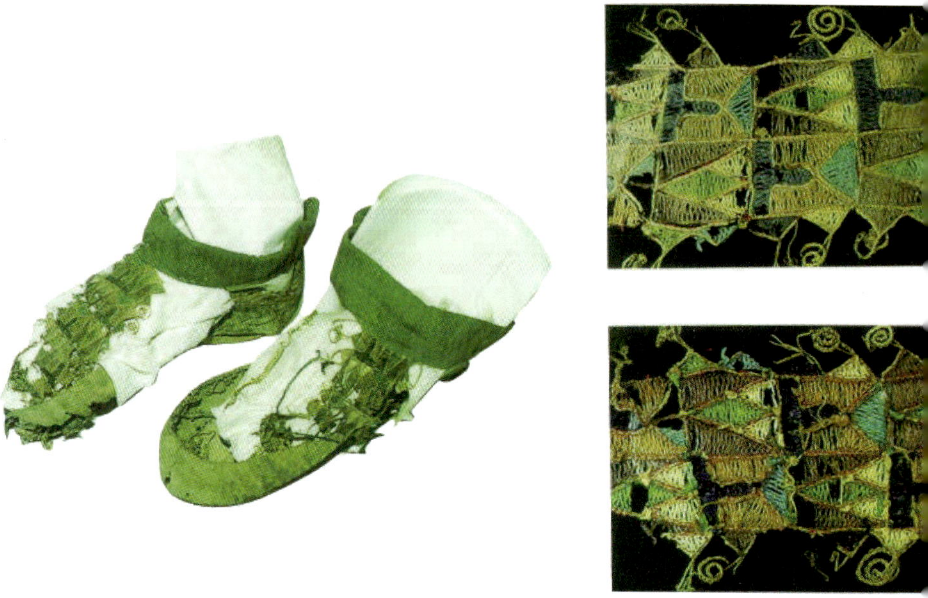

彩图五十五　精绝王勾花皮鞋

彩图五十六　精绝王子妃的靴子，尼雅遗址一号墓地 8 号墓出土

彩图五十七　精绝王妃颈部的红项链，尼雅遗址一号墓地 3 号墓出土

彩图五十八　精绝王子妃项链，尼雅遗址一号墓地 8 号墓出土

彩图五十九　用棉花做的化妆用品，1959 年尼雅遗址出土

彩图六十　精绝王子遗体，尼雅遗址一号墓地 8 号墓出土

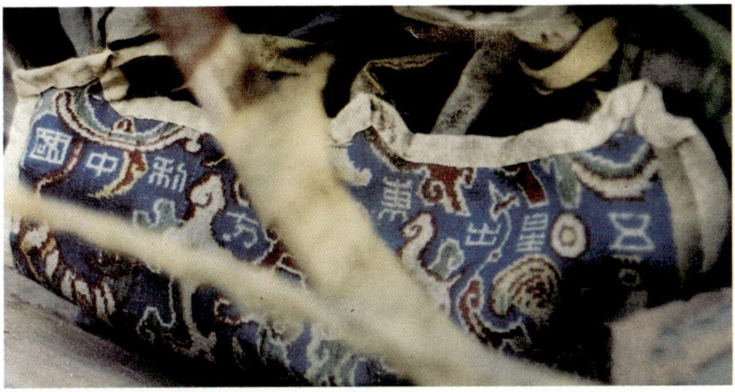

图六十一　“五星出东方利国”锦护膊（局部），尼雅址一号墓地 8 号墓出土

彩图六十二　“五星出东方利中国”锦护膊（局部）

彩图六十三　尼雅遗址一号墓地 8 号墓墓棺上覆盖之绣毡图案

彩图六十四　狩猎纹锦，尼雅遗址一号墓地 4 号墓出土

彩图六十五　狩猎纹锦，尼雅遗址一号墓地 4 号墓出土

彩图六十六　凤鸟形风帽，尼雅遗址一号墓地 5 号墓出土

彩图六十七　佛像壁画残片，尼雅佛塔附近出土

彩图六十八　印花棉布（89 × 48 厘米），1959 年尼雅遗址出土，疑为贵霜产品

彩图六十九　人头鸟身葡萄纹毛罽，1959 年尼雅遗址出土，西亚风格

辑　二

尼雅考古与精绝历史研究

尼雅考古新收获

尼雅考古，在相对沉寂差不多一个世纪后，近几年，又成了国内外学术界比较关注的中心问题之一。

作为中日联合尼雅遗迹学术考察队的中方学术负责人，自1991年开始，笔者曾先后多次进入尼雅，比较系统地观察现存尼雅遗迹，对斯坦因当年在尼雅掘取文物的实际有了较具体的认识；在比较全面调查的基础上，对尼雅遗存的时代、兴废、布局特点及其蕴含的历史、文化内涵，得以可能作出较为深入的分析。另外，这几年中，虽主要只是进行遗址的调查测量、记录，但在国家文物局的支持、批准下，还对遗址区内已经风蚀暴露的部分墓葬进行了清理，对已暴露在地表的部分文物进行了采集、记录，这自然也为认识的深化提供了条件。

目前，遗址的调查工作基本告一段落，正式发掘清理工作已逐步展开。在此有必要对尼雅工作的历史过程、主要情况等作大略的总结，为进一步的工作提供方便。

一

一千六七百年前的精绝废墟——尼雅，与今天的民丰绿洲，自然地理环境大略相类，它们都处于源自昆仑的尼雅河上，享受尼雅河的恩泽。

民丰县，背依莽莽昆仑，面向无垠沙漠，是塔里木盆地南缘的一个小小绿洲。全境沙丘连绵，地势南高北低，自西向东倾斜。尼雅河，是县境最大的一条季节性内陆河，河床平均宽度达 1 公里，源自吕什塔格冰川，出昆仑山口后，奔涌流泻 200 多公里，年平均流量达 1.8 亿立方米，溢出泉水达 0.36 亿立方米，最后没入于塔克拉玛干沙漠之中。每年 5—9 月，洪水流量占全年总流量的 79%。其他时间，中游以下基本断流，主要靠泉水补给。民丰全县近 3 万人口，大部分居民均生活、居住在尼雅河水系之中，接受着尼雅河的赐予。

在民丰县县城稍北及伊玛目·迦法尔·萨迪克麻扎（俗称大麻扎）

图 8.1　尼雅河上游昆仑山脉

附近，人们可以看到两区大的沙梁。表面看，这是两座因沙漠南侵而留下的沙山，其实，它们是两道地质隆起的岗梁，记录着地壳变动中的沧桑，地质学家们称之为“民丰北隆起”。尼雅河出昆仑山口北流至坎色日克后，为民丰县城北的山梁阻断，迫使河道成 90° 角折向东流，过民丰县城后，复循自然地势折转向北。河流这一迂曲，使民丰县城附近深得灌溉之便，林木葱郁，田连阡陌，造就了民丰县城这片绿洲沃土。大麻扎附近，今天仍是一片葱绿，林木茂密。橘瑞超 1911 年记录大麻扎的景观说：“以麻扎为中心，附近数英里范围内是树木苍翠的深林带……沿着尼雅河下游芦苇茂密的地方，涌出许多滚滚清泉，麻扎山脚下有一个水平如镜的圣池，清澈碧透，架设一桥，涟漪动处漂浮着水禽，透过树间空隙可见远处的流沙。”今天的大麻扎，尼雅河地表水已经断流，池塘、水禽已消失不见，但因着地下泉水的补给，林木葱郁的景观，并无多大变化。这自然也是受惠于麻扎山的地质隆起，是地下水位抬升、泉水丰沛而提供的便利。

自昆仑山至大麻扎，尼雅河，作为主要依靠冰川雪水补给的一条内陆河，河水时断时续。大部分地段往往都可以觅见河的痕迹。一过大麻扎，尼雅河即彻底消失而难寻觅。自大麻扎而上，河谷芦苇漫布，茂密的天然胡杨林丛生，沙生植物遍野。偶尔有民居二三，羊群出没，展示了草木旺盛的平原草场景观。与玄奘在《大唐西域记》中记述的“泽地热湿，难以履涉，芦草荒茂，无复途径”，颇可以互相印证。而过大麻扎北行，直至尼雅，景观十分荒凉。途中有一片枯死胡杨林，干径大者一人不能合抱，支杈虬扎，别显一番悲凉。胡杨林中，红柳沙丘丛丛，大部分红柳在与沙丘的抗争中还有着生命的活力。过枯死胡杨林带后，基本是漫漫沙丘。风从东北来，背风面的沙丘，均高大陡峭不易攀越。（图 8.2）沙丘之间，断续可见白色淤泥，是过去积水、流水的痕迹。进入尼雅，这种淤泥景色出现得更为频繁。一些农田、墓葬，甚至压在淤土之下。尼雅在精绝人生活期间，河水可以直接流泻到此地，而且水量颇丰，沼泽、水泊连续不断；而在精绝废弃，人民他走以后，河水也还可以继续

图 8.2　尼雅遗址

图 8.3　尼雅遗址之一，大部分覆盖在沙丘之下

流泻到此。淤土覆盖农田、墓葬的现象是直接的证明。河水，是沙漠绿洲的生命之源。精绝的废弃，从这一点看似乎主要并不是由于尼雅河水的断流或变迁。（图 8.3）

二

为对尼雅考古工作有一个较为全面的把握，我们首先大略回顾尼雅考古的历史进程。

在尼雅河尾闾地段展布的尼雅废墟，开始引起人们的注意，是在差不多一百年前 20 世纪刚刚揭开帷幕之际。

1901 年 1 月，英籍匈牙利人斯坦因，首次进入尼雅，继后，在 1906、1913、1931 年，又先后多次深入尼雅[1]，雇用相当大量民工，大肆挖掘。随后，他报道了在尼雅掘获的 700 多件佉卢文简牍、58 件汉文简牍，及有关木雕艺术品、日用生活品等精绝王国时期的文物。自此，尼雅成了研究中亚历史文化的学者们十分关心的所在。

1905 年，亨廷顿在美国地理学会的资助下进入新疆。他从印度越过喀喇昆仑山口到和田，入克里雅，循塔里木盆地南缘东行。这一过程中，他可能进入过尼雅，在其报道中，收有出土于尼雅的佉卢文木牍。[2] 继后进入尼雅的是日本僧侣橘瑞超。1911 年 12 月上旬，橘瑞超再次到达民丰，并计划进一步沿尼雅河北行，在麻扎附近进行试掘。[3] 十分可

1　关于斯坦因 1901、1906、1913 年的工作，见其著作《古代和田》《塞林地亚》。1930—1931 年第四次工作，也进入尼雅，但一般人了解不多，大多不予提及。参见张力、于江：《斯坦因第四次入新简述》，《新疆文物》，1992 年第 4 期。

2　亨廷顿在新疆的工作，见 1903 年（美）《地理杂志》第 27 期，亨廷顿 1905 年 10 月 9 日自克里雅的来信，及同一杂志 1905 年第 25、26 期，1906 年第 27 期，1907 年第 29 期，有关新疆的报道。参见李遇春《尼雅遗址和东汉合葬墓》，提及“亨廷顿在尼雅劫取过六件佉卢文木牍”。

3　橘瑞超：《中亚探险》，引文见第 68—69 页，（日）东京博物馆出版，1912 年，新疆人民出版社 1993 年翻译出版。

惜的是，橘瑞超未具体说明他曾试掘的情况。

中国学者如王国维、罗振玉等，未能涉足新疆，但他们十分关注斯坦因在新疆的工作，对其在尼雅所获汉文资料也进行了多方面的分析，关于遗址的时代、性质，涉及的社会历史问题，进行了一定的研究。认为尼雅“在汉为精绝国地”，东汉明帝时“精绝为鄯善所并”。[1]尼雅所出“晋守侍中大都尉奉晋大侯亲晋鄯善、焉耆、龟兹、疏勒”及“于阗王写下诏书到奉”二简，说明“诏书到此者必自鄯善或于阗传写而来，表明魏晋时期中原派驻之西域长史实际统领西域的政治状况”，并认为“尼雅所出木简十余，隶书精妙，似汉末人书迹。必在永平以后，所署之人曰‘王’、曰‘大王’、曰‘且末夫人’（盖且末王女为精绝王夫人者），盖后汉中叶以后且末精绝仍离鄯善而自立也”。对精绝史，提出了值得深入研究的论点。[2]

20世纪50年代末，新中国文物考古学者，在相当困难的工作条件下，逐渐开展了对尼雅的调查。1959年2月史树青先生一行，借到和田地区进行少数民族历史文物调查之便，克服困难，深入尼雅，对遗址进行了考察。调查了佛塔遗存，并对部分遗存进行了简单清理，发现了一处冶炼遗址，采集了相当数量的文物。还收集到一枚“司禾府印”。再次引发了对尼雅遗存工作的关心。[3]

1959年10月，新疆博物馆学者李遇春先生率考古队员10人，用骆驼由民丰北行5天，抵大麻扎。自大麻扎北行两天，抵佛塔。在遗址地区实际工作9天。共清理了十区房址，一座墓葬。获陶器、坩埚、纺轮，毛、棉、丝织物，竹、木器，五铢钱、铜顶针、铁镰、铁镞、铁刀、海贝、角质带扣、角杯、磨石，及象牙、玛瑙、珊瑚、玉石、玻璃等各种质料的珠饰。在出土的东汉夫妇合葬墓中，男女主人尸体保存完好，穿着大量丝绢锦绣，棺上覆印花棉布。随葬藤奁、木栉、木筒、碗、盘、

1　王国维：《尼雅城北古城所出晋简跋》，载《观堂集林》卷十七；《史林》九。

2　王国维：《流沙坠简序》，《观堂集林》卷十七；《史林》九。

3　史树青：《新疆文物调查随笔》，《文物》，1960年第6期；《新疆民丰尼雅遗址》，《文物》，1962年第7—8期。

杯及弓箭、箭服、铜镞、君宜高官铜镜、铜戒指、铁刀、金箔、一小块纸片及珠饰等物。为深入分析、认识精绝王国社会上层人物的物质文化生活、人种特征、精绝在丝绸之路南道上的地位等，提供了第一批相对完整的发掘资料。[1]

60年代以后，新中国考古界刚刚展开的，也是初步的尼雅考古工作，因社会的、经济的多方面原因而难能继续。这一情况直到80年代，在改革开放的大形势下，才有了发展的可能。

1980年中国中央电视台与日本NHK决定合拍多集电视纪录片《丝绸之路》。新疆社会科学院考古所（今新疆文物考古研究所前身）派出伊弟利斯等人进入尼雅，配合拍摄电视片，也相机简单地进行了尼雅遗址调查。

1980年12月，新疆博物馆考古队与和田地区文管所合作组队，沙比提、阿合买提等一行进入尼雅，进行了遗址调查，并对部分建筑遗存进行了清理发掘，他们在遗址地区先后工作7天，部分清理发掘了房址，调查了墓地。采集得佉卢文简牍40件，部分建筑装饰部件、木铣、铁刀、毛、丝织品等物。值得注意的是他们在遗址内采得陶蚕一枚，残茧一件，文物主要存和田文管所。[2]

经过这些工作，尼雅遗址又逐渐受到新疆文物考古界及国内外学术界的关注。1981年，兰州大学历史系学生吴景山只身骑自行车沿丝路旅行，过民丰县时，即借拖拉机、骆驼之助，北入尼雅遗址巡礼，并在尼雅遗址内得佉卢文木牍一件。这件事，可以表现在新的丝绸之路研究热潮中知识界的一般心态：对沦入沙漠之中的古代废墟（尼雅是其中主要遗址之一）有着强烈的探查研究愿望，希望深层认识精绝故址兴废的原因。

认真分析，真正使尼雅考古逐渐步入科学轨道，进行比较全面研究

1　新疆博物馆考古队：《新疆大沙漠中的古代遗址》，《考古》，1961年第3期；李遇春：《尼雅遗址和东汉合葬墓》，《尼雅考古资料》（内部刊物），新疆社会科学院，1988年。

2　有关工作简报，曾有维吾尔文稿发表于《新疆文物》（维吾尔文版），1983年。

的，还是80年代末期开始、今天仍在继续之中的中日合作尼雅遗址考古研究课题[1]。这一课题，可以分为两个阶段。第一阶段，1988—1993年，是对尼雅的参观、考察，含中方的部分清理。1993年后，在初步考察的基础上，产生、形成了对尼雅进行考古及相关科目研究的构想，并逐步实施。

1987年，日本净土宗僧侣、名古屋鹤龟公司董事长小岛康誉先生，和新疆文化厅文物处长韩翔先生共同筹划、协商，决定在1988年对尼雅进行初步的参观性考察，这一设想得到中国政府的支持，组成“中日共同尼雅遗迹预备调查队”于10月29日至11月6日对尼雅进行了首次调查。这次调查，业务收获虽不算丰硕，但中日共同尼雅考察、研究由此揭开新页。继1988年调查，用新疆文化厅与小岛康誉先生合作的形式，组织有关力量，在1990—1993年继续对尼雅进行调查，实现了先后5年的持续调查、考察。这一过程中，两国的专业人员力量逐渐增强，组织工作渐趋完善，以考古为中心，佉卢文、中亚史、佛教史、地理环境、地形测量等不同学科的学者相继进入，进一步综合研究的构架逐渐完成。调查中，1991—1993年，新疆考古所受命既派人进入尼雅协调工作，也相机进行普查、清理任务。

回顾、总结这五年的尼雅调查，应该说，这是别具特点的一种合作形式。它是主要由小岛先生出资，以小岛康誉与新疆文化厅合作的方式，组织中日双方学者进行的一种学术工作。尼雅废墟深处塔克拉玛干沙漠之中，深入这样的环境中工作，交通运输，饮水、食品供应，必需的科学仪器装备等，所费颇巨。这些费用，绝大部分由小岛康誉先生资助。

历史是长流的河，延伸着的线。过去，孕育着未来；今天，植根在昨天。因此，即使是小小的尼雅沙漠废墟的研究，也会助益于人类对自身的了解，助益于不同国家但同处丝路之上的人们彼此的认识，有助于提高人类的历史文化素养。

---

1 本文发表于1996年，中日合作尼雅遗址考古于1997年结束。编注。

三

关于尼雅的考察、研究，本世纪初斯坦因的工作，居于相当醒目的地位。

斯坦因在尼雅先后工作 4 次，对尼雅进行了相当仔细的调查。在南北约 25 公里、东西约 7 公里的范围内，共发现、绘图记录了遗址 41 处，包括佛塔、古桥、房舍、果园、畜厩等。地图测量从总体看也比较准确。对遗址的分布及所在地理环境也进行了分析。每次工作时斯坦因均雇用大量民工，最多时达 50 多人，在遗址中到处寻宝、挖宝。工人找到了古文物，就可以拿到他的赏金。在这样的工作方法之下，不论是通过并无计划的随意乱挖宝，还是通过毫无章法的搜掠式采集，斯坦因确实取得了大量珍贵的精绝王国文物，仅佉卢文简牍即达 764 件，汉文简牍

图 8.4　斯坦因挖掘后留下的大坑

58件，其他如汉式铜镜、金耳饰、铜戒指、青铜印、青铜镞、带扣、铁器，大量玻璃、贝、水晶珠饰，木器，棉、丝、毛织物，漆器残片等，数量甚巨，仅1901年第一次新疆之行，斯坦因运回伦敦的文物即达12大箱。

值得注意的，斯坦因还在大麻扎附近得到两件楔形佉卢文木牍。

斯坦因在新疆探险之后，曾以各种方式（如伦敦英国地理学会讲演、文字报告等）宣传他在新疆的发现，宣称这片过去被视为文化沙漠的地区，却是“印度之语言”“文字”“文物”、“古希腊的美术”使用之处所。十分自然，这番言论极受当时欧洲学术界瞩目，斯坦因的工作，自此受到西方学术界十分的推崇，获得了空前的赞誉。斯坦因本人，不仅顺利得到了英国国籍，而且还被英皇室授予“爵士”称号。

斯坦因当年到中国新疆、甘肃敦煌等地考察，是取得了当时中国政府同意、批准的。但英国驻北京大使办理斯坦因的护照时，并没有完全诚实地向清朝政府说明斯坦因的全部工作目的。为办理斯坦因护照，他在给英国的信函中说：“在给（中国）衙门的申请中，不宜列入斯坦因博士1898年9月10日致旁遮普政府信第12节所提特殊便利。斯坦因博士会发现，执行他所说的考察并没有什么困难，至于挖掘和购买文物，我认为提出此类事情只会破坏他的计划。”斯坦因坦率地提出希望享受挖掘文物的“特殊便利”，当年的英国外交官则同意他可以如此进行，但不能公开提，不必公开说，要悄悄干。因此，清朝政府发给斯坦因的护照文字是：“总理衙门发此照予英国学者斯坦因。兹据H.B.M公使克劳德·麦克唐纳爵士奏报，称斯坦因博士拟携仆从若干自印度前往新疆之和阗一带，请发护照云云。因备此照，由总理各国事务大臣盖印发出。仰沿途各地官吏随时验核斯坦因博士之护照，并据约予以保护，不得稍有留难。本护照事毕交回，遗失无效。”[1]清朝政府，在这里并没有对斯坦因在新疆和田一带从事的活动作出规定，只要求各地保护斯坦

1 （英）珍妮特·米斯基著，田卫疆、黄建华、胡锦洲等译：《斯坦因：考古与探险》，第109页，新疆美术摄影出版社，1992年。

因的自由，表现了殖民地半殖民地政府十分悲哀的外交实际。

新疆各级政府秉承这一意旨，于斯坦因在新疆活动期间，给予了各种便利、协助、支持。当年驻喀什的英国领事麦坚尼曾说："其旅行之成功，亦半由中国官吏之助，盖测量及发掘二事，在在需地方官吏之照料。更举一事，足证中国官场厚意，新疆全土固无银行，道途之费，悉用生银，取携既艰，危险尤甚……幸喀什噶尔道与阿克苏道许札各州县，随处贷银，而余于喀什噶尔偿之……新疆各处交通极艰，道府各库向罕通融汇兑之举，为难可见，厚意可感也。"[1]斯坦因所以取得新疆各级官吏如此厚待，最主要的，当然是斯坦因所持总理各国事务大臣的护照，但也与他个人的行事方法有关。在珍妮特·米斯基写的斯坦因传记中，对此有很具体的介绍。根据斯坦因的日记、信札，归纳一下，其方法有二：一是按中国礼俗，都殷勤致拜，赠之以礼。每到一地，甚至在安顿下来之前，就给当地官员送去礼物和口信，一收拾停当，立即拜访。而且为取得同情，反复为此不疲。二是以率真谦下的态度，表示自己是唐玄奘的虔诚弟子，玄奘是他的"护法圣人"，他是从印度来，循玄奘的取经足迹走，是为研究玄奘而献身的学问家。既有总理各国事务大臣的护照，又是如此谦恭的君子，在各级官员处取得同情、支持、协助，自然不难。但实际活动中，好像也有地方官吏提到一些合理的问题，如和田按办对斯坦因在尼雅等处掘取的文物就曾一再问及"为什么所有这些古代资料要搬运到遥远的西方"时，斯坦因就不能不一变其平日的口若悬河而默默无语。[2]

斯坦因的这套手法，在他于 30 年代第四次到新疆时表露得更加清楚。这次考察，他得到美国哈佛大学及英国皇家博物馆的资助，哈佛大学提供他两万英镑，英国皇家博物馆每年提供两千英镑。斯坦因保证将所得新疆文物全部交与哈佛。筹备过程中，哈佛提出此事应征得中国政

---

1 王国维：《中亚细亚探险谈》，《观堂译稿》，上海书店出版社，1983 年。

2 上引斯坦因活动情况，均见《斯坦因：考古与探险》一书。

府同意并与中国学术界协商合作时，斯坦因竟认为没有必要取得中国的同意，说“与中国学者合作”不但“是无聊”，而且“反受其愚”，甚至公开宣称“新疆最不开化，且是否系中国领土尚属疑问”。而如果新疆地方政府加以干涉，只要“稍行小惠，便可为所欲为”[1]。斯坦因这次入新疆工作，南京政府曾再三电令新疆，不得同意，但金树仁却阳奉阴违与斯坦因配合默契，最终还是让他进入新疆，并活动达半年之久，完全应验了斯坦因的“只要稍行小惠，便可为所欲为”的预言。他第四次在新疆，于1931年2月9日至民丰，15日抵尼雅，直至3月初才抵安迪尔。工作期间所取文物，南京国民党政府在中国学术界的抗议下，电令媚外的新疆省府金树仁“立将司代诺（斯坦因）押送出境，并检查有关携带古物及照片等件，即予扣留”。在南京政府多次电令后，金树仁不得不令斯坦因于1931年5月底由塔什库尔干出境。可见斯坦因的工作，绝不是如他所述那么单纯的。斯坦因在中亚工作的20世纪初叶，“英国与俄国曾为了争夺通往印度西北边疆的山口而明争暗斗了几十年。英国警惕地注视着俄帝国的疆土从中西伯利亚向南扩张了几千英里”[2]，俄国驻喀什噶尔总领事彼得罗夫斯基，自1882年履任，在喀什工作达21年，“他的目的便是将新疆最西部的绿洲区域由中国瓜分出去，使俄国得以控制通往印度后门的战略性山口”。得到英印政府财政支持的斯坦因的探险考察、地图测绘（甚至及于冰川、大坂）、各地情况调查、文物遗址的发掘后面，实际强烈存在着上述政治背景。1903年，当斯坦因第一次考察工作结束，筹备第二次考察工作经费之时，英国政府一位官员曾对斯坦因公开出版一本介绍其成果的书“表示愤怒”，斥责说：“斯坦因作为一位任职多年的公务人员应该清楚，未经政府批准，他不能将花政府的钱收集的情报写成著作公开出版！”[3]因此，斯坦因也随时都感到，在他进行新疆考察时，到处都有俄国人的眼睛，有彼得罗夫

1　张力、于江：《斯坦因第四次入新简述》，《新疆文物》，1992年第4期。
2　（英）珍妮特·米斯基著，田卫疆、黄建华、胡锦洲等译：《斯坦因：考古与探险》，第137页。
3　同前，第206页。

斯基的严密监视。

在这里，花费大量笔墨说了一些与尼雅考古直接关系不大的话。但要评价斯坦因在新疆尼雅的考古工作，这又是不能不注意的时代、政治背景。斯坦因的考古，曾存在强烈的政治动机。考古资料本身，向世界学术界揭示了古代新疆文明中一些值得注意的历史文化现象，将人们对新疆古代文明的认识、研究推进到一个新的阶段，这是新疆包括尼雅考古在内的文物考古资料做出的贡献，有积极的意义。但珍贵的主要是文物资料本身。把斯坦因的作用估价太高，发出完全不符合历史实际的溢美之词，是与历史事实并不符合的。实事求是地讲，作为一个考古学者，以当年已达到的考古水平去分析他的行事，他的做法也是无法被肯定的。斯坦因在尼雅及其他地点的考古，只是一种破坏性的盗掘。使用工人，在遗址区内随处挖宝，他则按宝行赏，文物与遗址的关系、文物之间的关系混乱不清，严重影响了对文物本身及遗址的科学认识。这算什么考古？而在斯坦因那个时代，按地层学、标型学进行考古工作，通过考古工作恢复有关遗址的历史面目，英国考古学界是已经认识到并实际在运作的。与斯坦因差不多同时的约翰·H. 马歇尔（John Hubert Marshall）在塔克西拉（Taxila）的考古发掘，就是一个实例。这与斯坦因在新疆的乱挖形成十分强烈、鲜明的对比。因此，从考古学方法当年已经达到的水平去分析，斯坦因在尼雅及其他不少遗址的行为也是存在不可原谅的缺点的。吸引了世界学术界、引起人们极大兴趣的，是出土文物，绝不是斯坦因的工作本身。但是，人们往往把这与斯坦因的工作、活动等同，而这是不应该被完全等同的。遗址存在着，迟早会被发现，进行完整的、综合的研究、科学揭示；而一旦破坏，就再也难恢复其当日面貌了。

斯坦因在新疆的考古，无论从中国近代历史，还是从近代考古史的角度，都是我们不能忘记的一页。这里面，有许许多多可以吸取的历史教训。

四

1988—1993 年，中日合作进行了 5 次尼雅遗址考察，取得了一定的学术成果。

（一）对遗址全貌，有了更详尽、更准确的把握

遗址主体的分布范围虽大致同于斯坦因的调查，但却较斯坦因更为细致。目前，已登录遗迹 70 多处。斯坦因虽对遗址测绘了比较准确的地图，但并没有将已发现的遗迹全部测绘记录。一些已经测绘的遗址也存在误差。

值得强调的是，中国水文地质科学工作者在进行尼雅河尾闾地段的水文地质调查时，于尼雅遗址以北，发现多处有人类文化遗址的新地点，并进行了大地坐标测定，如 E82°48′39″ × N38°21′40″，E82°59′0.66″ × N38°42′33.73″，E82°44′9.53″ × N37°57′49.79″，E82°44′39″ × N38°03′13″，E82°51′55″ × N38°29′31″，E82°49′ × N38°41′，E82°56′–57′ × N39°07′–08′，E83°02′–03′ × N38°57′–58′，E83°14′–15′ × N38°50′–51′，E83°19′–20′ × N39°04′–05′，E82°00′–01′ × N39°35′–37′，E84°04′–05′ × N38°41′，E81°16.5′–17′ × N38°51′–52′ 等，这些地点，均发现人类活动遗物，见到古代磨谷器、石球、陶片、铁片。在 E82°00′–01′ × N39°35′–37′ 处，还发现一处长约 20 米、宽约 15 米的人工土墙，并见陶片。[1]

水文地质工作者不仅向考古部门通报了这些重要的遗址信息，而且在十分困难的条件下，采集了一批较典型的文物标本供研究分析。

在 1993 年尼雅调查中，中日联合考察队曾根据上述线索派人北向进行调查，前后往返行程 4 天（直线距离 40 公里），发现古文化遗址 4 处。在一处遗址采获直腹筒形陶杯 1 件（图 8.5），明显具有早于尼雅遗址

1　据新疆水文地质队王玉同志提供的资料。

的文化特征。

图 8.5 尼雅遗址北 40 公里处采集的青铜时代陶器

对尼雅遗址兴废的分析，应把握尼雅河流域考古遗址的全面情况。通过新疆文物考古研究所研究人员的认真踏查，在尼雅河出昆仑山口的河谷台地，发现了去今 1 万年的细石器遗址一处，地名乌鲁克萨依，这里所见的细石器制作工艺比较原始，器物造型不稳定、不规整，除细石核、细石叶、小石片外，不见陶片，时代特征较早。[1]另据史树青调查，大麻扎附近也见过早期细石器文化遗存。这些资料，十分有助于揭示尼雅河水系地域古代人类活动的发展变化轨迹。目前的现象似为：早期尼雅人活动在昆仑山前，后循尼雅河谷北行，直至尼雅河尾闾三角洲地带，已深入沙漠腹地；而随历史的发展，又不断后缩。

（二）在对尼雅遗址进行踏查过程中，对暴露在遗址区及房址地面的文物进行了采集

先后共见佉卢文书 30 多件，汉五铢钱多枚，汉式三棱形铜镞数十件。这批铜镞十分集中地散落在尼雅遗址西北部 N14 一两平方米范围内，

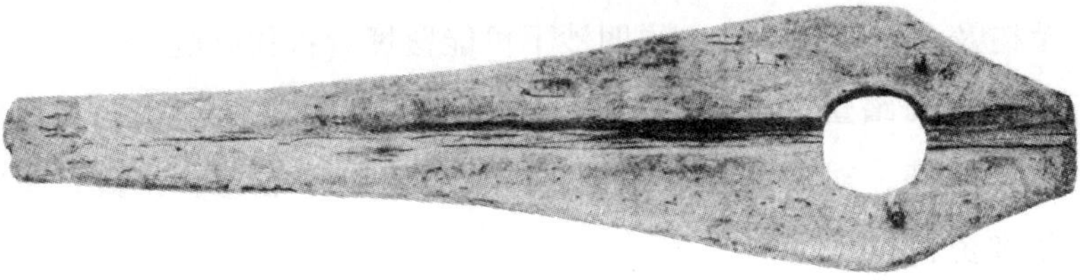

图 8.6 尼雅遗址发现的捕鼠夹

---

1 《人类学报》1988 年 11 月第 7 卷第四期 XNM——87 点。地名乌鲁克萨依。

显示出当年金戈铁马、箭雨纷飞的战场景象。与铜镞一道，也可见小铁刀、铁甲片、珠饰、木锁钥、木鞋楦、捕鼠夹（图 8.6）、谷类粮食、工具等，可以展现当年尼雅人的社会经济生活状况。

在佛塔西北约 300 米处，还有保存较完好的田畦、水渠痕迹。田畦不大，可能是为浇水方便而把地块分割得很小。这种灌溉渠，除见于佛塔西北外，在遗址区东南，斯坦因标定的古桥遗址旁，也可见到一条很长的引水渠，位于古桥所在的河道东岸半腰，渠宽 40—50 厘米，傍河呈南北向铺展。这样的处置，有可能将水引上地势稍高的地段。

尼雅遗址，傍尼雅河谷呈南北向展布。东西两边，是两条南北向的巨大沙梁。遗址并不集中，建筑遗存可以明显见出大、中、小不同规模。大型建筑如 N3，梁柱巨大，有大客厅、多间住室、过道、储藏间、伙房，傍依林带、果园。墙壁虽也是红柳芯，内外敷泥，但泥墙外绘饰三角形图案。中型住址一般有三四间建筑，小型居室只有一两间房屋，或依畜厩。主人的社会身份明显有高低差异。其中，N2 是稍异于一般建筑的一区遗存。整个遗址包括 19 组建筑，基本处于一个直径约 150 米的圆弧上，中心是一处较开阔的空间。而在 N2 东部还有一道长不足百米的人工土墙，基部宽约 2 米，残高 2 米多，南部也有几段残墙，可以彼此联结成圆弧形。这些遗迹综合起来，给人以 N2 有不同凡俗之处的印象。

居于 N2 西南，为一区保存基本完好的佛塔，基部为方形，两重，上层为覆钵形。以大土坯砌成，土坯系用灰白胶泥块制作。佛塔身后，为三重高大沙丘，红柳丛生。沙丘北部、东侧，可以看到红柳、草泥围篱、桑树及个别建筑构件，说明沙下可能覆埋着古代寺院。

（三）在全面踏查、记录尼雅遗址的同时，抢救性清理了已经风蚀暴露的古代墓葬，对暴露在遗址地表的文物进行了登记、采集，丰富了尼雅研究资料

调查过程中，发现尼雅有多处墓地。尼雅佛塔西北约 2.9 公里处是一片较大型墓地。斯坦因曾经在这里进行过发掘。新疆博物馆 1959 年发掘的夫妇合葬墓，据阿合买提回忆，可能也是在这一墓地内。墓地傍

图 8.7　手工作坊遗址附近发现的经过加工的料珠

尼雅河谷西岸，三级阶地内，均见已暴露在地表的古代棺木、人骨、随殉文物等。这一墓地内，近年共清理古代墓葬 5 座，其中一具胡杨木棺中的男性遗体已成干尸，他头枕三角形鸡鸣枕，穿着毛布、丝绢，足穿皮鞋，体多毛，发黄褐色。另一座墓葬也是胡杨木棺，两具男性遗体彼此叠压一起，毡帽、毛布衣服保存尚好，但尸体肌肉已朽，骨架仍存。在这片墓地内，出土文物主要是木质容器、陶器、铜镜、料珠（图 8.7）、漆器残片等物。

又一区墓地位于 N2 之南、佛塔以东约 300 米的红柳沙丛中。墓葬依红柳沙丛高低错落，部分人骨已经暴露地表。清理墓葬 7 座，墓葬均竖穴沙室，长方形，为使沙穴成形，两端有小木桩，四角也见木桩，并绕以红柳枝绳。骨架平置沙上，其上覆红柳编织物或覆弧形胡杨木板。遗骸身着毛织物，头戴尖顶毡帽。从这批墓葬情况看，入葬当年，这里确实已经是沙漠环境。葬俗与西北墓地稍异。

我们清理的第三区墓地，在 N3 之南约 300 米处一片淤泥沉积之下。淤土层厚近 20 厘米，可见出先后淤积 16 层，每层淤土厚 1 厘米上下。墓地上部的淤土被风蚀，骨架、陶器部分暴露，暴露后又遭破坏。墓穴情况不明，骨架大部扰乱，个别骨架保存完好，行仰身直肢葬。随葬文物主要为陶器、铁器。手制陶器，主体为葫芦形，侈口带流，深腹圆底，带把手。陶器黑、灰色，部分陶器上饰红色几何形彩纹。火候不高。与这一红彩黑陶器相对，还有灰陶器，如直口圆底小盆、双系鼓腹圆底罐。遗憾的是因为扰乱、破坏，原有随殉情况、陶器组合情况，已难得其详。（彩图三十九）这一墓地的清理，除发现一批具有强烈地区文化特点、时代较早的陶器外，还揭示了尼雅遗址区内河水流向不定的事实。墓地营造当年，会是地势较高、较偏僻的所在，但一定时间之后，却成了大水洪流掩覆的地点，而且淤土厚达 20 厘米上下。这对认识尼雅遗址小环境的特点，是十分有价值的。

（四）尼雅人建筑工艺，有自身特点

遗址分散坐落在河谷台地，较大型建筑一般取当地巨型柳木作为地梁，按设计布局铺展地表，其上凿榫孔，插木柱。稍大屋室内，还有以大型胡杨木做成的木质柱础。（图 8.8）木柱顶端一般均取树木的自然枝杈横架房梁。墙壁以芦苇或红柳枝编成内芯，其上敷泥。泥墙外或涂

图 8.8 遗址之一，可以看到遗留房子的立柱、横梁

图 8.9　圆形蓄水池，远处是曾经的葡萄园

刷成白色，部分建筑物白墙上绘三角形纹。房顶均已坍塌，情况不明。住室周围或有防沙篱、林带，少数有果园（图 8.9）。这种建筑工艺具有地区特点，而且作为一种文化传统，直至今天，大麻扎、卡巴克·阿斯卡尔村等地，都还保留着这一建造特色，没有大的变化。

（五）尼雅遗址，从出土文物分析，主要活动在汉晋时期

出土的晋泰始五年（公元 269）汉文木简、佉卢文文书、汉镜、汉镞、汉锦、漆器、陶器等，都是有力的内证，说明汉晋时期，尼雅遗址所在尼雅河下游地区，作为精绝国或中原王朝鄯善郡的属部，“丝绸之路”南道中继站，仍是水丰林茂、人烟稠密的交通要站，农业及水利灌溉、畜牧业、林业、毛纺、皮革、冶炼、木器及陶器制作，均是社会生活中重要生产部门，保证了人民的物质文化生活需要。作为丝绸之路上的交通要站之一，西亚玻璃器、希腊风格的艺术、犍陀罗的装饰图案、贵霜的棉织物，黄河流域的锦绢、铜镜、纸片、漆器，也都是人们物质文化生活中可以见到的存在，显示了精绝作为国际经济文化交流站点上的一个绿洲王国特有的风貌，为研究丝绸之路上的经济文化交流实际、精绝王国文明，提供了多方面的重要资料。

《汉书》中记述精绝，称“王治精绝城”“户四百八十”。目前的考古调查，与《汉书》记录的情况还有相当差距。整个尼雅遗址是沿尼雅河流向呈条状散布，建筑物虽因主人社会身份差异而有高低大小之别，似乎并不是按一个主观设计的城市蓝图去铺展有关建筑。目前已经调查、记录在案的建筑遗存，大小不足百数。两汉时已有四百八十户，发展到晋，建筑居址总数应在五百左右。目前的调查，与此不完全一致。至于精绝王所在的“城”，迄至今天，虽尼雅考古已达近百年，却谁也没有发现这方面的有力线索。[1]前面曾经述及N2为一有19组建筑、相对集聚的所在，中心有空旷的广场，东、南面可以看到断续展布的人工墙垣五小段（东西两大段，南面三小段），可连续成弧线，北部为连绵起伏的高大沙丘，情况不明。这弧向土垣，逻辑推论，存在防卫作用，自然也可以作为“城”来理解。但其中包围的建筑却并不宏伟，与已经发现的N3、N5等处建筑物比较，这里只显得卑下低微，与“王”室难以相符。这也是在与文献结合分析时，不能不注意的一个问题。

还有一个问题，由于对尼雅缺少第一手调查资料，治历史地理学者往往将玄奘所记尼壤城比定在目前大家注目的尼雅遗址[2]，这恐怕是一个值得进一步推敲的结论。我认为唐尼壤城故址不在今尼雅，而应到其他地点去探求。根据是：一、最主要的，是今天的尼雅遗址自1901年斯坦因开始，经过多次调查、清理发掘，从未发现任何唐代文物。遗址出土文物，是标示遗址活动年代最主要的内在根据，而目前所见遗物，冷静分析，实否定着唐尼壤城的存在，而不是肯定着尼壤之存在的。二、唐玄奘撰文，十分严谨。《大唐西域记》一书，使用“国大都城”“城”“内

1　此文刊布后，在尼雅南郊一处胡杨林中，新疆考古所发现了一处古城，没有常住居民，是可供社会动乱时之避难处。

2　《大唐西域记校注》，第1030页，中华书局，1985年；《西域地名》，第69页Niya条等，中华书局，1980年。

城”“王城”的概念，都很有分寸。谈及尼壤时，他称：“媲摩川东入沙碛，行二百余里，至尼壤城，周三四里，在大泽中。泽地热湿，难以履涉。芦草荒茂，无复途径。唯趣城路仅得通行，故往来者莫不由此城焉。而瞿萨旦那以为东境之关防也，从此东行入大流沙。”[1] 不仅明确提“尼壤城周三四里”，而且揭明地理环境是一片沼泽，只有通往尼壤城的一条小路可以通行。如前所述，在尼雅，目前没有见到明确无误的城址；而且，尼雅遗址在人类活动时，已是沙丘漫生，尼雅人的埋骨之所均是沙丘，墓穴都难以成形。精绝人住室周围，不少可以看到障蔽风沙的围篱，说明持续的干旱已给精绝人的生产生活带来了严重的困难。地理环境已绝不是水荡芦苇丛集的地带。三、芦苇丛生、地下水位较高的地段，从地理形势或今天的实际地貌观察，是在民丰县绿洲向北至大麻扎地段。这片地区内，由于民丰县北及大麻扎地区的地质隆起，尼雅河水被迫改道折向东流，在脱离开地质隆起之联结点后，再循地势北流。这一地质变化，使民丰绿洲及大麻扎绿洲所在水文地质条件较他处为佳，地下水蕴含丰富，植被良好。大麻扎所在，目前尼雅河虽早已断流，但仍是林木葱郁，即得之于这一地质隆起而导致的特殊水文地质条件。泽地湿热，芦苇丛生，这一自然地理面貌应主要在今民丰县城绿洲、大麻扎绿洲及其间苇草丛生地带去寻求。

五

论及尼雅，关于遗址兴废的年代及废弃的原因，一直是人们关注的主要问题之一。

尼雅遗址文物，认真检视，最晚为晋时物，晋泰始五年文书、大量佉卢文书，均系这一时代中的典型资料。从常理推论，这些出自遗址的

---

1 《大唐西域记》，媲摩城及尼壤城条。

文物，应表现着这里最后主人生活的时代。因此，可以说，有关居住遗址废弃，应在晋代。

遗址区内，尤其是墓葬中，出土了相当数量的汉代文物。新疆博物馆发掘的夫妇合葬墓，有“万世如意”锦袍、“延年益寿大宜子孙”锦袜等，均为汉锦中的典型资料，“君宜高官”铜镜、丝绣、藤奁盒等物均来自中原大地，也都是汉代文物特征。这批资料，只能说明汉代尤其是后汉时期，尼雅遗址经济生活繁荣，而且与中原大地有相当密切的经济文化联系。另一居址中出土的汉隶简牍，显示精绝王室彼此应酬往来实况，说明着东汉时期统治阶级上层社会生活的一个方面，表明汉文化在统治阶层中相当深厚的影响。

在东汉墓中，随殉的生活用器，主要为木器，如带杆木纺轮、豆状束腰木器两件、木简、木杯、木碗、木梳等，居生活用器的主体。陶器只两件：一、黑陶瓶，侈口、束颈、鼓腹、圈足、上腹饰三角形纹；二、红陶罐，侈口、鼓腹双系耳、小平底。数量虽少，但为我们认识尼雅遗址汉代陶器提供了有价值的典型标本。以之与1993年我们在尼雅遗址N3南清理的一处墓地中所见多量陶器比较，可显示十分明显的差异。N3以南墓地出土的陶器，以手制黑陶罐为主体。形制特征为带流、侈口、深腹微鼓成葫芦形、圆底、单耳，火候不高。在器耳、腹部见红色彩绘，彩绘图案似人形、似植物图案，满蕴神秘色彩。与前述汉墓中陶器有明显差异，也明显具有更原始特征，时代更早。

根据上述考古资料，可以初步结论，尼雅遗址在西汉或西汉以前已经是一处有相当人口居住活动的小型绿洲。班固据西汉资料，在《汉书·西域传》中记精绝，明言有“王”“都尉”“左右将”“译长”的设置，人三千多，胜兵五百人，绿洲具有一定规模，而且在丝路南道上发挥着重要作用，但在三国、晋以后，史籍再不见著录，结合遗址内的出土文物，可以肯定，晋代，尼雅绿洲被当地居民放弃，逐渐成为沙漠掩覆的废墟。

尼雅遗址在两晋时废弃，主要原因是什么？

从目前已有资料分析，作为沙漠干旱环境中的尼雅绿洲，当年居民他迁，绿洲为沙漠掩覆，最主要的、曾起了决定性作用的是社会的因素，是人的影响。

所以作出这一分析结论，有以下根据。

首先，从遗址现状分析，遗址废弃当年，作为沙漠侵迫之中的小绿洲，生态环境还是比较好的。住宅周围不少都有巨树环绕，树干粗大至一人不能合抱，果园中林木整齐，桑树排列有序，不少为数十年之巨桑。（图 8.10）住处附近，从厚积的淤泥看，有静水积储。这样的居住环境，较之差不多同一阶段废弃的克里雅河流域的喀拉墩遗址，要良好得多。在喀拉墩遗址，很难觅见较大树木，往往只见幼树[1]，而克里雅河水系水文情况较之尼雅河流域却要优越，可以推见，当年喀拉墩遗址的主人对居住环境的保护，较尼雅要差很多，而对林木砍伐严重，这会使得人们在南侵的沙漠面前防卫乏力。相对而言，尼雅作为一个较为古老的绿

图 8.10　干枯的桑树林

1　（英）T. 贝罗著，王广智译：《新疆出土佉卢文残卷译文集》，《尼雅考古资料》（内部刊物），新疆社会科学院，1988 年。

洲（由丛生的巨大树木、桑林可作此推论），在生态环境维护方面比较有经验，人类生存活动环境相对较好，而且，也确实难以从目前遗址现状得出尼雅河突然断水，导致遗址覆灭的结论。

其次，沙漠绿洲不能继续生存，最根本的威胁，从自然方面讲，是河水断流，不能继续进入尼雅。形成这一结果，逻辑分析，可能有两种因素：一是河道改道，二是河水突然大幅度减少，或中上游出现新居民集聚中心，使尼雅河水不能继续下泄。中上游出现新的绿洲点导致河水截流不能下泄尼雅，这一因素，从目前考古调查资料看，应予否定。经过多年调查，在尼雅与民丰绿洲间，至今没有发现南北朝至隋唐时期的人类遗存。至于河流管理不善，导致河水漫流、改道，这是一个可以通过社会组织解决的问题。尼雅遗址，是处于当年尼雅河的尾闾地段、扇形三角洲上。河水顺地势流泻至此，支流纵横，使尼雅绿洲得到很好的灌溉。作为一个古老绿洲，精绝王国统治者及普通人民，也深知河水、树木与自己生存命运息息相关。根据出土的佉卢文资料，当年精绝对水的管理、使用及树木的保护都有一套办法。水有专人管理，有一定的制度。管理不善，导致损失，要受惩罚，如“水已由阿钵尼耶借来……排水口（Apanaya）未曾准备好，则无权要求阿钵尼耶赔偿损失”。一些耕地无水、干旱的情况，也要求及时调查、处理。还有一件文书提到“水费及籽种费应即由汝送来”，水的使用是有偿的，是有人专管的。还有文书提到有人放水淹没仇家的田园、住屋，要受罚；有小麦地一熟可浇二三次水，表明绿洲内，水是可以适当调度使用、满足需要的。这样的背景，对河道的维护、观察，自然也会有专人负责。从尼雅遗址 N2 东侧尼雅河一条支流观察，河道已下切很深，形成沟槽，这些因素，不能不使我们相信，在尼雅绿洲活动过程中，尼雅河水改道的可能性是极小的。在尼雅遗址周围进行过的调查，也没有提供尼雅河大规模改道的证明。

第三，精绝王国在尼雅绿洲展开各种活动时，尼雅即处在沙漠的严重威胁之中，生态环境险恶。清理发掘表明：在 N2 之南、佛塔以东、佛塔西北这些精绝子民的埋骨之所，当年都已是傍近人们居住处的沙丘，人们在沙地上营葬，墓穴都不能成型。因为埋骨在沙中，十分干燥，不少人体均成干尸。为使如此脆弱的生态环境能在良性基础上运行，精绝王国有严格的制度管水、管树，保护环境。佉卢文说明，如果是“活树，应阻止任何人将树连根砍断，否则罚马一匹。若砍断树枝，则应罚母牛一头”。现存尼雅遗址，住宅附近大都有林木环绕，生长良好。这与精绝王国从上到下注意树木的生长、保护是密切相关的。他们实际是运用社会的、有组织的力量进行着生态环境的保护工作。在这样一种大的背景下，只要没有突然灾难，尼雅绿洲就会是维持有望的。

第四，沙漠侵迫的环境，生态脆弱，很难经受社会动乱的打击。一旦动乱，社会稳定被破坏，人们有组织的与大自然相抗衡的力量极大削弱，生态环境会随即遭到严重影响。我们从尼雅遗址出土的佉卢文资料可以清楚看到，使当年的精绝统治者惶惶然不可终日的是来自东南方的苏毗人（Supis）的攻击：“有来自苏毗人之危险。汝不得疏忽，其他边防哨兵，应迅速派遣来此”“现此处听说，苏毗人在四月间突然向且末袭来”“现有人带来关于苏毗人进攻之重要消息”“苏毗人从侯处将马携走”“苏毗人曾抢走彼之名菩达色罗之奴隶一名”“余已由此派出探子一名，前去警戒苏毗人”“现来自且末之消息说，有来自苏毗人之危险，命令信现已到达，兵士必须开赴，不管有多少军队”等[1]。可以看得很清楚，在精绝绿洲废弃前，苏毗人入侵是笼罩在他们头上的深重阴影。与此同时，也是据佉卢文资料，除苏毗人外，于阗王国也是一种威胁，精绝人也面对他们的侵扰、抢夺。尼雅遗址废弃，从一些房址内许多简牍文书还未及开封、堆放整齐、覆盖完好看，主人离开得十分匆忙。他们把文书档案放好、盖好，是希望稍后还可以回来进行处理。他们的弃家他走，主观上不过是一种权宜之计，他们认为自己还是会回来的（图 8.11）。如果是因为水流改变、气候改变导致绿洲被弃，应该是

---

1 同前。

图 8.11　遗址上还可看出没有拿走的堆积的粮食

一个缓慢的有组织撤离的过程，不会连公文简牍都来不及处理。

最后，还有一个有力的旁证可以帮助说明尼雅遗址之废弃主要是政治的、社会的原因。与尼雅遗址差不多同时，塔克拉玛干南缘有一批遗址陷于覆灭。举其主要者：尼雅以西克里雅河流域的喀拉墩遗址，尼雅以东安迪尔河下游的安迪尔古城。安迪尔古城在这一阶段废弃后，唐代又恢复活动，更从反面证明当年安迪尔遗址之废弃不是水的因素。且末县境、塔地让北部被沙漠淹没的且末古城，其废弃也应在这一阶段，沙漠工作者50年代进入且末故址中，发现过相当数量的佉卢文，说明活动、废弃时代与尼雅有共同点。而这些古代城址，在当年，都同样面对苏毗人的威胁，很可能也同样在苏毗人的侵扰中受到致命的打击。这是新疆古代史上留下的一个须要深入研究的问题。

综观上述多方面的因素，可以得到的比较合理的结论是：在干旱沙漠侵扰的塔克拉玛干南缘，人类生存环境十分严酷，维持生态环境的良性循环十分不易。自然的因素不容忽视，但在基本不变的干旱、沙漠、水流等因素前面，人的作用，社会的作用却是更主要的关键性因素，社会的有组织的力量可以使恶劣的自然环境得到改造，得到控制；也可以使恶劣的自然环境显示更强的破坏性力量，使人类自身受到更严厉的惩罚。尼雅等古代绿洲的废弃，看来就是在破坏性社会力量（如战争、动乱）的直接作用下，受到致命打击，居民他徙，居住遗址逐渐为沙漠掩埋，成为今天人们研究丝绸之路、精绝王国历史、人与自然关系史的一处良好的遗址博物馆。

原载《新疆文物》，1996 年第 1 期

尼雅考古收获及不足

20 世纪尼雅考古反思

尼雅考古，是与 20 世纪共始终的一个课题。1901 年元月，斯坦因进入尼雅挖宝，发掘结果使得世界为之轰动。20 世纪 90 年代，尼雅考古取得了辉煌成果，有了突破性进展，世人瞩目。但冷静总结，在组织形式、可以获取的历史文化信息与实际工作之间，还有不少值得研究总结的问题，促使我们思考。

一

20 世纪前，关于西域（尼雅包括在内）的历史文明，除很少的汉文记录外，几乎是一片空白。

斯坦因在 1901 年进入尼雅，几乎是完好保留在黄沙之中的精绝王国废墟没有费他一点劲儿，第一天发掘，即获取近 300 件佉卢文、汉文木简。他采取搜掠的方式，雇用 50 余名民工，随处挖取，只要交来文物，除工资外另行付赏。每一砍土镘入沙，都可能有文物出露。这种搜掠式的挖掘，使他首次进入尼雅即获取了大量保存完好的珍贵文物：近 700 件佉卢文木简，50 多件汉晋木简，丝、毛织物，玻璃器，铜、铁、木器等，

图 9.1　斯坦因满载窃取的新疆文物

整整驮载了 12 大箱。（图 9.1）回到伦敦后斯坦因成了“英雄”。

尼雅考古令欧洲学术界轰动，它为古代西域文明揭开了全新的一页。西方学术界十分夸张地宣扬：这里是印度文明、波斯文明、希腊文明曾浸染的世界。

自 20 世纪初至 30 年代，斯坦因四次进入尼雅。在尼雅及新疆其他地区畅行无阻地挖掘了三次。第四次受阻，计划未能实现。与他同一时期穿行在新疆戈壁荒漠之中的还有沙俄、德国、瑞典、日本、法国及美国的学者。卷帙浩繁、印刷精美的有关西域的科学考察、考古、古代语言、佛教艺术之报告、研究，连篇累牍。这些著述，成了研究古代西域文明不能稍离的资料。当年落后的文化地位，在新疆表现得十分强烈而清楚。

斯坦因去世已经半个多世纪，对他的新疆考古，学术界至今仍是毁誉不一，并未能“盖棺”而“定论”。西方学者，也有一些中国学者，认为他毕生在中亚戈壁荒漠之中，为“科学而献身”，是学者楷模。

实事求是地分析斯坦因在新疆包括尼雅的活动，既不能无视他取得的学术成果，也不能回避他工作本身的局限。

19 世纪末、20 世纪前期的新疆危机四伏，沙皇俄国、英国及另一些西方大国在这里展开竞争，不遗余力。斯坦因及以他为代表的西方学者，正是在这样的政治背景下，在本国政府的全力支持下，走向了新疆的戈壁荒漠，进行多学科的调查、考察，测地图、觅资源，调查民族历史文化基本情况，为其母国在新疆进行殖民扩张活动服务。

斯坦因的新疆考古成果，确实为古代西域、中亚文明研究做出过贡献。保存完好的文物，对认识古代新疆居民的经济生产、文化生活及其与周邻地区的关系等，是全新的实物资料，人们的认识在此基础上大大深化了一步。这一点自应给予历史的、充分的肯定。但是，经过近十年来在尼雅的工作，目验斯坦因只取遗址一点而舍弃主体、有地层却将文物早晚混杂、文物共生关系不明、破坏性挖掘等，种种行为皆犯考古工作之大忌，可以负责地说，他当年的工作有十分严重的缺陷，资料科学性不足。但即使如此，对他们的全部成果，我们还是应该重视、掌握、分析、使用，但为他们的“大部头”著作而倾倒，实在也是大可不必。

20 世纪初，面对斯坦因等人对西域的搜掠，知识分子们目睹“神物出国，恻焉疚怀”，但却无力干预事件的进程。

1949 年后，形势发生了根本变化。在十分困难的条件下，历史考古学者没有忘记尼雅的工作。史树青、李遇春等不畏艰苦，后者甚至赶着牛车进入尼雅废墟，获得了重大成果。1959 年发掘的尼雅东汉墓，大量保存完好的丝、棉、毛织物，铜镜，藤奁，陶、木器的出土，使国内外考古界对丝绸之路文化有了更进一步的认识。但总体看，限于各方面条件，如经费短缺、人力不足，加之“文化大革命”的干扰等，20 世纪 60 年代至 80 年代，虽间有零星工作，终没有比较像样的成果。

二

20 世纪 80 年代以后，在改革开放路线的指引下，尼雅考古步入了一个新的阶段。丝绸之路研究热潮迭起，尼雅遗址逐渐又成为人们关注的热点。这一背景，促成了中日合作尼雅考古课题。

近年大家关注的中日联合尼雅考古，是一种特殊形式的合作。它不是两国考古机构联系、研究后的产物，而是日本企业家小岛康誉与新疆文化厅、新疆文物局之间合作进行的考古调查、发掘、研究。这一合作，自 1988 年开始，逐步深入，持续近 10 年。这一阶段的尼雅考古取得了很大成绩，列其大者，如对尼雅河流域遗存的总体把握，对汉晋精绝故址的全面调查、测图，组织的少量发掘获得重大收获，为沙漠考古提供了实践课堂等。

（一）自 20 世纪初至 80 年代，所谓“尼雅考古”，实际就是汉晋时期精绝故址考古

精绝是一个重要的遗址点，但在尼雅河流域这一地理单元内，只是一个局部。尼雅河自昆仑山下泻，流程达 200 多公里，在这一相对孤立、自成体系的地理单元内，考古遗址有多少？分布特点如何？早晚如何递变？汉晋时期精绝遗址在其中居于什么地位？这些，都是在尼雅考古深入开展前应该总体把握的问题。为此，我们做出了努力，取得了一定收获。

在尼雅河上游河谷台地乌鲁克萨依，发现一处早期细石器遗址，细石器制作工艺相当原始，器物造型不规整，除细石核、细石叶、小石片外，不见陶片，具有早期特征，其年代可能在去今 1 万年左右。[1]

在尼雅遗址以北塔克拉玛干沙漠深处，古尼雅河与克里雅河汇流之三角洲地带，水文地质工作者王玉等在进行水文普查时，发现过古代人工墙垣，长达 20 多米（位于 E82°00′–01′，N39°35′–37′ 处）；在 E82°44′–E83°02′，N38°0′ 及 N39°35′–37′ 之间，还发现过十多处包含人类文化遗物的地点，遗物有陶片、磨谷器、石球、青铜刀、珠饰等。[2]

根据线索，考古队曾两次派人自尼雅遗址北行进行调查，确认

---

1 黄慰文等：《新疆塔里木盆地南缘新发现的石器》，《人类学学报》，1988 年第 4 期，第 294—301 页。

2 这是新疆水文地质队王玉先生等提供的情况，笔者曾访问过王玉，并见到了他们采集的部分文物标本。

在尼雅遗址以北15—43公里的范围内，古尼雅河尾闾地带，最北到E82°48′21.6″，N38°21′58.6″处，均散见人类活动遗物，如觚形陶杯、夹砂红陶片、夹砂灰陶片、马鞍形磨谷器、石刀、青铜刀等，总体特征显然早于尼雅废墟，属于青铜时代。[1]

重要活动时间在两汉至晋的精绝王国，我们发现过两座古城。这表明了精绝王国时段，较为紧张、尖锐的社会矛盾。前文提到过的精绝南境胡杨林中土城，有垛泥筑成的城墙、被火焚过的南门，显示一次社会动乱的存在。城内避祸的居民，并没有因城的庇护而得安全；另一座城，是在N1、N2、佛塔周围可见的断续展开的垛筑土墙，这是有待进一步夯实的逻辑性推论，它与贵霜失国流亡、寻精绝护佑的贵霜势力在精绝的活动有重大关系。是亟需在今后尼雅考古中进一步关注的史实。[2]

汉代精绝不是唐代尼壤，自尼雅遗址南向昆仑山，在河谷左右，我们注意调查过唐尼壤故址，但未获得结果。

简单总结尼雅河水系内考古调查资料，可以得到的大略概念是：去今1万年左右，尼雅河流域已见古人类活动，昆仑山中的河谷台地曾是他们涉足的主要地点。青铜时代，在尼雅河古河道尾闾地带，这里地势平坦、开阔，宜于垦种，古代尼雅人曾在这里进行早期农业生产。汉晋时期，他们徙居于现在尼雅故址内，并建立了精绝王国。精绝废弃后，尼雅河流域的中心城镇应是唐尼壤城，玄奘西行曾经过这一城区，但其具体位置目前仍未发现。[3]尼雅河水系内，这一粗略的考古文化分布，较之既往，认识深入了一大步：原始社会阶段，古人类活动在昆仑山前河谷地带；后沿尼雅河谷北行，深入沙漠腹地，开始农业生产；汉晋时期，逐渐沿尼雅河谷逆行，向昆仑山靠近。这一变化轨迹，使我们获得了尼雅河古代居民迁徙变迁的大致轮廓。

1　张铁男、于志勇：《1993年尼雅遗址北方考古调查》，《中日日中共同尼雅遗迹学术调查报告书（第一卷）》。

2　参见本书P214精绝古城遗址，P206—207、P242相关N2傍近遗迹之说明。

3　王炳华：《近年新疆考古所见唐代重要史迹》，《唐研究·第一卷》，第431—440页，北京大学出版社，1995年。

（二）对尼雅精绝故址，在开展考古发掘前，我们用差不多三年的时间，进行了比较深入的调查、测量，务求对其全貌有一个比较清楚的认识

通过调查，遗址区内可以确认有古城两座，人类遗迹达150处以上，它们以小聚落方式散布在尼雅河干道及支流两旁的河谷台地。大多数房址梁柱依然挺立，室宇布局清楚。傍近，果园、林带围拥，篱墙环绕；河流、渠道在附近穿流。共发现5区墓地，均距住地不远。其他如蓄水涝坝、储冰地窖、农田、窑址、冶炼遗址、佛寺、佛塔，均有所见。还有相当数量的遗存，虽地表不见建筑遗迹，当年人们使用的陶器已风蚀成末，在沙地上形成一片粉红色碎屑，少量炼渣（图9.2），铁块、石球散落其中，如将它们统计在内，则总数更远在150处以上。[1]另外还有一些遗址，在巨大红柳沙包下只显露出梁柱之一角，这兆示我们，在遗址区举目皆见的红柳沙包下，肯定还有着古代精绝人失落的文明。因

图9.2　冶炼遗址的残渣

1　（日）真田康道、高桥照彦：《1991—1993年分布调查之成果》，《中日日中共同尼雅遗迹学术调查报告书（第一卷）》，第163页。

此，可以得出结论，迄今为止，已调查到的150多处尼雅遗迹，虽已远远过于斯坦因当年报道的40多处遗址的结论，但还不能说已经对精绝废墟的全貌有了十分完整的把握。

（三）在这一相当仔细、全面调查的基础上，我们选择适当的遗址点进行发掘

发掘工作，可以区别为两种情况：选择一些虽经斯坦因当年发掘，但遗址重要，必须进一步验证者，如N2、N5、N37等；对已经暴露的古代墓葬进行抢救性清理、发掘。

N2的发掘基本由日方学者进行，中方参加。这是整个尼雅区内最富特色的一组建筑群。目前，暴露于地面的建筑遗迹至少有19处，成环形布局，彼此围聚在一中心“广场”周围。在这组建筑东、南，见人工堆砌之土垣5段，大略可以连接成半环。斯坦因1901年从中获取近300件佉卢文官私文件的N1，就相距不远；作为尼雅标志物，高达6米多的佛塔与N2也距离很近。对N2的发掘持续了两年，发掘了6处居址，明确了居址的建筑结构及室内布局，也获得了一些佉卢文文书及零星生活日用物品。

N5是尼雅遗址北部一区较大的遗存。四周见林带、围篱。林带内，西部为一小型佛寺，佛寺内，有5米×5米的佛坛，方形礼拜回廊，回廊外壁绘画佛像，身着黑色袈裟。回廊外墙木柱上装饰莲花蕾柱头。佛寺东南有一冰窖。广场场院辽阔，隔场院与之相对的为另一区佛寺的经堂及僧房，僧房内见土炕、灶膛，经堂内有天神木雕，顶部藻井塌落地面。佛寺、经堂之西北为一区5间住室的世俗民居，南边有篱笆墙。这区遗址内，斯坦因发掘过西部小型佛寺，破坏了佛坛；把东部佛寺称为“果园”，北部民居文化层有早晚，斯坦因掘取大量汉文、佉卢文简，但未说明出土层位。个别文物已经编号，最后又被丢弃在灰层之中。

之所以发掘N37，是因为斯坦因当年曾发掘其中一间居室，出土了“鄯善都尉”封泥。1991年我们到此调查，采集到暴露在遗址内的一件木牍，后经解读，其中有鄯善王童格罗伽纪年。对这一居址的4间居室于1993年进行了清理。对居室布局及其中炕、灶、门、廊结构，获得清楚了解。斯坦因当年发掘其中之一，挖掉了一半土炕，另一半则未加清理。我们发掘中，见到木础、铁镰、工具耙、织梭及十多件佉卢文木牍，可望对这区晋鄯善王国时期废址获得比较准确的认识。

中方考古人员，除发掘N5、N37外，还对已经暴露的四区墓地进行了清理。这些墓地时代不一，主人身份高低有别。

尼雅佛塔西北约2.9公里处，是一片较大型的墓地。斯坦因曾经在这里进行过发掘。1959年，新疆博物馆发掘的东汉夫妇合葬墓，从报告文章分析，出土地也应就在这里。[1]（关于此处墓地及其他两区墓葬的情况参见本书第202页，在此不赘述。）

第四区就是被评为1995年中国十大考古发现之一的一号墓地。因葬墓级别高，出土文物精美且保存完好，历史文化内涵丰富，而为学术界特别关注。下文着重说明。

三

尼雅95一号墓地，位于尼雅遗址西北部。西距N14两公里多。N14是尼雅遗址西北部规模最为宏伟的遗址之一，其占地面积宽广，四周篱墙环绕，暴露于地表的主室建筑立柱直径达40多厘米，斯坦因曾在这里掘获表现精绝王室成员互相赠礼致问的汉文木札8件。遗址前部不远，为一道相当宽阔的南北向引水渠，渠宽1.8米，渠畔巨树成列，

1　关于新疆博物馆1959年发掘之东汉夫妇合葬墓，墓址所在，因未有准确之经纬位置、墓地位置图，因此，成了一个悬案。最近，仍有文章提到，“比如59MNM001墓地所处的位置的确认，目前已基本不可能”（《西域研究》，1997年第1期，第6页）。但据当年主持工作的李遇春同志刊布的有关报告，墓地在佛塔“西北方向”“约两公里处”，“那里是一片断断续续的墓地”，“棺木残片和散乱的骨架弃置在沙面上”，“墓地处于一干河床边”。这些有关墓地的描述，再结合近年在尼雅遗址调查发掘中对有关遗迹的观察，该墓所在位置，应为斯坦因当年发掘过的西北墓地，这里的经纬度是：N37°59′58.2″–38°00′13″，E82°42′31″–41″，海拔为1148米。

蔚为大观。在N14傍近，除N13、N15、N16、N17等多处居住房址外，还有果园、窑场、冶炼作坊、蓄水涝池等。在N13、N14之东、北，N15—17之北方，为一区古战场，这片开阔地内，曾发现大量汉式三棱形铜镞、铁镞、铁铤铜镞、残碎汉镜及小铁刀等物。

10米×10米内，共见古代墓葬9座[1]，其中1座已遭火焚，只余部分棺木、骸骨、锦片；3座为箱式木棺，5座为船形胡杨木棺。箱式木棺为矩形，四腿。底、箱、档板与方形木腿互相嵌镶铆揳。船形胡杨木棺是将胡杨木树干烧烤、刨挖成形，葬一人或多人，上覆盖板，板缝涂泥，或更以红柳绳索捆缚、固定。箱式木棺基本为南北方向，船形胡杨木棺主要为西北—东南方向，或东西方向。同处一个墓地，出土文物略见小的差异。

这里，重点介绍墓地的主要发掘收获，尤其以已经初步整理结束，且简略报道过的M3、M8墓葬出土文物为主。

墓葬出土文物，主要为墓主人的随身衣物如衣服、鞋、帽、腰带，男主人的武器如弓、箭、箙、鞘及匕首等，女主人的装饰用物，及主人生前日常生活中不可或缺的饮食用品如陶器、木器、肉类、粮食、水果等。随葬文物不算丰富，但因未经盗扰且保存完好，有力地揭示了当年精绝王国上层统治集团的政治、经济、社会、日常生活情状，揭示了丝绸之路南道在公元2—3世纪运行的实际，补充了文献记录之空缺。

出土文物中，十分引人注目的一批，是主人身穿的各类丝、毛、棉织物衣服。其中以丝织物居主体，毛织物居次，棉织物较少。丝织物主要包括锦、绢、绮和少量绣。锦在丝织物中居于十分重要的地位。不仅数量多，而且幅边完整，图案新颖，为过去少见或不见。以M3为例，共出丝织衣物31件，其中以锦为主或只用锦料的衣物为17件，占65%强。居主要地位的17件锦质衣物中，共使用了11种不同花色、风格的

1　尼雅95一号墓地，共见墓葬实为9座。目前所见文章、报道，不少称共见棺木8座。但在M3上部，还有一座大都已遭火焚毁的棺木，残留人骨、锦片，当为一座墓葬无疑。

锦料。31 件衣物中，有 14 件衣物使用绢。包括了不同密度、不同色泽的绢计 23 种，另外还有 1 件绮衣。丝织物外，还有 1 双毛质毡靴（部分使用了毛绣）、2 块毛毯、1 件麻织袜。此墓未见棉。丝织物居于绝对主要地位。M8 中，锦计 12 种，绢数量大，“使用最普遍，多作袍、衫、面衣、手套、香囊的缘或袍等衣物的衬里”等，而毛织品为 4 件（包括毛毯、腰带等），另有 3 件棉织物。[1] 这虽不是十分精确的分析，但可以肯定，丝织品，尤其是锦、绢，是墓主人主要使用的衣着材料。毛、棉、麻居于次要地位，毛织物主要也是用为地毯、编织带、靴鞋等，未用为衣料。

日常生活用器，主要为木器，其次为陶器。木器包括了器座、木盆、木罐、碗、杯之类，日常生活之盛器、食具，梳篦等化妆、清洁用品，基本均为木质制品。陶器较少，主要是一种球腹圆底带流罐，当是用来盛储水、酒、乳类饮料。如果联系遗址采集品，陶器在生活中的地位会较大，如常见之大型小口圆腹圆底陶瓮，高达 1 米左右。当年尼雅人存储粮食、水，大多有赖于此。

武器，是墓地每个男性人葬者均备的随葬物，基本构成是：实用的强弓 1 张、弓套 1 件、箭 4 支、箭箙 1 件、皮刀鞘 2 件（不见刀）。包括近身防卫的短兵器及攻击性的弓箭，男性人人均备，表现着当年精绝子民全体男性均为武士的状况。

梳妆用具：女性梳妆用盒，内存丝线、香囊、梳篦，男女均见铜镜。装饰物见蜻蜓眼料珠、金耳环。金器稀少而珍贵。

出土之毛织物，虽数量不算多，但文物之精，保存之好，织造水平之高，均引人注目。M3 女主人之晕涧纹毛织靴、盖覆木棺之毛毯，均为过去所未见。一毛毯显示人形图像：戴三角形尖帽、束腰、敞裙，为图案化舞人；又一为菱格十字形几何纹，均是初见之毛编织精品。

1 王炳华：《尼雅 95 一号墓地 3 号墓发掘报告》，《新疆文物》，1999 年第 2 期，本书也有收录；于志勇：《新疆尼雅遗址 95MNIM8 概况及初步研究》，《西域研究》，1997 年第 1 期。

皮革制品，在日常生活中也占重要地位，除前述弓、箭囊、鞘外，鞋、鞶指、小囊等，亦均用皮。但鞣制不佳。

入棺供死后享用的物品，有糜谷饼、糜谷饭、羊腿、羊胸肋（与小铁刀共存）、梨、葡萄等。显示了精绝王国当年农、牧、园艺业兼营的生产情况，与遗址所显示的景象，是统一的。[1]

关于墓葬的时代，从出土丝织物，尤其是锦纹图案，铜镜（龙纹镜、四乳纹镜、四乳四神兽镜），陶器，尤其罐之造型来看，均为汉代风格。一号墓地内，存在墓穴互相叠压之情况：M2 遭焚毁，只余极少烧骨、残锦，所在沙土也已烧成暗红色；其下为 M3，墓穴上部之覆沙，椁室与棺木之间填草等均保持完好；M8 墓穴，居 M3 之西侧，基本呈并列状，但 M8 墓室沙穴较深，导致 M3 流沙倾泻，使 M8 一角被叠压在 M3 沙穴之下。表面看似乎 M8 早于 M3，实际却相反，是 M8 入土后导致 M3 墓穴周围沙层流动，故 M3 入土在前。这是相对早晚的关系，文物风格并无大的区别，其时间差是十分短暂的。

M8 出土陶罐上有“王”字；M3 男女合葬棺内，覆盖“王侯合昏千秋万岁宜子孙”锦被，表明墓主人应为精绝的地方王侯，而不能是一般人物；一号墓地所在，距汉精绝王室之住地（N14）不远。[2] 据此，可以推论：尼雅 95 一号墓地，十分可能就是汉精绝王室的墓地。精绝，作为西域南道上最小的绿洲城邦，地狭、人少、力薄，国家命运之发展，只能随当年西域南道政治形势变动而沉浮。西汉时期，受汉王朝西域都护管辖。公元 2 世纪中，曾先受控于莎车、于阗，后受制于鄯善。联系这一历史背景，可以初步判定，尼雅 95 一号墓地，很可能是在于阗统治精绝以后，东汉王朝在西域都护及西域长史的统辖之下，亦即汉明帝永平十七年至汉灵帝熹平四年（公元 74 年—175 年）之间。[3] 而公元 2

---

1 《中日日中共同尼雅遗迹学术调查报告书（第二卷）》，第 88—110 页、114—121 页。

2 关于 N14 的性质，据斯坦因在此所获东汉后期精绝王室成员互相赠礼之木札，可确定这里就是汉精绝王室成员之居处。

3 由于文献记录缺略，关于东汉时期精绝王国的政治沉浮，并不完全明晰。这一结论，参见林梅村：《汉代精绝国与尼雅遗址》，《文物》，1996 年第 12 期。

世纪70年代以后，东汉王朝势力衰微，无力控制西域。入晋，精绝已成为鄯善之属部。如是，则这批文物，可以作为精绝王国晚期文化之代表物。

对墓地出土物作总体之观察，得到的强烈印象之一，在公元2世纪时，丝绸之路南道上，东西经济、文化交流是频繁而紧密的，精绝是南道上弹丸之地的小国，但因位居冲要，是东来西往的人们必须停留、补给，而不能逾越、舍弃的要站，所以精绝绿洲的统治者，也自然享受到丝绸之路当年的东西方物质文明，他们穿的是代表当年最高编织成就、与黄金等价的织锦，使用的金属带扣至今银光闪烁，没有锈蚀。[1]还有铜镜、漆盒，它们来自汉王朝；蜻蜓眼料珠、玻璃珠项链等玻璃用器则可能来自西方；极少量的黄金饰物（耳环等），当然也不会是本地土产，它既显示着黄金的十分稀珍，也表现因着“丝绸之路”的存在，汉代精绝人才得以沐浴、感受到外部广大世界的先进物质文明。这些代表了当年亚欧世界辉煌物质成就的产品，与古朴原始的土产木盆、木罐、陶罐、木杈，形成强烈的对比与反差。

墓地大量的、保存完好的丝绸织物，代表了两汉时期的丝织水平，对我国丝绸工艺史研究，意义重大。它们无一例外，均为经线起花的平纹重经组织。主要为二重、三重经，个别为四重经。重经愈多，色彩愈丰富。工艺上一组经用两三种色线，织造过程中，作分区交替排列，组织虽简单，但可达到五彩缤纷的锦面效果。M3出土之“王侯合昏千秋万岁宜子孙”锦被、茱萸回字纹锦女尸面衣、“长乐大明光”锦女尸锦裤，都是四重平纹经锦，幅宽在45厘米左右，每平方厘米经密达168根左右，而纬密只45根左右。

织锦图案中，吉祥用语文字颇多新意。只从吉祥用语看，即有“世毋极锦宜二亲传子孙”“王侯合昏千秋万岁宜子孙”“长乐大明光”“延年益寿长葆子孙”“五星出东方利中国”“讨南羌”“安乐绣文大者长

1　于志勇：《新疆尼雅遗址95MN1M8概况及初步研究》，《西域研究》，1997年第1期。

宜子孙”“千秋万岁宜子孙”“安乐如意长寿无极”等多组内容，中心意旨除习见的祈求长寿安乐、荫保子孙的颂词外，还有表现特定历史文化内涵的文字。这方面的实例，如“王侯合昏千秋万岁宜子孙”锦，应该是两汉时期对边疆少数民族政权和亲政策的体现。“王侯合昏千秋万岁宜子孙”锦被，为两幅缝合成一，隶书汉字，穿插于舞人、茱萸、云气之间，显示着一种吉祥、和谐、安谧的气氛。这件锦被，其纹样已经局限了其使用范围，它为汉王朝的和亲政策服务，也只能使用在这种上层贵族集团的婚聚之中。此外，“五星出东方利中国”锦，图案花纹清新醒目，祥鸟、瑞兽、白虎走动于云气、星际之中，显示着一种强大的信心和力量。“讨南羌”锦，组织、图案风格与“五星出东方利中国”锦近同。汉隶文意，彼此也可连通。赵丰据以提出两者为同一锦料的两块断片，可备一说。[1] 两汉时，汉王朝政府与羌的矛盾是持续多年的重大矛盾之一。而东汉以后，西部羌族已逐渐跻身于祖国西北地区的军事、政治角逐之中，历史地位与汉代有相当大的不同。从这一大的历史背景去观察，此锦的生产，最早可能及于西汉宣帝时，与赵充国、辛武贤征讨西羌的重要军事活动有直接关联。而晚可以到东汉后期。汉代丝织工匠，呼应着统治者的意志，把当年最重大的时代主题，很快凝集在锦织物图案之中，为我们认识有关锦的制作年代提供了较好的说明。

四

论及尼雅，关于遗址兴起、活动、废弃的年代及其废弃的原因，一直是人们关注的主要问题之一。

尼雅遗址文物，认真检视，最晚到晋。晋泰始五年（269）文书、

1　赵丰：《五星耀五色——尼雅出土织锦浅谈》，《沙漠王子遗宝》，第22—25页，香港：艺纱堂服饰工作队，2000年。

大量说明鄯善统治过精绝的汉文书、大量的佉卢文书以及“鄯善都尉”封泥，均可作为这一阶段时代特征明确的文物。据一般常识，这些见于遗址的文物，应表现着遗址最后活动的年代，故可推论遗址的废毁，应在晋王朝的某一阶段。

学术界过去往往认为唐代尼壤城也在尼雅废墟之中，但在遗址区内，多年调查，始终未见唐代文物，所以，这一结论可以修正了。

从《汉书·西域传》已见关于精绝的记载，足以证明从西汉到晋，精绝王国在五六百年中，从绿洲小城邦到接受汉王朝统辖，汉王朝力量趋弱后，又先后受制于莎车、于阗、鄯善，政治上确是多有变动。文化上，自然也会因时代变化、丝路发展而有新的变化。这一点，因文献记录缺略，难窥究竟；多年的尼雅考古，每年均带着这一目的进入现场，但迄今为止，问题并未解决。近两千年的风沙侵蚀，地貌、地层变化剧烈；斯坦因当年雇用民工乱挖，使不少遗存丰富的遗址文化层位被严重扰乱；这些年中，由于各种条件局限，我们主要进行了调查，工作十分有限。上述诸多因素，都局限了对精绝考古文化的深层认识。

从目前所得调查、发掘资料分析，精绝故址内，考古文化可见出三个阶段：

Ⅰ期以N3南部之古墓为代表，陶器组合为葫芦形带流罐（黑灰色，手制，深腹圆底，单耳带流，烧造火候稍低，腹部红彩绘植物形图案），共出小陶钵。

Ⅱ期以尼雅95一号墓地为代表，出土灰陶罐（口部微显流形，单耳，小平底）、陶盆。使用慢轮。共生文物主要为一组木器：木碗、束腰型器座、小木桶、木杯等。1959年发掘的尼雅东汉墓同属这一阶段。同出文物有汉式漆盒、铜镜、锦、绢。

据遗址区采集陶片，Ⅲ期主体类型为罐、带耳罐、盆。夹砂红陶为主，灰陶较少，轮制。形制特征可注意者为尖唇，领有卷沿矮领与尖唇高领之别。鼓腹平底，腹部或有波状纹、弦纹、凸棱纹、圜圈纹、交叉线纹。遗址地表采集的这类陶片，与Ⅰ、Ⅱ期墓内出土陶器的陶质、制法、烧造火候、纹饰特征均不同。而陶罐唇部显尖状三角形这一极富特征的工艺，与且末、若羌、楼兰等地所见晋时陶罐唇部造型相当一致[1]，这应与两晋时期，精绝归入鄯善国，彼此文化联系密切有关。

因发掘资料有限，这一主要依据陶器组合、造型而作的分析，是相当粗糙的，而其绝对年代，Ⅰ期可能到西汉；Ⅱ期晚至东汉后期，精绝失国前；Ⅲ期至两晋时期。这一初步归纳，可以作为尼雅精绝考古文化进一步深入分期的基础。

精绝故址在晋时废弃，主要原因是什么？

20世纪80年代后期，随着塔里木油田的开发建设，国家科委、中科院、原石油部联合组织对塔里木盆地进行综合考察。这一考察任务，最初没有考古学者参与，宋健同志在工作进行一年后，听取汇报，明确

图 9.3　王炳华在尼雅遗址

1　笔者偕刘文锁、肖小勇为实施沙漠考察课题，曾在若羌、且末、民丰县境内进行过大范围调查，采集到相关时代的大量文物。有关资料已在《塔克拉玛干南缘沙漠考古》中刊布。

指示，研究塔里木，必须加上考古学，利用考古手段分析历史时期内的人类活动，研究沙漠古址的兴废。根据宋健同志的指示，新疆考古学者在20世纪80年代末，参与了塔里木综合考察，重点研究塔里木南缘古代城镇遗址的布局、兴废，探索其内在制因。对尼雅遗址，我们在这一问题上分外关注。

尼雅精绝故址，深处沙漠之中，地理环境严酷，生态十分脆弱。自然地理条件（如水、沙等）与绿洲的正常发展关系重大；但从目前已有考古资料分析，精绝绿洲之毁，主要似不在于自然条件（如水）的变化，而在于社会原因。遗址废毁时，绿洲环境良好，佉卢文书相当多未开封拆阅，其中大量提到苏毗人入侵等，均可说明当年精绝之亡，最关键的、起决定作用的因素，在于人类社会自身。

身处塔克拉玛干沙漠之中的这些古代绿洲，要维持其良性循环，保证人类可以正常生产生活，需要强大的、有组织的、全社会的努力，合理用水，合理保水，防沙造林。如尼雅这样身处沙漠侵迫之中的绿洲，很难经受社会动乱的打击。一旦动乱，社会正常秩序被破坏，人们有组织的与大自然相抗衡的力量随即会受到极大的削弱，导致生态平衡破坏，绿洲毁灭。精绝历史的最后一页，是值得我们认真思考的。

五

在近十年的尼雅考古实践以后，回首反思，较之20世纪初，尼雅考古确取得了重大进展。所获文物丰富，不少也堪称辉煌；但从本可以获取之科学信息与已得之收获相比较，也留下了一些遗憾，感到存在不少的欠缺与不足。

在目前的科学技术条件下，通过遥感、卫星图像资料，在茫无边际的沙漠中觅求失落遗址之信息，通过卫星定位系统直接进入希望工作的地点，利用专业沙漠运输工具抵达远离人间的沙漠腹地，在死亡之海中营造一个可以短时期进行工作的野外基地，这些，经过努力，都是可以实现的。

最大的问题是：在实现这些条件，进入沙漠遗址后，用怎样的观念去组织相关遗址的考古调查、发掘、研究？这确实是一个全新的问题。以获取遗址文物为主要目的之观念，完全不能适应这一新的工作格局、新的要求。

尼雅遗址，作为汉晋时期精绝故址，历史文献中有过大概的记录。在人们的概念中，它是古代西域塔里木盆地周缘数十个城邦之一，有国王、官属、军队。但这类如今日小村、小乡的绿洲，其“国”其“政”，究竟应赋以怎样的要领，是历史考古学者并不清楚的问题。面对基本保存完好的遗迹，我们自然应该、也能够将之作为一个典型，运用今天已有的种种科技手段，解剖麻雀，具体入微地分析这小城邦的方方面面：其生存空间、社会组织、经济生产、宗教文化观念、兴废原因及与周邻地区的交通联系等，从经济基础到上层建筑，收集尽可能多的、具体的素材，力求获得准确的概念。它不仅对西域考古，而且对西域历史研究会是重大的、填补空白式的贡献。

如是，在组织发掘前，就必须在已有调查资料的基础上，进行多学科论证，制定一个比较科学的计划，逐步实施，切忌发掘中的随意性。在这方面，我们存在缺点。

在20世纪90年代初，中日联合尼雅考古计划实施时，关于塔克拉玛干沙漠兴废原因，早已是国际学术界关注的焦点。河流改道、气候变化、水量减少说，社会发展、水流再分配导致之影响说，社会动乱说，均见诸著述。当然可以把尼雅作为一个典型，进行多方面的分析、研究。我们在组织、设计尼雅工作时，这实际上是面对的重大课题之一，但组织工作受到各方牵制，未能在这方面取得积极进展。

尼雅遗址废弃时，遗址区内生态环境不差。不少住址周围仍有不少大树。它们是什么树？可显示怎样的生态环境？年轮中显示的温湿度变化等如何？必须有生物、气象学者从年轮气象、年轮水文角度的研究。

汉晋精绝人均生活在沙漠包围之中。一般看来，黄沙漫漫一片，并无差异。但在微观下，却有不同。它们有风成，有水迁。风成，可来自西北，也可来自东北。取样正确，通过电镜分析，自然可以说明尼雅沙漠在精绝人生活的五六百年中，曾否变化或变化的情况，这些问题的解答需要沙漠学者的参与。

在精绝故址内，古渠依然高高悬挂在沙坡之上，远高于河谷；丛丛聚落，或门前渠道穿越，或周围河谷深深。尼雅河水在遗址区内到底如何穿流，农田灌溉方式怎样，饮用水的取给办法，枯水期如冬日水的来源，弄清这些问题也需要借助水文、水利专家的经验、智慧。

去今一千六七百年的建筑，仍然耸立在地表，即使柱梁颓塌，大多也在原地未动。部分建筑有中心支柱及巨型托梁，部分建筑使用斗四式藻井，欧式风格与汉式藻井共存于同一遗址之中，其文化内涵，还需要建筑史学家的分析。

精绝人，汉代使用汉文，入晋后，经过汉、佉卢文并用，终于又用佉卢文来标示自己的语言，是需要深入揭示的文字学、语言学方面的问题。

在精绝，不仅墓地内古尸常见，人骨、驼、马、羊骨同样保存完好，棺木中还见到了鸡，羽毛不脱，形态完整。对人及这些生物，需要更准确的专门研究。

类似的问题还可以列出很多。

简而言之，要在不大的精绝遗址中，取得充分的科学文化信息，除考古学者外，至少还必须有遥感、地理、沙漠、地形测量、水文、气象、人类学、动物、植物、古建筑等相关学科的学者，进入第一线工作。至于室内研究，涉及面会更广。古文字，纺织史，砂粒、苞粉、土壤分析，文物保护，等等，也都是不可或缺的环节。只有从这样的角度去组织工作，我们才能不仅对精绝考古的各方面有一个大概准确的认识，而且可望对精绝绿洲与所在大环境的关联及绿洲的变化，求得一个基本清楚的结论。也只有这样做，才能实现沙漠考古（研究沙漠环境中古代绿洲的变迁）的初衷，使沙漠考古真正为我们提供有益的历史教益。

多年的尼雅工作，相应的物质装备及经费，曾为如此运作提供机遇，但由于一些局限，这类设想终未能实现，个别项目实施伊始即被阻断。但从事沙漠考古，不如此做，确会事倍功半。在这一点上，必须吸取教训。

原载《中国历史博物馆馆刊》，1998 年第 1 期

尼雅考古与精绝历史研究

回眸20世纪，西域历史、中亚文明史等诸多领域的研究无不取得了空前的里程碑式的进展。取得这些成果的关键性因素之一，在于西域考古的突破、进步。持续一个世纪的西域考古，曾有过许多为国内外学术界关注的重大收获，这些重要收获曾一次又一次地为西域、中亚历史文化研究揭开新的篇章。其中，尼雅考古堪为重要典型之一。

笔者有幸，在新疆考古生涯中，曾主持尼雅考古多年，对它怀有浓厚感情。多年参与尼雅考古实践，也接触并努力思考过尼雅考古、历史研究的方方面面，感受过无缘进入这区遗存的学者们难以感受的诸多矛盾与问题。在尼雅考古趋于沉寂的今天，深感对其进行冷静反思、科学剖析、认真总结之必要。故不以个人视角局限为虑，以20世纪尼雅考古为切入点，论其得失。往者已矣，来者可追；这样做，或许会对今后的尼雅考古和历史研究稍有补益。

一

首先，对经过近百年考古后的尼雅遗址作一概略介绍。

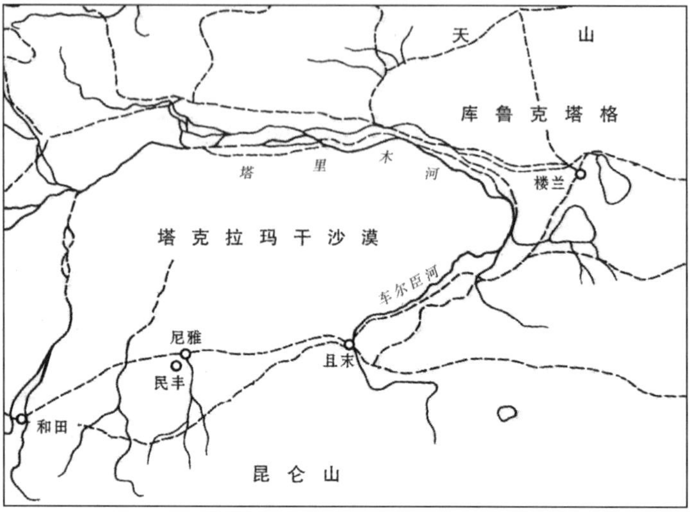

图 10.1　尼雅遗址位置示意图

遗址位于今民丰县北部、距县城约 120 公里的沙漠中。这片地区，公元前 3 世纪前后至公元 4 世纪前后[1]，曾是尼雅河尾闾三角洲，河湖纵横，绿树成荫，是精绝王国及继后的鄯善王国凯度多州州治所在，为丝绸之路南道上不可回避的要隘。（图 10.1）

这片沙漠废墟，距离最近的还有现代人活动的绿洲居民点卡巴克·阿斯卡尔，直线距离有 30 公里，实际行程大概在 50 公里。夏秋尼雅河水盛大时，还有一点细流可以勉强流泻到此，但大多数时段，已得不到河水补给，只能以井水维持。在卡巴克·阿斯卡尔村北，距离 5 公里，为新疆南部地区素负盛名的伊斯兰圣地伊玛目·加法尔·萨迪克麻扎，俗称“大麻扎”。它耸立在一处出露的基岩上，傲视脚下的沙漠、绿洲。它给我们带来的重要历史信息是：在公元 10 世纪后期伊斯兰向

1　尼雅遗址上限，迄今未见确证为西汉以前的遗址、遗物。一片被尼雅河水淹没过的墓地，笔者曾组织过试掘。墓地已遭破坏，形制不清，但出土大量带流黑陶罐，绘红彩，纹饰似植物花卉，是相对早于现存汉精绝故址的遗存，相对年代，当可能到西汉或较西汉更早一点。遗址晚期，以所见晋简及相关佉卢文资料，当在公元 4 世纪或更后一点。遗址区内，不见唐代文物、遗存痕迹。

佛国于阗展开的持续数十年的宗教战争中，这里曾是一处重要的冲突地区。目前，这里除少数几户与看守麻扎有关的居民，及伊斯兰节日期间前来朝拜的大量信徒外，别无他人。

“大麻扎”所在，位置高耸，坐落在出露的变质砂岩、板岩构成的古老地质基岩上，地质学上称此为“北民丰隆起”。它阻挡了尼雅河北向自然的流程，迫使它折向隆起地的东侧，顺地势北流。此时河道变得分散，成辐射漫泻状，形成尼雅新绿洲，有厚达 8 米的河湖堆积层。地理学家用热释光技术测定这片河湖相堆积的土层，距离今天有 7750 ± 1440 年，正当全新世中期，是塔里木盆地内气候适宜、水量充沛阶段的沉积。分析、测定相关红柳沙包内的枯枝，得到的结论是，它们存活在距今 3000—7000 年期间，那时这片地区处于丰水期，河湖交替发育，特别适宜生物生长，这里自然也就成了古代尼雅河居民可以生息繁衍的理想天地，一片原始的非人工绿洲。[1]

使用地球卫星定位仪，结合经纬仪测量，尼雅遗迹南北长约 25 公里，东西宽 2—3 公里，最宽处 5—7 公里。遗址中部有一大型佛塔（经纬位置为 N37°58'34"，E82°43'14"），已成尼雅遗址的标志性建筑。（彩图三十五）相关遗存，成南北走向，分散在尼雅河谷左右台地上。

遗址地区东西两侧，为相对稳定、高可百米的大型沙梁；遗址南段，东、西、南缘为茂密的枯死胡杨林，宽数百米至一两千米，林木大多仍然耸立，只有一部分已经枯朽、倾倒在地。最粗的胡杨，树干直径在 1 米以上，两人才可合抱，树身高可 20 多米。茂密的胡杨，丛丛列列，至今仍是进入尼雅的一大阻碍。由此进入尼雅，人车往往迷路。当年，这片胡杨森林，作为王国南境的天然屏蔽，曾经发挥的作用，不可低估。南部森林、东西沙山的环抱中，是地势相对低平、适宜于农业垦殖的淤积黄土。居址主要分布在尼雅河主干道的西部。受河道制约，遗

1　杨逸畴：《尼雅环境的演化和文明兴衰》，《中日日中尼雅遗迹学术调查报告书（第二卷）》，第 326—328 页。

址区南端居址较稀疏；北行，相对较密，铺展也比较开阔。粗略观察，适应自然条件（水、地）形成了相对集中的多片聚落。迄今，已见人类遗存 215 处。[1] 其中，居主体位置者是各类居住遗址，总计可有 90 多处，包括虽大小不等，但布局仍清晰、梁柱依然屹立的房址；相当数量虽墙坍柱倾，但建筑部件相对集中散落在地表；还有一些建筑大部已压在红柳沙包下，只部分梁架外露。此外还有 2 处古城，3 区佛教寺院，12 处墓地，17 处炼渣较集中的窑址，6 处果园，1 处古桥，以及蓄水池、农田、储冰窖、行道树，未附属于住地、相对独立存在的畜厩、防沙障等。行进在遗址区的红柳沙丛中，随时会见到当年的住宅、林荫道、农田、手工作坊，只是没有了当年喧闹的人声，不见了走动的鸡、羊、牛、马、骆驼的身影。斯坦因在 1901 年进入这片遗址后，称它为“东方的庞贝”。反复体验，深感这实在不是一句随便的描写，而是十分准确地点明了尼雅遗址的魅力。这处丝路南道上曾经的冲要之地，当年废弃的场景，被神奇地定格在了沙漠之中。它清楚地展示着当年的主人因故突然离去时、未加任何变动的社会生活场面，包含着珍贵的、数说不尽的历史生活细节。不需要专业的剖析、设计，只要清除掉居址上部的积沙，就可以基本恢复精绝王国当年的社会物质生产、精神文化生活及与周围世界交往联系的一切。这是造物主的厚重馈赠，它无可替代、特别珍贵之处在于：没有人类主观意志的干预，不会因为特定利益要求而扭曲、改变历史的真实。只要细心、认真、一丝不苟地工作，就有可能为我们今天及后代子孙提供一处最好的历史课堂。

1　杨逸畴：《尼雅环境的演化和文明兴衰》，第二章“分布调查成果”，第 24—28 页，附表，《中日日中尼雅遗迹学术调查报告书（第二卷）》。相关数据，较斯坦因刊布的 45 处房址，有较大进展。

二

与20世纪共始终，尼雅，一直是新疆南部地区考古工作的重要地点。一次又一次产生过重要影响的尼雅考古，也总是与当年的社会形势紧密关联。前者为后者服务，受后者驱动；后者为前者提供必要的物质前提。于是不同的利益趋向，不同的考古人，各有特色的考古实践，产生了不同的考古成果。20世纪之初斯坦因的工作与中国考古学者在20世纪最后十年的工作，可以算是20世纪中最重要的考古活动，其中可以见出这一运行轨迹。

20世纪的新疆考古，无法不提到斯坦因。自1901年至1931年这30年中，斯坦因曾先后四次进入尼雅。前三次，都获得过不少的文物，对认识尼雅，认识新疆与中亚历史，也确实产生过巨大影响。第四次，面对变化了的时代，他以不变的前三次曾经成功的方式进入尼雅，最终铩羽而归，含恨离去，结束了他在中亚大地上的考古生涯。

斯坦因在新疆的考古，成就了他在中亚历史文化研究中无法取代的历史地位，他取得的许多考古资料揭开了西域、中亚文明史研究中新的篇章；穿行在中国西部不见人烟的戈壁、沙漠、高山、雪岭中，他付出过常人难以承受的代价。这一切，铸就了至今仍有不少学人投射在他身上的敬仰目光。也是因为他的新疆、敦煌考古，同样有许多学人斥其为“盗窃”“破坏”，给中国西部历史文化研究造成了无法弥补的损失。

认真、深入一点分析，这两种看似不能统一的评论，实际都是斯坦因应该承受的。它们看似矛盾，实际却可以在他身上和谐统一，清楚展示他的完整形象。

在20世纪帷幕初揭的1901年1月28日，斯坦因第一次进入尼雅废墟之中。他面临着对任何一个考古学者而言，都最为难得、最为珍贵的机遇：自公元4世纪，最后一批古尼雅居民离开后，1600年中，除风沙的侵蚀、个别农民偶尔光顾外，这里是一片并没有被风沙完全覆盖的居址。当年的历史，凝固在了废墟中的细枝末节上。考古学家不必太辛苦，只要认真清理掉不太厚的沙尘，就有可能将当年的历史生活场景重新呈现在20世纪的人们面前。

除了这一难以觅求的、保存相当完好的遗址外，他还得到了进行野外工作的所有必要的条件：英印政府的全力支持，十分充足的工作经费；清朝总理各国事务衙门同意其考察的文书；新疆地区各级政府提供的无微不至的保护、支持，可以“保证运输、供应、劳工以及行动、发掘、考察的自由”[1]。在这些条件支持下，第一次进入尼雅，紧张工作16天，斯坦因自然有了很大的收获：进入尼雅第一天，他在编号为N1的遗址内，即“收集得”几百片佉卢文木牍。他对佉卢文是粗有了解的，因而取得这一成果后十分兴奋。他觉得，木牍书体“是印度贵霜王朝的石刻所通用的字体”，“我的第一天工作收集得的几百片木牍即使不能胜过，也不至于赶不上以前所有诸佉卢文的文书”，因而“有着特别了不起的价值”[2]。初涉尼雅第一天就有了这样的收获，斯坦因的精神进入极度亢奋之中。他努力调动工人的积极性，一口气发掘了遗址中心9处居住遗址，获得古代文书、简牍700多件，其中包括30件羊皮文书、部分汉文简牍，其他还有17枚汉五铢钱，及汉式铜镜、纺织工具、捕鼠夹、雕花木椅腿、金耳饰、铜戒指、青铜镞、残铁器、水晶、玻璃、三弦琴、象牙骰子、木橱柜、木杈、木碗、木雕人像，丝、棉、毛织物，漆器等。佉卢文木牍上有希腊神像雅典娜、伊洛斯、赫拉克里斯，也有汉印文字钤封的封泥。12大箱文物安全地运回伦敦。1902年7月，斯坦因第一次西域探险圆满结束。

斯坦因的第一次新疆之行，取得了巨大的社会影响。英国皇家地理学会邀请他出席讲演，大会作出决议，赞扬斯坦因所进行的“极其丰富、重要的工作”。当时，欧洲学术界大多还不怎么了解在新疆南部沙漠深处，竟然还埋藏着这么丰富的有关希腊、罗马、印度及黄河流域古老文

---

1 （英）珍妮特·米斯基著，田卫疆、黄建华、胡锦洲等译：《斯坦因：考古与探险》，第141页，新疆美术摄影出版社，1992年。

2 （英）斯坦因著，向达译：《西域考古记》，第55—56页，商务印书馆，2013年。

明的遗迹，认为他的西域考古，为这片地区和中亚大地的历史揭开了全新的篇章。

斯坦因第二次进入尼雅，是在 1906 年。有了 1901 年的经验，对 1901 年的发掘资料又进行过整理，这次进入尼雅，斯坦因可以算是胸有成竹：未到尼雅前，他首先派人进入遗址调查，为第二次发掘提供可靠信息，“所获成果丰富”。在物质利益刺激下，1901 年随其工作过的民工大都踊跃随行，他“只用一天时间，就召集了 50 个工人，搞到了骆驼，准备好了 4 周的供给”，尤其是足够的饮水。1906 年 10 月 20 日，他进入了尼雅废墟的中心地区，立即兵分两路，主要对尼雅废址北部新见遗存展开发掘，新见 30 多处遗存，没有一处遗漏。

这次工作，他在 N14 的调查、发掘，是值得关注的成果。N14 是尼雅废墟西北部一处规模宏大的宅院，“长及 56 英尺，宽达 41 英尺”，“支撑屋顶的粗大木柱仍立在原处”。在宅院东部一处巨型垃圾堆中，他们找到一处 8 英尺长、6 英尺宽、5 英尺高的木板围槽，其中有“几块精美丝织品”，“一小片上书佉卢文的羊皮”，“一块汉文木牍”。“池底有麦草、麦粒，可能为一饲料仓”，“与谷物混在一起，还有各种丝、毛、麻织物碎片，绣花皮革、毛毡碎片、精美漆器残片”。“更为重要的发现，是一打以上散布在整个垃圾堆里的标签状小木简，其中 8 枚上书汉字，字体优美”，“在一枚木简的一面，送礼者题写了自己的姓名、礼品及祝词。另一面是受礼人姓名及头衔”[1]。大家了解，这 8 枚汉简，就是稍后沙畹、罗振玉及王国维刊布的精绝王室成员互相赠礼的木签，涉及人物有王、太子、王母、夫人春君、且末夫人等，王国维据汉简上书写的精妙汉隶，判断为“汉末”书体。这对于认识东汉末年前的精绝王廷，自然具有非同寻常的意义。斯坦因当时不谙汉文的意义，待他后来从中文秘书蒋孝畹及沙畹处了解到简文内容，才意识到这一收获的重

1 （英）斯坦因著，巫新华、刘文锁、秦立彦等译：《西域考古图记》（第一卷），第 138 页，广西师范大学出版社，1998 年。

要性，但已无法补救现场的工作了。

作为考古学家，斯坦因当时已经十分敏锐地注意到这区遗址背后的文化信息，认为“该遗址是精绝国一处要地”。他分析了垃圾池所在地势，判断“从垃圾池下部发现的那些乱七八糟的东西的年代，可能比遗址临近废弃时段要早得多”。他清楚感到“木简上字体优美的汉字，更接近沿敦煌烽燧所见两汉时期木简字体风格”，“而与楼兰及尼雅已见晋代书体相去甚远”。他还提出所见各种织物碎片中，“不见棉织物成分”（尼雅遗址内其他房址、墓地中，棉织物发现是不少的）。“两根代表中国人进食的筷子，其中有一支是漆筷，及那个制作精细的漆木柜，很可能来自中国内地。”[1]斯坦因在捕捉这些细节后的信息时，是十分睿智的。

除了在废墟北半部集中力量发掘，斯坦因还在遗址区南部调查，发现一处木桥、一片大型果园及利用废弃居所改成的畜厩。他十分注意追寻尼雅河进入遗址区后的流向，但这一点因沙丘覆盖而未能得到完整结论。第二次尼雅之行，斯坦因凭借雇用的 50 名劳工每天“苦干 10—11 个小时”，对遗址区内比较清楚显露于地表的古代居址，听凭工人直觉，选择保存较好的房间，大概搜罗、挖掘了一遍。他在这次的工作报告中说：“经过 12 天连续辛勤的劳作，取得了巨大的收获，发现物是如此丰富。”他是如此满意已获成果，认为“已有的调查和发现，本质上已经证实了我以前探险时所得出的结论”[2]。

1913 年，在英印总督的支持下，带着三年工作经费 3000 英镑，斯坦因开始了他第三次中亚之行。这次工作，他计划不止发掘遗址、搜集新文物，而且希望着力研究古代亚欧间的交通路线，商业、文化、宗教各方面交互影响的情况。“百忙中抽身再至达磨沟及尼雅河以外古废址草草一观。以前在尼雅地方探索观察多有遗漏，至是为之补考，搜获有

1　同前，第 139 页。
2　同前，第 149 页。

考古意味之物件甚多，内中又得有佉卢字木简若干。”[1]

三次尼雅行，尤其是第一二次尼雅发掘后，斯坦因从考古角度对这处废址作出了历史的分析。他据遗址位置，参照汉文文献，认定这处废墟应该就是汉代精绝故国遗址；主要从事农业生产；根据出土晋简中的泰始年号，大量佉卢文、少数汉文简牍都使用了木质材料，只少数佉卢文（32件）书写在羊皮上，故而认为精绝遗址废弃时间“可能在公元3世纪末叶”，与晋王朝内乱，不能有效控制西域大地存在关联；他十分强调，从文字、语言角度看，印度文化对精绝有很大影响，“文明上的特征乃是由中国（按：斯坦因行文中，总是有意将西域界定在中国概念之外）、波斯以及印度三种文化势力混合成的一种产物”[2]。他认为遗址的废弃，存在气候变干、尼雅河水量减少的因素，也可能存在社会、政治的因素。他谨慎强调“像多数历史变迁一样，原因可能比今天探寻者试图推测的要复杂得多”[3]，是多种因素综合影响的结果。

斯坦因怀着获取文物尤其是佉卢文这一目的进入尼雅，从这一角度，他完全获得了成功。在采获大量文物、约请相关专家进行研究后，对尼雅废墟的历史文化也进行了充分的阐发。作为一个考古学家，斯坦因所获文物及这些分析结论，在20世纪前期西域历史文化还多有晦暗不明的情况下，对当年关注这片地区研究的学术界，产生过的重要影响，无法低估。直到今天，他所获资料及一些重要观点，仍有参考价值。如果没有后来对尼雅遗址全面、细致、完整的调查，没有严谨、科学的发掘，没有从全局角度对遗址进行周密的观察，我们也同样会和西方世界的大多数学者一样，对斯坦因的这些工作，满怀敬仰之情。而在对同一区遗址认真调查、重点发掘过后，我们就不能不产生另一个结论：斯坦因虽然为尼雅遗址做过积极的工作，但也是组织、领导了一次无可挽回的对

1　（英）斯坦因著，向达译：《西域考古记》，附录一《斯坦因第三次中亚考古略记》，第240—242页。

2　（英）斯坦因著，向达译：《西域考古记》，第16页。

3　（英）斯坦因著，巫新华、刘文锁、秦立彦等译：《西域考古图记》（第一卷），第140页。

遗址的破坏。他放手让民工在遗址区内到处挖文物，对遗址造成了灾难性的破坏。他在第二次率领50名工人进入尼雅后，“由于饮水不得不限量供应，人渴得难受，但民工们仍极其坚韧地挥动着砍土镘（按：指新疆地区一种特别利于挖掘沙土的铁质工具），谁头一个发现有价值的东西都将得到赏钱，这种鼓励就足以让他们每天苦干10—11个钟头”。若从当年英国考古学界已经取得的田野考古学理论、地层学以及标型学方法来要求斯坦因，他是完全可能做得更好的。差不多同一时段，英国考古学家约翰·H.马歇尔在塔克西拉遗址的清理、发掘，与斯坦因在尼雅的工作就是一个尖锐的、鲜明的对比。因此，要求斯坦因按考古学规程对待尼雅，并不是一个超越时代可能的苛求。斯坦因之所以如此对待尼雅及其他类似遗址，关键在于他当年的心态与指导工作的思想，这与当年英俄在新疆殖民扩张、彼此争夺的背景，与英印政府及斯坦因的政治追求，是密切关联的。

三

20世纪30年代以后，尼雅考古一度处于停滞状态。1959年，筹备中的新疆博物馆有过一次对尼雅的调查、发掘，清理了10处斯坦因清理过的房址，发现一具保存完好、未受破坏的东汉时期贵族夫妇木棺。大量保存完好的汉代丝绸、织锦，还有铜镜、漆器，远远超过斯坦因所获，进一步拓展了学术界对尼雅遗址的认识。但实事求是地分析，这次尼雅工作仍然是斯坦因的工作模式。清理的10区房址，其具体位置究竟是斯坦因编号的哪几处，虽可以通过分析大略把握，但至今并不完全明确，这局限了对相关资料的认识。[1]1959年的这次工作是为新建立的新疆博物馆准备陈列所需的文物。这个目的，局限性是很大的。

1　新疆博物馆考古队：《新疆大沙漠中的古代遗址》，《考古》，1961年第3期。

1988—1997年间的尼雅考古，是另一种工作的形式。它缘起于新疆文化厅与日本一个成功的珠宝商人合作实施的项目。这样一种合作框架，派生了许多与尼雅考古实际并无关联的活动。进入的许多成员，与考古并无太多关系。每次尼雅之行，送往迎来，觥筹交错，新闻媒体广泛介入，唯恐没有更大的社会反响，但实际工作不多。1988年、1990年两次调查，实际每次在遗址区内只有两天。新疆考古所介入其中，最初只是作为“监护”，无法主动开展工作。在这样一个框架下实施考古，自然会有很大局限。如是进行，对考古工作者而言，优点是可以解决工作用费，缺点是较难完全按照学术规程去展开。实践过程充分表明了这一特点。当年，在我们自己没有经费实现大遗址工作的形势下，也确实凭借这一躯壳，努力走向尼雅沙漠深处，并取得了相当多的成果。

数十年新疆考古，潜藏内心的追求之一，是探索塔克拉玛干沙漠周缘的古代王国兴废的过程、原因。精绝，自然早在视野之中。以精绝为例，它应该只是尼雅河流域中特定时段内的一处绿洲。而尼雅河，作为塔克拉玛干沙漠中一条流程不足200公里的季节性内陆河，河谷两岸有适宜人类活动的绿洲。它与东西均间隔了100多公里沙漠的克里雅河、安迪尔河绿洲一样，形成各自相对独立的自然地理单元。这些自然地理单元上，都曾展开过人类生存发展的历程；进入文明时期，也都出现过不同的王国。作为近邻，它们彼此间存在联系、交往，但都有相对独立的经济、社会实体，在各自领有的生存空间，展开自己的生产，组织自己的社会生活。今天人们已十分熟悉的汉晋时期的尼雅废墟，不过是尼雅河水系古代居民曾经活动过的一个时段。这区家园的废弃，只不过是他们的生存时空转换了一个站点，离开精绝，会有又一片同样适宜生存发展的土地。因此，要真正认识古代精绝历史，要求我们占有尼雅废墟现存一切有用的信息，运用已经把握的现代科技手段，组织所有相关学科的学者们共同工作，求得比较接近实际的认识。既然这处废墟只是尼雅河绿洲历史进程中的一个环节，其前后的遗存必须同样清晰，才能清楚认识人与环境的关系、尼雅河水系内人类发展的历史进程及其内在制因，才有可能进一步探索塔克拉玛干沙漠南缘一系列古代绿洲的起落、兴废，有益于历史研究，也有益于现实的建设。

基于这一指导思想，把握这一机遇，首先对尼雅废址进行了详尽踏查。在详尽踏查的基础上，选择N2、N5、N37进行了发掘。这几处遗址，当年斯坦因都进行过清理。全面清理、发掘，不仅是因为感到当年斯坦因工作确实十分草率，不可能完整显示其真面目，有必要进行验证；也是希望通过这一剖析，可以更准确地了解斯坦因当年的资料，以利于进一步的研究。除了调查、发掘这三区遗址外，对新发现的遗址区南部丛林中一处古城城门、几处新暴露的墓地，也进行了发掘、清理。其中后来被判定为精绝王陵的尼雅95一号墓地，出土了大量文物，为认识精绝王国晚期历史，提供了十分珍贵的资料。除了在尼雅遗址展开的这些工作外，利用这一条件，还对尼雅河水系内人类遗存分布进行了调查。尤其是根据石油、水文地质勘察工作者提供的线索，对塔克拉玛干沙漠深处尼雅河古道尾闾地段的人类遗存进行了调查，得到了重要的信息。

受时间、人力的局限，已获调查资料，不大可能是对尼雅河水系人类活动全貌完整、全面的揭示。但它们提供的信息，无疑大大拓展了既有的对古代尼雅历史文化的认识。所获重要成果，一是在尼雅河上游，近尼雅河出昆仑山口的河谷台地乌鲁克萨依，发现了一处早期细石器遗址。采集标本表明，细石器工艺比较原始，形制不稳定、不规整，除见细石核、细石叶、小石片外，没有一星半点陶片痕迹，也没有找到古代文化堆积。说明遗址所在，不是固定的住地，时代特征明显也比较早，绝对年代当在去今1万年以前。[1]

在塔克拉玛干沙漠石油勘探工程中，水文地质工作者在尼雅废墟以北40多公里处的古尼雅河谷地，发现过古人类文化遗物，如马鞍形石磨谷器、石球、陶片。较其更北，在E82°00'–01'、N39°35'–37'处，还

1　黄慰文等：《新疆塔里木盆地南缘新发现的石器》，《人类学学报》，1988年第4期，第294—301页。

发现过一处长约 20 米、宽约 1.5 米的人工土墙，土墙附近有陶片。[1] 相关遗存，已近塔克拉玛干沙漠腹心。根据这一线索，我们以尼雅沙漠营地为支撑点，两次派人深入尼雅北部沙漠进行调查，最远处直线距离达 42 公里。得到的大概印象是，在目前遗存北 15—42 公里间，断续见到古代人类遗物，包含陶器、石器、小件铜器，如马鞍形石质磨谷器、石镰、石刀、石斧、纺轮、小铜刀、炼铜坩埚碎片；陶器残片很多，主要是夹砂红陶，手制，慢轮加工。器形主要有大口直腹筒形杯、双耳陶罐、高领罐、杯等，以罐类器物为主。器表刻画几何形折线纹、三角形纹、凸弦纹、戳印纹、乳丁纹等，其他还有骨珠、蜻蜓眼料珠。文物所在地点，还发现过一处房屋遗迹，立柱仍然屹立，一道残墙长 3 米多。采集到的文物标本说明存在着早期农业。而陶器造型、纹饰，则与汉晋时期尼雅废墟所见，判然有别。[2] 遗憾的是，受交通条件、物资装备局限，两次调查，每次都未能超过 4 天。调查中也只是线形行进，沿线观察，并没有对发现文物的地点周围展开必要的稍细一点的调查。距离水文地质队提供的长 20 米的土墙遗存，也还有相当距离。仅凭已获的这点儿资料作进一步分析，存在相当大的局限。但这一初步调查，意义也不能低估：它说明古代尼雅河，流程要远远超过今天的精绝故址，可以达到 N39° 或更北；在古尼雅河谷，青铜时代（绝对年代在去今 3000 年以前）已见早期人类活动。他们的活动空间，至少已经到达 E82°48′15″–40″、N38°22′01″–10″ 处，形成了具有自身特色的文化。据陶器造型、纹饰，料珠等，也可以清楚观察到，它们的主人与帕米尔以西存在着联系。这对认识尼雅河地理环境变化，无疑也具有重要意义。

根据上述考古调查，参证克里雅河、和田河水系内相类似的考古文化现象，我们得到一个清晰的启示：这几条水系内，早期人类生存活动

---

1 王炳华：《尼雅考古回顾及收获》，《中日日中共同尼雅遗迹学术调查报告书（第一卷）》，第 199 页。

2 张铁男等：《1993 年尼雅遗址北方考古调查》，《中日日中共同尼雅遗迹学术调查报告书（第一卷）》，第 73—79 页；于志勇：《北方地区的遗址调查》，《中日日中共同尼雅遗迹学术调查报告书（第二卷）》，第 35—41 页。

的舞台，主要是在昆仑山前河谷地带；进入青铜时代，人类已经循着尼雅河谷北向进入了河流尾闾地段三角洲，开始了原始农业的生产。而在青铜时代以后，转而又循着尼雅河道上溯，向昆仑山方向行进。人类文明这一运行轨迹，现象是清楚的，原因还不是十分明确。据地理学家对塔里木盆地气候环境的研究，全新世内曾有过一次大的气候改变。这对我们分析相关文化现象，有很大启发。相关结论说明在全新世中期，去今7000年至3000年这一时段内，塔里木盆地内有过一个丰水期：气候温暖，冰雪融化速度加快，河流水量丰沛，河谷植被丰富，风沙活动减弱。有关河道下游，现代风沙之下，都见到厚几十厘米至数米的河湖相堆积地层，正是这一地质时段中的沉积。这一丰水阶段，造就了这些沙漠河道下游三角洲的绿洲自然体，成为适宜人们生活的绿色空间。[1]而去今3000年以来的全新世晚期，塔里木盆地进入相对温干的气候环境，水量减少，风沙作用加强，河湖相地面被侵蚀切割。人类生存环境相对恶劣。有学者据此推论，这一气候环境的改变，可能正是古代尼雅人进入精绝废墟这一地段生息繁衍的原因。[2]虽然，目前还没有得到这一推论的直接证明，但塔里木盆地包括尼雅河古道下游环境变化的地理现象，与考古调查中所获文化信息确是可以互相参证的。

调查精绝王国所在的尼雅废墟，这些年中，我们投入的力量是相当巨大的。这一调查，在整个尼雅合作考古的9年中，可以说是始终如一。《汉书》中有关于精绝人、户的记录，与已见遗存数并不统一。[3]遗址区内红柳沙包密布，使遗址环境变得异常复杂，不走到遗存跟前，就无法观察到它的存在。古代建筑遗迹，往往高于目前地面三四米，不少建筑叠压在了红柳沙包之中。这说明精绝废弃后，这片地区地貌既遭遇严

---

1 王树基、高存海：《塔里木盆地晚新生代干旱环境的形成与演变》，《第四纪研究》，1990年第4期，第372—380页。

2 杨逸畴：《尼雅环境的演化和文明兴衰》，《中日日中共同尼雅遗迹学术调查报告书（第二卷）》，第327页。

3 《汉书·西域传·精绝国》中记精绝国有“户四百八十，口三千三百六十”，目前已见遗迹远远不足显示这规模。

重侵蚀、切割，也不断有着沙尘堆集。一些当年建筑，可能只余遗物、陶片散落在沙尘上下。这些因素都启示我们，要准确全面把握遗址的面貌，在没有更先进的手段前，只能依靠人力认真踏查。前面介绍的200多处遗迹点，虽已远远超过了斯坦因45处建筑遗址的报告，但很可能还并不是最完备的结论。

对斯坦因曾进行过挖掘、我们又重点发掘的N2、N5、N37，这里稍予介绍。

N2，在斯坦因的报告中，是十分平常的一处遗存。他清理过其中多处房址，获得了20块佉卢文长形字版，发现一处冰窖。认为房址已被严重侵蚀，佉卢文字版保存很糟，因而很快结束了对它的挖掘。[1]其实，N2是整个尼雅遗址中唯一存在密集建筑群的遗迹点，大约19处建筑物，呈环形展布在一处圆形广场上。广场中心是一个公共空间。它位于尼雅遗址中部，处于核心地位。其西南，紧靠尼雅遗址中最醒目的佛塔，其北面，有一区大型蓄水池，池周围着木栅。在这区密集建筑的东面、南面，还可见残存的四五段土垣。其中一段，长约20米、宽1.5米、高可2米。这明显具有防护性功能、垛泥筑就的黏土围墙，当是严重风蚀、切割后保存得不完好的城墙残段。对N2这一集群建筑，联合考古队只清理了1、8、19三组居室。每组建筑下部均有高0.5—1米的地基。建筑规模大小稍有差别。规格较高居室，规模较大，主室面积可达40平方米。室内贴壁见“ ┌┐ ”形土炕。住室中部有取暖火塘，火塘直径50厘米、深40厘米，火塘周围有宽10—25厘米的围垣，炉内厚积炭灰。四壁因长时间烧火而发红。住室内院或见小葡萄园。建筑围墙，除红柳、芦苇编就，内外涂泥的木骨泥墙外，还见到土坯残墙。土坯墙，虽简单，但在尼雅废墟内，是非同一般的设置，为规格较高的墙体。室内遗物，具有一般特点：木器是主体，家具、编织工具、捕鼠器、锁、饮食用器，几乎都为木质材料制成；陶器主要为罐、瓮，似作存储用；织物见丝、

1 A.Stein, *Ancient Khotan*, 1981, pp.328-332.

毛、棉、麻、毡；金属用器有铜、铁，但数量不多；饰物有玻璃珠、石珠；取火方法用钻木；也见到少量佉卢文写板。[1] 因为并没有对这一圆形广场上的所有建筑物进行全面清理，其间的关系，它们与遗址区内其他居址的异同，这建筑集群与佛塔的关系等，都还不能提出准确分析。但这一初步成果与斯坦因在《古代和田》中对N2的报道，差别是十分明显的。斯坦因只注意到遗址内佉卢文的存在，而完全忽略了它们所保留的社会生活信息。

N5，是斯坦因第一次进入尼雅时重点发掘过的又一处遗址。他着重清理了这区遗址北部一处大型房间及傍近垃圾堆，获得了250多件佉卢文、汉文简牍，包括24件羊皮佉卢文书、42件汉文木简。汉文木简中有引起关注的“泰始五年十月戊午朔廿日丁丑敦煌太守……”“晋守侍中大都尉奉晋大侯亲晋鄯善、焉耆、龟兹、疏勒”及“于阗王写下诏书到奉”等简文。为了便于判定简牍的相互关系、年代早晚，发掘中，斯坦因曾告诫自己要十分注意它们的相对位置。但无法避免的民工发掘的忙乱，还是导致10件文书失掉了原始编号。关于N5的报告，在《古代和田》中，篇幅不小，但差不多全部文字，只是对有关简牍出土、形制，羊皮文书的折扎、使用，封泥图形及封缄、捆扎细节，佉卢文的初步解读成果，晋简年代等进行的说明。只是在报道最后提到他曾关注这区遗址中的第16号遗迹，为一座“小寺庙”。遗址西南，是“由一些死果树及更深埋在沙中的篱笆标示的大果园”[2]。

我们也对N5进行了清理，得到的是相当不同的结论。N5经纬位于E82°43′44.3″，N37°59′53.9″，是一区两面傍河的大型遗址，处于地势高峻的台地上。东南缘有一条长达百米的人工林带，灰杨、柳树是主体，树龄很长，树干直径大都粗到40—70厘米，树干高10多米，它们曾阻抑沙尘，为居室主人荫蔽骄阳，发挥过不可轻估的作用。台地上共

1 参见中日联合考古队关于N2的调查、清理资料，《中日日中共同尼雅遗迹学术调查报告书（第二卷）》，第42—54页。

2 A. Stein, *Ancient Khotan*, pp.338-374.

图 10.2　五组建筑之间的开阔广场

存 5 组建筑：向东开启的院门，院门西北边有一处畜厩；一区小型佛寺；寺院西部有冰窖；偏北部为一处宽大、单独围篱的院落（斯坦因重点挖掘处）；西南部为一建筑面积达 300 平方米的大型佛堂。五组建筑间，是比较开阔的面积达 500 平方米的广场（图 10.2）。木结构院门东开，门道长 3.4 米、宽 2.86 米，残墙仍高 0.6 米。双扇院门自外向内开关，门槛磨损严重，足见进出人员人数不少，经历时间不短。院门南接佛寺，入院后可以直入寺门。斯坦因推论可能为“小寺庙”的遗址，确为一“回”字方形寺院，5.2 米 ×5.3 米。四边见地梁、立柱。中部为边长 2 米的正方形基坛（图 10.3，基坛上有深 1 米多、直径 1 米多的深坑，大概是 1901 年斯氏雇工留下的掘痕）。周绕回廊，回廊宽 1.2 米。清理中出土木雕像、八瓣铜花、壁画佛像、柱头花形装饰等。佛像已倾圮在地，裂作碎块。经黏合复原，可以见出面呈长圆形，眼细长微睁，俯视。有八字胡，着通肩式方格纹袈裟，形象基本完整。取小寺出土木材进行 ^{14}C 测年，结论为去今 1921 ± 60 年，相当于东汉三国时期。与斯坦因所获“泰

图 10.3　N5 内小寺基坛

始五年”木简基本一致，可以信从。这种“回”字形小寺，在塔里木盆地南缘不少沙漠古址中，均有发现，具有典型性。

佛寺西部，距约 10 米，为口部约呈四方形（边长 4 米）的方井，深 2.2 米后见枯树枝、麦草、骆驼刺，疑为冰窖。[1]

佛寺正西，即斯坦因判定的“大果园”所在，实际为一大型建筑。残长 24 米、宽 12.5 米。包括讲经堂与僧房。这里曾经是绿树丛丛，废弃后，巨大树材纵横交叠，覆盖在房屋废墟上，致使斯坦因判定它为一处大果园。僧房有二，其一长 8.5 米、宽 6.75 米，居北端。室内南向开门，存长 3.5 米、宽 1.25 米的土炕，用整齐土坯砌出炕沿，东墙下有灶、木桶、抹泥板。其二，长 9.75 米、宽 3.95 米，室内有长 5 米、宽 1.2 米的土炕，同样以土坯砌出炕沿。室内见灶，有烧土、烟灰痕。僧房与

1　塔里木盆地南缘，当地老乡至今仍用这种办法储冰。井底铺架木柴，冬季挖冰，置于木材架上，其上厚盖草被，封口。入夏，冰未消化，可以享用冰凉。

讲经堂间为过道，宽 1.75 米。讲经堂宽大，长方形。建筑面积 10.15 米 ×7.1 米。室内存一稍残木柱，屹立未倒，圆形，直径 0.5 米、残高 1.7 米，有榫头楔入地下大型方木础内，木础长近 1 米、宽 0.5 米。木础周围，出土了大量圆孔方形木斗、方孔方形木斗、梯形木、三角形木块、半圆形木块、一端弧形木块、带榫槽的长方形木块等，部分木斗与替木组合未散，间杂芦苇、草泥。一部分木构件上见烟熏痕。这类木构件，累积厚达 70 厘米，显示了这处讲堂当年的房顶，大概是用长方形檩木搭出框架，其间是木斗、枋木等构成藻井式天棚，其上再铺芦苇，抹草泥。在已见尼雅建筑遗存中，算最为恢宏、最有气势的一处。中原建筑工艺的影响也清楚可见。木柱四围，还发现 4 座木雕伎乐天人像，高 65 厘米，以枋木粗雕出天人起舞形态。辅以墨线，勾勒面形、指纹、服饰。可见出着圆领衫、长裙。头微侧，一手上举，作轻曼舞姿（图 10.4）。讲经堂东面不用泥墙封闭，而是开放式的栏杆。先在地梁上等距立小木柱，木柱间纵横架木条，构成栏杆。栏杆残高仍有 0.35 米，以小方材榫卯结合成几何图形，僧众可安坐栏杆上，遥看流淌中的尼雅河。（图 10.5）

讲经堂东北，与另一处大型建筑相邻。残存建筑主体，可以辨析出两组屋舍。东侧房屋见两间，其一残长 3 米、宽 3.5 米，其二残长 3.5 米、宽 2.5 米。西侧两间房屋为 8 米 ×7 米，另一为 7.5 米 ×14 米，相当宽敞。居室东南部为大型篱栅构成的院落，长 19 米、宽 8.5 米，面积达 160 多平方米。院门开在西北，宽 3 米。门道不朝向讲经堂、小佛寺。[1]清理中，发现了铜、铁器，木器盖（按：上有斯坦因编号 NX V：49，是已经出土并经斯坦因自己编号确定，最后又疏忽而未取走的文物。这类情况，在吐鲁番也有所见），纺轮、纺杆、紧绳器，汉文残简 9 支，佉卢文残简 5 件。这区房址，尤其是房后的堆积，斯坦因曾仔细清理过。

1　张铁男、王宗磊：《95 尼雅 93A35（N5）佛教寺院发掘简报》、《1966 年尼雅 93A35（N5）遗址 FA、FB、FC、FD 发掘简报》，分别载《新疆文物》，1998 年第 1 期、1999 年第 2 期。

图 10.4　木雕伎乐天人像

图 10.5　寺院旁边可以看到河道的地方，旁边的官员驻地，是河流拐弯处一个大型建筑

从斯坦因所获文物看，当为魏晋时尼雅地区一处重要官署或官员住房。也有人认为它是“寺主或住持的办公场所”[1]。但虑及院门不向佛寺开启，很难认为它们是同一组建筑布局。

本文之所以较详细介绍N5的清理结果，既是为了与1901年斯坦因的工作进行比较，更是为了说明，东汉以后魏晋时期，佛教已成为尼雅地区的重要信仰。N5佛寺可算一处典型，它是鄯善王国凯度多州境内最主要的寺院。与官署或重要官员住宅同处一个大院内，可以显示佛教作为一种重要信仰，与世俗权力存在紧密关联。寺院所在，地势较高，河水环绕，绿树成荫，建筑中见到的斗拱部件、栏杆装饰，说明佛寺在当年精绝社会中，具有相当崇高的地位，在尼雅居民中有着不可轻视的影响。

N37，也是斯坦因清理过的一处房址，相关报道比较简单：“N37位于（N36）的南面，有几个房间中出土了一些佉卢文木简。其中有一件矩形盖简，封泥上有中国鄯善郡守的官印印迹；另有一块古怪装饰木雕，显然是家具上的构件，上面雕刻着四瓣花纹，样式颇不寻常。”[2]

斯坦因这里只强调说明了两件出土文物。其实，N37的情况也远远不是这样简单。

N37，居于尼雅废墟的南部，经纬位置为E82°43′23″，N37°55′02″。四周为相当密集的红柳沙包、枯死胡杨，距废墟南端的古桥不远。其东约200米处，还有几棵干径粗大、枝繁叶茂、至今生意盎然的活胡杨，是整个尼雅遗址内唯一仍存活胡杨的地点。居址平面略显长方形，残存面积达190平方米，以东西向走廊为轴，南北两侧各有两间房舍。可以作为小家庭住屋的代表：四间居室以走道连通，分别为卧室、客厅、厨房、储藏室。距离住处约30米，有主人家的畜圈，以红柳枝围成，分隔为数间，从粪便观察，畜养品种有羊、牛、马、骆驼，粪便厚积达

1　贾应逸：《新疆石窟和寺院遗址研究50年的回顾与思考》，（韩）《中亚研究》，2001年第6期，第39页。

2　（英）斯坦因著，巫新华、刘文锁、秦立彦等译：《西域考古图记》（第一卷），147页。

20 厘米。居室建筑工艺也有代表性：木质地梁，其上立柱，立柱间有支撑木材，其间编红柳枝、芦苇为墙，内外敷泥。房屋中部有丫形立柱，下端楔入木础中，上架横梁。地梁、横梁、立柱均见榫孔，可以互相卯接，形成一个整体。平顶。顶部铺苇草、加泥。相当简单，但可避风沙、寒冷。睡眠、休息活动处是房内贴墙的土炕，长 3—5 米、宽 1.5 米左右，炕边用土坯砌栏，炕体为纯净黄土。其上铺毡、席。储藏室内见厚麦草、木柄铁镰、19 支木钉，骆驼用的鼻纤，纺轮、纺杆、丝织物残片、毛布片、骨勺、紧绳器，佉卢文木简、羊皮文书，墙角有较大陶瓮。居室内也见木简，还有料珠、玩具、鞋楦、木针、钻木取火器、箭杆、木箭头、戒面，另外还有两柄铁镰。整个住室内，共见佉卢文简牍 15 件，其中有的未开封，已开封的 1 件有童格罗伽王纪年，文书语言特征"接近公元 2 世纪中亚贵霜碑铭的语言"，判定为公元 2 世纪晚期遗物。[1]"鄯善郡尉"缄封的木牍缘何出土于此，给人留下了悬念。这处居址中，全部文物展示的内涵，是以小家庭为单元的社会生活情况，有农业，种小麦，饲养牲畜，家庭手工业中编织业具有重要地位，小件木器是日常生活中不可或缺的用具，较之陶器，用得更多。两件木质玩具（博具？），正方形、长方体，四面分别有 1—4 个压印圆圈，游戏方法不详。[2] 斯坦因在清理 N37 时，应该是能接触到这些文化现象的，但报道中未见措辞。他雇用的工人挖去了土炕的一段，目的也只是寻宝。自然，这些出土文物，与奢华、珍宝离得很远，但却清楚显示了普通居民的生活景象。

N2、N5、N37 这三处居址，我们和斯坦因都进行了清理。我们对相关遗址的认识与斯坦因曾有的结论，可以说差别很大。斯坦因当年的尼雅考古，尤其是获取的大量佉卢文书，曾在推进西域历史文化研究中，产生过重要影响。但他只关注文物尤其是佉卢文书，他雇用的民工也总

1 林梅村：《尼雅新发现的鄯善王童格罗伽纪年文书考》，《汉唐西域与中国文明》，第 178—197 页，文物出版社，1998 年。

2 张铁男、王宗磊：《93A27（N37）调查》，《中日日中共同尼雅遗址学术调查报告书（第二卷）》，第 69—76 页。

以找到这些文物以求邀赏，弊端是十分明显的。这样的工作方式，绝难对精绝或稍后鄯善凯度多州的社会生活状况，提供比较准确的说明。对斯坦因当年的尼雅考古，没有必要完全贬斥；但捧得过高，同样大可不必。应该把他放在当年特殊的历史背景下，全方位地冷静分析其工作过程与成果，给他以适当的历史评价。

四

20世纪最后10年的尼雅考古，除上面提到的调查、发掘外，还在遗址区南端胡杨林中发现了一座古城，对其南城门进行了发掘。对1995年发现的95MN一号墓地进行了全面发掘。除佛塔、N5佛寺外，在遗址区西北部还发现过一处佛教寺院。这些工作，提供了20世纪中期以前尼雅考古工作没有接触过的一些新资料。

（一）精绝古城遗址

精绝王国有城，通过《汉书·西域传》中“精绝国，王治精绝城”这句话，是可以肯定的。但在20世纪90年代以前，一批又一批有幸进入过尼雅废墟的中外考察者，谁也没有能发现古城的痕迹。

笔者在尼雅踏查多年，注意到N2遗址东面，有两段残长20多米的垛泥版筑土墙（图10.6），南面还有两小段垛筑泥墙，可以呈弧形连续，只是中间部分缺失很多，北面又为高耸的沙包覆盖，情况难明。据现存土垣遗迹，及其环抱中的环形建筑集群，可以联想到土城。当然，这还是一个需要进一步证实的推论。

废墟南部古城址，形制比较明确、清楚，位于E82°43′ 25.21″，N37°52′ 37.50″处。四周巨型红柳包丛集，枯死胡杨树屹立。古城垣也有相当部分被沙包覆盖。调查中，有一个体验：明明已到了古城前，复杂的地貌却每每还是使人不能把握古城的所在。其隐秘性，给现场工作的每个人，都留有深刻的印象。认真踏勘过古城垣走向、筑城工艺、建

图 10.6　古城墙，在 N2 遗址附近，证明此处有古城存在

筑遗存后，得到的印象也是完全不同于一般古代城市的概念。古城略呈椭圆形，长径 185 米、短径 150 米，周长约 530 米。城墙底宽 3 米，残高 0.5—2.5 米，顶宽 1 米左右。用黄白色淤泥垛筑而成，没有加夯，逶迤铺展。虽部分城墙为沙包掩覆，但走向基本清楚。城墙南部存一豁口，经发掘，发现红烧土、经火的残木构件，当为古城南门门道。东西宽可 5 米，南北进深 7 米。门道南约 6 米处，见木构覆草小屋一间，大部倾坍，满积黄沙。对这一小屋稍事清理，明确为尼雅废墟最一般的建筑形式，内见牛粪、细木片、柳枝编绳、块石等。西墙土缝中得佉卢文残简 1 支，据林梅村判读，是 1 件有马希利王在位时纪年的木简。清理城门积土，城门宽 3.5 米、进深 6.5 米以上（北端积沙过厚，未清理到头）。门道东西两侧铺地梁，地梁上残存直径 20 厘米之立柱，为过梁式一重门（图 10.7），最后遭大火焚毁。城内，除少部分积沙、几棵仍然屹立的胡杨树外，搜寻不到任何建筑遗存，也不见一点陶片等文化遗物[1]，似乎未

1　《中日日中共同尼雅遗迹学术调查报告书（第二卷）》，第 133—136 页。

图 10.7　南城门的全景(过梁式一重门残存)

曾有人居住、生活过。种种迹象，给人的启示是：这座简单垛筑在红柳沙包、胡杨丛林中的土城圈，绝对不是当年尼雅社会政治、经济、生活的中心，也不是居民居住的中心；而像是为躲避一时凶险而设置的避难所。如是，则精绝晚期社会生活之动荡，此处堪为一证。

(二)佛教

关于尼雅废墟之佛教遗存，除前面介绍了的 N5 佛寺、讲经堂外，还有居于废墟中部之佛塔，废墟西北部的一处佛寺遗迹。

尼雅废墟之佛塔，为尼雅的一处标志性遗存。它方基圆顶，用料为土坯。土坯之间用掺杂着麻纤维的黏土作为黏合剂，其厚度几乎与土坯相等。土坯、黏土，层层砌叠，上下层土坯注意错缝，相当牢固。佛塔残存高度为 6.15 米。底部为 3 层方形塔基。底层边长达 5.6 米、厚 1.8 米；第二层边长 3.9 米、厚 2.15 米；第三层边长 2.6 米、厚 0.3 米。圆顶高 1.9 米。从倾坍部分观察，佛塔内有呈塔形的内芯。建塔当年，先砌出塔状内芯，外面用土坯逐层围砌，最后一道工序是在土坯外敷草泥，抹光。

但外层敷泥，目前只余些许痕迹，大部分均已脱落。

值得注意之点还有位于这座佛塔之北面，3 座高 12 米以上的巨型红柳沙包。认真观察，可以见到沙包下微微出露的方形梁木端头，局部见红柳围栅。半埋沙包中，有几棵枯死桑树，树顶显露。桑树是人工栽植的树木。种种迹象，说明佛塔之北，与佛塔邻接，曾有大型带栅的木构建筑物，只是已埋在了沙包下。这被掩埋的建筑，最大可能是一处比较恢宏的佛教寺院。寺居北，塔居南。如是建筑形式，或会帮助深谙佛教建筑，尤其是印度、中亚地区佛教建筑特点的行家，对佛教进入尼雅的路线产生有用的联想。

佛教遗迹之三，位于尼雅废墟西北部。邻近斯坦因编号的 N12、N24、N25。但仔细、认真踏查，在斯坦因当年标定的这三处遗迹外，傍近实际还有六处建筑遗迹散处在较为密集的红柳沙包中。附近还可以见到成排的行道树、栅栏篱墙、窑址等，形成一处较为集中的建筑群落，寺院正位于这一建筑群落中心。当年，这处寺院，大概正是这区居民社会生活的中心。观察寺院地表遗迹，形态与已发掘的 N5 佛寺非常相似。只是规模较大，正方形边墙长达 8 米。中部，可以观察到基本也作方形的基坛，面积 3.5 米 ×3.7 米。四周为参拜回廊，南向开门。门下排列的土坯，似为台阶遗痕。总体设计明显为塔里木盆地南缘魏晋时期流行的“回”字形寺院布局，功能主要是作为礼佛、悟道的礼拜堂。寺院北侧，有小型附属建筑；西南，厚积的沙土堆下，有立柱上端出露，说明沙下还埋藏着一处与寺院存在关联的建筑物。

尼雅废墟内的佛教遗存，迄至目前，虽只发掘、清理了 N5 一处，其他两处只是调查，但 N5 寺院、讲经堂建筑有藻井式天棚，庭院树木很多，位于临河台地这一位置，足以说明，东汉以后，佛教在这一沙漠深处的聚落中，已成为居民的主体信仰，具有不同寻常的地位。结合业已解读的佉卢文资料，涉及《法句经》；尼雅出土的佉卢文世俗文书中，也多处提到“沙门”，他们与世俗的居民存在经济纠纷，如抵押葡萄园、耕地、人丁等，沙门有养子、养女，沙门之黄袈裟被一妇女焚毁等[1]，文字记录十分琐碎，但生动表明他们已深深介入精绝世俗社会生活之中，成了当年不可忽视的存在。

（三）尼雅95一号墓地发掘（此节参看前文，见本书第221页）

五

呼应着时代的风云，与20世纪共始终，尼雅考古不断发展、前进。精绝历史因此得有一个全新的面貌，汉晋时期西域历史研究因此得以展示新的面目。

斯坦因作为一个考古学者，在尼雅的考古、研究中，有过一定的贡献。英国政府在中亚地区与沙俄的角逐，它们的殖民主义野心，在斯坦因的工作中留有深刻的时代印痕，产生了不可低估的影响。在殖民扩张的不正常心态下，主要以取得文物为目的之工作方式，导致斯坦因对塔克拉玛干沙漠中许多珍贵的历史遗存，造成了难以估量的破坏。尼雅是典型一例。这自然给中国人民心灵深处留下了深深的伤痛。

新疆地区文物保护、博物馆、考古研究部门的科学工作者，在20世纪50年代以后，对尼雅废墟进行过不止一次的工作，付出过辛劳，流下过汗水。但实事求是地评价，真正将尼雅考古推入一个新的历史阶段的，还是20世纪最后十年中日合作的尼雅考古。虽然这一形式明显有不少难尽如人意之处，但总还是为科学的尼雅考古提供了过去从未获得过的工作平台。这次考古中使用了最新的技术手段，能实施全面调查，可展开重点发掘，尝试着组织实施了多学科学者的合作、考察、研究，力求最大限度利用一切有用的信息，关注遗址、文物的科学保护等，都是既往未见的新内容。

1　具体资料均见林梅村：《沙海古卷：中国所出佉卢文书（初集）》，北京：文物出版社，1988年。

现存尼雅废墟及此中已经出土的文物，主要表现着汉晋时期这一聚落中社会经济、精神文化生活方面的情况，也表现了作为丝路南道上不可回避的站点，它曾经有过与周邻世界的联系。在去今 2000 年前后，这里还是尼雅河下游三角洲，是尼雅河水可以方便流泻之处，水丰林茂、人烟稠密。农业在经济生活中占有重要地位，小麦、糜子是主要农作物。相当严密的灌溉制度，保证了旱作农业的稳定收获。葡萄、梨、桃、杏是重要的果品，葡萄酒是社会珍视的饮料，蔓菁、胡萝卜是重要蔬菜。与农业紧密结合的家庭饲养业，主要牲畜有羊、牛、马、骆驼，保证了交通、肉食、衣裘、皮革的供给。鸡是饲养家禽，在 N14 见过完整鸡体。一号墓地 M4，女主人胸前也有一只鸡。这里，鸡似乎已不是一般肉食来源，而有着更多的如宗教巫术方面的价值。木器制作、纺纱织布、擀毡织毯，是重要的家庭手工业。冶铁、铜，制陶，是满足全社会需要的手工生产部门，有专业的工人，他们社会地位不低。加工的兵器、斧、镰、刀、凿等工具，烧造的陶器，可满足绿洲社会的需求。处于沙漠包围中的精绝社会，重视树木的栽培。整齐的行道树，大宅周围树干直径 70 厘米上下的巨型杨木，以及红柳形成的栅栏，说明主人对它们防风御沙的功能有着深刻的了解。不止一处的桑林与和田文管所在这里采集到的陶蚕，表明晋代精绝社会可能已知栽桑育蚕。

沙漠深处不大的绿洲，区区“户四百八十”“口三千三百六十”，可见精绝王国的政治、军事实力是十分有限的。精绝在丝路南道上不可低估的地位，是由它重要的地理位置所决定的。汉晋时期的丝路南道，是穿行于塔克拉玛干沙漠的主要的丝路干线。植根在尼雅河上的精绝绿洲，西去克里雅河扜弥，东至安迪尔河安迪尔绿洲，其间都有 100 公里以上的沙漠征途。在沙漠中行进，以最耐干渴的骆驼代步，最长 5—7 天就必须要有水的补给。以沙漠中日行 15—20 公里计，没有精绝绿洲的补给，丝路南道是不可能正常运行的。正是因为这样的地位，任何一个企图控制丝路南道交通的国家，都必须首先取得对精绝绿洲的控制。西汉王朝打通丝路南道后，在精绝投下过很大的精力：行安辑政策，对上层统治者厚赂怀诱；设屯田（出土过“司禾府印”），推行汉文化教育（出土过“仓颉篇”汉简），便于政令之贯彻实施。汉简，大量锦、绢、铜镜、漆器，直至食具——漆筷，等等，无不表现着汉晋王朝对这片土地的关注。

东汉后期，佉卢文开始进入尼雅。至晋代，汉文虽然存在，官方也在继续使用，但佉卢文地位日重，并逐渐成了在精绝社会生活中占有主要地位的文字工具。这与贵霜的影响密切关联。精绝社会上层人物剑、刀皮鞘上的纹饰，权贵人家的木椅雕腿图案，棉布上的丰收女神像，佉卢文木牍封泥上的希腊神话人物形象，玻璃器、精美毛织物，均可以见出来自帕米尔高原以西的物质、文化影响。

透过物质文化遗存触摸到的这些历史信息，对当年精绝绿洲在丝绸之路上曾经承担的历史责任，曾经流动在丝绸之路上的政治、经济、科学技术、文化艺术潮流，我们至今可以清晰地感受到。

一千六七百年前鲜活的绿洲，如何化作今天没有生命的废墟，是一个大家都十分关注的问题。深处沙漠中的绿洲，地理环境严酷，生态脆弱。现存地表表现着废弃当年社会生活一瞬间的种种迹象：房屋完好、四周林木葱郁；屋舍中有粮食堆积；不少佉卢文书还未开拆、处理，匆匆埋在了室内一角，或藏匿在瓮，埋在沙土内；土炕上少见完好的日常用物；已解读佉卢文，多处提到苏毗人入侵，人心惶惶……这种种迹象，都足以说明，遗址废弃当日，形势紧迫，绿洲主人带着少量急用物品匆忙离去，却又怀着还要回来处理种种未了事件的愿望。只不过是无法预料的事态发展，使他们没有得到返回故国家园的可能。再穷的家，也难舍弃；故园总有无法割舍的种种亲切记忆，尤其是已经熟悉了的、感受着安全的生产生活运行程序，还有先人的坟墓……若不是面对无力抗衡的外部力量，他们是肯定会回到这一十分熟悉的空间的。但是，他们终究没有回来。是人的丧亡？是绿洲生命之源——水的运作秩序受到了破坏？还是自然困难与社会灾难的综合作用？因素可能是多种多样的。最后、最完满的解读，不仅要在这片废墟遗存的诸多细节上寻觅，也要在尼雅先民徙居了的另一处绿洲点上去寻觅。这一点，我们至今还没有实现。

20世纪的尼雅考古，取得了丰硕的收获，给了人们历史的教益；但要全面准确地认识尼雅河水系自然、地理单元内人类发展的历史过程，在严酷、脆弱的生态环境中，人与环境的关系，包括尼雅废墟的兴起与沉落……还需要考古、历史、遥感、沙漠、地理、气象、生物、古文字等许多学科专业力量的介入、合作，才可能取得新的突破。在21世纪，这是一个可以实现的理想。

完稿于2004年

初刊于《西域考古历史论集》，第451—479页

中国人民大学出版社，2008年

尼雅 95 一号墓地 3 号墓发掘报告

一　调查经过和地理环境

尼雅 95 一号墓地是在 1995 年调查时，新疆文物考古研究所人员赴遗址北部的 93A10（N13）、93A9（N14）勘察途中，偶然发现的，便命名为 95MN1 墓地，并以遗迹保护为前提，进行了紧急发掘调查。（图 11.1）调查是以所设定的 10×10 米的探方为中心进行的，发现了包括 3 座箱式木棺墓（M3、4、8），6 座船形木棺墓（M1、2、5、6、7、9）在内的 9 座墓（图 11.2）。考虑到地理环境、调查期间的限制，为保护遗物，在发掘现场，只做了最低限度的清扫、实测和摄影，经过认真加固包装，将遗物安全运至乌鲁木齐并进行了室内整理工作。1997 年，在 1995 年调查地点的西侧，又确认了几座新露出的木棺，随即进行了紧急发掘调查，墓地领域进一步扩大。

95MN1 墓地位于佛塔北约 5.2 公里。最近的住居遗址有墓地东南 1.2 公里 92A11（N8），西北 2.7 公里的 93A9（N14）、93A10（N13）。墓地建在古尼雅河左岸的高高的丘陵上，地形是南高北低。周围分散存在着枯萎了的胡杨木和红柳堆，但北侧沙丘连绵，无法确认植物的生息状况。由于地面被流沙覆盖，要确认其层位关系十分困难，但是，调查

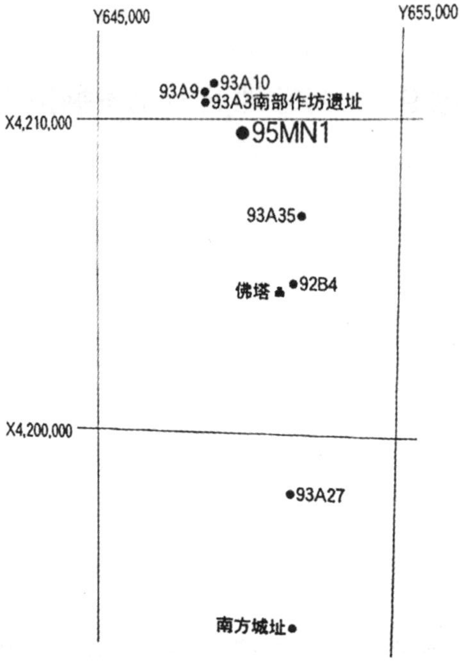

图 11.1　95MN1 位置图

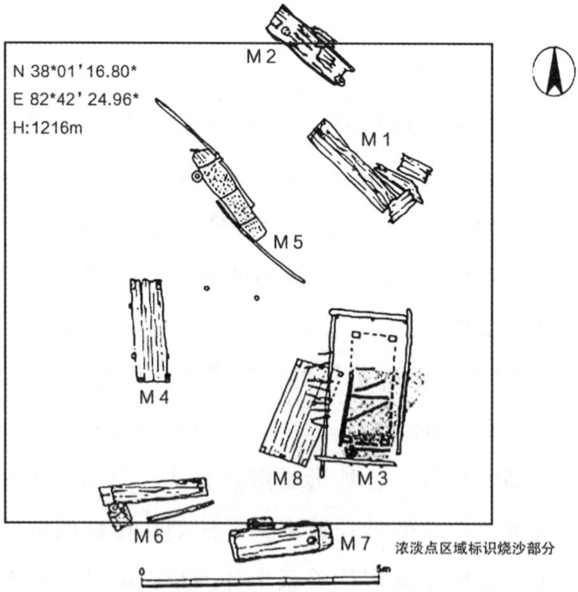

图 11.2　95MN1 号墓地墓葬分布图（1：100）

结果表明，上层有 M1—4、6、7，下层有 M5、8，且埋葬时间至少分为两个时期。同时，还确认了墓坑是挖掘灰白色土层而成的。

以下，对箱式木棺墓 M3 作一详细介绍。

二 M3

尼雅 95 一号墓地，被评为 1995 年中国十大考古发现之一。其中 3 号墓（95MN1M3）规模最大，出土文物最为丰富。部分重要文物，虽曾通过新闻媒体、学术杂志进行过简要报道，但其全面、完整资料本文为首次刊布。

（一）墓地发现及发掘清理过程

1995 年 10 月，中日合作尼雅考古继续进行。10 月 11 日，笔者作为中方学术队长，偕吕恩国、于志勇、阮秋荣、艾则孜四人用沙漠车自营地（尼雅佛塔附近）向遗址西北部行进，计划对遗址西北编号为 93A9（N14）的遗址，作进一步的现场勘察。沙漠车自佛塔斜向西北，沿尼雅河床北西方向，觅路而行。过 92A11（N8）后，驰上一处沙丘，突然在车窗右侧发现一段胡杨木，形似船棺，暴露在沙丘下的低凹处。随即停车观察，确是一具覆沙早已流失，相当长时间暴露在日光下，木质已干裂的胡杨木棺具。棺盖稍离位，但棺内尸体、衣物保存尚好，衣物边缘使用的汉锦图案，清楚可见。随葬之弓箭等物，亦未损毁。清楚提示，这片凹地内存在一处未经盗扰且保存完好的汉代墓地。

墓地所在经纬位置为 N38°01′17″231 × E82°42′24″588。海拔高程 1216 米。所在环境：东侧，是一片初生不久即遭毁灭厄运的小胡杨树；其北，为尼雅河古河床，古代河道至此，折转北流；南、西方向，沙丘连绵起伏，逶迤远去。地势西、南高，而东、北低。与墓地毗邻，有几处高 3—4 米的红柳包围峙。这一地貌环境应予注意之处是：与斯坦因曾经发掘过的“尼雅西北墓地”（93MN1）（1995 年新疆博物馆发掘的东汉精绝贵族墓，具体位置当亦在此）特征近同。斯坦因标定的西北墓地，东侧，也是尼雅河床，西、南为高耸沙丘。紧贴墓地，为一高 3—4 米的巨形红柳沙包，相当醒目。这两处墓地规模大、品级高，而地貌环境特点又近同，似乎显示当年精绝王国上层统治集团墓地之选择存在相同标准。

这一偶然发现，是设计当年工作计划时未曾考虑到的新因素。但考虑到墓地所在为尼雅遗址的最西北部，与可能为汉精绝王室居址的 93A9（N14）相去不过两公里多，且既保存完好，但又在流沙移动、自然暴露过程中，当即决定调整计划，以已暴露之胡杨木船形棺为标志物，开掘 10 米 ×10 米探方一区，由联合考古队中方队员负责进行发掘。

M3 居探方东南，北邻 M1，西邻 M8，南邻 M7。发掘工作自 10 月 12 日起，至 10 月 25 日结束。前后历时 14 天。主要参与发掘的工作人员除笔者外，还有吕恩国、于志勇、阮秋荣、艾则孜、李军。

发掘开始，首先清理探方内上层流沙。探方南部，为一道呈东北—

图 11.3 精绝王陵发掘现场

西南向的沙垄，是季风过程中的近期积沙，相对高度一米稍多。流沙清除后，为厚20厘米左右、色泽稍青的沙层。墓葬，均掩覆在这一沙层之下。

在清除探方内色泽稍青沙层后，于M3所在位置上部，发现一片不规则的烧沙，原先的澄黄色细沙，经过大火，已成黑红色，厚20多厘米。烧沙内，见一块碎头骨片、一块脊椎、几块夹砂陶片、一小块汉锦碎片（见残缺之瑞兽及云纹图案）、烧残木块、小木板、三段烧残的方木块（最长达30厘米，边长10厘米），残留榫孔。整个现象显示：曾有一箱式木棺葬，已在古代焚火中被毁。汉锦残块，提示其为汉代遗存。

黑红色烧沙下，为厚10多厘米的积沙。沙下逐渐显露M3遗存。10月15日，木棺完全显露，为准备开棺后的文物包装材料如棉花、装具等，暂予封存。10月23—25日，揭棺，发现尸体及文物保存完好，许多大件丝织品色泽如新，现场清理相当困难，遂将棺木加固，用沙漠车运回乌鲁木齐，11月8日，在乌鲁木齐开棺清理。参加清理工作的人员除野外发掘者外，还有王亚蓉、于志勇、张铁男、郑渤秋、胡桂珠、王宗磊、赵静、吴勇等，历时一个月，清理工作基本完成。

（二）墓葬形制及埋葬情况

基本形制是：长方形竖穴沙室，矩形箱式木棺，棺上盖毯、覆草、压沙。正南北向，木棺外侧置木框架、插小木桩固定，形成外椁。木椁与沙穴之间，棺、椁之间，均填置大量麦草、苇草、红柳枝。具体情况是：

1. 表层覆沙，厚约10—15厘米。

2. 覆沙下为盖草，主要为骆驼刺，厚约10厘米。

3. 草层下为竖穴沙室。流沙无法稳定，竖穴口大底小。穴口南北长4.10米、东西宽2.40米，穴底长3.50米、宽1.60米，穴深1.50米。

4. 沙穴内，见木椁。木椁：以分别长3.50米和1.90米，直径10厘米左右的园木，构成矩形框架。框架长3.00米、宽1.50米。南北向框木东侧，分别竖插小木桩6根、9根，助于框木稳定。西侧框木，可能与沙穴一侧下沉有关，小木桩倾斜倚靠在了框木上。

5. 木棺，置于木椁中，木棺为条箱形，长235厘米、宽94厘米、高 94 厘米。以宽 10—14 厘米四条方形木腿为支架，凿出榫孔，嵌入箱板（四块）、档板（两块）、底板（四块），板厚 4—5 厘米。板块之间用木钉连接。木棺上口及底，各加两根横撑，板块合缝处以黏土涂抹，帮助密封。盖板上覆铺多层毛毯。全棺不见用钉。板材为胡杨木，用小砍削平，不见锯、刨痕迹。

揭开棺盖，棺内基本无沙。男女合葬，虽全身位于“王侯合昏千秋万岁宜子孙”锦被下，但齐头并卧的姿势清楚可辨。锦被以两幅织锦并合，色彩依然鲜艳。男女干尸脚下，两尸之间，为陶罐、木盆，内置干果、食品；木棺尾档两角，亦为木盆，其上置羊腿，分居男女两尸脚下。男尸一侧，为一副弓、两箙箭、木杈形器物上挂附男主人生前穿用的锦上衣及配带、刀鞘、弓衣、毡帽等；女尸头侧为内盛铜镜和梳妆用品的漆妆奁。身侧木杈上挂附长裙一条。随身的衣袍、饰物，均保存完好。

男女主人头下矩形锦枕，盖面衣，头北向，仰身直肢，双手自然下垂，面部基本朝上，但头部微侧，互视对方。男尸左臂稍压于女尸右臂上，表明女尸先入殓。揭开面衣，女尸右脸颊下部呈黑红色，严重淤血，颈部断裂。男尸面色黄褐，与身体其他部位一致。除背部皮肉已朽烂外，其他部分皮肤、肌肉，基本保持完好。男尸身高 1.74 米。眉弓突出，鼻鹰钩，嘴咬丝锦带，紧紧闭合。女尸身高 1.62 米，除右下颊部多淤血成黑红色外，鼻部已朽烂。面部表情痛苦。

男尸覆面用“世毋极锦宜二亲传子孙”锦，边幅红绢。头戴披肩白绢风帽，只面部暴露。不见须发。身穿菱格纹锦袍，窄袖，宽下摆，右衽。内衬绮衣，贴身配饰一颗蜻蜓眼大料珠。锦裤，脚着皮底皮帮钩花鞋。右颈下见一道砍痕，右大腿上部也见砍痕。

女尸覆面用茱萸纹锦，边幅红绢。头裹丝织几何纹组带，内衬丝绵。不见头发。额部绘一竖道红色纹彩，耳垂四小串珍珠金箔片饰，颈骨已断离，项下配以红绢扎成的珠形项链。身穿锦袍，长及脚跟，内衬绢上衣、绢夹衣，锦裤，脚穿绢袜、高腰锦靴。

（三）出土文物

除随殉的陶、木器皿及其中盛储的肉、粮、果品外，其他，几乎都是死者生前使用过的衣物、弓箭、佩刀及化妆、女红用品，死者入棺时的衣衾鞋帽保持完好。这些文物，虽不算丰富，总数不足百件，但因其表现着精绝王国上层的实际生活状况，社会历史价值不能轻估。

本文按其使用功能，分为饮食器具、兵器、妆饰用品、服饰及毛毯等几类进行介绍。

1. 饮食器具及相关食品

饮、食用器，以木器为主，陶器居次。

1）陶器，共见两件

① 双系陶罐（95MN1M3：6）

口径 13.20 厘米、底径 7.00 厘米、通高 18.00 厘米。泥质夹细沙，色微红，手制。方唇、平口、鼓腹平底，肩部双耳（一耳残失），颈部绕两根细绳（残留 1/3），内存干结糜谷粥。从器腹内壁观察遗痕，当年糜谷粥及于罐腹，水分挥发后，成干结之饼状。出土时，置于男女尸足之间。

② 带流罐（95MN1M3：8）

口径 12.60 厘米、底径 8.90 厘米、通高 24.00 厘米。泥质夹细沙红褐陶，手制。侈口带流，流嘴微上翘（残）。高领鼓腹，大平底。出土时器内存干结糜谷粥。出土位置在女尸足下，其上置木盆。

2）木器

① 木盆（95MN1M3：3）

以整块胡杨木砍削、掏挖成型。侈口、腹斜内收，平底。口径 24.00 厘米、底径 8.00 厘米、高 12.00 厘米，壁厚 0.80 厘米。盆内置一羊后腿，已成肉干。腿上残留丝织物碎片、糜谷粒。出土于女尸脚下。

② 木钵（95MN1M3：9）

用整块胡杨木砍削、掏挖成型。观察刮痕，口部平行有序，加工较细，腹壁稍直。中腹微显折棱。大平底，自下腹部至底，刮痕细碎零乱。

口径 20.60 厘米、高 11.60 厘米、底径 8.60 厘米，壁厚 0.60 厘米。其上置羔羊前腿一，已成肉干。旁侧有小铁刀一件。钵底有一层浆状食物，已干结。出土于男尸脚下。

③ 木器座（95MN1M3：10）

以圆木一段砍削而成。束腰形，实心。顶面中部掏挖成浅盘，高约 2 厘米。底面平，但稍显内凹。砍痕清晰，砍削痕宽约 2 厘米，可见工具之刃面宽度。出土时置于木钵下。通高 14.80 厘米、口径 12.80 厘米、底径 12.60 厘米。

④ 木器座（95MN1M3：5）

以圆木砍削成型，束腰状。面径 15.00 厘米（底面径同）、通高 10.00 厘米。顶面掏挖成盘形，深达 3.00 厘米。从底面观察，断面相当平齐。出土时置于木盆下。

⑤ 木碗（95MN1M3：4）

以圆木掏挖成型。敞口、尖唇、深腹、平底、单耳。口径 12.00 厘米、底径 7.00 厘米、高 6.00 厘米。内盛葡萄、沙枣、梨等，均已成干。

⑥ 木碗（95MN1M3：7）

用圆木掏削而成，内外壁均见相当整齐的削痕。口微敛，深腹平底，单鋬耳。口径 8.60 厘米、底径 5.60 厘米、高 6.20 厘米。内盛梨四个，已成梨干。

⑦ 小木桶（95MN1M3：11）

圆柱状，以一段圆木刮削掏挖而成。但底为圆形木塞。口径 5.40 厘米、高 10.00 厘米。近口处穿对称两小孔。器表涂染成红色。出土于女尸臂侧。

⑧ 木杈：

A（95MN1M3：19）通长 115.00 厘米、径 3.00 厘米。出土于男尸身侧。

B（95MN1M3：13）通长 133.00 厘米、径 1.50—2.00 厘米。出土于女尸身侧。

基本形制为一尖状木杆，刮削光洁，下端可竖插入地，上端木杈可用以挂衣带。当为主人生前用物，死后入殓。

这类木杈，古称“椸”。按古礼规定，男女有别，不可彼此混用。《礼记》卷二十八“内则”称“男女不同椸枷，不敢悬于夫之楎椸”。《礼记·曲礼》（卷二）也谈“男女不杂座，不同椸枷”。注“竿谓之椸，楎，杙也”，疏称“植曰楎，横曰椸，然则楎、椸是同类之物。横者曰椸，则以竿为之，故云‘竿谓之椸’”。

M3 内男女身旁之木杈架，当为古代楎椸制度的具体表现。男女各一，其上女性悬裙，男性悬锦衣、皮腰带（带上附箭鞘、匕首鞘）、皮囊等随身用物。不互相混用。

2. 兵器

兵器，主要是男子随身的弓、箭、刀鞘等。

M3，有关弓、韔、箭箙及箭、鞘及一件不知名木器，均连缀一起，系挂在一宽 4.00—5.30 厘米、长 125.00 厘米的牛皮带上。这在 95MN 一号墓地中，是男子随葬品中的普遍现象。

1）弓（95MN1M3：16：①）

一张，为男主人生前实用品。稍残，出土时置于男尸身侧。弓体长（顺曲度量）157.00 厘米，两弰跨距 136.00 厘米。弓弣、弓弸、弓弰组合情况，从皮筋脱落处可大略观察。弣木质，长 36.00 厘米，两端削尖与弓弸胶合。弓弸木质与弣不同，为一整条长 157.00 厘米、宽 5.00 厘米木质物，与弓弣胶合处，稍薄。弣、弸处贴角、骨、牛筋，但已虫蛀。弓表，绕绿绸数圈。弓弭已失。弓弦为牛筋，四股交扭，长 136.00 厘米。出土时，套扣在弓弸尾端，但相当稀松，可随意取下、扣合。

2）弓衣一套（95MN1M3：16：②）

皮质，边缘以皮线缝联，曾经长期使用，外表磨损。通长 108.50 厘米，上口宽 18.00 厘米，尾端收缩如弓弭状。弓弦整齐时无法纳入，置入弓衣时，须先把弦线解除，如是，背携较为方便。

3）箭箙两件（95MN1M3：16：③④）

皮质，圆筒状，通长分别为91.40厘米、87.80厘米。上端有盖，可以扣合。中部有皮箍一道，用以加固，附皮条四道，可以与腰带系牢。出土时，一盒内空，一盒内纳箭四支。

4）箭共四支（95MNIM3：16：⑤—⑧）

主体为三节木杆相贴接而成，箭头圆形或稍尖。通长84.00厘米，尾端中凹，可以纳弦。不存翎羽，也未发现曾经粘附翎羽的痕迹，只是漆绘黑红色彩道。似非实用物。

5）刀鞘（95MN1M3：16：⑨）

牛皮质。口部宽10.50厘米，通长36.00厘米。刀已不存。

6）皮腰带（95MN1M3：19：①）

出土时套系于男主人身旁木杈上。腰带是主人生前实用物，已稍残。带宽3.70厘米、残长110.00厘米。质料为牛皮。边沿内折，折沿宽1厘米多。折沿上，当年曾铆附其他材料，现存铁质铆钉八个，但附物已失。皮带端头用铁带扣，朽蚀严重，具体形制不明。近皮带两端头处，各铆附半圆形铁环（环径2.70厘米），一环内系一件短剑鞘、一条搓扭之皮绳、一长条皮带（皮绳、皮带所系物已失落）。又一环内系髹漆皮鞘，可存三件功用不同的小器物。

7）剑鞘（95MN1M3：19：②）

木胎外包皮，皮表髹朱红漆，压绘卷云、如意纹。通长26.00厘米、宽8.00—10.00厘米。或与铁兵器之极度珍贵有关，短剑并未入鞘。从鞘之造型及鞘内木胎之菱形造型分析，短剑当有一字形剑格护手，剑身剖面呈菱形。宽可8.00厘米、长约20.00厘米。此类短剑，鄂尔多斯文化中多有所见，阿富汗出土公元前后之短剑也有此造型。

8）刀鞘（95MN1M3：19：③）

皮胎皮面，表面髹红漆。鞘体外形如剑鞘。但观察内胎实际可容三小件用器。两件并列于外，其一附列于后。三件用器，两件无存。所存一件小铁刀，已朽残，刀柄部嵌于象牙把手内，牙把长12.40厘米，骨质细致密实，叩之发清脆声。底边长1.20厘米、高1.00厘米。刀体宽1.10

图 11.4　漆梳妆盒，内置栉袋、梳篦、铜镜、针线等

厘米，薄刃，背厚 0.20 厘米。严重朽损。

9）不知名木器（95MN1M3：16：⑩）

出土时与箭箙系连一体。为直径 1.30 厘米木棍一根，经火烤使上端卷曲，成半环，下端直。通高 72.00 厘米。作用不明。

3. 妆饰用品

1）漆妆奁（95MN1M3：12：①）（图 11.4）

女主人最重要的梳妆用具，均置于奁中，入葬时置于女主人头前，位置未扰动。

漆奁圆筒状，通高 12.40 厘米。奁体竹胎，厚 0.35 厘米，底微内鼓，圈足，高 3.20 厘米，通高 13.50 厘米。奁盖，壁为夹竹胎，厚 0.50 厘米，盖部用木，厚 1.40 厘米边缘贴麻布，系纽铜环。口径 14.00 厘米、通高 9.60 厘米。底部外壁夹竹胎，厚 0.80—1.00 厘米。奁内壁朱红，外壁墨黑。

出土时，奁内盛铜镜一枚（置锦质镜袋中）、梳篦一套（置于蓝色毛毡袋中）、小香囊四个、绕线轴一件（其上有丝线）、绢织物一小卷（含紫红、绿、蓝、黄白色绢，为象征物）及碎锦片（含“世毋极锦宜二亲传子孙”“王侯合昏千秋万岁宜子孙”锦残片），另有一团粗细不等的丝线，两小团用于化妆的丝棉团（已浸染成紫红色，彩图五十九），并见黄色毛发一团。

2）针线轴（95MN1M3：12：②）

木质，长 4.60 厘米，长圆形，上端钻小孔。轴上刻有三道对称槽口。绕蓝、白色丝线。线上斜插一根铁针，已残。

3）香囊（95MN1M3：12：③—⑥）

以双层绢缝制，分别为紫红、粉红、绿、白色。大小不一。内装块状物。未进行分析，性质不明。

4）铜镜袋（95MN1M3：12：⑦）（图 11.5）

锦面绢里，圆形，底径 9.80 厘米。锦面用“世毋极锦宜二亲传子孙”锦与蓝地几何纹锦，色调、图案素雅。出土时，铜镜仍在袋内。

5）铜镜（95MN1M3：12：⑧）（图 11.6）

青铜质，银灰色，置于镜袋内，纳漆奁中。圆形，直径 9.20 厘米，圆纽，圆座。纽内穿绢面丝绵带。铜镜背面纹饰：纽座外绕以一道龙形纹。龙嘴张开，迎搏圆球，龙身卷曲自如。龙形纹外为弦纹圈带，其外为一道短斜纹栉齿纹圈带，再外为锯齿纹，更外为曲波折线。

这类圆纽圆座，栉齿、锯齿、波折纹缘，其间夹四神、禽兽纹，是东汉中期多见的一种铜镜图案。但主体为一圈龙纹，则为过去所不见，或与墓主人身份相关。

图 11.5　“世毋极锦宜二亲传子孙”铜镜袋

图 11.6　铜镜背面的龙形纹

6）栉袋及梳篦（95MN1M3：12：⑨—⑫）

栉袋：蓝色毛毡缝合而成，中腰宽而两端椭圆，外缝黄色宽条形绢带一道。通长 18.00 厘米、宽 8.00 厘米。内盛木梳、木篦。系带交结处缀饰一黄白色蜻蜓眼料珠。

梳：木质，背部椭圆，梳齿稀疏。长 8.10 厘米、宽 5.90 厘米，19 齿。

篦：木质，背部椭圆形，长 7.50 厘米、宽 5.80 厘米，齿密，共 36 齿。

料珠：径 1.40 厘米，圆形，中穿孔系带。黄色地上，间显白色纹。

7）锦质栉袋（95MN1M3：20）

出土时，系挂于男尸身侧木杈上。中部宽，端头椭圆。内盛梳、香囊等物。因长期使用，已严重磨损。通长 18.50 厘米、宽 8.50 厘米。一端袋内存木梳，梳长 8.00 厘米、宽 5.70 厘米、厚 0.40 厘米。梳齿 19 根，完好。另端盛绢质小香囊三个。

袋料用动物纹锦缝制。为四重经锦，四经颜色为绛红、海蓝、深蓝、黄。四种色经根据纹样要求分别显花。

门幅无法确定。经密 160 根 / 厘米，纬密 18 根 / 厘米。因文物原件较小，且织物磨损较严重，许多地方表层的经线已经磨掉，纹样不清晰，仅能看到龙、虎、象等动物，花纹循环不详。

8）项链（95MN1M3：42）

为“绢珠”与珍珠合连而成，出土时仍在女主人颈下。通长 65.00 厘米。所谓“绢珠”，是用一条红色绢绸，内盛的棉花已细碎为粉状物，缝成细条后，更以绿色丝线分别捆扎成 62 颗圆珠形。颈后接合部加连 20 多颗小珍珠，构成一条完整的项链。

9）腕饰（95MN1M3：48：①②）

出土时仍在女主人左、右手腕部。系用细绳串珠套置手腕。只是细绳已断裂，右手存小珠 15 颗，左手见 20 颗。珠径 0.20 厘米，色泽较灰暗，疑为金质。仍未分析。

10）金属耳饰（图 11.7）

出土时，仍系附于女尸左右耳垂。表面显蓝色，金属性质未分析。

图 11.7　M3 出土的银质珍珠耳饰

形若尖蘑菇，其上嵌饰小料珠。蘑菇体下垂四小串珍珠与一块金箔片。造型别致。

11）蜻蜓眼饰珠（95MN1M3：52）

珠近圆形，天蓝色地，白色圆点纹。径 1.80 厘米，中穿圆孔。内穿皮带，带长 130.00 厘米，男尸贴身斜背。这一出土情况，不仅表明蜻蜓眼料珠特别珍贵，而且显示着一种求安祈福的辟邪作用。

12）锦镜袋（95MN1M3：30）

出土时，系于男尸身旁木杈，也用“世毋极锦宜二亲传子孙”锦，两块碎锦片缝合。底径 15.00 厘米。内不见铜镜。

13）帛鱼（95MN1M3：49）

通长 13.00 厘米。出土于女尸腰际，与女尸随身之手绢缀联在铁环上。用三种面料制作。

鱼身用蔓草纹锦。此为二重平纹经锦。甲经为棕色，乙经为棕黄色。经密 76 根 / 厘米，纬密 22 根 / 厘米。纹样不完整。似有蔓草、茱萸纹等。

三角形鱼鳍、扇形鱼尾用棕黄、浅绛素绢。鱼尾以两层不同颜色素绢相叠，酷似金鱼形象。棕黄绢，经密 56 根 / 厘米，纬密 20 根 / 厘米。浅绛素绢，经密 76 根 / 厘米，纬密 19 根 / 厘米。

4. 被服毯类织物

不论被衾、衣服还是地毯，除个别为送丧而准备外，大都是平日生活中使用过的物品。许多物品因长期使用，已严重磨损或者破裂，部分损坏衣物经补缀后，继续使用。织物的质料，有丝、毛、棉、麻。主要为丝，其次为毛。棉、麻，在这座墓葬主人的生活中，居于相当次要的地位。

1）裁绒毛毯

都曾长期使用，裁绒已磨蚀近平，色泽消退，图案不显。主人逝世入葬，这些地毯一块铺垫于棺底，三块重叠覆于棺盖。共见四块。

① 米黄色条纹裁绒毯（95MN1M3：27）

长 2.38 米、宽 1.76 米，厚 0.30 厘米。米黄色地，每平方厘米经纬线 4 × 12 根，平纹组织。用乳白色毛线以马蹄扣结出乳白色平行条纹，密度为 10 厘米内 6—7 排扣，18 个结扣。覆于棺盖最上层。

② 彩色龟甲纹裁绒毛毯（95MN1M3：28）

长 2.95 米、宽 1.28 米。稍残。裁绒磨损严重，纹彩依稀可辨。米黄色地，基础组织为一上一下平纹。每平方厘米经纬线 5 × 7 根。密度为 10 厘米内 11—13 排扣，20—25 个结扣，相当紧密。多种色线（枣红、朱红、粉红、土黄、褐、绿、湖蓝、蓝紫等）作绒纬，马蹄扣，图案复杂，三重边框内，浅蓝色线填花，龟甲纹作四方连续。出土时覆于棺盖。

③ 原色斜纹裁绒毯（95MN1M3：29）

已残。长 153.00 厘米、宽 73.00 厘米。出土时覆于棺盖。基础组织为二上二下双面斜纹，每厘米经纬线 2 × 4 根。深色毛绒为绒纬，马蹄扣、8 字扣兼用，密度为 10 厘米内马蹄扣 10 个，6 排，8 字扣 5 个。毯面显几何形横条纹。

④ 彩色裁绒地毯（95MN1M3：61）

置于男女尸体身下，棺底板上。残破，约长 150.00 厘米、宽 110.00 厘米。暗红色地，平纹组织，密度为每平方厘米经纬线 4 × 8 根。以褐、米黄、深蓝、粉绿等色线作绒纬，结马蹄扣，每隔 6 行地纬结一行，每 10 厘米结 12 排，24 扣。在暗红色毯心上显示有规律布局的龟甲纹样，三重边框分别为晕色横条、波头、晕色竖条纹。

同样彩色、组织绒毯，另见一小块，置于棺盖空隙处，未另编号。

2）被衾、衣服

大都使用丝绸织物，主要是锦、绢，另有一件绮，一件手编织物。

锦，是汉代丝织物中最豪华、贵重的一种，代表着当年丝绸织造技术的水平。3 号墓中，共见锦制衣服、帽、袋等 17 件，使用了 13 种不同纹饰的锦料。

绢，在丝织品中是组织最简单的平纹织物。3 号墓，有 14 件衣物、饰品使用绢，但经纬线粗细有别，密度不同，可见出品种、规格之差异。

绮，在平纹地上使用轻浮线隔经线起花，工艺较为复杂。墓内，只用为男主人贴身内衣。

从织造工艺角度分析 3 号墓中出土锦类标本，可以结论：均为经线起花的平纹重经组织。有两组经线与一组纬线构成的二重平纹经锦和四组经线与一组纬线构成的四重平纹经锦两种。

前者（二重经锦）其组织结构具体表述如下：当甲经起花时，甲经三上一下重平，背衬乙经一上三下重平；当乙经起花时，乙经三上一下重平，背衬甲经一上三下重平。（图 11.8）

“世毋极锦宜二亲传子孙”锦、方格纹锦、浅棕地几何纹锦、人物禽兽纹锦、蔓草纹锦、“广山”锦、“璧纹”锦等，都是二重平纹经锦。

后者（四重经锦）其组织结构表述如下：当甲经起花时，甲经三上一下重平，背衬乙、丙、丁经一上三下共口重平。当乙经起花时，乙经三上一下重平，背衬甲、丙、丁经一上三下共口重平。当丙经起花时，丙经三上一下重平，背衬甲、乙、丁经一上三下共口重平。当丁经起花时，丁经三上一下重平，背衬甲、乙、丙经一上三下共口重平。（图 11.9）

“王侯合昏千秋万岁宜子孙”锦、茱萸回字纹锦、“长乐大明光”锦、“延年益寿长葆子孙”锦、“延年益寿”锦、动物纹锦，都是四重平纹经锦。

① 锦被（95MN1M3：24）

长方形，长 168.00 厘米、宽 94.00 厘米。由两幅完整的“王侯合昏千秋万岁宜子孙”锦缝合而成，出土时覆盖于男女尸身上。单被，为送葬而制，生前未曾使用过。织物由四组经线与一组纬线构成四重平纹经锦，其中甲经为藏蓝色，乙经为绛色，丙经为白色，丁经由黄、绿两色分区交替排列，根据纹样要求分别显花，在整幅锦面上呈现五种色彩。纹样有舞人、茱萸纹等题材，及“王侯合昏千秋万岁宜子孙”的文字。门幅为 47.00 厘米，其中内幅为 45.00 厘米。经密 160 根 / 厘米，纬密

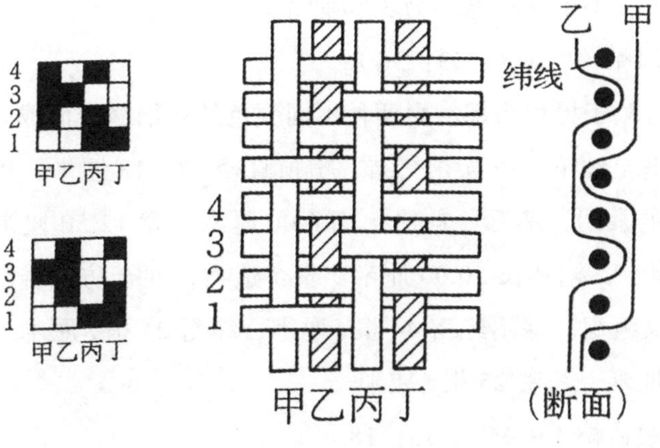

图 11.8　二重经锦组织图

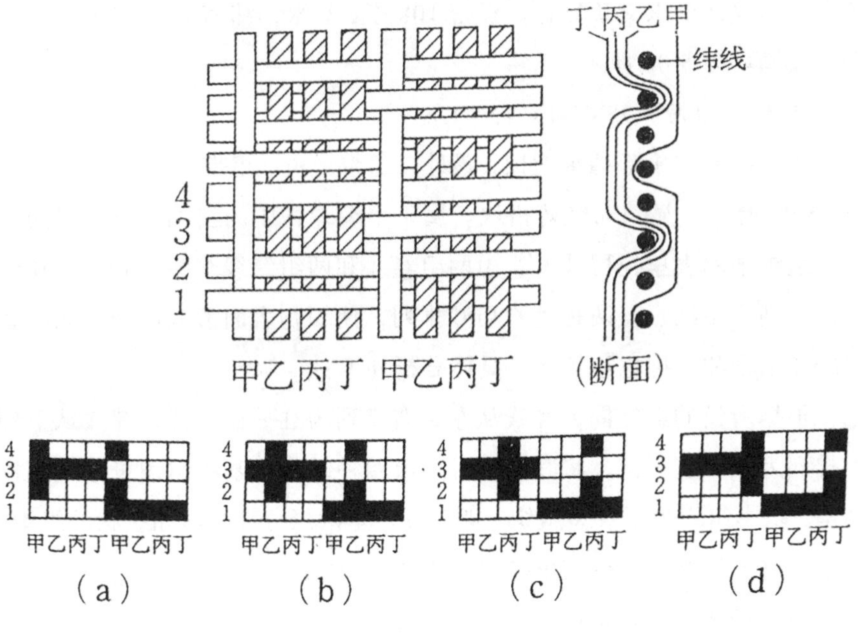

图 11.9　四重经锦组织图

24 根 / 厘米。一个花纹循环为 3.80 厘米。

② 男风帽（95MN1M3：36）

出土时戴于男尸头部。由两种不同颜色的素绢缝合而成。圆顶，左右帽耳下垂至颏下，可互相交结。帽顶直径 17—18 厘米，用绿素绢；帽檐用本色素绢，额际（前沿）高 6.00 厘米、宽 12.50 厘米，帽后沿高 15.50 厘米，帽耳长 50.00 厘米。整个造型，便于防风避沙。两种素绢均为平纹组织。绿绢经密 44 根 / 厘米，纬密 21 根 / 厘米。本色绢经密 50 根 / 厘米，纬密 25 根 / 厘米。

③ 锦边毡帽（95MN1M3：18）

出土时系挂于男尸身旁的木杈上。本白色毛毡，贴锦边。毛毡已基本被虫蛀蚀近尽，只是锦边内稍余残迹。锦边长 28.00 厘米、宽 4.00 厘米，使用“王侯合昏千秋万岁宜子孙”锦料。至颏下以绢带系结。帽顶部位附三角形小香囊。目前帽体毡片虽不存，但香囊、系带保存完好。香囊用浅棕地几何纹锦缝制。二重平纹经锦，其中甲经为浅棕色，乙经为蓝色，根据纹样要求交替显花。经密 108 根 / 厘米，纬密 26 根 / 厘米。一个花纹循环为 5.00 厘米。

④ 丝编组带（95MN1M3：41）

出土时女尸头部缠裹丝棉，最外以组带包覆。组带长 186.00 厘米、宽 25.00 厘米。显斜向红蓝格纹。属于手编织物中的斜编织物，采用了双层组织中的表里换层技术。由两组经线和两组纬线交替组合，并在经纬向分别采用红、蓝两种色彩巧妙排列，使织物表面形成四种不同的表里经纬组合和三种色彩效果。具体分析如下：

根据所设的经纬向，经线从左到右排列为红—蓝—蓝，纬线从下到上排列为红—蓝—蓝，将其组合可形成四种结构，基本组织可形成四种结构，基本组织为平纹袋组织，即正反表里两层分离，形如袋状的组织，再根据纹样的要求进行表里换层。（图 11.10）

表里经纬的组合是：

A. 当表经（红）、里经（蓝）与表里纬（蓝）组合时，织物表层

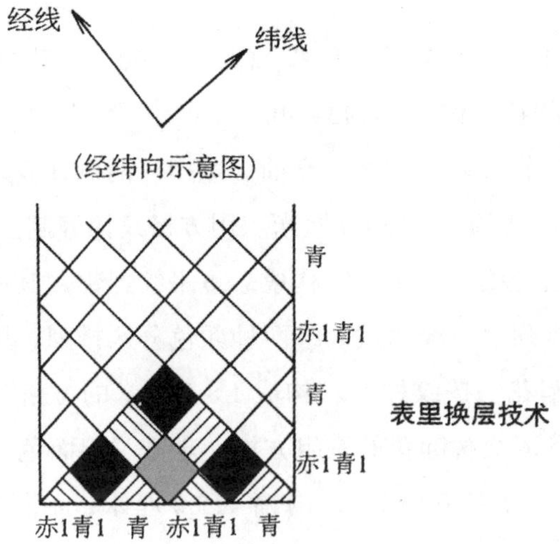

图 11.10 经纬配色示意图

为红经蓝纬的平纹，里层为蓝经蓝纬的平纹。当表经（蓝）、里经（红）与表里纬（蓝）组合时，织物表层为蓝经蓝纬的平纹，里层为红经蓝纬的平纹。图示中的“⑊”即为该种两种组合的表里换层。

B. 当表里经（蓝）与表里纬（蓝）组合时，没有形成图案，采取每相隔二梭纬进行平纹组织的表里换层，这样使织物形成纯蓝色的块面，又将两层有机地接结起来，保证了织物结构的稳定。图中的“■”即为这种组合的表里换层。

C. 当表里经（蓝）与表纬（红）、里纬（蓝）组合时，织物表层为蓝经红纬的平纹，里层为蓝经蓝纬的平纹。当表里经（蓝）与表纬（蓝）、里纬（红）组合时，织物表层为蓝经蓝纬的平纹，里层为蓝经红纬的平纹。图示中的“⫽”即为该两种组合的表里换层。

D. 当表经（红）、里经（蓝）与表纬（红）、里纬（蓝）组合时，织物表层为红经红纬的平纹，里层为蓝经蓝纬的平纹。当表经（蓝）、里经（红）与表纬（蓝）、里纬（红）组合时，织物表层为蓝经蓝纬的平纹，里层为红经红纬的平纹。图示中的“■”即为该两种组合的表里换层。

织物经纬密度均为 32 根 / 厘米，总经线 960 根，其中红经线 240 根。

⑤ 男尸夹棉袍（95MN1M3：40）

锦面绢里，斜交领、右衽、窄袖、宽摆、两侧开衩。长及膝下。通长 122.00 厘米、通袖长 225.00 厘米。用方格纹锦缝制。

织物由两组经线与一组纬线构成二重平纹经锦，其中甲经用蓝、绿两种颜色分区排列，乙经用黄、绛两种颜色分区排列，甲、乙两经每相隔 1 厘米交替起花，按纹样要求构成 1 × 1 厘米的方格，在门幅的正中用绿、绛两色形成交替起花的一组方格，丰富了锦面色彩。

该织物门幅为 42.00 厘米，内幅 41.00 厘米，恰排列 40 个方格，两边各半个方格。经密 100 根 / 厘米，纬密 30 根 / 厘米。

锦袍夹里为素锦丝织物，平纹组织，经密 58 根 / 厘米，纬密 38 根 / 厘米。

⑥ 女尸丝绵锦袍（95MN1M3：43）

锦面绢里，锦、绢间薄衬一层丝绵。出土时仍穿在女尸身上。样式是斜交领、右衽、窄长袖。通长 135.00 厘米。袍面用人物禽兽纹锦，衣襟、袖口、下摆用“世毋极锦宜二亲传子孙”锦，色彩协调但又稍显变化。

人物禽兽纹锦，系由两组经线与一组纬线构成的二重平纹经锦。其中甲经为蓝色，乙经为黄色，蓝、黄两组色经根据纹样要求分别显花。门幅为 50.60 厘米，其中内幅 48.60 厘米。经密 108 根 / 厘米，纬密 24 根 / 厘米。纹样上有虎、骆驼、龙、狮、孔雀、鹿、豹、马、狗、鸟等十三种不同的动物及单双舞人，还有等距相间排列的变形如意纹饰，生活气息浓厚，动物形态生动有趣。一个花纹循环为 2.60 厘米。这一图案，过去未见。

衣襟、袖口、下摆，面料用“世毋极锦宜二亲传子孙”锦。此锦是二重平纹经锦，其中甲经为蓝色，乙经为黄色，两组色经根据纹样要求分别显花。

门幅为 44.00 厘米，其中内幅 41.00 厘米。经密 120 根 / 厘米，纬密 32 根 / 厘米。

纹样为倒正梯形的几何纹，横贯全幅，将“世毋极锦宜二亲传子孙”的文字排列其中，一个花纹循环为 2.00 厘米。

衬里用米黄、草绿两种颜色绢，均平纹组织。米黄素绢，经密 88 根 / 厘来，纬密 36 根 / 厘米。草绿素绢，经密 46 根 / 厘米，纬密 44 根 / 厘米。

⑦ 男尸内衣（95MN1M3：58）

出土时，贴身穿着于男尸身上。背部已朽烂，胸前部分完好。形制为：高领、不开襟，套头脱穿，领部上存系带七条，可彼此交结。有利于防风沙。

面料为菱格纹暗花绮，但袖口、领、下摆两侧分别缝接玫红、淡黄素绢边，别显风采。

身长 115.00 厘米、袖通长 198.00 厘米、领高 16.00 厘米、下摆宽 86.00 厘米。

绮，属平纹小提花织物。地组织为平纹，以隔经浮长线构成所需的花纹，这是特有的汉绮组织。由于浮长线均控制在 3 根，故织物质地细腻平挺，结构稳定（图 11.11）。这种小提花组织具有“以素代花”的特点，无须使用提花机织造，只需在综框数允许的范围内，增加花纹中相同起落的经线数，来扩大花纹的循环数。

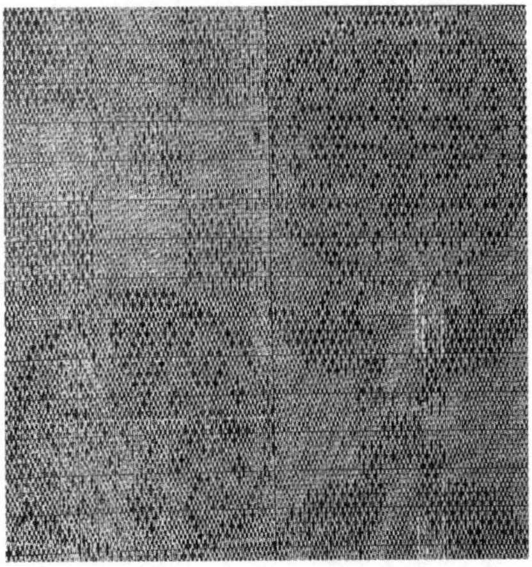

图 11.11　绮组织图

织物门幅为 46.00 厘米，内幅 45.00 厘米。整幅内共有 12 个循环花纹，每个组织循环由 240 根经线与 116 根纬线构成。经密 64 根 / 厘米，纬密 28 根 / 厘米。

纹样为一个方形单元内划分成四个小方块，显示不同的图案，其中四分之一为“九宫格”，四分之一为四只上下左右对称的禽鸟，中间有一圆珠，富有情趣，另二分之一有两个圆形的适合纹样，呈对角线布局，使整个图案既简洁又富有变化，十分耐看。

衣领、袖口、下摆边缘，均为丝类绢织物，平纹组织。衣领，淡黄素绢，经密 116 根 / 厘米，纬密 54 根 / 厘米。袖口、下摆边缘，玫红素绢，经密 84 根 / 厘米，纬密 36 根 / 厘米。

⑧ 男锦面绵深衣（95MN1M3：22）

出土时置于男尸身旁木杈上。系生前实用物，长期穿用，已严重磨损，并有补缀痕，袖也近乎脱落。

锦面绵衣。上衣锦面，用“世毋极锦宜二亲传子孙”锦，袖面分两段，分别用“广山”锦，“璧纹”锦，增加面料变化。上衣衬里用亚麻色平纹毛褐。其间薄衬毛绒一层，轻薄而保暖。下裳绢面，斜纹毛褐里，其间衬毛褐，未用毛绒。

基本样式是：斜交领、左衽、长袖、直裾。腰部缀绢带，系连衣襟。通长 89.00 厘米、通袖长 192.00 厘米、袖口宽 17.00 厘米、腰宽 44.00 厘米、下摆宽 44.00 厘米。

“广山”锦为二重经锦，深蓝色地，绛、草绿、白色经线分别显示云纹、瑞兽、“广山”二字篆纹。经纬密度为每平方厘米 120 × 24 根。幅边上存汉文墨书，迹多漫漶，依稀“月八日工”“女”等字，余不能读。

“璧纹”锦，亦为二重经锦。绛色地上以湖蓝、草绿等色线显玉璧、兽头、鹿纹，只是严重磨损，纹样模糊。经纬密度为每平方厘米 240 × 22 根。

下裳绢面湖蓝色，幅宽 44.00 厘米，每平方厘米经线 76 根、纬线 43 根。

斜纹毛褐为 1/2 斜纹组织，每平方厘米经线 9 根、纬线 21 根。

平纹毛褐每平方厘米经线 18 根、纬线 14 根。

⑨ 男锦裤（95MN1M3：57）

出土时仍穿着于男尸下身。短腰、大裆，锦面棉布里。裤腰部位用黄素绢缝边，未见系带。裤长 115.00 厘米、裆宽 40.00 厘米、裤脚口宽 25.00 厘米、腰围 120.00 厘米。

面料用“王侯合昏千秋万岁宜子孙”锦。

⑩ 男手套（95MNIM3：51）

保存基本完好。手套口宽 16.00 厘米、通长 34.00 厘米。直筒，四指合一，拇指外伸。以三种面料缝合，腕、掌用“世毋极锦宜二亲传子孙”锦。四指用红素绢，拇指用淡黄素绢。红绢，经密 68 根 / 厘米，纬密 33 根 / 厘米。淡黄绢，经密 56 根 / 厘米，纬密 36 根 / 厘米。

⑪ 护膊（95MN1M3：60）

出土位置不清，可能在男尸身旁之木杈上，但已离位。锦质，长方形，长 19.50 厘米、宽 12.00 厘米。附缀绢带六条，长 13.00—22.00 厘米不等。绢带与锦面缀联处，锦面稍见凸出。面料用“世毋极锦宜二亲传子孙”锦。

贴边用蓝色素绢，与系带相同，平纹，每平方厘米经纬密度为 38×32 根。

⑫ 女尸绢上衣（95MN1M3：46）

出土时穿着于女尸贴身。高领、右衽、衣短、袖长。领高 12.00 厘米、衣长 50.00 厘米、袖通长 210.00 厘米。除显著短身外，另一特点是领左侧附一绢带，宽 12.00 厘米、长 40.00 厘米，可用于围脖。这是适应沙漠地区风沙多、防止流沙渗入的设计。短衣自上向下显著内收。

衣身，白素绢，经密 58 根 / 厘米，纬密 46 根 / 厘米。门幅 44.00 厘米，其中内幅 43.50 厘米。衣襟，白素绢，经密 86 根 / 厘米，纬密 46 根 / 厘米。袖口，大红素绢，经密 80 根 / 厘米，纬密 40 根 / 厘米。

⑬ 女尸绸夹衣（95MN1M3：45）

出土时穿着于女尸上身，居绢上衣外，锦袍内。绢面绢里。斜交领、左衽、长袖。不用扣，以绢带联缀。衣长 85.00 厘米，两袖通长 190.00 厘米。

衣身用粉红素绢，经密 76 根 / 厘米，纬密 51 根 / 厘米。

衣领用草绿素绢，经密 44 根 / 厘米，纬密 40 根 / 厘米。

边镶米黄色素绢，经密 86 根 / 厘米，纬密 56 根 / 厘米。

衬里为浅黄素绢，经密 50 根 / 厘米，纬密 42 根 / 厘米。

⑭ 女尸锦裤（95MN1M3：47）

出土时穿着于女尸下身。三角形大裆，裤腰两侧附红绢带，可彼此交结作为裤带。裤长 118.00 厘米、裤脚宽 20.00 厘米、裆宽 30.00 厘米。

以“长乐大明光”锦作裤面。此锦是四重平纹经锦。其中甲经由深蓝、浅棕两种色经组成，以深蓝色经为主，每间隔 4—12 根，不均等地镶嵌一根浅棕色经，这样在深蓝色织物的地部呈现非等距的浅棕色条；乙经为米黄色，丙经为白色，该两种色经贯穿全幅，分别显花；丁经由绛红与草绿两种色经分区交替排列显花。由此，该织物利用四重经的结构，显现了六种色彩效果。

锦，门幅 46.00 厘米，内幅 44.00 厘米。经密 176 根 / 厘米，纬密 20 根 / 厘米。纹样中选用了虎、熊、马、鹿等兽类动物及坐骑，用类似火焰的纹样将“长乐大明光”文字贯穿全幅。花纹循环为 5.50 厘米。

裤腰、裤里用绯红素绢，经密 72 根 / 厘米，纬密 30 根 / 厘米。

⑮ 女围裙（95MN1M3：15）

以茶黄绢为面料，九幅拼联，腰部系带。腰围 144.00 厘米、长 154.00 厘米、下摆边长 500.00 厘米。系生前穿用，有小洞，曾经补缀。出土时悬挂于女尸身旁之木杈上。

茶黄素绢，平纹组织，经密 80 根 / 厘米，纬密 38 根 / 厘米。门幅宽 50.00 厘米。

⑯ 绢袜（95MN1M3：54）

穿着于女尸脚上。两种面料缝合。袜腰为素绢，袜身为素麻。袜腰上口宽 17.60 厘米、通长 36.80 厘米。

素绢，经密 50 根 / 厘米，纬密 44 根 / 厘米。素麻，平纹组织，经密 20 根厘米，纬密 15 根 / 厘米。

⑰ 女尸锦手套（95MN1M3：44）

除拇指外突外，通体为一长筒形。套口 15.00 厘米、通长 36.00 厘米。由三种不同的面料缝合而成。

手腕、手掌部用锦，指端用绢。绢色浅黄，平纹组织，经密 48 根 / 厘米，纬密 34 根 / 厘米。

手掌部分用“延年益寿”锦。是四重平纹经锦，其中甲经为绛色，乙经为驼色，丙经为蓝色，丁经为浅橙色。四种色经与浅棕色纬线交组，根据纹样要求分别显花。经密 176 根 / 厘米，纬密 29 根 / 厘米。纹样题材有禽兽、茱萸纹等，图案不完整，并有“延年益寿”文字，用四种色彩表现，一个花纹循环为 5.50 厘米。

手腕部位用“世毋极锦宜二亲传子孙”锦。

⑱ 手绢（95MN1M3：50）

面料用黄素绢，双层，近方形。边长 25.00 厘米，一边系绢带，带长 25.00 厘米。出土时与帛鱼紧贴，连缀于女尸腰际。黄素绢，经密 68 根 / 厘米，纬密 42 根 / 厘米。

⑲ 红呢绣花锦腰靴（95MN1M3：53）

出土时仍穿着于女尸脚上，除局部朽损外，基本保存完好。锦面短高腰，靴面为红色斜纹织呢，其上以深棕、浅棕、蓝绿等色的毛线，用锁针绣成对称的蔓草纹饰，华贵不俗。

靴筒面料，“延年益寿长葆子孙”锦。四重平纹经锦，甲经为藏蓝色，乙经为绛红色，丙经为浅驼色，丁经为浅黄与墨绿两种色经交替排列分别显花，使面呈五种色彩的图案效果。

门幅不详，在文物上未发现幅边。但根据观察，靴筒可能由一个门幅的宽度缝合而成，经测量其内幅约为 42.00 厘米，若边幅为 1.50 厘米，则门幅 45.00 厘米。

经密 176 根 / 厘米，纬密 48 根 / 厘米。

纹样题材为云龙怪兽，并有“延年益寿长葆子孙”的文字。一个花纹循环为 4.70 厘米。

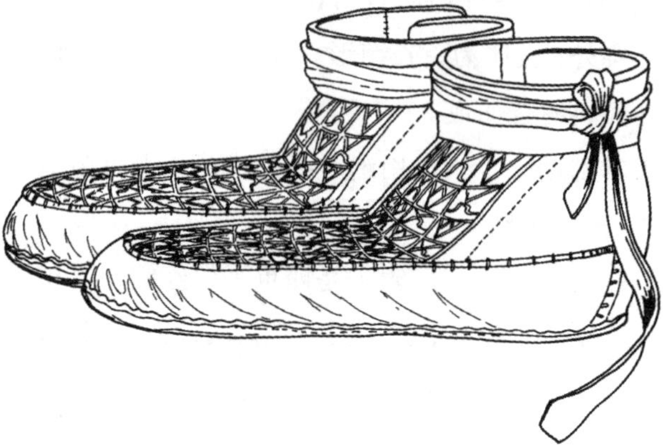

图 11.12　勾花皮鞋复原图

靴腰20.00厘米、口宽20.00厘米。靴面长10.00厘米、靴底24.0厘米。后跟上附一宽3.00厘米、长约28.00厘米的绢带，可用于捆扎靴腰。

⑳ 勾花皮鞋（95MN1M3：38）（图 11.12）

出土时仍在男尸脚上。皮底、皮帮。矮腰，脚面用丝线勾结几何形（三角形、T形）花纹，华丽不凡。后跟皮帮外缝贴锦面，鞋腰上口用宽3.00厘米的绿绢绲边，并用绿色绢带缠扎三道。皮底磨损，鞋为实用物。底长24.00厘米、腰高15.00厘米。

㉑ 锦枕（95MN1M3：32）

男尸头下，长方形，长32.00厘米、宽11.50厘米。面料为“世毋极锦宜二亲传子孙”锦，内装干草。

㉒ 锦枕（95MN1M3：56）

女尸头下，长方形，长30.00厘米、宽16.00厘米。面料为“王侯合昏千秋万岁宜子孙”锦。四角丝线作穗。内装干草。

㉓ 毛枕（95MN1M3：33）

长方形，长90.00厘米、宽52.00厘米。出土时也置于男尸头下（锦枕居其上）。系以斜纹毛布为面料，毛布显红、蓝、土黄相间之几何条纹。内填动物毛。

㉔ 男尸覆面（95MN1M3：25）

长方形，长 53.00 厘米、宽 35.00 厘米。以“世毋极锦宜二亲传子孙”锦为面料，用宽 8.00 厘米的深红素绢镶边。出土时完好覆盖于男尸面部，直至胸前。

深红素绢，经密为 62 根 / 厘米，纬密为 31 根 / 厘米。

㉕ 女尸面衣（95MN1M3：26）

略近方形，长 64.00 厘米、宽 58.00 厘米。上端两角附黄色绢带，用于捆系。出土时覆盖于女尸面部，下及前胸。面料为茱萸回字纹锦，边镶浅色素绢。

茱萸回字纹锦，是四重平纹经锦，其中甲经为米黄色，乙经为红棕色，丙经为藏蓝色，丁经由灰绿和浅橙两种色经分区交替排列，根据纹样要求分别显花，这样在整幅锦面上呈现出五种色彩的图案效果。

门幅为 45.30 厘米，其中内幅为 42.30 厘米。

经密 168 根 / 厘米，纬密 22 根 / 厘米。

纹样有玄武、蝎、蜈蚣等辟邪爬虫，并用茱萸纹贯穿整幅图案，由五种色彩显现。一个花纹循环为 4 厘米。

浅色素绢，平纹，经密为 80 根 / 厘米，纬密为 32 根 / 厘米。

㉖ 彩色平纹毛绦腰带（95MN1M3：39）

已残，残长 40.00 厘米、宽 5.50 厘米。用在男尸腰间捆扎锦袍。用米黄、褐、红三色毛线，1/1 平纹组织织成，显几何纹图形。

5. 其他

清理过程中，部分小件器物散落，原来位置变动，影响了对器物性质、作用的认识。这类物品，均置于此。

1）皮环（95MN1M3：1）

径 2.40 厘米，高 2.40 厘米。以一块厚牛皮两端缝合而成。

2）残铁器（95MN1M3：2）

残长 7.00 厘米、宽 4.40 厘米。为“T”字形。性质、作用不明。

3）皮囊（95MN1M3：14）

褡裢形，皮质。长 5.60 厘米、宽约 2.80 厘米。以一块皮对折缝连，已开线。内盛物品不明。

4）木器（95MN1M3：17）

通长 1.30 厘米。柱状，中心圆孔，可穿绳。

5）残铁钩（95MN1M3：21）

通长 6.00 厘米。中间稍粗，两头稍细，侧视为“S”形。

6）冥衣（？）（95MN1M3：34）

绢质，长 8.00 厘米、宽 5.00 厘米。似裤状。

7）绢带（95MN1M3：35）

长约 32.00 厘米、宽 4.50 厘米。

8）木簪（？）（95MN1M3：37）

中腰稍粗，两端尖细。长约 8.00 厘米、径 0.30 厘米。

9）骨饰（？）（95MN1M3：55）

长约 1.00 厘米。断面呈椭圆，骨质，经烧，焦黑色。

（四）相关考古、历史文化分析

总观 95 尼雅一号墓地及尼雅遗址内已见墓葬发掘资料，具体分析 M3 墓中所有出土资料，可以得到如下初步概念。

1. 箱式木棺，男女合葬，是精绝贵族统治层的葬制

精绝王国实行土葬。这是贯彻始终、未曾变易的。但虽同为土葬，却有规模、制度的差异。在 95MN1 墓地，基本为两种类型：

1）胡杨木船棺，单人或同性双人葬，仰身直肢，墓向东西或东北、西南，随葬死者生前用物。

2）箱式木棺，男女合葬（合葬中的女性，从 M3 观察，很可能是被动死亡，随夫入殓），仰身直肢，南北向，随葬生前用物。从死者随身衣服之华贵观察，其身份不同于一般，显明为当年精绝王国的上层统治人物。男子眉骨高，大鼻鹰钩，黄色毛发，具有比较典型的高加索人种形体特征。1959 年新疆博物馆发掘的东汉墓，95MN1 墓地内的八号墓，也显示了同样情况。

2. 部分文物，具有明显地区土著文化特色

尼雅考古，已经一个世纪。但对精绝土著文化的总结、分析仍相当不足。斯坦因在其涉及尼雅的报告中，很注意强调这片土地上曾有的印度、波斯、希腊文明的鳞爪；我国学者则注意阐发自己已经比较了解的、这片土地上曾经存在的华夏文明的印痕，它波及的方方面面。但本地土著文明的总体特征、个性特色及其变化发展，迄今为止，仍是亟须进一步努力的课题。

本文仅就 M3，作具体分析、探讨。

汉代精绝，墓地多邻近居址，为便于祭扫、奠念祖先，曾精心选择墓地。95 尼雅一号墓地，是一片地势稍高、傍近河湾的沙丘，近处有高耸的红柳包，构成显著的地物标志。斯坦因发掘过的西北墓地，地势相类。风吹沙移，普通沙丘地貌极易改变，但大型红柳沙包，却是这种沙丘地带相对不变的地物，随时可以找到。这实际体现着古代精绝子民已经十分明确的祖先崇拜观念，自然也说明家族势力在尼雅社会中的影响。今后，能将同墓地内人骨进行 DNA 分析，当可验证这一推论。

M3 墓主人所处的精绝社会，是一个等级分明的社会。地位不同，掌握的社会财富也不同。M3 与 M1、M2、M5 葬制规模不等，墓主人穿着、殉物多寡有别。

墓主人逝后生活的安排，是人们现实生活的写照。供墓主死后享用的食品有糜面饼、糜子粥、羔羊腿、羊腿、梨、苹果、葡萄、沙枣等。它们是本地的传统物产，大概也是人们习惯、喜好的食品。贵为社会上层人物，生活也只能如是简朴。深处沙漠腹地的小小绿洲，因应自然地理条件，只能种植这类耐旱的麦子、糜谷，饲养羊、牛、骆驼。羊，是主要的肉食来源。羔羊肉，是食品中的上乘。葡萄、苹果、梨是传统水果。沙枣树耐干旱盐碱，既可御风沙、美环境，果实也可食用，是当年精绝人重点栽培的树木之一。

木器加工、制作，是本地重要的手工业部门。小铁砍，是最主要的木工工具。木盆、碗（形制似碗，但有把手）、小杯、器座以至木棺加

工，无不可以窥见小铁砍的痕迹。这一传统，至今在邻近的卡巴克·阿斯卡尔沙漠小村中仍可见到。木盆、碗、桶之类，是日常饮、食具的基本组合。木器座的普遍存在，说明人们主要还是以土炕为“桌”，跪坐而食，因此，置架木盆的器座，就成为一种不可缺少的常用器物。

陶器，制作比较原始，时至汉代，还是手制陶艺，表明它是晚出的、得自外部影响的一种生产工艺。

手工毛纺，是与原始农业、畜牧业共存的另一类重要的生产工艺。M3墓主人衣服，虽以丝织品为主，但也有平纹、斜纹毛布，用为衣里、枕布。毛布从一般情况分析，应是普通居民最主要的衣料。羊毛、羊绒、驼毛是最主要的毛纺原料。腰带、鞋、弓衣、箭箙、刀剑鞘等物主要使用牛皮，皮革加工也有重要地位。

农、牧业和手工业中诸如纺织、木器、陶作、皮革制造及铁冶等行当相结合，保证并可基本满足如精绝这样一种沙漠绿洲社会的日常生活需要。

3. 随葬文物，揭示着汉代丝绸之路南道上曾经开展的经济文化交流

尼雅绿洲，深处沙漠之中。但在丝路沙漠南道上，却是一个不能避开的所在。它西去克里雅河绿洲，东至安迪尔河绿洲，空间距离都在100公里以上，过往旅人必须在这中间觅求水、粮、草。凭借这一特殊地理位置，精绝虽小，却是举足轻重。汉—晋王朝，对它曾给予足够的关注。出土文物，只从墓葬男女主人的内外衣服看，几乎全部使用着黄河流域生产的锦、绢、绮、丝绵。日常梳妆用的铜镜，梳妆、女红用物，放置于漆奁盒中，它们也都是来自中原。这些，代表着当年华夏地区最高生产成就的物质文明，已经化为精绝王国贵族日常生活中不可或缺的用品，成了他们高贵社会身份的象征。

来自西邻的，可以大概肯定的是蜻蜓眼料珠、象牙刀把小匕首。男主人佩带的造型特殊的刀鞘，明显透露着贵霜文化的信息。

女主人佩饰的金属耳饰、珍珠等物，自然也不可能是尼雅土产，也是通过丝绸之路得之于周邻地区的奢侈品。

丝路完全打开了精绝社会原本封闭的世界，在简单、朴素的沙漠绿洲农村生活中注入了新的物质文明，自然也把小小的沙漠绿洲与广大的外部世界联络在一起。

4. 尼雅墓地所见大量丝织物，是东汉王朝统治精绝、实施安辑政策的具体体现

西汉时期，汉王朝中央不论对北边之匈奴，还是西域各绿洲城邦，往往交替使用“兵威”与“安辑”两手政策。接受汉王朝的统治，赐赏封赠，无稍遗漏。安辑政策下，赐赏各地贵族统治者喜好的各种丝织物，如锦绣绮绢，是最重要的手段。

《汉书》记述西汉设置西域都护后，对西域各绿洲王国，“可安辑，安辑之；可击，击之”。对汉王朝臣服，汉王朝中央即行“赂遗赠送，万里相奉”。这种政策在东汉王朝阶段，同样实施。东汉王朝对西域的统治，虽稍弱于西汉，历史上有所谓三绝三通，但只要中原稍安定，对西域也总是积极经营。史家总结东汉王朝的西域政策，归结为“兵威肃服”“财赂怀诱”两条，据情而发。总体分析，不论是西汉实施的“安辑”，还是东汉标榜的“财赂怀诱”，实际上就是运用国家力量，对西域大地各族统治上层安抚、封赐，只要接受汉王朝号令，就运用中央王朝力量，支持其统治，赐“印绶、车骑、黄金、锦绣”，既维持统治集团的权威，也满足他们物质享受的需要。M3 男女主人衣锦着绢，佩金饰珠，极尽奢华，实际正是汉王朝这种“安辑”“怀诱”政策的具体表现。面对这些保存完好、色彩鲜丽的锦、绢、铜镜、金、珠饰物，可以充分认识当年汉王朝实施这种政策的周密。精绝绿洲，不过沙漠深处的弹丸之地，但对其统治者的支持、安抚、赂遗，同样是无微不至，相关政策的贯彻相当有力。

面对大量、多种丝织物，如果说，一般的丝绸、普通图案的锦，还难以绝对排除通过贸易途径而取得的话，则一些特定吉祥语的织锦，如“五星出东方利中国”锦、“王侯合昏千秋万岁宜子孙”锦，从设计、生产开始，就是为汉王朝中央推行“安辑”“怀诱”及和亲政策而服务

的专用品。这类锦织物，一般社会成员，既难以接触到，也无可能使用。由此旁及其他，可以肯定，在尼雅出土的这些锦、绢、绮、丝绵中，确实是凝聚、沉积着当年汉王朝与精绝国的政治统属关系，表现着汉王朝“安辑”西域政策的贯彻实施。前些年，在敦煌汉悬泉置出土了两万多件汉简，保留了不少接待过往使臣及诸国客的资料，其中，涉及精绝即有多件。说明汉代，精绝与汉王朝关系确是相当密切的。

5. 长期安辑之下，精绝接受了汉文化的深厚影响

自公元前1世纪中叶至公元2世纪70年代，200多年较为密切的政治、经济关系，汉文化在沙漠的精绝绿洲，烙下了深深的印痕。

斯坦因当年在93A9（N14）所获精绝王室互相应酬、赠礼的八枚木札，1993年N14出土的汉小学字书《仓颉篇》木简，95尼雅一号墓地8号墓中出土的“王”字纹陶罐，都比较清晰地显示了精绝王室成员认真接受着汉文字书的学习，并且取得相当成果，木札、《仓颉篇》书法之精妙，堪为说明。

这些，是比较容易做到的。而从埋葬制度分析，中原大地规范埋葬方法的礼制，在精绝也得到了一定程度的认同，这是意识形态深处的变化，很值得注意。

例证有二。其一，埋葬时服饰的处理，生前穿着左衽，但死后变为右衽。这是遵循着《礼记》的规定。如男尸锦袍，出土时是右衽，但生前穿用则是左衽（量度左、右衣襟，右襟宽而左襟狭，从下摆计，相差12厘米。穿用时，只能是宽[右]襟压叠在狭[左]襟之上。是为左衽之制）。另一件未穿在身上的锦面绵深衣，出土时挂悬于男尸身旁楎椸上，从缀连之绢带分析，也是左衽无疑。从大量汉文记录看，作为胡人的精绝，衣左衽是并不奇怪的。在大量先秦以来的汉文著述中，涉及服饰者，都称四边少数民族皆左衽，有别于中原华夏右衽习俗。如《尚书·毕命》“四夷左衽，罔不咸赖”，《论语·宪问》“微管仲，吾其被发左衽矣”，《后汉书·西羌传》“羌胡被发左衽，而与汉人杂处”，凡此，均可见其大概。但入葬时，却一反左衽而右衽，则只能说明是接受了《礼

记》相关规定的影响。《礼·丧大记》“小敛大敛，祭服不倒，皆左衽，结绞不纽”，唐孔颖达疏：“衽，衣襟也。生乡（向）右，左手解抽带便也。死则襟乡（向）左，示不复解也。”《仪礼·士丧礼》“主人袭，反位……乃袭，三称，明衣不在箅”，汉郑玄注：“迁尸于袭上而衣之。凡衣死者，左衽，不纽。”

例证之二，是椸椸之制度。与衣服制度可以呼应的是男女身旁均附椸椸，而且各置生前用衣于其上。这一点，也是与《礼记·内则》称“男女不同椸枷，不敢悬于夫之椸椸”的规定，完全一致。是华夏礼制影响的说明。

其他，入殓用面衣，上层统治集团棺外有椁（M3以横木、立桩、填草充作椁室）等，这些细节，表明新疆大地进入祖国版图以后，同样接受着华夏传统文化及典章制度的教育，并在一定程度上反映到了实际生活中。

6. 尼雅一号墓地的年代，当在东汉中、后期

95尼雅一号墓地的绝对年代，是学术界比较关心的一个问题。从已见报告看，一般都说明为“汉晋”“东汉末魏晋时期”（如《丝路考古珍品》图录中对有关墓地出土文物的说明，及《新疆文物》、《西域研究》刊布的《95民丰尼雅遗址一号墓地船棺墓发掘简报》、《新疆尼雅遗址95MN1M8概况及初步研究》等），这一说明不能算错。但一处不大的墓地，几座墓葬，出土文物中可资判定绝对年代的文物也不在少数，而把其年代判定在三四百年的范围内，这对有关资料的进一步研究、使用不能不带来难免的遗憾。因此，作为第一线的考古工作者，有可能具体接触全部实物资料，有责任提出比较具体的分析。

笔者的观点是：总体观察分析出土文物资料，结合相关历史背景，可以判定，M3墓主人入土的年代，可能在东汉王朝中、后期这一时段内。

具体理由是：墓主人随身衣物，除少量毛织物外，几乎都是东汉时期的锦、绮、绸，具体说，共见丝织衣物31件，其中以锦料为主或只用锦料的衣物为17件，占55%。居主要地位的17件锦质衣物中，共

使用了不同花色的经锦13种。其中，茱萸回纹锦、世毋极锦、长乐大明光锦、延年益寿长葆子孙锦、菱纹锦、廣山锦等，都是新疆地区汉代遗址、墓葬中不止一见的流行织物，如楼兰城郊东汉墓、洛浦县山普拉古墓、1959年尼雅古墓出土文物中，均曾有所见。可有力帮助判定精绝相类出土的绝对年代。这是一。

其二，M3男主人所穿贴身内衣，也是新疆楼兰、尼雅汉墓中曾多有所见的绫纹绮。M3男女主人，14件衣物中，使用了不同密度、不同色泽的绢23种。此外，在男主人身侧桦椸上悬挂的锦面深衣、女主人身侧桦椸上缠挂的绸裙，均是男女主人生前长期穿用，死后入殓的衣物，多为汉代锦、绢，一个符合逻辑的推论应该是：墓主人生活的年代，是在丝路南道顺畅，东汉王朝与精绝关系比较紧密，中原丝绸织物可以源源不断流入尼雅的阶段。在丝路南道一线，这一时代，最大的可能只是在公元1世纪70年代后，公元2世纪70年代以前，即东汉王朝重设西域都护，相对有力地实施着对西域的控制，这样一个时段内。从这样一个大的历史背景去认识M3墓主人生存、入土的年代，是比较合理的。持这一初步判定验之于同墓所见漆妆奁、龙纹铜镜，亦可契合而不悖。

（本文丝织物组织分析由苏州丝绸博物馆王晨、地毯组织分析由新疆考古所郑渤秋、摄影由刘玉生、绘图由董红卫承担。特此说明，并致谢意。）

精绝王陵考古二三事

1995年10月发掘之末代精绝王陵编号为95MN1，意为1995年民丰县尼雅遗址一号墓地，保存十分完好，可以说自入土之日起至发掘之时止，几乎未受任何扰动。出土文物异常精美，许多文物为既往所不见，历史文化信息十分丰富。消息一经刊布，轰动了当年的学术界，旋即被评为当年全国十大考古发现之一。此后，相关出土精品，不断巡行于国内外，增进了人们对古代西域文明、汉代精绝王国的物质文化面貌的直观了解，其积极意义自不待言，也因此增强了人们对相关文物的关心、研究，提出了许多情理之中的疑问：墓地比较准确的年代，到底是汉，还是魏晋；同一墓地内相关墓葬入土的早晚，如M3、M8的彼此叠压现象；精绝王室成员的服饰制度，如M3男主人——汉代精绝王的锦袍，出土时穿在身上，干尸完好，明明白白是右衽，但后来大量刊布的图片中，却无一例外，变成了左衽，究竟是什么原因；如此等等，颇引起细心的参观者、认真的读者及研究家们的关注，引发了更多的问题。

不少友人知道我是当年发掘工地的负责人，墓地发现、组织发掘、发掘后短时间内的室内清理，均曾躬预其事，对相关问题应有切身的观察了解。因此，即使知道我早已离开了新疆文物考古研究所，却每每还是以一些与尼雅精绝墓地、文物相关的问题相质询。认真考虑后，决定还是不避困难，草此小文，对这些无法含糊其词的问题，因为工作不够谨严而导致的误差等，提出讨论，既希望可因此推进相关研究，也对一些不该轻忽的细节，做出澄清。

一

对 1995 年发掘的一号墓地，我在 1998 年刊布的《尼雅考古收获及不足》一文中，曾提出“十分可能就是汉精绝王室的墓地”。当时行文还有一点犹豫，不够明确。稍后，俞伟超先生在涉及这一墓地时，以醒目标题径直称墓主人为“两代精绝王”。这一揭示，对准确剖析、认识相关墓地的年代、其包含的文化内容，实为一大功劳。[1]

图 12.1　八号墓出土的写有“王”字的陶罐

此前，有关这墓地，每每只冠以“精绝贵族”“精绝王国上层贵族”。但进一步点破其“王”的身份，对相关文物资料的解析，可能会更加准确一些。俞伟超虽然很快改变了“王”的判定，但笔者仍然坚持这一观点。

判明墓主人为精绝“王”，除了三号墓中出土的“王侯合昏千秋万岁宜子孙”锦质被单外，还有八号墓中

1　拙文载《中国历史博物馆馆刊》，1998 年第 1 期，第 70—79 页。俞文《两代精绝王——尼雅一号墓地主人身份考》，见《沙漠王子遗宝》，但在他 2000 年发表的《尼雅 95MNI 号墓地 M3 与 M8 墓主身份试探》中，提法发生了微妙变化，原来的精绝王改而称为“墓主应是两代当地的首脑”“是上一代凯度多州的首官夫妇，也就是精绝王的继承者”（《西域研究》，2000 年第 3 期，第 40—41 页）。笔者同意俞文“精绝王”的提法。在本文中，“精绝王”的提法，当然只代表了笔者的观点。

出土的一件陶罐，上面清楚无误地墨书一个“王”字（图12.1），好像是在竭尽全力宣示、提醒人们，不要遗忘对墓主人自身十分重要的这一事实。

结合墓地状况，笔者认为：这一区墓地，不仅埋葬着汉代精绝王国国王，其种种细节，还清楚表明这区墓地埋葬的只是末代精绝王及其后裔。不少现象也清楚表明精绝在失国前曾有过剧烈的斗争、痛苦的挣扎，最后承受了无可挽回的失国之痛。

行文至此，需要重新介绍一下墓地现场：墓地东边为高耸的沙梁，南边为起伏的红柳沙包，北部地势稍低缓。笔者当年偕吕恩国、于志勇等乘沙漠车，计划对可能为精绝王宫的N14再做考察。沙漠车在沙漠中择路，其特点是必须选地势较高、较坚实的沙梁行进。我们行进到墓地东边沙梁上时，突然发现车窗外低平凹地上有一段形似船棺的胡杨树干。停车细看，果为被风吹出来的一具棺木。审视这处凹地，发现其未经扰动，沙层下很可能还有其他墓穴。详细观察周围环境，不见人工布局的痕迹。墓地东缘为高大沙梁，已相当稳定，绵延远去；墓地东边范围，只能止于此。后来的发掘表明，M3精绝王墓，实际就安排在墓地最东已稳定不流动的大沙梁下。由此更东，沙阜高耸，埋葬困难。

发掘过程是在凹地内开10米×10米探方，发现了3座箱式木棺，东西排列。箱式木棺南北，为胡杨木掏挖的船棺。已暴露于地表的船棺，当即编号为M1。M3上层有一焚毁的棺木痕迹，编为M2。介绍这一过程，可以见出，M3毫无疑问是全墓地中，位置最偏东，也是最早入土的一座墓葬。

第三号墓，夫妇合葬，男女共置一箱式木棺内。全身覆盖在“王侯合昏千秋万岁宜子孙”锦被下，头部均盖锦质面衣，自内而外，袍服全部锦绢，内外丝质衣裤共31件，使用了不同锦料13种，加之绣花、勾花鞋，空前豪华，绝不同于一般。其旁之八号墓，同样为箱式木棺，男女合葬，只是尸体上覆盖棉布被单，绢质面衣。男性毛布袍附锦襴，绢内衣，毛布裤，裤腿下缘为锦料；女性绢质外袍，内为棉布衣、绸裙。

从面衣至袍服、内衣，未见一块完整的锦料，棉布、麻布占较大比例。从入土时所穿衣物质料观察，较三号墓主人差了一截，其所占有的物质财富明显不如前者了。

这两座墓葬的关系，八号墓之简报及《沙漠王子遗宝》等文均称，八号墓入土在前，三号墓入土在后，证据是"95MN1M8 在地层关系上被 M3 叠压并部分打破，下葬年代可明确断定要早于 M3"[1]。这些文字写得不是完全准确。实际情况是 M8 墓穴较深，M3 墓穴沙土一角叠压在 M8 墓穴上。两座棺木并不叠压。至于两座墓葬的早晚，笔者认为，这是一个错误的判定，结论也是错误的。实际情况应正好与此相反：M3 入土较早，M8 入土较晚。因为 M8 入葬晚，墓穴开挖稍深后，使紧邻 M3 之沙层下泻，导致 M3 之木"桲"、填草部分流向并压在了 M8 的一角。这一现象，是沙穴与土穴的不同所致。

为了把有关问题说明白，这里对 M3 葬制必须稍予说明。三号墓的葬制是在沙地上挖出竖穴，因流沙无法固定，沙穴口大底小，南北长 4.1 米、东西宽 2.4 米，穴深仅 1.5 米。箱式木棺入土后，盖毯、覆草、压沙。木棺外侧置矩形木框，长 3 米、宽 1.5 米，框木内外竖插小木桩，形若木桲。木桲与沙穴之间，棺桲之间，均填置大量麦草、苇草、骆驼刺、红柳枝。另一个值得注意的文化现象是，墓室上部相当于棺木中部厚积的沙土中，曾发现过一片烧沙，黄沙烧成黑红色，其中尚存一块人的头骨碎片、汉锦碎片，和只烧剩一截的箱式棺木的方腿。

八号墓位于三号墓西侧。墓穴深 2 米以上。由木棺位置观察，八号墓木棺较三号墓木棺深 45 厘米以下。墓穴与棺木间同样填有大量麦草、芦苇。与 M3 邻接之麦草中，发现六根长 50—60 厘米的小圆木棍。清理三号墓时，发现矩形木框西侧一根圆木旁所插小圆木棍，无一例外均向西倾斜（图 12.2）。八号墓填草中所见木棍，正是三号墓倾倒后混入的。

这一现象表明，小木棍原来是竖插在矩形木框边，沙层没有扰动

1 《中日日中共同尼雅遗迹学术调查报告书（第二卷）》，第 121 页。

图 12.2　矩形木框西侧一根圆木旁插小圆木棍

时可成竖列展布，构成木桴形状。M3 东侧流沙未经后期扰动，竖木棍依然完好，西侧却不然。原因是相隔一定时间后，开始挖掘 M8 深坑，坑穴挖到深两米上下时，沙体流动，三号墓上层之木棍、草、苇因而随沙流向西倾斜，于是出现了三号墓之覆土、麦草倾向八号墓，形成所谓 M3 叠压 M8 的现象。这一叠压关系，如果发生在黄土高原，土质稳定，M3 之填土进入 M8 之墓穴上部，上述结论是一点不错的。而在沙漠地带，情况可就正好相反了：因为 M8 墓穴挖沙在后，才导致早先稳定的 M3 墓穴沙层流动。流动的 M3 沙穴自然就向 M8 流泻了。如果 M3 开挖在后，沙穴又较 M8 沙穴为高，是不会形成 M3 木棍向 M8 流泻、倾倒之现象的。大家常说沙漠考古有其自身特点，在地层方面上这一不同于黄土地带的现象，就正是其重要特点之一。它虽是一个新问题，但只要认真、仔细观察现场细节，是可以清楚见其端倪的。如果只是粗略一看，不具体分析，简单套用黄土地带考古的现成概念，结论错误就难以避免了。

之所以花费这么多笔墨细说 M3、M8 的叠压过程、早晚关系，不仅意在强调，沙漠考古不同于中原的土层考古，要注意其特点，更重要的是，只有把这一关系理清，才可以从墓地种种细节中，观察到墓主人由盛而衰、由王族化为平民的过程，捕捉到更丰富的历史信息。三号墓葬内盛殓的主人，有着精绝王的身份，仍然掌握并可以调动足够的物质财富以保持死后的尊荣。但细察他们离世的过程，却有许多不正常的痕迹，男尸“右颈下见一道砍痕，右腿上部也见砍痕”，“男尸左臂稍压于女尸右臂上，表现女尸先入殓”，“女尸右脸颊下部呈黑红色，严重淤血，颈部断裂……面部表情痛苦”，“头裹丝织几何纹组带，不见头发”。[1]对照其他墓葬女尸完好保存的头发，这是一种极不正常的现象。在这一系列异常现象的基础上，再观察其墓穴上部覆沙中曾经焚毁过一具箱式木棺，棺具及锦衣残痕表明被焚者曾有很高的社会身份，只是由于某种难以被原谅的罪愆而遭焚尸，以向三号墓主求赎。紧邻三号墓主的八号墓主人，虽也是盛装夫妇合葬，男子身旁有“五星出东方利中国”锦护膊，好像曾经有参加过汉王朝一次军事行动的荣耀，但内外衣服，比较 M3 来看，锦、绢明显减少，而麻、棉增加，铜镜质较次，无漆质奁盒。尤其是在器口微损的陶罐上，以浓淡不一的墨痕，书出一个“王”字。这一细节其实显示的不是荣耀，而是特别凄凉的心境。试想，如果要用这种方式申明自己是“王”，则凸显的只能是他曾经为“王”而现已不能为“王”的事实。如果存在时强大得无人抗争、地位不受挑战、王位不被动摇（如 M3 主人），是不必也不会在一件入葬的破口陶罐上标明自己的身份、地位的。因此，这一带有“无可奈何花落去”性质的墨书，恰恰有力揭示它不过是末代精绝王的呐喊，表明了对失却王位的不甘。这说明，它只能是末代精绝王的标志，精绝王国到他已经画上了句号。墓地这种种细枝末节，给人的联想是：精绝王国的最后一页，不仅有来自外部的侵迫，其内部也有过激烈的冲突、斗争，有过痛苦的挣扎。这一页历史，如在眼前。而如果 M3、M8 两座墓葬先后关系颠倒，许多现象就无法得到合理说明了。

---

1 《中日日中共同尼雅遗迹学术调查报告书（第二卷）》，第 91 页。

在这区可以称为末代精绝王陵园的墓地内，箱式木棺与刳挖胡杨树干之船形木棺并存。M3、M8、M4 均为箱式木棺，而环绕在这三座箱式木棺边的其他墓葬，却都只是船形胡杨木棺，身份稍次一级。紧紧邻接 M8 之后的 M4，虽也是精绝王族子嗣，而埋葬情况竟是：木棺上已不见 M3、M8 均备的毛毯，而只能覆以树枝、泥块。棺内入殓四人：最上为成年男性，覆面为毛布，身着布衣、裤、袍，随身有弓、箭、陶器、木器、钻木取火器。身下为中年女性，面覆棉布方巾，随葬残铜镜、木纺轮，头侧有一只公鸡。着棉、毛布衣裙，只在衣的胸、背部各镶一块狩猎纹锦片（彩图六十四、六十五）。其下还有一老年男性、一未成年幼儿。同样是随身粗毛布衣、裤外，别无他物。四人同棺，是关系密切的家庭成员。男主人为一般武士，女性主家事、纺织。只有女子胸、背部的一小块狩猎纹锦及同处王室陵地，以及与 M8 紧密比邻入土的箱式木棺，可以唤起他们也曾是王族之裔的记忆，此外，已经完全找不到王族豪门之后的痕迹，而与一般的社会民众无异了。

从 M3、M8、M4 以及 M3 棺上另一具着锦衣的焚尸（M2），俞伟超曾经敏锐捕捉到这一现象，揭示说："由此现象分析，这三座墓几乎是在同一地先后埋葬的……这应当能表示出这三座墓的主人的亲缘关系特别密切，也许是直系亲属的祖孙三代墓葬。""墓主应是两代精绝国的王和后。"[1] 我接受这一分析，并将这一结论稍作发展，它们不仅保存着精绝王室祖孙三代的遗体，而且清楚显示着精绝王国失国前王族破败的过程。这是遗迹本身可以推见的结论。

如是，墓地的绝对年代也就可以基本明确了：是在精绝国失亡之际，具体年代，不能晚于东汉。

1 俞伟超：《两代精绝王——尼雅一号墓地主人身份考》，《沙漠王子遗宝》；俞伟超：《尼雅 95MN Ⅰ号墓地 M3 与 M8 墓主身份试探》，《西域研究》，2000 年第 3 期。

二

尼雅遗址的考古调查、发掘，从斯坦因 1901 年首次进入，至 20 世纪末，已持续了近百年。这期间出土过许多汉代文物：五铢钱，大量汉锦、铜镜、漆器、汉代木简，直至晋代包括晋泰始纪年木简，也出土过大量人们认为公元 3 世纪后才进入塔里木盆地南缘的佉卢文简牍。因此，每每提及尼雅，人们往往会以“汉晋时期遗存”相称。就整个遗址而言，这是基本正确、可以接受、言简意赅的结论。只是如果将这样一个概念套用到遗址内的每一区遗存、任何一些特别重要的文物上，就有可能出现问题。例如，对尼雅 95 一号墓地的年代，这样泛泛而论，就会令人十分尴尬。因为，就尼雅遗址而言，精绝王国只是这区遗址历史发展过程中的一段，“精绝”不能等同于尼雅废墟。尤其目前面对的又只是精绝王国历史的最后一页，是末代精绝王的死葬之地，年代就是更为短暂的篇章，泛称其时代为“汉晋”，就考古、历史研究而言，几乎就已失去了它应具备的资料价值了。

然而，不能不令人稍感遗憾的是，关于这一墓地的年代，至今还没有取得比较一致的认识。究其缘由，当然在于我们对资料本身的个性特点把握得还不够，研究、分析得还不深。

目前，关于这处墓地的时代，主要有以下三种观点：

第一种观点，也是目前流布较广、影响较大的一种说法。如《新疆尼雅遗址 95MNIM8 概况及初步研究》（载《西域研究》，1997 年第 1 期）一文称“墓葬的时代界限应为东汉末至魏晋时期”；新疆文物局等主持的《丝路考古珍品》中所载《尼雅遗址的考古发现与研究》称，一号墓地“经初步研究及 ^{14}C 年代测定，部分墓葬的年代可能为东汉末至魏晋时期”；《中日日中共同尼雅遗迹学术调查报告书》中称，一号墓地八号墓“死者当为汉晋时期尼雅绿洲统治阶层或贵族阶层”；相类似的观点还见于其他一些文章，结论相同，判定这片墓地的年代在“汉晋时期”。

第二种观点，认为“如果以所出铜镜来推断这个墓的年代，则大致可定在2世纪晚期至3世纪上半叶。从总体考虑，宜于在汉末建安左右至魏晋时期”[1]。

第三种观点，认为“M3墓主人入土的年代，可能在东汉王朝中、后期这一时段内”[2]。

三种观点，主要是两种看法，一种观点认为时代可能在自东汉至魏晋时期，再一种认为只能在东汉中后期。对一个具体墓地而言，属汉抑或属魏晋，自然不是一个小问题。因此，值得也必须进行比较深入的讨论。

首先，我们再认真检视一下墓地内出土的时代特征比较明显的文物。

锦绢：

三号墓中出土有：“王侯合昏千秋万岁宜子孙”锦被、黄蓝色方格纹锦袍、“世毋极锦宜二亲传子孙”锦覆面、茱萸回字纹覆面、蔓草纹锦、人物禽兽纹锦、几何纹锦、“广山”锦、璧纹锦、“长乐大明光”锦、“延年益寿长葆子孙”锦、“延年益寿”锦、动物云气纹锦、丝编菱格纹组带及各种色泽之丝绢。

八号墓中出土有：“延年益寿长葆子孙”锦、“安乐绣”锦、“文大”锦、“五星出东方利中国”锦、“讨南羌”锦、“安乐如意长寿无极”锦、蓝地兔纹锦、虎斑纹锦、龟背纹锦及丝绢。

四号墓：仅见一件狩猎纹锦。

铜镜：

三号墓中出土龙虎纹青铜镜。圆径9.2厘米，圆纽圆座。纽座外绕以龙虎兽纹，其间为飞轮。兽形图像外依次饰弦纹、短斜线栉齿纹、锯齿纹、曲波纹。这类圆纽圆座、栉齿、锯齿、曲波纹缘，其间夹禽兽纹，是东汉中期常见图像。

八号墓出土铜镜，为四乳、博局纹，铜质稍次。四乳、博局图案为

1　俞伟超：《两代精绝王——尼雅一号墓地主人身份考》，《沙漠王子遗宝》。

2　《中日日中共同尼雅遗迹学术调查报告书（第二卷）》，第109页。

比较典型的东汉风格。

五号墓出土铜镜，圆径9.4厘米。圆纽，组座外饰四乳、四兽、锯齿，凸棱，更外为云气纹。在东汉时期，这些图案，同样是比较流行的。

漆奁盒：竹胎，圆筒形，内壁朱红、外壁墨黑色。

剑鞘、刀鞘：三号、八号墓主人随葬物。表面髹红漆，压绘卷云、如意纹。同样具有汉代风格。

其他多为当地土著风格的木盆、木器座、陶罐。

锦、镜这类文物，可资比较的资料较多，楼兰东汉墓、1959年尼雅出土的东汉合葬墓中不少锦织物，都与这次出土物多有相同之处。这为认识墓地的时代提供了相当有说服力的参考。分析上述墓室中出土的大量丝锦、多面铜镜、漆器等，可以得出如下结论，即它们多是汉王朝盛行的制品，不可能出现在东汉以后的魏晋时期。另外，三号墓男女主人衣服非锦即绢，数量大、品种多。这是一个重要现象。它最能说明：如此丰富的锦绢顺利进入沙漠深处的精绝，只能是在汉王朝还比较有效地控制着丝路南道、汉与精绝关系较为密切的时段。东汉王朝的末期，要做到这一点，已不太可能了。

对新疆出土古丝锦进行过比较全面的考察、分析、研究的赵丰，对这片墓地出土之织锦做过详细分析，他认为："三号墓出土的'王侯合昏千秋万岁宜子孙锦'和八号墓出土的锦帽，用的都是小单元的云纹，而且还有人物的造型插入，这类织锦的图案应带有早期的特点"，"这次新出土的'安乐如意长寿无极'和'延年益寿长葆子孙'锦……八号墓中的'受右'锦等……通幅或云气动物纹锦……出现最早期可能在西汉晚期"。[1]

墓地出土的铜镜，也有不少学者进行过解析。三号墓中龙虎纹镜中之兽纹及镜缘之弦纹圈带、栉齿纹圈带、锯齿纹、曲波折线，八号墓中出土之四乳简化博局镜，均为汉代的风格。日本学者高桥照彦对三号墓

1 赵丰：《五星耀五色——尼雅出土织锦浅谈》，《沙漠王子遗宝》，第22—25页。

出土之龙纹镜纹饰进行分析后“推测其实际年代为2世纪前半叶”[1]，俞伟超不接受这一结论，认为“大致可定在公元2世纪晚期至3世纪上半叶”[2]。其实，这类镜流行的时间是比较长的。即使按俞文的观点，只能早到“公元2世纪晚期”，那也是在东汉后期这一时段内，与我们推定的东汉中后期可以统一起来。

尼雅95一号墓地，各墓入葬时曾使用过不少苇草、麦草、红柳枝，这都是进行^{14}C测年的理想资料。遗憾的是相关测年工作做得太少，在具体年代比较含混的情况下，失掉了一批本可以取得的有用的参考资料。现在，唯一相关的是取M8墓穴出土之苇草，经新疆地震局^{14}C实验室测年，结论为距今1745±60年，时代早可到东汉后期，晚可到魏晋。

此外，这里有必要认真、详细介绍一下三号墓出土的箱式木棺。经精细实测，它长235厘米、宽94厘米、高94厘米。以东汉一尺为23.5厘米计，则棺长10尺、宽4尺、高4尺。其尺寸与东汉的度量单位如此契合，绝对不能视为一个偶然现象。而最大可能就是：当年精绝王去世时，制作棺木使用的就是汉代长度单位。这为判定木棺制作年代，即三号墓主人入土的年代，提供了十分有力的证据。[3]

关于精绝王国灭亡的年代，历史文献没有留下明确记录。据《汉书·西域传》有关精绝的记录，在公元前60年西汉设置西域都护前，精绝已经是一个有“王”的城邦。西汉末年，“王莽篡位，贬易侯王，由是西域怨叛”，群雄逐鹿，经过一番激烈斗争后，逐渐形成鄯善、于阗、莎车、疏勒、龟兹、焉耆、车师等几大政治势力各自称雄的局面。东汉初，塔里木盆地南缘的“小宛、精绝、戎卢、且末为鄯善所并”，如此，则东汉初精绝曾经失国，亡于鄯善。但是，这一形势并没有长期

1 （日）高桥照彦：《尼雅遗址出土的铜镜及钱币》，《中日日中共同尼雅遗迹学术调查报告书（第二卷）》，第288页。

2 俞伟超：《两代精绝王——尼雅一号墓地主人身份考》，《沙漠王子遗宝》；俞伟超：《尼雅95MNI号墓地M3与M8墓主身份试探》，《西域研究》，2000年第3期。

3 （日）吉崎伸：《关于尼雅遗址中的尺度》，《中日日中共同尼雅遗迹学术调查报告书（第二卷）》，第215—222页。

保持，《后汉书·西域传》说“后其国并复立”[1]。至于“复立”后何时再次灭亡并沦为鄯善之一州，不见记录。东汉时期，西域三绝三通，战乱频仍。在公元1世纪60年代广德为于阗王时，“从精绝西北至疏勒十三国皆服从”[2]。精绝在最后归于鄯善前，似乎还曾一度为于阗所灭。种种迹象显示，在东汉王朝时，西域历史舞台上曾经展开过十分剧烈、相互兼并的军事冲突。位居南道要冲、处于鄯善和于阗两大势力尖锐角逐前沿的精绝绿洲，不入鄯善即属于阗。企图偏安于沙漠一隅，是绝无可能亦绝难想象的。因此，地居要津、十分弱小的精绝，只能在东汉王朝无力控制西域大局而塔里木盆地各主要绿洲彼此角逐、争雄的过程中，一次又一次遭受亡国之痛。它是绝无可能苟延其命运至东汉以后的。《魏略·西戎传》说：“南道西行，且志（末）国、小宛国、精绝国、楼兰国皆并属鄯善也。”《三国志·魏书·鲜卑传》在述及西域形势时说，“魏兴，西域虽不能尽至，其大国龟兹、于寘（阗）、康居、疏勒、月氏、鄯善、车师之属，无岁不奉朝贡，略如汉氏故事”，全然不见了精绝等小国踪迹。因为这时精绝确已沦为鄯善之一州，王国历史的帷幕早已最后落下了。

爬梳有限的文献记录，精绝王国应该终结于东汉之时。与王国命运紧密关联的精绝王陵，自然不可能延续到魏晋之世。这虽属逻辑上的推定，却有着厚实的政治历史基础。

三

三号墓中精绝国王所穿锦袍，到底是左衽还是右衽，这在图片刊布、巡行展览中，引发了人们普遍的诘问。

---

1 《后汉书·西域传·总叙》（卷八八）。

2 《后汉书·西域传·于阗》（卷八八）。

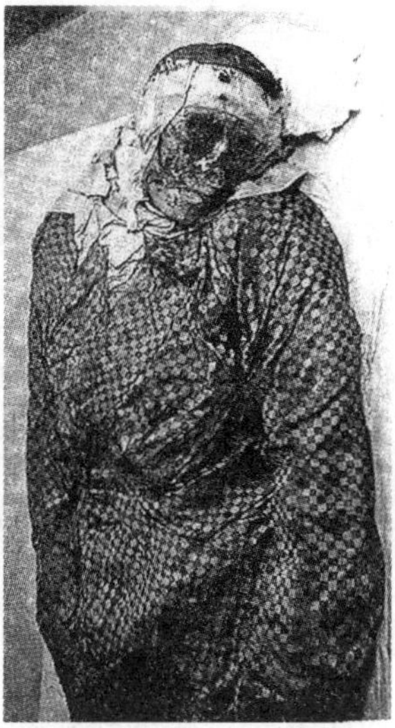

图 12.3　锦袍照片（左）及王尸出土时照片（右）

这是很自然的问题。因为王尸出土时留有照片，锦袍清楚是右衽在身，为什么单独刊发的锦袍照片，却变而为左衽？（图 12.3）

作为边裔地区的城邦国王，袍服左衽还是右衽，不能视为一个小问题。先秦至汉代的文献，如《尚书·毕命》称“四夷左衽，罔不咸赖”，《论语·宪问》：“微管仲，吾其披发左衽矣！”《后汉书·西羌传》中“羌胡被发左衽，而与汉人杂处”的记录更值得注意。其宣示的同一文化信息是，衣服制度作为区别夷夏民族文化的一个标志，向来是受到重视的。精绝自古与羌胡毗邻而居，关系至为密切，尤其是贵为领袖的精绝王，衣服制度自然更会严格遵循着传统，因此，其锦袍究竟是左衽还是右衽，就是一个绝对容不得马虎、疏忽的细节。

记得在资料刊布时，就收到友人邢义田先生的来信，求索真谛。因为他当年的研究正涉及胡人的衣服、形象，如何使用尼雅出土资料成了问题，这件事可以折射出学术界面对相关图片时的一般心情。[1]

1　邢义田：《古代中国及欧亚文献、图像与考古资料中的“胡人”外貌》，《台湾“国立”大学美术史研究集刊》，第 52—53 页，2000 年第 9 期。

具体到这件精绝王锦袍，在新疆文物考古研究所清理、处置及最后刊布相关照片时，确有不够严谨处。衣着在身明明右衽，脱下衣服、清理后纳入有机玻璃中，却变成了左衽。刊布之锦袍照片，与目前巡展于各处的锦袍形象，都为左衽，却又没有相应的文字说明。笔者当时还没有离开新疆文物考古研究所，M3 之整理，解衣宽带，虽未直接过手，但总有管理之责任，对此，自然难辞其咎。

除希望对此进行认真之澄清、准确说明原委外，本文还想借此进一步讨论当年精绝王国服饰制度上显示的变革，讨论其背后的历史文化精神。

总体观察尼雅 95 一号墓地精绝王室入葬者的衣服，给人十分强烈的印象是，多种样式并存，绝不单纯统一。这种多种形式并存的状况背后的文化精神，值得认真探究。

一号墓地，包括一具焚尸在内，共 9 座墓葬。居于主体位置的是 M3、M8、M4。M3 还有象征性的木椁。其他几座墓葬为船形胡杨木棺，这在精绝是一种传统的棺具。它们环列、拱卫在箱式木棺南北。身份较精绝王族会稍次一些，但还是统治阶层中的成员，要不也进不了精绝王族墓地。沙漠干燥，9 座墓葬中不少人体、衣服均保存比较完好，这为观察当年精绝王国统治层的服饰制度，提供了较为理想的条件。

对相关服饰稍事整理、归纳可以看出，袍服有下列几类形式：

（一）高领束颈内衣。最典型代表为两代精绝王、妃的贴身内衣

1. 三号墓男主人贴身内衣，面料为轻薄柔软的丝绮。样式为高领，环绕颈部。衣不开襟，套头穿脱。颈部存系带 7 条，可以彼此交结。通高 115 厘米，领高达 16 厘米。[1]

2. 三号墓女主人贴身内衣，面料为白色素绢。样式为高领、右衽、衣短、袖长。衣身长 50 厘米、通袖长 210 厘米、领高 12 厘米。除显著短身外，衣领左侧还缀附宽绢带，带宽 12 厘米、长 40 厘米。如此长的

1　王炳华：《尼雅 95 一号墓地三号墓发掘报告》，《新疆文物》，1999 年第 2 期。

绢带可以绕颈一周[1]。

3. 八号墓男主人贴身内衣，面料为黄色丝绢。样式为高领、不开襟，套头穿脱，窄袖。高领两边各缀附两条天青色宽丝带，可以紧束于颈部。[2]

4. 八号墓女主人“身穿绢袍”，“袍内穿棉布套头裙”，贴身为黄绢套头长裙。[3]

5. 一号墓地之M1，男主人内衣，同样为绢质，高立领，直裾。领口两边各缀 3 条长 50—60 厘米的绢带[4]，绢带长达 60 厘米，其紧束颈部的功能，也非常明显。

6. 五号墓中女主人的内衣、胸衣也都是高领束颈样式。内衣：白色素绢为料，高领、长袖、直筒式，套头穿脱。领口最低处系带两根，衣身、肩部接缝线上均镶一彩色毛绦带，绦带饰三角形、菱形纹。衣长 166 厘米、领高 18 厘米。胸衣：女主人贴身穿用。绸料，衣短、领高、长袖，套头穿脱。衣长 59 厘米、领高 9 厘米。高领左右各有两根宽 3 厘米的绢带，便于束系。[5]

这几件王室贵胄的衣服，可以看到如下特点：贴身穿着的内衣，材质考究，均为丝绢，比较舒适；高领，颈部有长绢带；多不开襟，用套头办法穿脱。这类衣服的显著功能是防护风沙。精绝故址地处沙漠腹地，东北季风或气流变换时，无不风沙弥漫，难见天日。这样的高领束颈内衣，可以有效防止沙尘侵入肌肤。对于在沙漠包围之中的精绝王国子民，贴身衣服是否能防风蔽沙，当是设计衣服时最先考虑的因素。联系男主人的尖顶风帽，帽檐深及颈下，可左右系带，女主人紧紧包覆头部的风帽等，同样都是适应沙漠地区障蔽风沙的要求，表现了地区传统。

---

1 同前。

2 新疆社会科学院考古研究所：《尼雅遗址 95MN I 号墓地 8 号墓发掘简报》，《新疆文物》，1999 年第 1 期。

3 同前。

4 《中日日中共同尼雅遗迹学术调查报告书（第二卷）》，第 127 页。

5 同前。

（二）左右对襟长袍，腰部束带

1. 八号墓主人，为末代精绝王。身穿锦缘毛布长袍，对襟、交领。襟边、袖边、下摆均以彩锦为缘，腰部束彩色宽带。

2. 四号墓，入葬4人，3男1女。男主人之一穿“大襟长衣……衣外系一条彩色条纹的宽毛线织带”，又一穿“细素毛布开领长衣”，“腰系彩色条纹毛织带”，均对襟。同墓女性“穿细毛布长连衣裙”[1]。

（三）相当部分袍服作右衽，尤以上层统治阶级为主

1. M3男主人，出土时锦袍在身，用料为方格纹锦面，素绢衬里。斜交领、右衽，右襟宽，左襟稍窄，相差12厘米。窄袖、宽摆，两侧开衩，长及膝下。通高122厘米、袖通长225厘米。[2]

2. M3女主人锦袍，人物禽兽纹锦作面，米黄、草绿色绢为里，其间薄衬丝绵。样式为斜交领、右衽、窄长袖。通长135厘米。

3. 女主人贴身绸衣，前面已介绍过其高领。其基本形制如汉代中原地区妇女所穿短上衣，右衽。[3]衣领缀附宽12厘米的组带，是适应地区特点的变通。

4. M3男主人之锦面绵深衣：这是精绝王生前长期穿用之物，通高89厘米。已严重磨损，出土时系挂在主人身边木杈形衣架上。上衣用“世毋极锦宜二亲传子孙”锦面，下裳绢面，毛布衬里，间衬薄毛绒一层，轻薄保暖。样式同样是斜交领、直裾、右衽、狭长袖。腰部缀绢带，系连衣襟。[4]

5. 八号墓女主人，精绝末代王妃，从所刊图片观察，外衣为红绢长袍，交领、右衽，下摆作百褶边，边宽8.5厘米。

---

1 同前，第110—111页。

2 笔者在最初刊布三号墓简报（时载《新疆文物》，1999年第2期；参见《中日日中共同尼雅遗迹学术调查报告书》，第109页）时，看到袍面是“右襟宽而左襟狭，从下摆计，相差12厘米。穿用时，只能是宽（右）襟压叠在狭（左）襟上”，判定“是为左衽”。而“死时右衽”，是遵循《礼记》的规定。现在看来，此议不妥。因为全墓地左、右衽均见，这当是衣制改革、变化过程中的现象。

3 黄能馥、陈娟娟：《中华历代服饰艺术》，第105页，中国旅游出版社，1999年。

4 《尼雅95一号墓地三号墓发掘报告》，《新疆文物》，1999年第2期。

6. 一号墓主人穿斜纹毛布长袍。锦缘，绢里。样式作交领、右衽，左襟稍窄小，右襟宽大。衣长 95 厘米、袖通长 227 厘米。[1]

7. 五号墓女主人穿交领长袍：绢面绢里，交领、右衽、宽袖、束腰，下摆作百褶裙式。衣长 158 厘米、领高 14 厘米。[2]

（四）与右衽并行，也见到左衽袍服

1. 三号墓精绝王妃绸夹衣：出土时仍穿着在身。绢面绢里，红绸面，米黄色绢为缘，草绿素绢为领。样式为斜交领、左衽、长袖。衣不用扣，以绢带缀连。衣长 85 厘米、两袖通长 190 厘米。[3]

2. 一号墓男主人随葬夹袄：绢面绢里，草绿色绢面，土黄色绢里，薄絮丝绵。样式为交领、左衽、束腰，腰部缀绢带。衣长 99 厘米、通袖长 213 厘米。出土时折叠整齐，放置于面衣上部，足见为其平时实用物品。[4]

综观这四类袍服——高领内衣、对襟长袍、右衽锦袍、左衽绸衣，可以得出如下结论，即在汉王朝统治下的精绝王国境内，衣服样式并不统一。为什么会形成这样一种情况呢？从逻辑上推论：既有自然环境的因素，也有政治文化的影响。精绝王国是沙漠包围中的绿洲，细沙侵体是随时要面对的问题；在少水难洗的环境中，衣服保暖、防沙是两项最基本的要求。贴身内衣高领、系带，或以宽带绕颈一周、套头穿脱，适应了沙漠环境的要求。其中三号墓女主人贴身的胸衣，短襟、右衽、交领，是中原大地习惯了的样式，但它易受沙侵，因此作适度改变，在交领一缘附以宽 12 厘米、长 40 厘米的宽绸带，可以绕颈一周，等于加上了一条丝围巾，其防沙目的也十分明显。从这些细节看，它们可以被视为土著的传统样式，是长期与风沙相抗争总结出来的经验。入汉后，虽有高级丝绸，但样式并未变化。对襟束腰长袍，从四号墓主人均着此样式长

1 《中日日中共同尼雅遗迹学术调查报告书（第二卷）》，图版 35：39。
2 同前，图版 35：40。
3 同前，第 102—103 页。
4 同前，第 123 页。

袍看，应该也是该地区传统的土著服式。前文曾说明，四号墓多人共一棺，虽祖先曾为王族，但到他们已是平民身份，袍服变为传统样式更合乎情理。至于王族既着右衽，又有左衽衣袄，彼此共存互见，则明显是受到中原王朝服饰文化影响后的产物。在中原大地传统服饰制度中，袍服右衽，既是传统，也是华夏文明的象征。种种迹象显示，在公元前60年西汉设置西域都护统领西域大地后，汉王朝政权在安辑战略这一思想指导下，曾经努力推行汉文化。精绝王室一度文字用汉文，长度用汉尺，服饰上也变左衽为右衽，向化中原，不仅完全可能，而且可以说是情理之中的事情。在这一变革过程中，接受、推行新服饰制度的精绝王室成员，自然会走在最前面。经过相当长时间的变化后，王室成员的正服、礼服，右衽渐成习惯；但传统的左衽，也并没有完全退出历史舞台。改变传统是一件相当艰难的事，需要一个缓慢变化的过程。在精绝王国上层集团成员的衣服制度方面，之所以呈现出如此复杂不一的局面，大概正表明了这一历史的真实。

四

在激烈冲突中落幕的末代精绝王族，宣示着精绝王国史最后的一页。它所在的尼雅的居民自然不会因精绝王国的谢幕，就停止在这片绿洲内的活动。在鄯善王国的大旗下，丝绸之路还在继续繁荣。但作为相对独立的政治实体——精绝王国，它主要的活动空间及政治中心，确实就在尼雅地区这一舞台上。因此，认真筛选、检视100年来这区遗址内所获文物考古资料，从物质遗存角度觅取可以说明问题的典型素材，增进对精绝王国历史文化的认识，是值得认真为之的一件事。

《汉书·西域传》说，汉代精绝只不过“户四百八十，口三千三百六十，胜兵五百人”，是昆仑山下沙漠腹地最小的绿洲城邦之一。它的重要性，明显不在其人口、兵员，而在于其特定地理位置，正当克里雅河打弥与安迪尔河绿洲之间，是丝绸之路南道交通往来时无法避开、必须停息休整的要站。在沙漠中行走，没有熟悉当地沙漠环境、地理地貌的向导，没有充分的水、粮食、草料，仍企求安全来去，是绝无可能的。不论自扜弥东行还是由安迪尔西走，都须经 100 多公里的沙漠跋涉，才能进入尼雅河谷，到达精绝。这时，向导、饮水、粮食、草料，都必须补充、完善，否则就难以走完全程。《后汉书·西域传》总论西域南道说，“出玉门，经鄯善、且末、精绝三千余里至拘弥”，还在强调精绝虽弹丸之地，却是不可或缺的一站，这充分说明了它在丝路南道上不可忽略的地位。从这一角度品味尼雅废墟中出土的一些典型文物，可以获得更深一层的认识。

西汉王朝为求通向帕米尔以西的广大世界，避开匈奴的征骑，在设置西域都护前，曾设置“护鄯善以西使者”，力保“南道”之安全运行，对精绝之关注，从那时起，就已提上了日程。设置“西域都护”后，对“南道”交通的关注不曾减弱。终西汉之世，可以说丝路“南道”始终是汉王朝政府全力建设、维护，务求安全畅通的一环。在这一形势下，对精绝王国曾经给予的关注和努力，会是超越一般的，但文献上对此少见痕迹，因此，从考古角度就更值得特别细致地考察，不放过相关之一星半点资料，并据而深入分析，探求其真谛。

1931 年，斯坦因在第四次不成功的尼雅考察中，也曾悄悄发掘过，并获汉文简牍 26 枚，其中一枚汉简简文为“汉精绝王奉书……”[1]，这件重要的资料，不仅说明尼雅遗址确为精绝故国所在，而且表明精绝王当年确奉汉之正朔，自称为“汉精绝王”。《汉书·西域传》称，汉设西域都护后，西域诸国“自译长、城长、君、监、吏、大禄、百长、千长、都尉、且渠、当户、将、相至侯、王，皆佩汉印绶”，与此可以互相印证。这是汉王朝实施安辑政策的结果，也是进一步安辑西域的前提。

1　王冀青：《斯坦因第四次中亚考察所获汉文文书》，《敦煌吐鲁番研究 第三卷》，第 285 页，北京大学出版社，1997 年。

在这一前提下，西汉政府曾有过一系列重要而又务实的举措。

近年发现的敦煌悬泉置遗址，位于敦煌、安西交界处，地居三危山与西沙窝碱滩之间。附近泉水出涌，为汉代西域交通河西走廊之要隘。这里出土了汉代简牍两万多枚，时代起自武帝时期，历西汉、新莽，止于东汉建武、永平、永元时期。据已刊少数精粹，简牍中涉及精绝者有二：其一为“……送精绝王诸国客凡四百七十人”（Ⅱ0115①：114）；其二，“客大月氏、大宛、踈（疏）勒、于阗、莎车、渠勒、精绝、扜弥王使者十八人，贵人□人……”[1]（Ⅰ0309③：97）。虽然，涉及精绝者目前仅刊两支简文，透露之历史信息却并不少，一是精绝虽只是弹丸之地，户不过数百，地位却颇受重视，在“诸国客”中以精绝牵头，而且与大月氏、大宛、于阗、莎车、疏勒等这些具有举足轻重地位的西域大国平起平坐。精绝在汉王朝上下官吏的心目中，其地位、身份之重可见一斑。二是两汉之际通过精绝所在南道一次记录在案者即达470人，当年由此来去中原的官员、商客数量是绝不在少数的。以区区只数千居民的精绝，要为来往不断、数量众多的人员提供给养补充，其任务之巨大、面临困难之严重，不可低估，必须采取有力措施，才能解决这一矛盾。汉王朝虑及于此，曾将当年行之有效的屯田政策实施于尼雅河谷。精绝屯田之细节，考古至今未有发现，只是1959年在尼雅遗址曾获汉“司禾府印”一枚。“司禾府”文献无征，但“司禾”一名与屯田、农业生产相关，当属无疑。精绝当年如何承担解决因丝路交通而引发的后勤供应矛盾，于此可得些微消息。

考古资料表明尼雅河流域的精绝土著居民主体是高加索人种，操印欧语。汉朝政府在政治、军事上进入精绝后，精绝王室奉行汉朝正朔；丝路古道交通顺畅，商胡贩客，日趋阙下；屯田生产，顺利实施……在这一形势面前，如何进一步站住脚跟，消除精绝上下的排异心理，使精绝王廷与汉王朝得以顺利沟通，汉王朝政令能顺利施行，除军威震慑、

---

1 胡平生、张德芳撰：《敦煌悬泉汉简释粹》，第114、133页，上海古籍出版社，2001年。

物质上厚赂怀诱外，在精绝推介汉文字，使其民众学习汉语言，成了极其重要的一个环节。史籍于此同样不见记录，但出土文物却可以说明，当年汉王朝曾在这一环节上做了极大努力，而且确也取得了很好的效果。这方面有不少例证：其一，在尼雅精绝王宫所在的N14，1992年出土过文字学习课本“仓颉篇”残简。残简简文为“溪谷阪险，丘陵故旧，长缓肆延，涣……”[1]。《仓颉篇》是秦汉时“以教后嗣”的小学课本，在汉代居延及汉初开拓的河西四郡如敦煌等这些边裔地区，曾发现不少，是在这些地区推行汉文教育的生动说明。《仓颉篇》在精绝故址出土，表明西汉统治西域后在精绝曾努力推行汉文化教育。这看似小事，实际却是关系到汉王朝政令能否顺利施行的关键。斯坦因1906年在同一地点所获精绝王、大王、太子、王母、且末夫人、夫人春君之间相互赠礼的8支汉文隶书函札，隶体精妙。王国维曾据而判定它们“似汉末人书”，时代在“永平以后”[2]，而且函札使用方法，一如中原。斯坦因第四次在尼雅所获“大宛王使坐次左大月氏。及上所……所覆愿得汉使者并比，故及言□□坐次（后缺）”[3]等，清楚显示在精绝王国重要的外事接待中，礼仪方面的安排使用的也是汉文。这些资料表明，汉王朝政府推行汉文、促进学习汉文化，当年是取得过显著成果的。只是在精绝失国、化为鄯善一州以后，这一以汉文作为王国官方文字的状况才发生改变，佉卢文才逐渐取代汉文成为主要的官方文字。魏晋时，汉文虽未完全退出历史舞台，但重要性已不能与两汉精绝王统治时期相提并论了。

西汉王朝统治西域，羁縻塔里木盆地各绿洲城邦后，在度量衡制度方面也曾作出过努力，以求与中原大地可以一体，至少可以方便彼此间的交换。度量衡制度的变化，比较敏感地反映了当时的政治形势。和田地区出土的汉佉二体钱，标明“六铢”“二十四铢”重量，与五铢钱可

1　王樾：《略说尼雅发现的“仓颉篇”汉简》，《西域研究》，1998年第4期，第55—58页。

2　罗振玉、王国维：《流沙坠简》，第12页。

3　王冀青：《斯坦因第四次中亚考察所获汉文文书》，《敦煌吐鲁番研究 第三卷》，第265页，北京大学出版社，1997年。

以方便折算、交换使用，即为一典型实例。在精绝境内，尺度方面也有变化，可以看出当地曾经推行过中原度量衡制度。中日联合尼雅考古队成员吉崎伸君，曾经对N2遗址中的一号、八号、十三号、十九号房址，N2旁侧的尼雅佛塔及可能与精绝王宫存在密切关联的N13遗址，以及尼雅95一号墓地中的三号棺木进行测量分析，结果发现，当年精绝是两种长度单位并行。如N2遗址中的多处房屋、佛塔的台基高度均与尼雅传统的hasta（一hasta约等于43厘米）相对应；而N13及一号墓地中三号墓木棺设计时，明显依循东汉时期的尺度。N13与可能为汉代精绝王宫廷的N14相邻，是尼雅遗址最北端一处大型建筑物。建筑物周围有防沙篱栅，与N14之间有整齐的行道树相连。篱栅南北长为800汉尺（以东汉每尺为23.5厘米计）。篱栅西北部有一组小栅园，范围则是200汉尺×300汉尺。以汉尺测算，相当整齐，用hasta量度，则见不出规律。更典型一例是前面已经介绍过的三号墓主人入殓时所用的木棺，非常规范地使用了东汉尺度，表明这一棺具当时就是以东汉尺度为单位进行设计、加工的。这表明，汉尺也是精绝王国使用的度量衡制度之一。这一计量分析，很能说明问题。[1]可惜目前只测量了不大的一小部分，如若进一步对遗址内遗迹、器物进行测量计算，当有可能就此提出更有说服力的结论。

在专制主义的王权统治下，统治集团间的联姻，是促进彼此感情、增进政治联系最有力的措施之一。西汉王朝努力增强对西域的政治统治、文化影响所采取的重要措施之一就是“和亲”。文献记录，这一措施在乌孙、龟兹、楼兰，均曾得到成功，尽管有时汉朝政府下嫁的所谓“公主”，只不过是在宫女中遴选出来的、能贯彻王朝使命的优秀女子。如尉屠耆接位为楼兰王，选宫女为其夫人，就是一个很好的实例。精绝虽小，但以精绝在丝路南道上的重要地位，汉王朝政府以和亲为手段，增

1　（日）吉崎伸：《关于尼雅遗址中的尺度》，《中日日中共同尼雅遗迹学术调查报告书（第二卷）》，第215—222页。

进精绝心向汉廷的感情，是一件情理之中的事。笔者倾向于认定，当年确曾有过与精绝的和亲。这方面目前同样没有文献记录，但“王侯合昏千秋万岁宜子孙”锦被发现时位于一号墓地三号墓穴精绝王与其夫人合葬的遗体上，实际就清楚透露着这一历史消息。“王侯合昏”，指的就是精绝王秉承汉廷的旨意，喜结良缘，所以才得到了汉廷的褒赏。在前引斯坦因所获 8 枚精绝王室成员互赠礼品的函札上，王室成员名字涉及精绝者，均以汉字注音，如“休乌宋耶”“小太子九健持一”；另一些名字，如“君华”“春君”等，似有汉意。其中，尤可注意的是，8 枚互赠礼物的函札，竟有 4 枚集中在“夫人春君”一人身上，春君受到的尊宠、关注，异于其他。这“春君夫人”，是否有可能就是承担和亲使命来到精绝绿洲的中原女子之一呢？把它与“王侯合昏千秋万岁宜子孙”锦联系在一起，确实可以大大增强人们在这一问题上的联想。

埋葬制度，是最能表现文化心态的一环。在尼雅遗址中，大量见到的是船形胡杨木棺。在塔里木盆地南缘，用船形棺本是一个普遍现象。一号墓地，也大都是使用船形胡杨木棺，但墓地中的精绝王国最高统治者却与此不同，变而使用矩形木棺。三号墓除精绝王木棺外，甚至还出现了类似木椁的矩形框架。夫妇合葬，均盖覆面。男女衣物如弓箭、衣服、梳妆用物分别置于如同衣架的木杈上，显示着汉代礼仪中的男女有别、衣物不同“楎椸”的文化精神。[1] 女性随身有帛鱼，这也是古代中原地区祈福、求育的吉祥物，诸如此类，不一而足。在尼雅遗址中还见筷子，表明其进食用箸。凡此种种细节，都是中原文化冲击、影响下的产物，显示着中原传统文化因子对精绝上层集团人们心灵深处的浸透，是汉王朝文化政策在沙漠深处尼雅绿洲上开放的小小火花。

植根在心灵深处的文化思想的变化，是最深刻、最有意义、最有可能进而产生深远社会影响的变化。它是经过了相当长时期文化交流后才有可能出现的。它们的出现生动说明，汉朝政府统治西域后，在这方面

---

1 王炳华：《楎椸考——兼论汉代礼制在西域》，《西域研究》，1999 年第 3 期。本书也有收录。

倾注过认真的努力，而且取得过不小的成果。只是这一过程在魏晋以后政治形势的剧烈变化中，未能进一步继续发展。

五

偶然机缘，精绝王陵得以在 1995 年呈现眼底。它是耗时多年、颇历艰辛的尼雅考古生涯中，最令人愉悦的记忆之一。只是进一步的工作，受意想不到的干扰，墓地解析尚未完成，展览、图册即频显于世，墓地时代终闹得晦暗不明，无法不留下遗憾。这篇小文，得机缘再清理一通相关思考，亦算是令人高兴的事。

结束这篇小文，掩卷静思，还有几个与这片墓地时代、文化不无关联的问题，一并书写于此，向学术界求教，以推进相关研究。

第一，尼雅 95 一号墓地八号墓中出土的“五星出东方利中国”“讨南羌”两块锦，赵丰经过分析、研究后将它们联系在一起，这是对织物有深刻的认识后才能具有的慧眼。洞悉两片织物组织、经纬密度、图案构成、色区变化，加上吉祥文字前后可以连续，于是得到了一个富含新意的结论：“五星出东方利中国讨南羌”锦。两片锦虽不能严丝合缝并接，但从总体观察，其结论是可以成立的。赵丰在同一篇文章中，还提出赵充国征讨南羌的重大军事行动，认为“此件织锦，可能正是这一军事行动的见证”[1]。

细读《汉书·赵充国传》的相关记载，考虑这片织锦的时代，与赵充国征羌确有许多契合之处。一是汉宣帝时，为击破匈奴、羌联手阻断丝路的图谋，确实有过牵动全国的、赵充国统帅大军讨南羌的军事行动。二是军事行动中，观察到了五星汇聚东方的天象，宣帝曾下诏：“今五星出东方，中国大利，蛮夷大败……将军急装，因天时、诛不义，万下

1　赵丰：《五星耀五色——尼雅出土织锦浅谈》，《沙漠王子遗宝》。

必全，勿复有疑。”三是为了保证征羌战役胜利，汉朝政府还命令“长水校尉富昌、酒泉侯奉世将婼、月氏兵四千人”从西边东进，策应汉军行动，形成夹击态势。而婼、月氏兵，是有理由与精绝联系起来考虑的。“婼”是羌人一支，活动在祁连以西、塔里木盆地南缘的阿尔金山、昆仑山中；月氏的活动地域，也在塔里木盆地南缘昆仑山北麓。安迪尔河曾是其活动中心，故安迪尔古城有“吐火罗”之名。与安迪尔河毗邻的尼雅河流域的精绝，自然也可能是它活动的地区之一。四是“五星出东方利中国讨南羌”锦，确实就出土在可能与“婼、月氏”相关联的精绝王子的手臂上。有这么多细节可以与西汉宣帝时赵充国征讨南羌战役相关联，因此，将此锦与赵充国征羌联系起来，确实是有相当理由的。但在上文中，笔者最后还是摒弃了这一结论。最主要的原因在于，这一判定与总的时代特征、背景不合。最大的一点不合是，当年精绝还在汉王朝的支持下兴旺发展，不可能沦于亡国状态。而换一个角度考虑，自西汉至东汉中原王朝与祁连山中、青海一带南羌的矛盾始终存在。在与“南羌”的冲突中，汉朝联系西域小国，军事上进行策应，也是常用的策略。从这一角度再看这件汉锦，更合理的解释可能是：在终两汉之世始终存在的与南羌的军事冲突中，利用星相、制作相关祥瑞的织锦，进行战争动员这样的事，历史上可能不只一次。“五星出东方利中国讨南羌”锦，西汉时有过，其后也完全有可能曾组织生产过。最后失国的精绝王墓中，见到的这块“五星出东方利中国讨南羌”织锦，就说明这一东西夹击的战术，终两汉之时常在使用之中。

第二，是关于精绝王陵的论断问题。判定这区墓地为精绝王陵，其实是有多种理由的。三号墓满目锦、绢，绝非一般子民、官吏可得享有。加上具有点睛之功的“王侯合昏千秋万岁宜子孙”锦被、“王”字纹陶罐，有如是品级、特色、典型的标示死者身份的文物，据而判定为精绝王陵，可以说是论据充分、不必怀疑的。但是许多学者包括我自己在内，很长一段时间，就是在这一呼之欲出的结论面前一再却步。在前引《尼雅考古收获及不足》中，也只是含糊其词地说该墓地“十分可能就是汉精绝王室的墓地”，而没有明确给出结论。俞伟超先生稍后发表的《两代精绝王》，思想明快，以不容置疑的文字宣称它们就是王陵，当时看到，还深感得遇知音。但不知何故，再过一年后，俞先生还是收回了 M3、M8 墓主人的“王冠”，给他们重新戴了一顶“首脑”的帽子。遗憾的是，今天已无法再当面向俞先生请教。如果揣度俞文的思路变化，矛盾似存在于对一些文物细节的审视上。如镜，据他的分析，不少特点“都是东汉末三国甚至可能晚到西晋的特征”。如果时代晚到东汉以后，精绝王国已经不存，自然不可能有精绝王陵营造在尼雅沙漠了。退后一步，求矛盾的统一，于是出现了墓葬主人为“精绝王”之后的当地“首脑”，是鄯善属下凯度多州统治者的措辞。如果换一个角度思考呢？既然有相当多的根据可以将墓葬与精绝王室联系起来，在不能晚于东汉的王陵中出土了如是特征的铜镜，不是也可以借此再考虑一下对出土铜镜特征的人为分期吗？况且，铜镜本身还具有那么多汉代流行之图案风格呢？一个时代风格的形成、出现，又岂是短时间内可以完成的呢？这些疑问，曾是笔者面对矛盾时向自己发出过的诘难，书之于此，也是求教于方家。

第三，还应提起一个有关佉卢文的细节。佉卢文是魏晋时期鄯善国使用的主要官方文字之一。在尼雅出土了近千件佉卢文文物，数量巨大。对它的年代，斯坦因据它与晋简同见判断它们是公元 3 世纪之物。英国学者布腊夫（J.Brough）、日本学者榎一雄，也是主张佉卢文时代当在公元 3 世纪。日本学者长泽和俊的观点是佉卢文时代在公元 60—400 年之间，很可能在公元 3 世纪左右。中国学者马雍在梳理过上述诸多观点后，提出佉卢文是公元 3—4 世纪之物，“大体上是从 3 世纪上半期至 4 世纪上半期”[1]。诸多中外研究大家的视角虽不同，结论却相近。佉卢文在塔里木盆地南缘流行时间在公元 3 世纪后，这一结论的影响是十分深远巨大的。而现在在一号墓地，却见到了“佉卢文”，这对墓地时代

1　马雍：《古代鄯善、于阗地区佉卢文字资料综考》《新疆所出佉卢文书的断代问题——兼论楼兰遗址和魏晋时期的鄯善郡》，《西域史地文物丛考》，第 60—88、89—111 页，文物出版社，1990 年。

的判定，无疑是一个不能忽视的重要材料。相关资料有二：其一为一号墓主人随葬之木弓，“弓通身缠绕一层绢带，两端绢带上各有一处佉卢文墨迹”[1]；其二见于八号墓出土的弓上，“弓及弦上连续缠绕有红、白及黄绢条。缠绕黄绢上见墨书佉卢文字”[2]。两处佉卢文，均见于包弓的绢条上，这是值得注意的细节，似非偶然。对这一现象，笔者当年曾十分关注，不过这里无法展开。在发掘现场，我曾就绢上佉卢文字母的文意，当面请教日方队员莲池利隆（莲池君是通晓佉卢文的专家），终因过分漫漶而难得要领。但这一点对墓地时代的分析，无疑具有影响，不能忽视。

佉卢文流行年代约起自公元前3世纪，晚至公元4—5世纪。至于佉卢文进入塔里木盆地的时代、背景，学术界的认识并不完全统一。可以说是随着更多资料的发现、研究的深入，仍在发展中。种种情况，观察佉卢文进入新疆，既有政治因素，如贵霜王朝统治势力或贵霜难民进入塔里木盆地，也存在商业往来、佛教传布的影响。关于佉卢文进入塔里木盆地的年代，最近研究认为，早可到东汉，晚可至南北朝。林梅村认为：“佉卢文传入塔里木盆地的时间，无疑在东汉灵献年间（约公元170—210年）。”[3]中国所见佉卢文字资料早到东汉的，据林梅村研究，相关资料已经不少。因此，大可不必因为见到了佉卢文字，就对整个墓地的年代产生疑问，认为时代必须晚到魏晋、晚到公元3世纪。相反，换一个角度观察，这正为贵霜势力在东汉末开始进入塔里木盆地并影响到了尼雅地区，提供了新的佐证。

面对考古资料，在没有直接证据可以判定其准确年代时，如何多角度细致地考虑、求索其时代，是考古工作者无法回避的首要问题。这既是责任，也是义务。做这件事，既必须注意从文物的总体风格上把握其时代，又必须十分注意细节，深入分析每一件文物的特征。两相结合，

1 《中日日中共同尼雅遗迹学术调查报告书（第二卷）》，第126页。
2 同前，第116页。
3 林梅村：《尼雅新发现的鄯善王童格罗伽纪年文书考》，《汉唐西域与中国文明》，第192页。

当能求得解析。笔者遵循这些原则，努力求索，但思虑不周、知识不及处，肯定难免，敬望识者教之。

原载《西域历史语言研究集刊》第一辑，2007年

后贵霜流亡贵族在精绝

尼雅出土佉卢文透示的部分历史信息

与汉文历史文献提供的资料一致，根据新疆考古资料，可以肯定，公元4世纪以前，贵霜王国与今天的新疆地区，曾经存在十分广泛的政治、经济、文化联系。分析相关考古资料，准确揭示其历史内核，仍是一个有待完成的研究课题。

分析这一历史命题，佉卢文文书是一批十分重要的资料。在塔里木盆地西、南缘，自19世纪末叶至今，先后多次发现过佉卢文文书，总数达1000件以上。仅斯坦因在新疆尼雅的三次考察、发掘，就得到佉卢文文书778件。俄国彼得罗夫斯基、瑞典斯文·赫定、美国亨廷顿、法国伯希和、日本大谷光瑞考察队等，也都多少不等地在和田、若羌、库车等地收集到过佉卢文文书。19世纪末，英国古德佛雷、马继业及塔尔博特还在龟兹收集到一批变体的佉卢文和波罗迷文混合写成的古文书。近三四十年，中国考古学者在尼雅、且末、楼兰、巴楚托库孜萨来等古城遗址又发现不少佉卢文文书，总数在100件以上。1991年，新疆文物考古研究所在尼雅遗址，又发现佉卢文文书23件。据林梅村研究，在巴楚县托库孜萨来古城发现的佉卢文文书，与已见于和田、尼雅、楼兰及库车的佉卢文文书比较，具有不同特点，所以他认为喀什地区是又一个曾经流行佉卢文的地区。[1]

有关佉卢文文书，除少部分是佛经（如和田所见《法句经》）外，绝大多数是古代鄯善王国和于阗王国的王室敕谕、官府公文、公私函牍、各类契约等，这有力说明，作为贵霜王国主要通用文字之一的佉卢文，公元 3—4 世纪，也曾是塔里木盆地南缘主要通用的文字工具之一。[2]

与这一重要文化现象可以统一的是，一百多年来，在新疆南部地区发现了相当数量的汉佉二体钱。据不完全统计，总数达 353 枚，具体情况如下表[3]：

收藏者	收集者	数量	合计
大英博物馆	赫恩雷	65	256
	斯坦因	187	
	福赛斯	1	
	罗伯特·肖	1	
	雷奥尔	1	
	布什	1	
俄罗斯艾尔米塔什博物馆	彼得罗夫斯基	11	21
	奥登堡	2	
	佚名	8	
牛津阿什莫林博物馆	肖特	2	3
	冯·海勒	1	
印度政府图书馆	赫恩雷	55	55
印度旁遮普博物馆	拉合尔	1	1

1　参见林梅村：《沙海古卷：中国所出佉卢文书（初集）》，第 21 页；梅邨：《疏勒考古九十年》，《文物天地》，1990 年第 1、2 期。

2　参见马雍：《新疆出土佉卢文书的断代问题》，《文史（第七辑）》，中华书局，1979 年。

3　此表根据月氏《汉佉二体钱（和田马钱）研究概况》补充而成，《中国钱币》，1987 年第 2 期。

（续表）

收藏者	收集者	数量	合计
不明	杜格雷依	4	4
中国历史博物馆	黄文弼	1	1
旅顺博物馆	大谷光瑞	11	11
新疆文物考古研究所	王炳华等	1	1
合计			353

现藏新疆考古所的一枚汉佉二体钱，是1989年10月笔者与刘文锁、肖小勇在安迪尔古城遗址中采获的。此钱现藏新疆文物考古研究所标本陈列室。铜币直径1.6厘米，重3.3克，正面见汉文“于寘［阗］大王”字样，“于”字已严重残损，“王”已图案化。

古代于阗王国打制、使用的这类钱币，形式多样，因其大小、字体、铭文、图案等差别，可区分为13种类型。[1]其打造、流行年代，国内外学者也有多种意见。我们这里对此不作讨论，而只是强调其中最主要的一点历史信息：古代于阗王国在货币制度上曾经接受过汉文化、贵霜文化的深重影响。

除上述大量和田马钱外，新疆考古学者1979年还曾在楼兰故城中采获一枚阎膏珍时期的贵霜铜钱。直径2.7厘米，厚0.3厘米，重16.3克。币面显单人骑驼图案。[2]

除佉卢文、汉佉二体钱、新疆出土贵霜钱币外，在佛教经典、佛教艺术等方面，也可以清楚见到贵霜文化的影响。

塔克拉玛干沙漠南缘一些废墟中的陶器，也显露着这方面的历史信息。

佉卢文作为贵霜王朝的官方文字之一，曾经广为流行。但自贵霜王

1　（英）克力勃著，姚朔民译：《和田汉佉二体钱》，《中国钱币》，1987年第2期。

2　新疆维吾尔自治区社会科学院考古研究所：《新疆古代民族文物》，图版188。

朝迦腻色伽（Kaniska）王以后，佉卢文逐渐少见。贵霜碑铭逐渐采用了波罗迷文。公元3世纪中叶，贵霜王国在外敌入侵中趋于瓦解，只部分地区仍有以“贵霜”为称号的割据诸侯，史称“后贵霜”。这一历史阶段，佉卢文碑已寥寥无几。至公元4世纪中叶，哌哒入侵，贵霜王国灭亡，佉卢文逐渐消失。但值得注意的一个历史现象是，在公元2世纪以后，佉卢文在阿富汗等地趋于没落的同时，却突然成了新疆古代于阗、鄯善王国使用的主要文字之一，尤其是在鄯善王国境内，更其明显。这一现象后面的历史实际，是国际历史、考古学界普遍关注的一个问题。

英国学者布腊夫曾经提出，它们可以表明贵霜王国曾经一度统治过上述佉卢文流行的地区。[1]

有中国学者认为，根据大量可以凭信的汉文史料，贵霜王国一度统治塔里木盆地的结论是不能成立的。有关文化现象，是受贵霜文化影响，尤其是贵霜难民进入塔里木盆地的结果。[2]

已故中国学者马雍教授曾经揭示过一个不太为人注意的历史事实。《三国志·蜀书·后主传》裴松之注引《诸葛亮集》，蜀后主刘禅建兴五年（公元227年）下诏给丞相诸葛亮，称“凉州诸国王各遣月支、康居胡侯支富、康植等二十余人诣受节度”。具体表明贵霜王国贵族之一名为支富的，曾受封为胡“侯”，应命至诸葛亮军前，听受调遣。其历史实际当是西域地区东汉末受凉州刺史管辖，所以刘禅称西域支富、康植等贵霜（月氏）、康居贵族为“凉州诸国王”节制下的胡侯。在公元3世纪30年代，他们有可能率部为刘蜀效力。这表明这些贵霜、康居贵族进入西域时，都还保留着相当的人力、兵力，因此，进入西域南部，如昆仑山北麓一带，并受封称侯。据此，可以推论，公元2世纪末3世纪初，在贵霜王国内乱之际，曾有败挫的贵族率领余部东入新疆南部地区。正是这些贵霜王国贵族的进入，给新疆南部地区鄯善王国、于阗王

---

1 G. Brough, Comments on Third Century Shan-shan and the History of Buddhism, *BSOAS* XXVⅢ，1965。

2 马雍：《东汉后期中亚人来华考》，《西域史地文物丛考》。

国的统治带来了重大的影响。

可以与这一历史结论互相证明的是，在新疆已见佉卢文资料中，多件文牍提到了“贵霜军”“某侯贵霜军”字样。如“唯26年2月21日……已将贵霜军带至京城皇庭”，“威德宏大，伟大之国王陛下敕谕，致奥古侯贵霜军及州长黎贝耶谕令如下：现在，伟大的国王，已将一名难民交给毗陀县，当汝接到此楔形木牍时，汝处可能也有类似的难民，应将类似的难民拘捕，送至本庭”“致奥古侯贵霜军”“奥古侯贵霜军和州长黎贝耶谕令如下：今有鸠那色那上奏本庭，属彼等所有之一头骆驼曾送至汝州饲养，现再送一头骆驼至汝州。当汝接到此楔形泥封木牍时，从彼处送来两头骆驼……务必将养肥的一头送来，转交诸税监，由彼等送采”“军侯贵霜军及州长喜获亲启”“人皆爱见，人神爱慕，美名流芳之大州长夷陀加，太侯贵霜军谨祝贵体健康、万寿无疆……兹致函如下：汝已知悉一切，应从汝处带一骆驼给余，汝不可将太老的骆驼带来，为此，现派斯多伐那来汝处领该骆驼。斯多伐那抵达汝地时，汝接到书信后应即刻将骆驼交斯多伐那，不得交衰老之骆驼，请给一头会使于田人称赞余等之骆驼。若汝收到此信，仍不给骆驼，将使余气恼，余现奉上箭一支，作为答谢礼”[1]，等等。

新疆出土佉卢文中所见这些资料，一是明显可以肯定贵霜贵族及其残余军事力量的存在；二是可肯定他们作为一支寄寓的力量，接受着当地王国政府的节制、管辖，而且必须尽自身的经济、军事义务。

不论文献史料，还是考古资料，都不足以显示在公元前后古代于阗、鄯善已有了自己的文字。当时这片地区的文化还比较落后，在这些地区，除见佉卢文外，还有就是公元2—3世纪的汉文简牍。如果推论此前还没有成熟的文字工具，是可以成立的。既没有比较成熟的文字工具，佉卢文对于表达古代月氏人的语言又比较方便；在这批有组织的贵霜力量进入以前，通过佛教文化，当地人也已经在一定程度上了解佉卢文：如

1　林梅村：《沙海古卷：中国所出佉卢文书（初集）》，第21页。

此多种因素，终于导致公元3—4世纪主要在这片地区，尤其是鄯善王国境内佉卢文的流行，是可以理解的。

就这一文化现象做上述推论，还得到一个历史背景的支持。根据成书于公元3世纪以前的《逸周书·王会解》《管子》《穆天子传》等汉文史籍中关于“禺氏”故地的记录，古代塔里木盆地南缘及甘肃西部河西走廊地区，应该就是月氏人居住、活动的重要基地之一。月氏主体在与匈奴的角逐中逐步西走，最后入居大夏，并在建立贵霜王朝的事业中，发挥了重大作用。但月氏人，在塔里木盆地中，肯定还是一个不容低估的存在。这一历史背景提示我们，贵霜王朝与新疆地区的文化联系，又有一种历史的、种族的，可能也有语言的亲缘。

贵霜王国与古代新疆关系密切，这是丝绸之路上引人注目的历史问题之一。随着新疆考古工作的深入，尤其是考古研究工作的深入，对这个问题的认识会不断深化、丰富。新疆考古工作者在这一研究中应多加强与中亚地区、阿富汗、巴基斯坦、印度等地历史考古工作者的联系与合作，这将会给新疆的有关研究工作以有力的推动。

原载《西域研究》，1991年第1期

桴榹考

兼论汉代礼制在西域

新疆塔里木盆地南缘汉代古墓，多处、多次出土一种“丫”形木器。1991年发表的《试析塔里木盆地南缘古墓出土的木祭器》，首倡这种“丫”形木器是一种祭祀用具，是原始巫术活动的载体。[1]这一观点，刊布后受到学术界的注意。先是1996年出版的《西域文化史》，将其作为汉代新疆原始宗教活动的实证而详予引证[2]，再为1997年《西域研究》载文而重申。[3]影响日愈广布，渐渐为大家熟视而不再深入推敲，并慢慢变成一个可以方便使用的学术结论。一种出土器物，有这么一个观点，本可以见仁见智，存而不论；但遗憾的是这一观点存在一个消极影响：它以并不充分的论证，掩盖了一件表现传统华夏礼制在新疆贯彻的历史事实。因此，有进一步辨析、讨论的必要。

1　郭建国：《试析塔里木盐地南缘古墓出土的木祭器》，《新疆文物》，1991年第4期。
2　余太山主编：《西域文化史》，第80—81页，中国友谊出版公司，1996年。
3　于志勇：《新疆尼雅遗址95MN1M8概况及初步研究》，《西域研究》，1997年第1期。

一 有关“木祭器”说的提出

由于具有特殊干燥的自然条件，新疆古代遗址中往往可以发现许多国内其他省区难以见到的文物、文化现象。它们功用不明、定名困难，凝聚其中的历史文化内涵一时难以清楚揭明。这一特点，既是新疆文物考古工作者难得的机遇，又是他们特殊的困难。

近几十年，尤其是最近几年，新疆汉代墓地中，屡屡发现一种“丫”形木杈。不少简报只是停留在现象的介绍，例如木杈似“丫”形，刮削光洁，置于尸体身侧，而不论其他。这种情势下，郭建国的文章抓住零散的但又是典型的现象，归纳问题，进行探索，提出“木祭器”说，实际表现了学术研究工作中应有的敏感，有助于认识的深化。从这一角度说，郭文有它的积极意义。

本文，在郭文的基础上前行。

《试析塔里木盆地南缘古墓出土的木祭器》，对有关地区出土的类似资料作了搜集，集中进行了介绍。计：

1934 年，贝格曼在孔雀河流域发掘之五号墓地 A 棺，出土青年干尸一具，“木乃伊的右手握一根 52 厘米长的柽柳枝”。[1]

1959 年，新疆博物馆在民丰尼雅遗址发掘东汉箱式木棺，男女合葬，已成干尸。木杈两个，分置于男女尸上，在男尸上者稍弯，长 170 厘米；女尸上者长 117 厘米，发现时杈上裹着一件淡黄色绸的女外衣[2]。

1983 年，和田洛浦山普拉墓葬中发现 6 根木杈。墓地时代为汉晋。因严重盗扰，主从关系多不明。只是在 M10[3]，可见“丫”字形木棍放在尸体右侧，“丫”字开口与墓主人头向一致。所有出土的“丫”字形木杈外形近同，部分木杈的主干树皮被隔一定距离削去一节，形成几何

---

1 （瑞典）贝格曼著，王安洪译：《新疆考古记》，第二部第三章。

2 新疆博物馆：《新疆民丰大沙漠中东汉合葬墓清理简报》，《文物》，1960 年第 6 期。

3 “M”，为“墓”的拉丁拼音首字母，M10 意为 10 号墓。

形花纹，还有一根表面曾涂刷黑漆。[1]

1985年，且末扎滚鲁克墓地，M2，木杈主干长88厘米，端头5根支杈，底部削成尖状，便于扎入地下。[2]

自郭文发表以来，近年，又发现一些新的“丫”形木杈。主要见于1995年在尼雅发掘的一号墓地[3]。非常有助于揭明问题的性质，现列述于后。

95MN1M1：男性双人合葬。尸体“一侧放置有木杈，上悬挂一些小件物品，有绢缘皮饰件，内盛梳、篦的栉囊、香囊等。木杈上还放置了两张弓”[4]。

95MN1M3：男女合葬，尸体不朽。男女尸体身侧各置“丫”形木杈一根。基本形制为一尖状木杆，顶端分叉，刮削光洁，下端可竖插入地，杈部悬挂衣物。女性身侧木杈长133厘米，杈上系悬绢裙一条；男性木杈通长115厘米、径粗3厘米。其上悬系男子生前所穿锦面绵深衣一件、皮腰带一条（腰带上附剑鞘、匕首鞘等）、皮囊等随身用物[5]。（图14.1）

图14.1　尼雅一号墓地M3

95MN1M5：女性单人葬，

1　新疆博物馆：《洛浦山普拉古墓发掘报告》，《新疆文物》，1989年第2期。

2　郭建国：《试析塔里木盆地南缘古墓出土的木祭器》，《新疆文物》，1991年第4期

3　相关发掘资料，主要刊布在《中日日中共同尼雅遗迹学术调查报告书（第二卷）》。本文中有关墓地的资料，均见此报告。

4　新疆考古所：《尼雅95一号墓地船棺发掘简报》，《新疆文物》，1998年第2期。

5　参见王炳华：《尼雅95一号墓地三号墓发掘报告》，《新疆文物》，1999年第2期。

腰侧“随葬木杈，上挂化妆袋（内装铜镜胭脂粉袋、丝线、带扣等）、小木桶（内装木纺轮）、栉囊（内装梳、篦）、绕线轴等物”[1]。

95MN1M8：男女合葬，出土“丫”状木杈两件，“男尸右侧置有弓、箭、弓袋、箭箙及木杈，杈上绕系刀鞘、锦帽、梳篦袋及‘五星出东方利中国’锦制物等。女尸左侧置一木杈，上裹绕蓝色绢衣、虎斑纹锦织袋、帛鱼及革皮木胎小圆木桶。（图 14.2）男尸一侧者通长 110 厘米，斜尖长 35 厘米；女尸一侧者通长 160 厘米，斜尖长 44 厘米”[2]。（彩图四十五、四十六）

1995 年发掘的尼雅汉墓中所见木杈，与 1959 年所见尼雅东汉合葬墓一样，其上均挂负男女主人不同的用物，实际十分清楚、十分具体地表现了这类“丫”形木器的社会功能，是分析工作中不能忽略的基本环节。

图 14.2　尼雅一号墓地 M8 出土的桪棷

1　新疆考古所：《尼雅 95 一号墓地船棺发掘简报》，《新疆文物》，1998 年第 2 期。
2　于志勇：《新疆尼雅遗址 95MNIM8 概况及初步研究》，《西域研究》，1997 年第 1 期。

二　木杈之地域、时代、功能

这类杈形木器，据上揭资料，主要见于塔里木盆地南缘一些汉代（晚至晋）墓葬中。且末县扎滚鲁克、民丰尼雅、洛浦山普拉，是目前所见的几处主要地点。贝格曼曾发掘的孔雀河下游五号墓地A墓古尸手中所执红柳枝，虽也长52厘米，但与上列几处墓葬中所见置于死者身侧的木杈，形制不同，出土位置、功能各异，不应归为同一类型的器物，此处分析，不含这一文物在内。

且末县扎滚鲁克，汉代属且末国地。民丰尼雅，是汉晋时期精绝国故址。洛浦县山普拉，居玉龙喀什河东岸，傍近玉龙喀什河，汉代属古于阗国地。这些遗址，是两汉时期中央王朝曾经重点经营、汉代以后仍然保持通畅的丝绸之路沙漠道的南路，在两汉时期是汉王朝与西域联络交通的主要干线，有关地方政权与汉王朝中央，当年存在比较密切的政治、经济、文化关系。

出土木杈之墓葬的年代，从尼雅墓地分析，主要在东汉时期。山普拉、扎滚鲁克墓地规模巨大，延续时间长。山普拉，据发掘者分析，“是西汉至魏时期一处古墓地”，扎滚鲁克墓地，共分三期，最早可到东周，最晚至汉。这两处墓地见这类杈形木器的墓葬，具体是什么时代，资料发表者均未特别说明。如以尼雅为例作参考，其时代在东汉的可能性是相当大的。

这类木杈，究竟什么性质，有什么功用？从前述尼雅精绝故址中所见出土资料，可以得到比较具体、清楚的概念。

从1959年新疆博物馆发掘的东汉贵族夫妇合葬墓开始，至40年后新疆考古所在尼雅95一号墓地内发掘的M1、M3、M5、M8，在尼雅精绝所见5座墓葬内，都出土了所谓“丫”形木杈，共同的现象是：

1. 木杈的形制多作“丫”形，主干末端削尖，入地便利；顶端两杈同样刮削光洁，左右支出，可悬挂衣物。

2. 木杈置于尸体身旁。

3. 如夫妇合葬墓，则木杈分别置于男女身旁。

4. 木杈悬挂主人生前使用的衣服、物品：女性身旁的木杈，上面分别悬挂的是“淡蓝色绢女外衣”“白色绸绢裙”“挂化妆袋（内装铜镜、胭脂粉袋、丝线、带扣等）、小木桶（内装木纺轮）、栉囊（内装梳篦）、绕线轴等物”“裹绕蓝色绢衣、虎斑纹彩锦织袋、帛鱼及革皮木胎小圆桶”。而男性身旁木杈上悬系的物品，则“有绢缘皮饰件，内盛梳篦的栉囊、香囊等，木杈上放置弓两张”“悬锦衣、皮腰带（带上附剑鞘、匕首鞘）、皮囊”“杈上绕系刀鞘、锦帽、梳篦袋及‘五星出东方利中国’锦制物等”。归纳一下，木杈上悬挂衣服，是男女身旁木杈共有的功能。而相异之处是，男性还挂兵器、皮囊；女性所挂则为化妆品、女红用物。

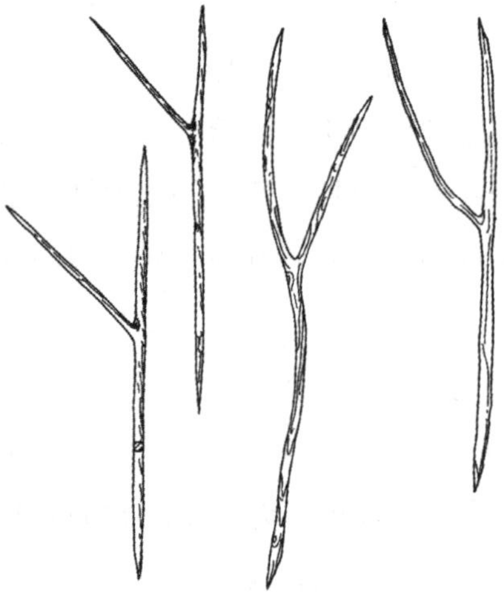

图 14.3　丫形木杈

木杈，毋庸置疑，不过是比较平常的系挂日常衣服、用物的工具，有如今天的衣物架，其生活气息甚浓。（图 14.3）从这一功能观察，没有理由将之与巫术、宗教祭祀活动相联系。

三　木杈是衣物架，与“楎椸”功能相同，而不是祭器

在《试析塔里木盆地南缘古墓出土的木祭器》一文中，作者判定这类“丫”形木杈是种巫术祭器，实际并未进行充分论证。所列理由，

只说所有木杈“具有相近形状”“‘丫’字形开口与墓主人头向一致”、古代人概念中桃木“可以驱赶魔鬼邪气”、孔雀河古墓地有用柽柳枝驱邪习俗等；但这些不能构成充足理由。这类木杈既作为一种功能明确的用器，自然要有一定的形状。桃木可以驱邪，但这些木杈材质也并未证明就是桃木，“丫”形与主人头向一致，其他器物据其功能也可以如是处置。至于孔雀河下游墓中人手持“柽柳枝”，与此木杈形制不同，不是一类性质的文物，即使柽柳枝具有宗教意义，被认为有驱邪功能，也不能以之作为木杈用器文化内涵的证明。

本文提出这类木杈不是祭器，而是一种衣物架，功用同于“楎椸”，有什么具体根据？

根据之一，是前文已经谈及的陪葬中这类木器的使用情况，它的直接功能，就是用为男女主人衣物架。这类衣物架，古称“楎椸”。

根据之二，是据《礼记》规定，古代楎椸，男女各别，不能混用，这与出土现场所见现象完全一致。因而，进一步支持、加强了我们的这一分析结论。

《礼记》，是儒家重要典籍。内容驳杂，涉及古代社会生活的各个方面，因此，对研究古代社会生活习俗具有相当重要的参考价值。下面就《礼记》中有关楎椸的规定，结合尼雅墓葬中所见衣物架情状，进行讨论。

《礼记·内则》称：“男女不同椸枷，不敢悬于夫之楎椸，不敢藏于夫之箧笥。”[1]郑玄注：“竿谓之椸，楎，杙也。”孔颖达疏称：“……楎、椸是同类之物，横者曰椸，则以竿为之，故云‘竿谓之椸’。”楎，杙，是小木桩，小木桩上有横木，这叫楎椸。它的功用是可以悬挂衣物。按儒家伦理原则，男女不能同用一个衣物架，女子绝不能悬挂自己的衣服在丈夫的衣架上，也不能把衣服收在丈夫的箱笥里。这一规定，《礼

1　《礼记》（卷二十八），《十三经注疏》（影印本），第1472页，中华书局，1980年。

记·曲礼》“男女不杂座，不同椸枷”[1]说得同样清楚。这里，郑玄对“椸”字的注，是“椸，可以枷衣者”。楎椸、椸枷，是一种架挂衣物之器，在汉代人的概念中，是十分明确的。而且，对这种楎椸的使用规则，作为制度之一也有着十分具体的规定。尼雅汉墓内，夫妇衣架有别，彼此不共用，正是遵循古代楎椸使用规则的准确说明。

怎样理解这一“男女不同椸枷”的精神？也可从《礼记》中觅得答案。《礼记·内则》称“礼，始于谨夫妇”，礼制规定，是从分别男女、夫妇开始的。男女有别、内外有别、上下有序，这样才能保持统治阶级的权威，维护社会秩序的稳定。因此，在规范男女、夫妇的行为上，从当年的生活出发，规定了许多让今天人们看来几乎是难以理解的琐细原则。女性、妻子地位低，从属于男子、丈夫，因此，衣服不能同箱笥、同衣架，而且“男女不杂……不同巾栉”，男女之间的大防，可以说是不胜枚举。一定的形式，总是体现着一定的思想。这种种规定，核心就在于维护以夫权为中心的社会秩序。行文至此，值得我们注意的，已不在于这类木杈是不是楎椸遗制，以及有关楎椸的使用规则，而是需要深究一个问题：在远离中原大地的西域，在僻居沙漠深处不过弹丸之地的精绝，怎么会又为什么那么严格地遵循儒家《礼记》的原则，丝毫不越规矩？这一细节本身，凝集着丰富的历史文化内涵，对认识西域以至精绝的思想文化，具有重要的意义。

四　汉代精绝认同儒家礼制

男女使用不同楎椸，是精绝汉墓中的一个细节。应予强调的是，于细微处见精神。在这一细节处理的背后，揭示着精绝社会统治集团对儒家礼制的认同，是他们对汉王朝中央统治权威的尊崇以及汉王朝政治、

1　《礼记》（卷二），《十三经注疏》（影印本），第1240页。

文化政策在西域的具体贯彻实施及所取得的一定成果。从这一角度去分析，桴榹事小，但其历史文化价值相当大。

精绝，在汉代西域，只不过是最小型的城邦。《汉书·西域传》记述，它只有“户四百八十，口三千三百六十，胜兵五百人”。而且，深处沙漠，“地阸陿”，[1]交通不便。这样一个小城邦，在汉王朝的西域政策中，当然不会居于关键地位，而只能属于最一般的状况，与中原王朝的关系也不会特别密切。但就是这样一个小城邦，中央王朝尊奉的礼制也得到认真贯彻，由此推及其他地区，探讨汉王朝曾经在西域大地相机推行中原传统文化的政策，确不失为一件有意义的资料。

自西汉在西域设都护、置官驻兵、开设屯田、实施统治后，西域和祖国内地的关系进入了一个全新的历史阶段。

但较之中原大地，西域具有许多不同的情况，居民族类不一样、语言殊异、传统文化有别。在这样的条件下，如何有力地实施中央王朝对这片地区的统治，是统治者面对的全新问题。

这一新情况、新问题，汉王朝统治集团是敏锐认识到而且有所分析的。《后汉书·西域传》最后的“赞”中，曾有感而发：“逖矣西胡，天之外区。土物琛丽，人性淫虚。不率华礼，莫有典书。”[2]既不奉行华夏之礼，又不读儒家典籍、圣人之书，没有拘束，没有礼让，对汉王朝企求实现的统治秩序，自然是一大忌。

汉王朝统治者是深谙加强思想控制、维护中央集权之术的。汉武帝刘彻重用董仲舒，罢黜百家，独尊儒术，核心就是加强中央集权，借用儒家思想“正法度之宜，别上下之序以防欲”[3]。自此以后，支配人们生活观念的思想，只有包括《礼记》在内的儒家五经了。但是，面对以少数民族为主体的边裔地区，如何采用一套合适办法，加强儒家思想的灌输，达到稳定统治之目的，对汉王朝统治者而言，的确又是一个新的问题。

---

1 《汉书·西域传》。
2 《后汉书·西域传》。
3 《汉书·董仲舒传》（卷五六）。

既往的研究工作中，这是一大薄弱环节。爬梳历史文献，也未见相关记录。

纵观两汉时期的西域史，检索现有出土文物资料，可以清楚看到，汉王朝对这一问题是有过相当考虑的。出土文物表明，汉朝中央，曾经在属下之西域绿洲城邦推行过汉语文学习，对执行和亲使命的公主、送亲使团，因其要在异族他乡长期生活故组织其先期学习相关民族语言，以助沟通。奉行和亲的同时，还要求各地方政权"遣使置质"，相当程度上也承担着文化交流的使命。

汉王朝礼制、文化进入西域，重要途径之一是西域大地各族统治者向中央王朝派送的质子、使节。《后汉书·西域传》称，建武中，西域诸国皆遣使求内属；永平十六年（公元 73 年），于阗诸国皆遣子入侍；永元六年（公元 94 年），班超击破焉耆，于是五十余国悉纳子内属；顺帝永建二年（公元 127 年），班勇复击降焉耆，于是龟兹、疏勒、于阗、莎车等十七国皆来服从。终东汉之世，只要中央王朝国力稍强，西域各城邦即"遣子入侍""纳质内属"。两汉之世，这可以说是一种普遍性、长期性的存在。实践证明，这一方式，在一些地区、特定历史阶段，曾发挥过不小的作用。在王国具有重要地位的质子，身边有一批随员，他们长期在中原王朝政治中心居住、活动。对中原的礼制、观念，耳濡目染，了解渐深，熏陶亦重。如西汉时龟兹王绛宾，年青时数至长安，居留经年，逐渐"乐汉衣服制度，归其国，治宫室，作徼道周卫，出入传呼，撞钟鼓，如汉家仪"[1]。东汉时，"莎车王延……元帝时，尝为侍子，长于京师，慕乐中国，亦复参其典法。常敕诸子，当世奉汉家，不可负也"[2]。这些，自然都是从加强各王国统治本身而提出的重要方略。龟兹、莎车，自古迄今一直是新疆地区最大的农业绿洲，在古代始终是西域地区最强大的、举足轻重的政治力量。精绝一度属莎车，精绝之西邻打弥曾向龟兹派质子。东汉阶段，莎车王国还曾一度作为西域大地最有力的

1 《汉书·西域传·渠犁》。
2 《后汉书·西域传》（卷八八）。

政权，其王受汉封为西域都护，代行中央管理权。龟兹、莎车对中原礼制文化仰慕如此，力求仿效，一些小小绿洲，对中原王朝自然更为倚重，对汉王朝礼制文化的趋赴、追求更为热切，是可以想见的。

使中原文化深入西域大地的第二个有力途径，是两汉时期，坚持对边远少数民族地区实施的和亲政策。这一政策在乌孙具体实施的情况，《汉书》中有比较具体的记录。当细君出嫁乌孙时，汉王朝“赐乘舆服御物，为备官属宦官侍御数百人，赠送甚盛”。稍后，相夫准备嫁乌孙，汉王朝为她“置官属侍御百余从，舍上林中，学乌孙言”[1]。这样庞大的送婚使团，实际也是政治、文化使团。汉王朝在西域地区，还有过多少和亲实践，不见于记录，但从实际情况分析，数量是不会少的。精绝这样的小城邦，从尼雅 95 一号墓地三号墓出土有“王侯合昏千秋万岁宜子孙”锦被看，说它有过和亲活动，也可言之成理。不然，“王侯合昏”锦，不会送到精绝。可能王国实在太小，精绝在汉王朝正史中，只留下了《汉书 · 西域传》中不足百字的记录。即使曾如一般通例送过质子、接受过和亲，文献中均付阙如，难觅影踪。但从现已发现的考古资料看，汉文化在精绝王国上层集团的生活中，确存在着不小的影响。1993 年，在精绝遗址曾出土过两枚汉简，其一简文为“溪谷阪险，丘陵故旧，长缓肆延，涣……”这是《仓颉篇》残文。[2]《仓颉篇》是秦汉时期最重要的小学字书，是入学时的发蒙课本，在汉代西北地区烽燧所见汉简中，普遍出土《仓颉篇》残文，尼雅精绝废墟中也见《仓颉篇》，说明这里也曾经以这一课本为教材，推行过汉文字教学。在精绝王国内有过这种汉文字教学，还有另一批考古资料可为证明，这就是斯坦因 20 世纪初在精绝发现的 8 件王室贵胄，包括王母、王、大王、小太子、且末夫人、太子、春君、承德等人，相互赠礼的木札，其上文字都是书法精妙的汉隶。文为：

---

1 均见《汉书 · 西域传》。

2 王樾：《略说尼雅发现的“仓颉篇”汉简》，《西域研究》，1998 年第 4 期。

①王母谨以琅玕一致问 （面）
王 （背）
②臣承德叩头谨以玫瑰一再拜致问 （面）
大王 （背）
③休乌宋耶谨以琅玕一致问 （面）
小太子九健持一 （背）
④君华谨以琅玕一致问 （面）
且末夫人 （背）
⑤太子美夫人叩头谨以琅玕一致问 （面）
夫人春君 （背）
⑥苏且谨以琅玕一致问 （面）
春君 （背）
⑦苏且谨以黄琅玕一致问 （面）
春君 （背）
⑧奉谨以琅玕一致问 （面）
春君幸毋相忘 （背）[1]

对这批1901年出土于尼雅的汉代木札，史树青先生曾经从文物制度的角度做过分析。它们的形制与西汉长沙王族刘骄墓出土的“被绎函”木札相同，书体相近，用途一样。这种木札，一端削去两角，稍下，两侧边各削出一个三角形凹缺。用法是在三角形凹缺处系绳，并悬挂在赠送礼物的箱函之上。[2] 尼雅出土精绝王国上层集团成员之间相互赠礼的木札与汉代湖南长沙王室成员墓内出土的木札一致，绝不是一种偶然的巧合，它在礼制细节这一环节上，表现了中原汉代礼俗制度在边裔地区

1 罗振玉、王国维：《流沙坠简》，第69、223—225页。
2 史树青：《谈新疆民丰尼雅遗址》，《文物》，1962年第7、8期合刊。

的具体实施。荆楚长沙与西域沙漠深处的尼雅相去迢迢万里，竟然在礼俗制度上相同，提示我们注意一点：两汉王朝时期，确实曾经为在西域大地灌输中原礼制文化，进行过重大的努力。

行文至此，大概可以得出结论：两汉时期，精绝上层集团不仅曾学习汉文，而且，取得了相当好的成果。上引斯坦因带去英国的 8 枚汉文木札及新见《仓颉篇》，可作为这一结论的证明。自然也为我们分析汉王朝在西域大地推进汉文化的努力提供了有说服力的实证。从这批资料出发可以推断，当年精绝社会接受过较深厚的汉文化影响，在这一基础上，相关礼制的进入，也就在情理之中。从楎椸之制观察，这一礼制不仅在精绝王国曾实行，而且在于阗、且末也曾实施。它们对两汉王朝在丝路南道各绿洲王国的文化影响，是一个很好的说明。只是，两汉王朝的这番努力并未能贯彻始终，魏晋南北朝时期，西域历史有相当大的变化，中原礼制的影响，也未能得到深入。

原载《西域研究》，1997 年第 2 期

精绝服饰中的时代精神

前　言

在哈佛大学燕京学社会客室墙壁上，一幅宣统帝师陈宝琛手书楹联“文明新旧能相益，心理东西本自同”引起笔者强烈的共鸣。这是对人类思想文化史相当深刻的哲学思考。

在笔者行脚新疆、田野考古四十年的岁月中，曾得机缘在尼雅河下游沙漠中，断续工作过七年。那是一段不会随时光流逝而淡忘的日子：深处沙漠中的精绝王国故址，王廷、村居、古桥、寺庙，仍出露沙面；形形色色、难得一见的有机、无机物，不少仍保存完好，似乎没有遭遇厉风、严霜的摧残。东方的丝绸、漆器，时隔两千多年仍光可鉴人的铜镜；表现着东方礼仪制度的覆面、桦樜；虽贵为王妃，仍伴随在身旁不可或缺的针头线脑；来自西方的蜻蜓眼玻璃珠、伊朗风毛罽、贵霜王朝的丰收女神图棉布……还有高脚木椅、佛教画像；当地产的葡萄、梨、桃、杏，刚刚放入木盆中似烹不久的羔羊腿；虽已无声响却仍似余音绕梁的三弦琴（图 15.1），与汉语、精绝言、月氏语、康国话在交响，和谐汇集在一方不大的小舞台上。这些生动展现着古代丝绸之路一角的真实，可以透见遗留在精绝故址中的历史生活场景。

这些已经消逝近两千年的精绝社会画面，没有一点虚构，也不是得自传闻，而是确实曾出现在考古人面前的历史场景。

一　尼雅河畔的精绝古国

古丝绸之路，在认识亚欧文明史的事业中，是十分重要的切入口。

尼雅河下游，汉晋时段的精绝城邦，因缘际会，作为曾经历、感应过那一时段丝绸之路历史进程，又因沙漠环境有幸保存了极多相关细节的历史故址，确有许多值得令人回味与更深一步思考的遗存。

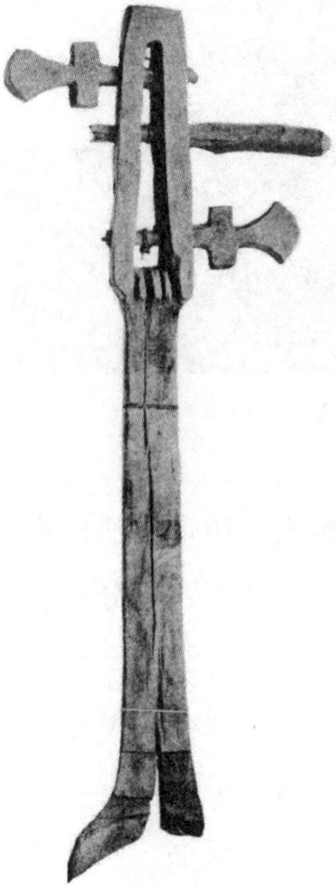
图 15.1　精绝遗址发现的三弦琴

孤悬沙漠之中，原本闭绝于亚欧文明之外的弹丸之地——精绝，步入两汉之际，却绝未想到突然遇上了难得的发展机缘。

亚历山大东征后，在中亚大地上洒落的一些希腊化文明点，在努力四向散射着影响；黄河、长江流域的汉王朝，久受匈奴侵凌之苦，长期休养生息后，开始了反击匈奴侵迫的战略工程，西向寻求联盟就是最重要决策之一。而缘昆仑山北麓西行，成为一条相当主要的路线。多种机缘，将尼雅河上的精绝，推到了一个难以回避、不能不予以倚重的地位。

小小精绝，面积不过一百多平方千米。放在三十多万平方千米的塔克拉玛干沙漠中，几乎是完全可以忽视的存在。但处身尼雅河，与东边的安迪尔、西边的克里雅，相去都有 100 多千米。沙漠程中的 100 千米，在以驼、马为主要运载工具的古代，关系行者的生死存亡！笔者有亲身体验，驼行 100 千米，沙漠穿行，总要七天或更长。在沙漠中行过七天，随身干粮、水、草料，都几乎告罄，面临必须补充的极限。这一时刻，

图 15.2　精绝国人的母亲河——尼雅河

旅人远望可及的尼雅河、尼雅河上的精绝绿洲，无疑就是生命攸关的人间天堂了：十分疲惫的躯体要休息，饮水、粮食、草料要补充。尼雅河上的精绝绿洲，它当年曾经具有的重要地位，是怎么估量也不过分的。在惜字如金的《汉书·西域传》中，曾为它留下八十一个字的记录，就不偶然了。

《汉书·西域传·精绝》，在说过它的位置、交通形势、与长安的距离后，还记下了它有四百八十户、三千三百六十人、“胜兵五百人”，为汉王朝统治者当年最关心的信息。而今天的历史文化研究者更想弄清楚的居民种族、民族、语言，东来西走的货品、本地的特产，中原王朝安辑政策的实施等，均付阙如，没有一个字涉及。面对尼雅考古，常想：文献记录，表现著作者的理念、追求，历史研究中不可轻忽；而偶然失落于地下，又偶然呈现在今人面前，且不以彰显自身为目的，实际却凝聚了当年社会生活诸多细节的考古文物，在历史研究中也往往可以发挥意想不到的重要作用。文献失录，考古工作人员有了更多的用武之地。两相结合，可望重现历史生活的更多画面。

二　精绝考古新页

精绝考古应该叙说的史迹、文物不少，可以成就一部大书。这里，只从服饰一角，拣拾一些出土文物，以飨同好。

精绝故址出土过大量服饰资料，这得益于汉王朝西向拓展时，奉行的安辑政策。这里出土之《仓颉篇》木简、王族成员间赠礼木札、接待过境使臣宴会时排座次的文字，均是精妙的汉式隶书；男女衣物不挂于同一架；衣右衽；入殓用覆面……这类汉式礼制增进王室权威，突显男性地位，自然也符合已步入文明社会的精绝统治层的内心需求。

汉王朝对弹丸之地的精绝，也曾实施和亲，史书不见记录，但出土的“王侯合昏千秋万岁宜子孙”锦，清楚揭示了这一史实。获见这种种文献失落但历史生活中曾经存在的细节，应该归之于 1995 年发现、发掘了的精绝王陵。

1995 年 10 月，进入尼雅又有一周了。作为领队，躺在帐篷内，萦绕心头、令人难以入眠的一个问题，又翻上了脑际：全面发掘 N14（精绝王廷故址），不适宜；但仔细分析，择一局部展开工作，是不是存在可能呢？“对，必须再认真看一次 N14，找找可以工作的部分，再决定下一步的安排！”策划拟定，睡得安稳。

1995 年 10 月 11 日，晨起，安排好德国产尤尼莫克沙漠车，叫上了吕恩国、于志勇、阮秋荣、艾则孜四人与我同行。路线是由营地所在的尼雅佛塔西侧，直向 N14。沙漠中行进，没有路，但又处处是路，我嘱司机尽量择高些的地段走，视野开阔，便于观察。

这一偶然的决定，没能为 N14 觅得可进一步工作的“局部”。在看似无目的的行进途中，在车窗右下方一处平缓的沙地上，一块沙漠中不该出现的小木板进入视线。停车、查看，可以看到小木板下面隐隐出露的汉风丝锦。加之地近 N14，且旁边还有一座高近 4 米的红柳沙包，是风沙难移的固定地标。诸多可以联想的现象，启示我们值得投入相当精力，一探究竟。（图 15.3）

随即决定以新见遗存为中心，划了 10 米 ×10 米的大探方，实施发掘。发掘者除我们 5 人外，还有后来成了新疆维吾尔自治区文物局副局长的李军。6 人，真不算多；全部野外发掘工作，也只短短 14 天。

图 15.3　精绝王陵遗址发现时的情况

但这 14 天的辛劳，为精绝王国的历史研究，揭开了全新的篇章。（图 15.4、15.5）

三　精绝城邦新服饰

没有想到的收获是，M3 里葬埋的竟是精绝王。揭去棺盖，映入眼帘的是“王侯合昏千秋万岁宜子孙”锦被！“王侯合昏”，这是汉王朝为和亲而专织的丝锦。藏青色地，用绛、白、黄、绿四色经织展现了人物、如意图形，与“王侯合昏千秋万岁宜子孙”吉祥语，彼此穿插、循环，满溢庄重、和谐。男女主人，对这一象征美好姻缘的专用锦被面，内心是十分珍视的。平日珍藏，最后盖上这凝聚了无限美好记忆的锦被，走向另一个世界。打开锦被，静静地并肩躺卧的是穿着光鲜锦缎丝绸的男女主人。

男主人以锦覆面，戴素绢风帽（另一件锦边毡帽悬于身边衣架），

图 15.4　发掘现场，从右至左为：于志勇、李军、笔者、阮秋荣

图 15.5　在尤尼莫克沙漠车的影子里休憩

身穿方格纹锦面绢里锦袍（另一件锦面锦袍，也挂在衣架上）。贴身内衣，是织造工艺很复杂的菱格纹暗花绮，柔软贴体；长裤、手套、枕，均用不同色彩、花纹的锦质面料。皮底、皮帮鞋，鞋面用丝线勾织 T 形、三角形几何花纹，绿绢为鞋腰，用绿色绢带缠扎。全身上下、内外，非锦即绸，色彩斑斓，极尽人间富贵。

女主人头裹几何纹丝质组带，表里双色换层，红蓝色线交替，显红蓝交织之菱格纹，大方、典雅。放在今天，同样十分时尚。面覆茱萸回字纹锦，传统观念中可以辟邪的玄武、蝎、蜈蚣等瑞虫与茱萸花交错，为女主人送上了无尽的平安祝福。身着锦面绢里、内衬薄丝的锦袍，蓝黄地上满饰瑞兽：虎、骆驼、龙、狮、孔雀、鹿、豹、马、狗、鸟。还有单、双舞人，变形如意，成列铺展，满满的生活气息，是既往少见的新款。锦袍下为粉红绸面、浅黄夹里、草绿色领的绸夹衣。贴身为素绢上衣，高领、右衽、衣短袖长。最大特点是 12 厘米高的衣领外，还附长 40 厘米等高绸带，绕颈部一周，在风起沙飞的塔克拉玛干可阻断沙尘侵入颈部。腿着“长乐大明光”锦裤，深蓝、浅棕、米黄、素白四色丝线交替显花：驰骋的骑士与虎、熊、马、鹿在山间奔腾，四周云彩飞扬。其他如绢袜、锦手套、缀附帛鱼、紧系在女主人腰际之丝手绢、锦腰红呢绣花靴（靴面锁绣蔓草纹），头下为矩形锦枕。从上到下，都极尽华贵，人间少见。

值得一提的还有未穿着在身、悬挂在女主人身侧衣架上的扇面形绸裙，以九幅茶色绢为面料拼缝，腰围 154 厘米，下摆边长达 500 厘米。它曾是女主人日常多穿的心爱之物，绢面磨损之小孔曾经细心补缀。静寂沙漠，皎洁月光，这袭大摆素色长裙，随女主人轻步漫舞，不知曾引来多少羡慕的眼光，留下过多少美好的回忆。女主人特别将它带在身边步入另一个世界，内心寄托的感情，是我们难以尽想的。

除这些主要随身衣物外，其他如栉袋、腰带、冥衣、镜纽系带等，

---

1 《中日共同尼雅遗迹学术调查报告书（第二卷）》。

也无不非锦即绢。唯一例外，是男主人头下除一件锦枕外，还见另一长方形毛枕，以斜纹毛布为面料，显红、蓝、土黄相间之几何条纹，内填动物毛。它应该是男主人平日生活中已经习惯了的用物，逝后随行。毛布、动物毛构成的粗毛枕，既显沙漠生活的传统，自然也会是男主人戎马生涯中经常倚垫、习惯难离之物，带上它，也是情理中事。

统计下来，仅 M3，男女主人使用的不同锦料，就有 13 种，各种丝质衣物 31 件。“万里相奉”的财货，实在是不少的。不少锦料，估计在当年的中原大地，一般子民大概也是无缘入目的。在这些年蓬勃发展的新疆沙漠考古中，出土丝锦很不少，但品种如此多、保存如此好的锦，不仅在中原大地少见，就是在新疆，也是既往未见的珍品。这得益于尼雅沙漠环境之干燥，但更根本一点还是在于西汉王朝在西向中亚时，成功实施的安辑政策，和亲、屯田，极力贯彻的汉文字推广、汉文化学习。后者是尤其重要的一环，它收获的是对国家主体文化的了解、认同。我们在精绝见到的当年全国用的识字课本《仓颉篇》木简，王室成员间成熟的汉隶书体字，对汉王朝礼仪制度的认同，尤其是精绝王子佩戴的“五星出东方利中国”锦护膊，就是这一政策实施过程的展示，及取得的厚重精神成果。

四　“五星出东方利中国”锦护膊

国内外都关注的“五星出东方利中国”锦护膊，出土在紧邻 M3 的 M8 中。M8 较 M3 深埋 45 厘米，两墓紧贴，最近距离不足 10 厘米，M3 压到了 M8 一角。根据这一现象，不少大家、大文曾判定 M3 既压着 M8 一角，肯定较其为晚。这观点影响不小，其实却是误判。中原大地的墓在泥中，泥是实的，压上一角，上压之棺木肯定会较被压之墓为晚；但沙漠中的沙是流动的。近旁有人动沙，破坏了既往稳定，沙会立即流动。M8 后挖，埋葬又深了近半米，M3 原来已相对稳定的沙层，

图 15.6 “五星出东方利中国”锦护膊

因此而向下流泻。因此，M8 营建动沙之日，就是 M3 之稳定遭受破坏之时。M3 离位，压了 M8 一个小角，M3 相对较晚的假象就此产生。在这篇小文中，说这个题外话，是因为它们的早晚，涉及精绝王廷败灭过程中不能轻忽的诸多细节，这就不是小事了。

“五星出东方利中国”锦护膊，出土于较 M3 晚了一点点的 M8 中，挂附在墓主人身边的桦梳上。（图 15.6，彩图六十一）

M3 中的精绝王，身躯魁伟，但颈部、大腿骨上部都有明显的、深深的砍痕。贵为城邦领袖，颈动脉、股动脉两处要害遭刀砍丧命，这是东汉末至三国时，新疆南部鄯善、于阗王国动乱频仍造成的。作为鄯善属部之精绝，此后再也不见于文献记录。这些落幕在这一时段中的珍贵细节，以另一种方式，揭示了平实文字背后的血腥。

老王死去，王国危亡。作为 M8 主人的精绝王子，面对这一社会巨变，从无法接受到挣扎、拒抗，到采取一切可能的办法企求改变命运，都会是情理中事。在墓中随殉的陶罐上，墨书一个大大“王”字，这正是面对家亡国破，在无尽伤痛中发出的悲沉呼喊：不能轻忽了他曾经的王子地位！不能轻忽了精绝王廷曾经的存在！从一般的文化心理去分析推论：在局势动荡、绿洲城邦兴废频仍的昆仑山下，于阗（即今新疆和田）、鄯善，更远的东汉王朝，以及葱岭以西的贵霜，都是不可无视、在在角力的存在。在弹丸之地尼雅，绿洲精绝是丝路上不能轻忽、不能不倚重的城邦。从正常心理分析“精绝王子”，当他的“王”子地位得到尊崇，没有外力挑战时，是没有必要以这种无力的方式宣示曾经的权力、地位的！短短四笔一个“王”字，最后的笔触一横竟然还没有了足

够的墨汁，只见勉强的墨痕。事发当年的剧变、混乱、无力抵抗，若可触摸。（图 15.7）

图 15.7　M8 木棺“王”字陶罐等陪葬器物出土情景

内心的呼喊、挣扎，是一回事；真实、亡了国的冷酷现实，是又一回事。M8，随精绝王子夫妇入土的衣物，再也不是像他父辈，由内到外、从上到下，不是丝锦，就是绢绮；小两口的随身衣物，已变成棉布为主体，盖被也由锦变成了棉布（当年新疆地区已种植非洲小棉），只是在醒目的襟缘、腿脚、袖管处还用着锦绢，显露着王族的余晖。

还有一个可以一说的细节，入葬在 M8 中的王子，入土时并不是一种正常方式，而是从头到脚都包覆在一块龟甲纹毛毯中，打开毛毯，才能见其庐山真面目，这也和躺在身边的妻子截然不同。这一入土情景，绝非正常，而是记录着一种混乱、突变且传统秩序被破坏的情景。这一不正常的入土情景，今天已难考证原委。可以推论的只是，从老王命绝到王子入土这不会太长的岁月中，在尼雅河精绝绿洲舞台上，发生过绝不会少的人间悲剧。王子绝命、入土的方式，给我们透露了又一点细节，可引发无尽的联想。

另一细节，也不能轻忽。王子身侧“丫”形木杈上，紧紧缠绕着“五星出东方利中国”锦护膊；对应的木杈另一小枝上挂着有“讨南羌”三字的裤形小锦片（图 15.8），及与之缀系一道，长达 67 厘米、宽 3.4 厘米的黄色绢带。“五星出东方利中国”锦射韝与弓、箭、弓袋、箭箙挂在一起，似乎在宣示：王子在突然毙命前，曾经要为“利中国”的事业奔赴需要前往拼杀的战场，但壮志未酬，世事已非。射韝，长方形，幅长 18.5 厘米、宽 12.5 厘米。麻布缘边，上下缘各连缀三条黄色绢带，

图 15.8 “讨南羌”裤形小锦片

每条长 21 厘米，足够使之紧紧捆绑在臂，纵横驰骋，获得上天护佑。

“五星出东方利中国”锦，是十分典型的东汉时期流行的通幅云气禽兽纹锦，画面布局宣示着东方汉帝国的强大，天下太平。缭绕云气中，有四种来自异域远方的瑞兽：灵禽世乐鸟（鹦鹉与孔雀图像的结合，传说中的“世乐鸟”，“有道之世”方得见）[1]、鸵鸟、有翼神兽、狮。这几种瑞兽是“四方来朝、天下太平”[2]的象征。传统中国的概念中，“五色”，青、紫、黄、白、黑，是世界的五方，是天下、宇宙的象征。在这方织锦中，用了五色，但以蓝代黑、以绿代蓝，富美的追求，是艺术家的取向。五色、五方，又与五星相联系，五星，金、木、水、火、土，同样是可以与四方、与世界相联想的。“五星出东方”，五星汇聚在黄河流域大地的上空，这是稀有、难见，但又有机会得见的天文现象。在古代“占星术士”的心目中，是大吉之兆，是利于国家用兵、破灭西方夷狄之象。而这种天象，在终日俯首向地、平视大千世界的人们眼中，是难得关注的。宣传这一天象，自然就成了国家军事动员、鼓舞士气，远征当年威胁汉王朝安全之羌狄、匈奴等夷族的重要手段，艺术家、工艺师们呼应着国家愿望，很快也就有了这一工艺复杂、锦面华丽、寓意深刻的织锦出现，并长时间发挥着它不可轻估的思想、文化影响。

---

1 此议初见李零：《“五星出东方利中国”织锦上的文字和动物图案》，《文物天地》，1999 年第 6 期。

2 《史记 · 天官书》。

东汉（或东汉以后）中原王朝利用“占星术”，宣示自己的决策有上天的示意与护佑，制作“五星出东方利中国……讨南羌”锦，可以理解，也无可厚非。值得深究一步的，是为什么处于“夷狄”地位的精绝王子，会以那么虔诚、决绝的态度，在城邦濒危、十分艰苦的形势下，仍然秉持这一观念，愿意佩戴这一宣示着中原王朝意旨的射韝，即使走向冥世，也初衷不改？它强大的思想、理念之根，源在何方？

这一点，我们在前文的汉王朝西向新疆实施的“安辑”政策中，可以发现最主要的根源，汉文化教育，取得了“化育人心”的效果；经济领域的一系列措施，推进了城邦的经济发展；对王族长时间不断的“赂遗”，也让这些利益获得者感受到了现实的幸福……虽然许多情况未见于文献，但出土文物已可提供清楚的说明。

值得庆幸的是，在浩如烟海的古文献中，竟也有一些断简残篇，直接呼应了相关历史事实，为我们提供了直接的说明。不幸英年早逝的优秀历史学家马雍，中亚史、西域史曾是他短暂而又闪光的学术生涯中着力的重点。在他存世不算多的著述中，《东汉后期中亚人来华考》一文，曾经首先揭示：《三国志·蜀志·后主传》裴松之注引《诸葛亮集》，述及蜀后主刘禅在建兴五年（227）曾下诏给诸葛亮，称“凉州诸国王各遣月支、康居胡侯支富、康植等二十余人诣受节度”。而在公元2世纪末、3世纪初贵霜王国败乱之时，曾有败挫的贵族率领余部东入新疆南部地区，而其集中居留的地点之一，就在尼雅河精绝绿洲之内。在这里出土的佉卢文资料中，多见“贵霜军”“奥古侯贵霜军”“军侯贵霜军”，等等。（图15.9）细审相关资料，一是可以肯定贵霜贵族及残余军事力量的存在，二是可以肯定他们作为一支寄寓在精绝的力量，接受着精绝王的节制、管理，必须尽一定的经济、军事义务[1]。因此，这里的月支、胡侯支富，与虔心同属的精绝，关联会是十分密切的。甘肃悬泉置，近年发掘中获汉简二万余枚，时代在西汉、新莽迄东汉永平、

1 王炳华：《贵霜王朝与古代新疆》，《西域研究》，1991年第1期。

图 15.9　佉卢文发掘现场（左）和佉卢文残片（右）

永元时期。有涉及精绝者，其一文为“送精绝王诸国客四百七十人”。470 人，人多面广的西域使臣、商旅，简文就以“精绝王诸国客”为称。不大的精绝城邦，俨然居于“诸国客”之中心，在这类零散的简文中，中原王朝对精绝之特别倚重、抬举，若可触摸。

在这样的历史背景下，再看精绝王子入土时仍带着“五星出东方利中国”锦护膊，步入另一个世界，当年精绝一心向汉，在汉王朝统治西域的事业中，不怕肝脑涂地的心态，是十分清楚的。这是一页可以进一步发掘、分析、深入总结与认识的历史故实。

从精绝王陵 M3 中精绝老王的逝于非命、M8 中精绝王子裹在毛毯中入土，可以清晰感受到精绝大地上发生的变化，但具体细节目前还无法厘清、复原。傍近 M8、居其西北、编号 M4 的墓葬，也是汉式矩形木棺，规制同 M3、M8，但却入葬了四人，两男、一女、一幼儿。幼儿依傍女性。男性随葬有弓箭；女性手抱公鸡，身着的棉布长袍，胸、背部各缀狩猎纹锦片。入葬者从上到下，从帽到裤，用的都是棉布、毛布，只上层男性依循汉制，用覆面，但覆面材质，已是棉布。M3、M8 中未曾见到的生产工具，如镰刀与野外生存必须随身携带的取火钻木，在 M4 中已成为重要随葬物。M3 → M8 → M4，早晚有序入葬的三代人，其物质生活、礼仪信仰的变化，生动勾画出精绝王室从老王弃世到孙辈，已经从统治者跌落到了普通人群之中。

五　精绝服饰的变迁

衣帽服饰，应是适应所在地区环境，也受制于物产，而为身体保暖、劳动及生活方便设计、制作成的物品，实用当是核心。一旦成型，长期传承，会凝为传统，又具有了“美”的意涵，甚至会成为“我”与“非我”的标志物。这时的服饰，又具有了更高一层的政治属性。

当汉王朝步入西域，大量丝绸、绫、绮、锦随之进入沙漠深处，精绝可以作为一个代表。它们会转生一些怎样的服饰，其中又可透见怎样的思想文化内涵？我们仍以站在生活前列又有可能最先接触这些丝织物的上层贵族为切入点，来具体观察。

安息在M3中的精绝王，在用于野外驰骋的传统毡帽上，缀附上了锦边；身着的薄棉袍右衽，其锦面、绢里间夹了一层羊绒、羊毛；贴体而着的内衣，用了质较绸厚、保暖性更好的菱格纹暗花绮，值得注意的是这件内衣的形式，它不开襟，套头穿脱、高领达16厘米。领上有素带七条，可彼此交结严实，防止细沙侵入。最值得注意的还有他平日常穿，已稍磨损但还不愿丢弃的锦面棉深衣。此衣挂在身边“丫”形衣架上，右衽，里料为亚麻色平纹毛褐，其间薄衬毛绒。下裳，以湖蓝色丝绢为面，同样毛褐为里，间衬毛褐，未用毛绒。通长90厘米。这种衣、裳相连的形制，汉地俗称“深衣”（《礼记·玉藻》），比较宽松、舒适，是上层社会人士休闲在家、随意穿着的。在塔克拉玛干沙漠中的绿洲城邦，它是值得关注的新样式。

王妃，大概也曾是和亲的主角，入土所穿衣物，自然也颇有可关注之处。其一，是她贴身穿着的丝绸上衣，左衽、高领；显著短身，自上而下内收，尽显体型之美。领左侧附了一条宽12厘米、长40厘米的绢带，可用于围脖。这是实用的核心。衣服不仅要好看，更要有防风沙侵袭肌肤之功的设计。其二，尤堪注意，入土时同样穿着在身的丝绸夹衣，清清楚楚，竟然也是斜交领，左衽。春秋以来，不少著作都强调，左衽，是四夷的习俗，如《尚书·毕命》：“四夷左衽，罔不咸赖。”《论语·宪问》：“微管仲，吾其被发左衽矣！”这位受命和亲、远嫁精绝的华夏秀女，绸夹衣、贴身内衣，均以左衽为尚。而男主人，则从内及外，时时注意着右衽制的不可轻忽。这确实是一个可以进一步思考的文化现象。

在继后与王族关系密切的M8、M4中，男女主人衣服已远趋简单，外袍，往往对襟、腰束带；内衣均套头穿脱、高领、领部附带，以避沙尘。左衽、右衽之思，已可不再虑及。

政治与社会剧变，影响深远，服装一环，也是脱逃不了的。

六　王族的首饰

求服饰美，祈吸引世人目光，彰显自身不同于一般，是天性，可以说与人类共始生，同成长。但如何才能最好，以最简单的方式达到最美的效果，却并不容易。“和”是一门很大的学问，值得仔细分析，认真研究。

为此，既要关注现实，也应从历史文化中汲取营养。后者是绝不可以轻忽、不能舍弃的一环。

（一）　王妃的红项链

打开精绝王棺盖，揭开基本未被沙尘掩覆的“王侯合昏千秋万岁宜子孙”锦被，面对基本保存完好的精绝王夫妇遗体，映入眼帘的是女主人头上包覆的红蓝交织的菱格纹丝织头巾，图案大方，色彩谐和，耳垂下有银质珠饰，堆叠、串系的珍珠，别具造型；颈下特别鲜艳显目的一串大红色项链，吸引了所有人的目光。

项链之珠粗细有序，配列均匀。是人们追逐的红宝石？红玛瑙？

或是稀见的红珊瑚（在去墓地2千米多的王廷手工作坊中，曾见过珊瑚）……联翩浮想随之涌现脑际：在黄沙漫布的尼雅沙漠中，月光如洗的静夜，升腾的篝火边，身材姣好的王妃，穿着心爱的茶白丝绸长裙，戴着鲜红显目的项链，翩翩起舞。该是如何动人！

期待了好几天，终于到了解析这串红色珠链的时刻。轻轻碰触，它不仅毫无宝石、矿物的骨感，反是柔软如棉。轻轻解开一点，十分认真细致地观察，才发现这引发大家无尽遐想的珠链，完全出乎意料，竟不过是以鲜红细薄的丝绸，包覆纯净的棉花，扎捆出56颗圆珠形，大小有序，密密麻麻，在王妃颈下熠熠生辉，平添无尽风采。让每一个不知就里的观者，远看近观都不能不惊艳其鲜丽珍奇。毕竟从无所见，自然也就引发无法尽说的臆想。于是会想定：毕竟是高贵不凡的汉家公主，才有可能享受如是稀见珍宝，满溢荣耀风光！这实在是不同凡俗、聪明过于常人的设计与创造。

就现存资料，自然已无法判明这一别出心裁的创造究竟出自何人之手。但从王妃佩戴至死也未离颈下的情形分析，它十分可能就出自这位秀外慧中、勇毅聪明过人、敢挑和亲重担的黄河女儿之手。

棉花，是身边随手可获的土产（汉代，精绝也已种棉花），将之包覆在细密柔软的红绸之中，扎成珠形，这在平常人家，难逃人们的细审探究，秘密会很快破解；但出现在汉家公主颈下，效果就截然不同了：不论是红宝石、红玛瑙，还是红珊瑚，于汉家公主，都会是不难得到的珍宝……这串项链，在不说明前，我曾不止一次请听讲座的友人猜其究竟，还真没有人想到它会是红绸包裹下的棉花珠！它的超凡，它的不俗，它当年曾取得的难以轻估的成功，在经历两千多年风雨后，可以说至今仍是奇思制胜，夺人眼目。巧用特定环境、社会地位、人们普遍存在的崇上心理，取身边平常物，制作了本是平常却装饰效果超群的饰件，这在装饰工艺上，是不可轻忽的成功。

（二） 凤鸟形风帽

同为精绝王族，在编号M5出土的又一位女性遗体上，我们发现了仍保存完好、紧紧套牢在她头顶的凤鸟形绢帽（彩图六十六）。帽体为平顶、圆筒形，紧贴头发。左右有长长下垂的丝质耳帔。沙漠中再多风沙，均不会入发、入颈。尤其令人关注的是筒状圆形帽体之前端，附以红绢作面、内填毛棉絮的凤头，凤头冠羽上翘，喙羽如真。如是绢帽，随主人移步前行，凤鸟频频点头，更显女主人婀娜多姿的身形。造型特异，既实用，又美观！除了尼雅，相近的诸多沙漠废墟，再无所见。

汉晋时期的精绝，作为丝绸之路沙漠道上的枢纽，五光十色的东西方物质文明，在这里交往来去，不仅极度开阔了精绝王国居民的视野，也曾无限催生了他们开放、创新的精神，绝无沙漠绿洲的闭塞形态。这件作为实用物、仍然穿戴在精绝女性贵族头上的凤鸟形风帽，十分有力地宣示了大胆、开放、不拘成例、不受制于传统，敢于张扬个性、展示美好的精神！这是丝路的精神，值得肯定、传承、发扬！

（三）　王的"琅玕"

稍稍关注先秦时期不多的传世文献，可以发现：一个发音朗朗、意涵似宝如玉的"琅玕"突然出现在人们的视野。这是既往不见、新显在人们生活中的瑰宝，《尚书·禹贡》《尔雅·释地》，尤其是《管子》书中的多篇文字，都提及了"琅玕"。大概可以揣摩其意思，它是"石而似珠""似玉"。

琅玕多与"大秦"有关，是经过"昆仑"才进入中原的一种珍宝。作为滨海富邦——齐国的财政管家的管仲，面对上层集团中人对它趋之若鹜的现象，真是忧心忡忡。《管子》书中说"怀而不见于抱，挟而不见于掖"，竟可价"辟千金"，它对国家财政金融的冲击，是无法不让人忧心的。但先秦文献中的"琅玕"，究竟是什么宝物？经历了两千多年，注家无数，但直到近年出版的各种权威辞书、辞典，都还是不明其究竟。

这一谜团，也是在近年的精绝王陵发掘中，才得破解。

1906 年，斯坦因第二次进入尼雅。曾在精绝王廷的一处木质垃圾柜中，获得过八枚赠礼木札，标明赠送礼品均为"琅玕"。赠礼、受礼的都不是普通人，而是精绝王廷的核心人物：精绝王母、大王、王、小太子九健持一、且末夫人、太子美夫人以及身份不俗的“夫人春君”“臣承德”等。尤其是具有汉式名字的“春君”，是人们宠奉的中心，收到的“琅玕”最多。

傍昆仑山北缘的尼雅沙漠中，出土了这批与“琅玕”直接关联的木简，可以说已经触到了“琅玕”的眉目，但斯坦因不明这一发现的学术价值，并未就此前行。

再碰这一论题，就到了1995年10月笔者与精绝王陵的不期而遇了。在精绝王陵中清理精绝王夫妇、小王夫妇等王廷成员随身衣物过程中，一个现象引起了我的强烈关注。如精绝王的贴身绮衣下，一根细细的皮线，就穿系着一枚蓝色地、白色眼睛纹的玻璃珠，与肌肤紧贴不离。类似的现象，在精绝王子、一号墓中男性贵族成员身上，也都见到。它们是珍宝，但并不彰显示人，而是贴身秘藏，寻求的是另外一种神奇护佑的力量。值得关注之处还有：斯坦因在精绝王廷垃圾箱中所见汉文木简提及的“琅玕”是八枚，而1995年10月发掘的王廷陵墓，共见出土玻璃珠也是八枚。

这类圆形玻璃珠，只从外观看，“琅玕状似珠也”“石而似珠”“似玉”，与古籍描述类同。

诸多细节，无法不使人联想：先秦古籍中多所提及的“琅玕”，与精绝王廷简牍提到的“琅玕”、王陵墓地中出土的“玻璃珠”，实际就是同一物，是当年人们心目中具有神奇力量的珍宝。

这一推论，在相关玻璃珠的生命发展历程中，也可彼此呼应，互相支撑，多有契合之处。

相关玻璃珠，考古工作者在世界各地已是发现不少，考古学者长时期研究，将其命名为“蜻蜓眼”，质为钠、钙玻璃。原产于北非尼罗河上古埃及王国，时在公元前1500—公元前1300年左右。一个不算太大的球体，其上一对大而有神的眼睛，占据了珠子的主体。当人们与之相视，似乎可以感觉“它神奇、若可洞察一切奥秘的目光，可以透视一切，包括你的灵魂世界”。古埃及的发明家，在献上这一新发明时，曾赋予它“天神之眼”的意涵，宣称“这眼神，拥有无比强大的力量，能驱走恶魔，护佑主人平安、幸福”。这是在充满苦难、不测风云的世界中，任何人都会尽最大力量寻求的神奇。包括手握巨大权力、财富的统治者，都无法拒却这一可以为他们带来安全、美好的珍宝。行文至此，真不能不由衷钦佩古埃及王国聪明的工艺师，他们不仅制作、发明了造型奇特、双目有神、小而不俗的玻璃珠，更呼应着世俗权势者们内心的追求，让他们心甘情愿拱手交出沾满劳动者血汗的财富。

造型与文化思想的和谐统一，使这一小小的玻璃球体在公元前15世纪刚刚问世时，就极大影响了尼罗河三角洲，以及地中海周围、美索不达米亚、欧洲大地、伊朗高原，直至塔克拉玛干沙漠绿洲、黄河流域大地。研究古代玻璃的学者关善明，曾比较全面统计、分析过中国大地上出土的相关实物：在山西、河南、山东、湖北、湖南等多处自春秋末年至战国早期的贵族墓地中，先后发现的蜻蜓眼玻璃珠，总数即达400颗以上。战国晚期之后的墓地，四川、广东、甘肃各处也有所见。相关墓葬主人，可以追寻、考实的就有晋国大夫赵卿、吴王夫差的夫人（宋景公妹妹）、曾侯乙等，自都不是寻常百姓人家。

精绝王陵出土的蜻蜓眼玻璃珠，借王廷遗址出土汉简以点睛，将相关玻璃珠与先秦古籍中的“琅玕”勾连在了一起，破解了两千年无解的“琅玕”之谜[1]。充满神奇魔力的“琅玕”，最后在中国跌落神坛，是在战国后期。一些历史上没有留下名字的能工巧匠，发明了以铅钡为原料、外观相类同的蜻蜓眼玻璃珠。在湖北随州曾侯乙墓出土过蜻蜓眼玻璃珠173颗，他夫人墓中出土24颗，外形与神化了的玻璃珠无异，测其成分，既不同于西方的钠钙组合，也不是中原大地上已流行的铅钡成分，而是二氧化硅与钾、钙的组合，是又一种植根在中国大地上的工艺创造。强大的社会需求，是刺激生产发明的强大动力。实际并不复杂的玻璃生产工艺，曾经满溢神秘；而一旦洞悉其基本原理，就回落到人间大地，神

1　王炳华：《“琅玕考”》，《玉文化论丛4》，众志美术出版社，2011年。

奇蜻蜓眼就成为普通的玻璃球了。

琅玕，除造型新奇外，更重要的一点，是被赋予了人们普遍追求而极难获取的驱邪避祸力量，可用此取得幸福、平安。其文化精神直击人们心灵深处的追求，外形则可助益这一意念的拓展。因为有了这一强大思想文化的支撑，从公元前1500年在埃及问世，它在旧大陆上纵横驰骋了近两千个春秋，影响地域也十分广大。从一种饰物，走上历史舞台，取得如是久远的影响，其值得总结与深入认识的文化精神，难以轻估。

在尼雅沙漠出土的这几件文物中不论是衣着，或者饰品，成功的作品都具鲜明、强烈的个性。和谐融杂、凝练特定文化，与主体人物的社会身份、个性特点、独具的素养，甚至环境要求等呼应，是它们成功的内核。文明古今能相益，面对精绝城邦曾经闪光的装饰鳞爪，我们收获的不仅是对学术研究的补充，也能想见那里的人们曾经如何生活。那些鲜活的历史场景与人物一一浮现，我们也能从他们身上汲取许多生活智慧与文化养料。

2020年3月初稿，2020年8月改定

时在胰头癌手术之后，病养之中，堪为纪念

初刊于《湖上》，2023年

也释“琅玕”

“琅玕”一词，战国前后的文献中不止一见。这一时段，大概是它进入华夏大地的旺期，所以，相关记录显得稍多。作为一种外来的奢侈物品，起初，总的数量是有限的，能有幸见到实物的文人，大概更少。所以，当年的学者，在将它著录入书时，一开始就没有把它说得十分清楚。后来的注疏者，时迁日移，能准确把握其本质的更少。唐代学者孔颖达在注《尚书·禹贡》中“琅玕”一词时，说“琅玕，石而似珠者”，但认为“必相传验，实有此言也”。实际是说，他也没有见过，并不知道“琅玕”究竟是什么，抄下这句话，只是相信古代著作家会是“验实”过的而已。

这笔古代没有交代清楚的文物细节，随历史渐行渐远。在后来人们的认识中，愈益变得模糊不清。最能说明这一点的例证就是，在集中了时代知识精英们编撰的《辞海》、词典中，“琅玕”一条，除了注引历代文献中有关“琅玕”的文字外，可以说，没有一点认识上的进展。相反，凡有引申，则往往离应有的真实更远。这本属小事一桩，无伤大体，但细细思量这件事情的发展过程，一是觉得对“琅玕”，根据文献及相关文物，应该把它说清楚，给它及其背后含蕴的中外文化交流史实以适当地位；再是从对“琅玕”的认识、分析过程中，还可以寻找到一点题外的教益。所以，不避小题大做之嫌，聊献一得之见，意在求教于方家，觅得“琅玕”的历史真实。

一

可能因为“琅玕”最早来自域外，既不是身边的物产，又不明其制作工艺、生产过程，所以初始的著录，就记得不是十分明确。试看大家都注意到的一些古代文献：

《尚书·禹贡》：“（雍州）厥贡惟球、琳、琅玕。”孔颖达注疏称：“《释地》云：‘西北之美者，有昆仑虚之璆琳、琅玕焉。’说者皆云：‘璆琳，美玉名；琅玕，石而似珠者。’必相传验，实有此言也。”[1]

《尔雅·释地》：“有昆仑虚之璆琳、琅玕焉。”[2]

《说文》：“琅，石之似玉者。”[3]

《管子》：“昆仑之墟不朝，请以璆琳、琅玕为币乎”，“簪珥而辟千金者，璆琳、琅玕也，然后八千里之昆仑之墟可得而朝也”。[4]

《魏略》：“大秦国出琅玕。”[5]

《本草经》：“青琅玕，一名珠圭。”

从《尚书》到《说文》《本草经》，可以得到的知识是：琅玕形似珠，质似石，外观如玉。在当年人们的心目中，是稀世珍宝。《管子》提供的最重要信息是，琅玕来自西方，进入中原，与昆仑山下的古代居民月氏有关，中原权贵珍视，不惜重金以求，所以刺激月氏等这些西北边裔居民不避风险，不畏艰难，远程将其转运到黄河流域，直到最东边

---

1 《尚书正义·禹贡第一》（卷六），《十三经注疏》。

2 《尔雅注疏·释地第九》（卷七），《十三经注疏》。

3 《说文解字》，第 12 页，天津古籍出版社，1991 年。

4 《太平御览》（卷八〇九），中华书局，1960 年。王国维：《月氏未西徙大夏时故地考》，《观堂别集补遗》，有相同行文，称引自《管子》。郭沫若等：《管子集校》。

5 《太平御览》（卷八〇九）。

的齐鲁大地。《魏略》的记录较为朴素，点明了其产地是远在地中海边的“大秦”。如是爬梳、条理，关于“琅玕”，可以得到一个基本的概念。

与上引古籍不同，在《山海经》《淮南子》《拾遗记》《穆天子传》等著述中，也都可以见到有关琅玕的记录，只是文字内容很不一样。如《山海经·西山经》说“（槐江之山）其上多青雄黄，多藏琅玕、黄金、玉”[1]，《太平御览》引《山海经》说“开明东有琅玕树，块火山多琅玕”[2]，《淮南子》说“昆仑，侵城九重，琅玕树在其”。《拾遗记》曾提到昆仑山有瑶台，上有琅玕璆琳之玉。《穆天子传》中也有相类似的文字。两类古籍，略作比较，《山海经》等文字多近乎演义，是文学性质的描述，不见朴素叙述一种物品的外观、产地等的基本素材。这对我们学习、认识进而使用古代文献资料，有重要启示。两类著述的性质，是并不一样的。

是不是因为“琅玕”究竟为何物、来自何处，终是太小的问题，所以虽已过去了两千年，直至目前，学术界对“琅玕”的知识，较之两千年前，并没有走出多远。说得更坦白一点，就几乎还与先秦、汉代人的认识处在同一水平上。具体地说，可以最近的辞书为证。试举几例。

中华书局于1938年刊行的《辞海》，释琅玕，只是罗列了《尚书·禹贡》《尔雅·释地》《山海经》《说文》及相关注疏，编撰者虽有倾向性，但并未提供说明，让读者见仁见智，自己去琢磨。

上海辞书出版社于1989年刊行的《辞海》，赋予琅玕三种解释：美石、珠树、竹。根据来自《尚书·禹贡》《山海经》《淮南子》及杜甫的诗句“留客夏簟青琅玕”，再推敲一下，这三个概念，实际是并不相通的。编撰者虽提出了提示性的结论，但琅玕究竟是什么，通过它并不能获得要领。

商务印书馆于1996年经过修订出版的《现代汉语词典》中，只提《尚

1　袁珂校注：《山海经校注（增补修订本）》，第53页，巴蜀书社，1993年。
2　《太平御览》（卷八〇九）。

书》，释琅玕为“像珠子的美石”。比较起来，言简意赅。

与此相比较，上海汉语大辞典出版社于1997年出版的《汉语大辞典》，对“琅玕”的释意就要复杂、丰富得多了，列出的解释多达六种：一为“似珠玉的美石”，根据主要为《尚书》；二为“传说和神话中的仙树，其实似珠”，根据主要是《山海经》；三为“比喻珍贵、美好之物，如‘佳肴’‘优美文辞’等”，根据主要是文学著述、名家诗词；四指竹；五喻冰凌；六比作阑干。后四者，都是根据古代诗词，将“琅玕”作为一种物品或可以看、可以用的珍宝，距离实际相当遥远。释义内容宏富，包罗了古今人们对琅玕的认识、想象、描述，只是要在这里寻找到“琅玕”究竟是什么，同样会是无门无径。

这四部大著作释字解词，具有权威性。通过它们求索先秦时期人们实际生活中曾经十分关注过的“琅玕”，不仅难得要领，相反，《尚书·禹贡》《尔雅·释地》《说文》等著述中曾经比较清楚说明过的“琅玕”的物理形状，在“青翠的竹篁”“珠树”“冰凌”“佳肴”等文学家绘声绘色的描述中，距离文物的真实面目更远了一程。这样一种进展，既让人惭愧，也不是好事，除了从事考古、古代文献整理的专家，绝大多数的普通读者是没有办法从这里获得对“琅玕”的真实了解的。

二

“琅玕”，究竟是什么呢？最有责任提供科学说明、阐释的，应该是文物考古工作者，以之苛求文字工作者与辞典学专家，是并不公平的。有鉴于此，笔者试为之考。

在已获考古资料中，琅玕曾是古代人追求的珍宝。一百年前，斯坦因在新疆尼雅遗址N14、现已确定为精绝王室故址的一处垃圾堆中，获得了8枚汉简，它们清楚表明，“琅玕”是当年精绝王室成员持以互赠、联络感情的瑰宝。这提供了一个方向，“琅玕”究竟是怎样的一种物品，通过已经发掘的精绝遗址，应当可以找到线索，解开这一谜团。

斯坦因 1906 年获得汉简后，随即交由法国汉学家沙畹考释。1910 年，罗振玉得知沙畹正在考释斯坦因所获汉文简牍后，向其索取有关资料，1912 年沙畹向罗振玉提供了手校本。随后罗振玉与当年同样侨居日本的王国维，据沙畹手校本进行考证、释文。沙畹的研究成果，见于 1913 年在牛津出版的《斯坦因在新疆沙漠所获汉文文献》。较沙畹晚一年，1914 年，罗、王在日本京都出版了《流沙坠简》，斯坦因在尼雅所获这 8 枚汉简的图版、录文，均在书中作了刊布。[1] 相关图版，也见于斯坦因这次考古工作的科学报告《西域考古图记》中。[2]

相关 8 枚汉简，长、宽并不一致，木简下端两侧，均有三角形刻槽。

1. 简长 6.9 厘米、宽 1.1 厘米。正面书写：“王母谨以琅玕一致问”；背面书写：“王”。

2. 简长 6.2 厘米、宽 1.1 厘米。正面书写：“臣承德叩头谨以玫瑰一再拜致问”；背面书写：“大王”。

3. 简长 9.2 厘米、宽 1.2 厘米。正面书写：“休乌宋耶谨以琅玕一致问”；背面书写：“小太子九健持一”。

4. 简长 7.7 厘米、宽 1.2 厘米。正面书写：“君华谨以琅玕一致问”；背面书写：“且末夫人”。

5. 简长 10 厘米、宽 1.4 厘米。正面书写：“太子美夫人叩头谨以琅玕一致问”；背面书写：“夫人春君”。

6. 简长 8.2 厘米、宽 1.2 厘米。正面书写：“苏且谨以琅玕一致问”；背面书写：“春君”。

7. 简长 7.5 厘米、宽 1.2 厘米。正面书写：“苏且谨以黄琅玕一致问”；背面书写：“春君”。

8. 简长 7.9 厘米、宽 1.3 厘米。正面书写：“奉谨以琅玕一致问”；

1 罗振玉、王国维：《流沙坠简》，图版见 69 页，简牍遗文、考释见 223—225 页。

2 （英）斯坦因著，巫新华、刘文锁、秦立彦等译：《西域考古图记》（第一卷），第 138—139 页。

背面书写：“春君幸毋相忘”。

尼雅精绝故址出土的这 8 枚汉简，从形式看，是赠送礼品时所用的函札。正面写赠礼者、所赠何物，背面写受礼者。木简下端两侧有三角形缺口，用以系绳附在礼品盒上。这是战国至汉代中原地区流行的赠礼形式。

据简文，精绝王室中最重要的几位成员——“王母”“王”“大王”“小太子”“且末夫人”“太子夫人”“夫人春君”，均与礼赠之“琅玕”有关。其中“夫人春君”身份十分显要，8 枚木简中，竟有 4 枚是向她赠送“琅玕”“黄琅玕”。

简文中所赠礼品，7 件为琅玕（其中一件为黄琅玕）、1 件为玫瑰。十分清楚地说明：琅玕，在当年的精绝王国，是受到十分重视的一种物品。在特定的重要时刻，在必须互示感情、馈赠礼品时，这些精绝王室要员，不约而同，几乎都选择了“琅玕”。“琅玕”，在两千年前精绝王国上层人物的心灵深处，是具有特别重要意义的一种宝物，王室成员间，送它或得到它，都是极高的礼遇。

对木简文字、书体，王国维作了认真的比较分析，结论是：“隶书精妙，似汉末人书。”罗振玉的关注点是对“琅玕”的考证。他在引录、参稽《尔雅·释地》《山海经·海外西经》《说文》《本草经》的相关叙述后，提出“今芒洛六朝古冢中往往得色青而明之圆玉，中有穿，如珠连属以为钏，殆古之琅玕矣”。以文献与洛阳北邙山中南北朝古墓内出土文物比照分析，实在是相当高明的视角。唯一稍感遗憾的是，因为没有相关图片的佐证，这里无法确定罗振玉所指称的“色青而明之圆玉”，究竟是什么文物。

确解精绝故址所见馈赠“琅玕”的简牍，比较理想而又方便的办法，当是认真检索已获精绝王室文物遗存，参照古代文献对“琅玕”的一般描述、记录，或可觅求得“琅玕”的本来面目。

三

遵循着这一求索方向，近年来，新疆考古研究人员据尼雅遗址中出土的大量珊瑚资料，结合着上述 8 枚汉简，以珊瑚来解释“琅玕”。考证注意了文献与考古遗物的结合，似显新意。但结论并不准确。珊瑚，古代与今天的名称是一致的，概念也比较明确。而且，以珊瑚释“琅玕”，与《尚书》《尔雅》《说文》等最早著录、注疏了“琅玕”一词的古籍，文意也完全不符：在这些古籍中，“琅玕”似石、若玉，形状如珠，与珊瑚的形态特征是相去颇远的。因此，它不是一个准确的结论。[1]

笔者的分析是：琅玕，就是精绝王墓中出土的“蜻蜓眼料珠”，一种早期玻璃制品。

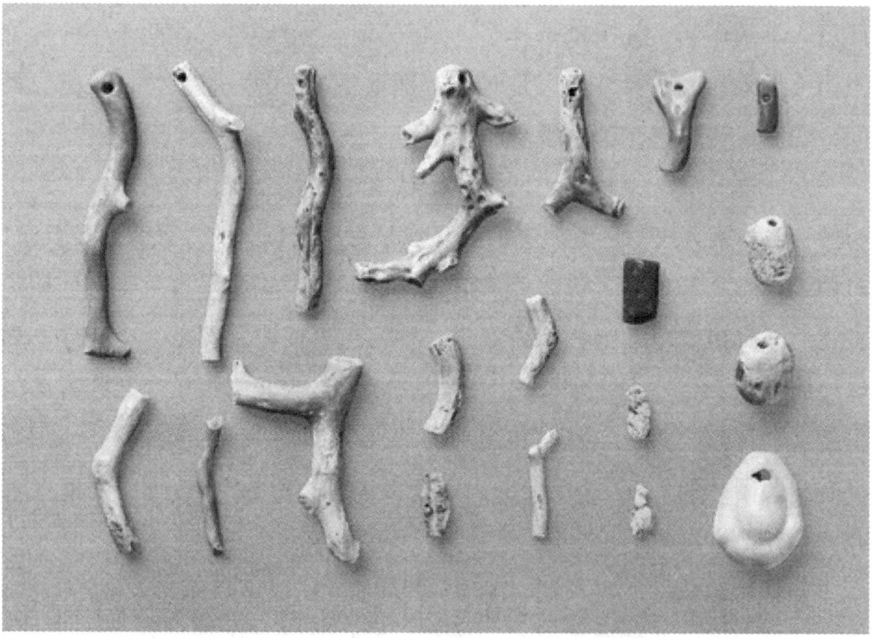

图 16.1　手工作坊遗址附近发现的珊瑚饰物

1　吴勇：《新疆尼雅遗址出土的珊瑚及相关问题》，《西域研究》，1998 年第 4 期。

可以确定，1995年发现的尼雅一号墓地是汉末精绝灭国前的王陵。这里出土的蜻蜓眼料珠，均在精绝王、王室成员身上，颇可与王室成员尊崇琅玕的心态呼应。进一步关注蜻蜓眼料珠的使用，更可见其求安、去邪的巫术功能。琅玕得宠，是与此有关的。具体资料如下。

其一，三号墓男主人、当年的精绝王，配饰的蜻蜓眼料珠。这枚料珠放在他贴身衬衣里面，以皮条穿挂，斜挎胸前。简报原文是这样介绍的："蜻蜓眼饰珠（95MN1M3：52），珠近圆形，天蓝色地，白色圆点纹。直径1.8厘米，中穿圆孔。内穿皮带，带长130厘米。男尸贴身斜背。这一出土情况，不仅表明蜻蜓眼料珠特别珍贵，而且，显示着一种求安祈福的辟邪作用。"[1]三号墓女主人，漆奁内装梳篦袋，内有随时随身使用的梳篦。袋下附蓝色蜻蜓眼料珠一枚，蓝色地上显白色眼睛纹。（图16.2、16.3）

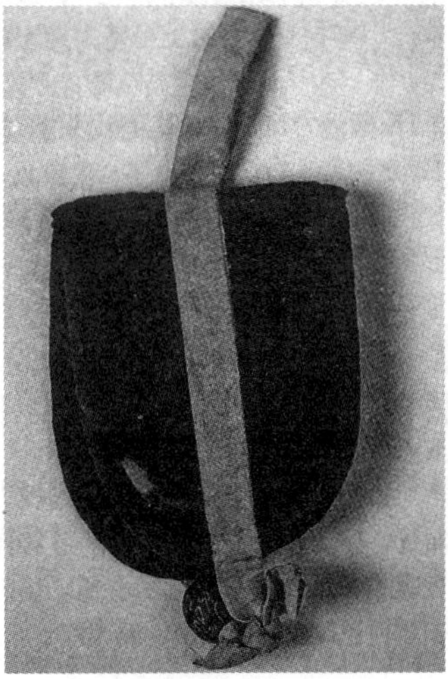

图16.2　三号墓女主人的漆奁内装梳篦袋

图16.3　梳篦袋下缀附蓝色蜻蜓眼料珠一枚

1　新疆社会科学院考古研究所：《尼雅95一号墓地3号墓发掘报告》，《新疆文物》，1999年第2期。本书也有收录。

其二，八号墓男主人，此墓曾出土“王”字纹陶罐，以及“五星出东方利中国”锦护膊。究其身份，香港艺纱堂服饰出版的相关图录中称其为“沙漠王子”。在其夫妇随葬配饰中，见多件蜻蜓眼料珠。简报相关文字移录如下：

> 料珠及珊瑚等装饰品，各式品类繁多的料珠饰件，主要见于墓主人头颈部，应为装饰之项链、头饰等……其中较为罕见的是蜻蜓眼式料珠，鼓形（近圆形），有白色蓝眼、湖蓝色珠蓝眼、黑珠黄眼等，直径 0.8—1.2 厘米。在男尸一侧还清理出一件珊瑚饰件（M8：31），橙黄色上有小穿孔。[1]

同一简报另一处文字，在描述男尸清理过程时，说男主人“内衣为白绢套头长衫，贴身右胸前用皮条串一系蜻蜓眼料珠，圆形，直径为 2.1 厘米”；述及女尸清理，文称女尸“头颈部戴的料珠项链，因串线朽断已散落于衣服内及棺内，其中有四颗蜻蜓眼料珠，颇值得注意”。则此墓中共见蜻蜓眼 5 枚，其中男主人配珠，直径达 2.1 厘米，在同类文物中，是比较巨大的。它也是贴身用皮条垂挂胸前。其他四件，则用为女主人项链。（图 16.4）

其三，同一墓地中，一号墓男主人身旁也出土一枚蜻蜓眼料珠，报告称为“胸链”，转录如下：“胸链一件，M1：46，一根皮绳上穿一枚蜻蜓眼料珠构成。出土时皮绳已断成 4 段……料珠成鼓形，中间穿孔，上嵌 5 块蓝色玻璃，直径 1.1 厘米、高 1.05 厘米。”在同一报告书中，述及一号墓男主人“脖系料珠项链”。[2] 联系两段文字，则入土时料珠系于脖下。

三座墓葬，共出土蜻蜓眼料珠 8 枚。其佩戴细节，充分说明这类

1　新疆社会科学院考古研究所：《尼雅遗址 95MNI 号墓地 8 号墓发掘简报》。

2　《中日日中共同尼雅遗迹学术报告书（第二卷）》，第 123、127 页。

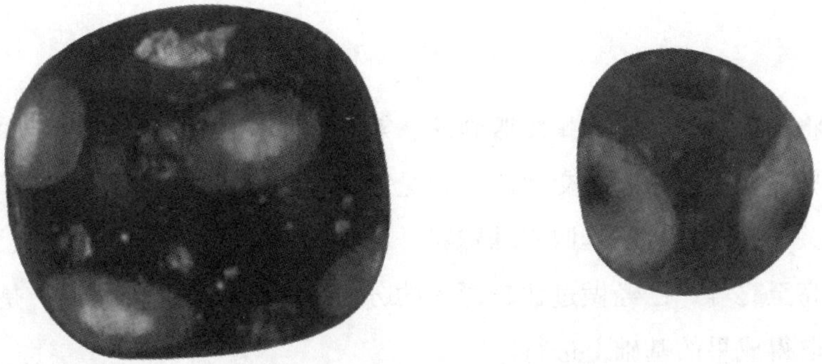

图 16.4　八号墓女主人项链中的蜻蜓眼料珠

蜻蜓眼料珠，在精绝王室成员心目中，是具有近乎神圣的地位的。两代精绝王，均将其以皮条贴身系挂在人们不能发现的胸前，放在外人见不到的内衣里边。又一人系于脖下，至于是在衣服内还是衣服外，文内未提，清理中可能也未特别关注。从 M3、M8 蜻蜓眼料珠出土情况，可以得出结论：这些蜻蜓眼料珠，绝对不是一般的装饰品。如果为装饰，求美观，首要一点是必须系挂在外人容易见到的处所。现在料珠不外露，深藏在贴身胸前，其祈求护佑主人命运、求得主人安全的作用，毕显无遗。这几枚料珠，一作“圆形，天蓝色地，白色圆点纹”，二作“圆形、直径 2.1 厘米”，至于形状究竟是白色蓝眼、湖蓝色蓝眼、黑珠黄眼中的哪一件，没有说清楚。三作“鼓形，中间穿孔，上嵌 5 块蓝色玻璃”。蜻蜓眼料珠的特征及这些细节，与精绝王宫废墟内出土之 8 枚汉隶木简相对照，参证《尔雅 · 释地》中说的“琅玕状似珠”，《说文》说“石之似玉者”等，可以得到如下逻辑推论：当年精绝王室十分珍视的琅玕，应该就是在王室陵墓中出土的、悬挂在精绝王胸前的蜻蜓眼料珠，它们被视为可以避邪、驱凶，保佑主人安全、幸福的神物，因此，受到特别珍视。权贵们重金以求，也就不难理解了。

四

将“琅玕”确定为蜻蜓眼料珠，对它在古代中国人精神世界中的地位，华夏大地与西亚的交通联系状况等，均可以得到更深一层的了解。

关于我国已见蜻蜓眼料珠资料，不少学者如干福熹、关善明、杨伯达、高至喜等，已经做过比较深入的分析、研究，本文的讨论，是在他们已取得成果的基础上进行。[1]

蜻蜓眼料珠，据不完全统计，近数十年中，我国已出土总数至少在400颗以上。据关善明的《中国古代玻璃》统计、分析，蜻蜓眼料珠，最迟在春秋晚期已进入华北大地。自春秋末年至战国早期的，在山西太原晋国赵卿墓、山西长子牛家坡墓地、山西长治分水岭、河南固始侯古堆、河南洛阳中州路、山东淄博临淄、山东曲阜鲁国故城等处的古代墓地中，均有所见，一些墓葬中，出土数量还相当不少。（图16.5）山西、河南、山东，是其重点发现地。时代稍后的，在河南洛阳中州路、郑州市辉县固微村、郑州二里岗，湖北随州（尤其是曾侯乙墓）、枝江姚家港、江陵雨台山、江陵杨场，湖南怀化黔阳、怀化辰溪、长沙烈士陵园、慈利县、长沙白泥塘、长沙磨子山、长沙氮肥厂、长沙左家塘、长沙浏城桥、湘西自治州，四川成都羊子山，重庆涪陵小田溪等处墓地，也都有所见。战国中晚期的，在湖南澧县、沅陵，湖北江陵、荆门，陕西汉

1　参见杨伯达主编:《中国金银玻璃珐琅器全集玻璃器卷》,河北美术出版社,2004年;关善明:《中国古代玻璃》，香港中文大学文物馆，2001年；干福熹主编：《中国南方古玻璃研究》，上海科技出版社，2003年；高至喜：《论我国春秋战国的玻璃器及有关问题》，《文物》，1985年第12期；后德俊：《谈我国古代玻璃的几个问题》，《江汉考古》，1985年第1期。上述专著、论文，对国内已经刊布的蜻蜓眼料珠，作了深入的分析、讨论。稍令人抱憾的是对新疆出土的蜻蜓眼料珠资料，除《中国古代玻璃》中提到轮台穷巴克所见1枚公元前9世纪蜻蜓眼料珠外，其他均未见介绍。其实，新疆各地散见蜻蜓眼料珠并不少，这与新疆资料刊布不足有关，这里稍予介绍。仅以近年考古发掘为例，山普拉墓地（洛浦县境，属古于阗国）即发现蜻蜓眼料珠21颗，蓝色珠体上显白色、黄白色眼睛形。且末扎滚鲁克墓地春秋早期墓葬中，见蜻蜓眼料珠6颗，蓝色珠体，以白色线显眼睛纹。另在古龟兹沙雅县境，也见过蜻蜓眼料珠的报道。穷巴克、扎滚鲁克墓地，时代均早到春秋或更早时段，颇可以助益于说明蜻蜓眼料珠进入中原的路线、过程。

图 16.5 春秋末年至战国早期的蜻蜓眼料珠

中，河北临城，山东曲阜，四川广汉，甘肃平凉，河南淮阳等地，发现同样丰富。秦汉时期的，广东广州南越王墓、广州先烈路，青州、陕县，重庆等处均见出土。（图 16.6）汉代以后的，就见得比较少了。

春秋晚期甚至早到春秋中期，时代最早的一批蜻蜓眼料珠，比较集中地发现在山西。如长治分水岭 M270、春秋晚期太原晋国赵卿墓、春秋晚期长子牛家坡 M7 墓。仅赵卿墓，即出土蜻蜓眼料珠 13 枚。对上述三个地点及山东淄博郎家庄一号墓、河南固始侯古堆 M1 的玻璃珠进行成分测试，显示氧化钙、氯化钠含量较高，不含氧化钡，见微量氧化铅。这种配比与我国常见的铅钡玻璃不同，因此肯定为西方生产的钠钙玻璃，应当是由西亚经陆路进入黄河流域的物品。

判定最早一批蜻蜓眼料珠来自域外，不仅因为玻璃成分与我国传统

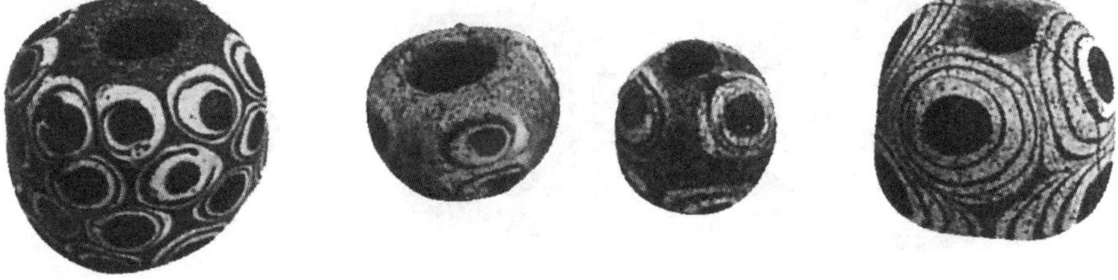

图 16.6 秦汉时期蜻蜓眼料珠

的铅钡玻璃完全不同，配方、工艺有别，在此以前，我国不见这类蜻蜓眼料珠制品，而且蜻蜓眼料珠的造型、图像，在中国传统图案中也找不到任何痕迹。与此相反，在埃及、西亚两河流域，很早就见到过这类蜻蜓眼料珠的生产，时代最早可到公元前 14 世纪。（图 16.7）在伊朗基兰，也发现了公元前 5 世纪的同类蜻蜓眼实物。（图 16.8）尤其是伊朗基兰出土的蜻蜓眼料珠，与山西等处所见早期蜻蜓眼料珠造型、图案，更是惊人地相似。根据这些实物资料、分析数据，说最早一批蜻蜓眼料珠来自域外，大家并无异词。分析至此，再看《魏略》“大秦出琅玕”的记录，虽不知其所本，但内容是相当准确的，与考古文物中所显示的文化信息，可以说完全一致。

最早一批蜻蜓眼料珠，从亚洲西部，通过陆路长途输入中原，数量不会多，价格必然高昂，自然不可能是一般社会成员可得享受的珍宝。

图 16.7　公元前 14 世纪，埃及、西亚两河流域蜻蜓眼料珠

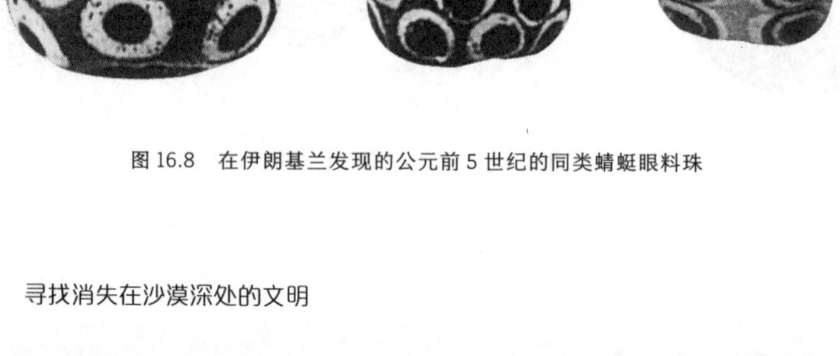

图 16.8　在伊朗基兰发现的公元前 5 世纪的同类蜻蜓眼料珠

河南固始侯古堆M1，墓主人是吴王夫差的夫人，是宋景公的妹妹，身份非同寻常；晋国赵卿，也为晋国贵族。郎家庄1号墓主人是齐国卿大夫一级贵族，长子牛家坡M7墓葬主人也是身份不一般的贵夫人。只有身份如是特殊的上层统治集团成员，才可能得到这类人们从无所见，而且被视为有特殊避邪功能的瑰宝。

蜻蜓眼料珠存在避邪功能的说法，来自最初生产了蜻蜓眼料珠的埃及王国的古老信仰。在公元前14世纪或更早，埃及即生产了蜻蜓眼料珠。蓝色、黑色圆形玻璃珠上显示了眼白、瞳仁，清楚表现了眼睛的形象。在埃及人的观念中，这是天神的眼睛。这种神眼拥有无比强大的力量，能驱走恶魔，保佑人们平安。将它作为护身器物带在身上，正是期望蜻蜓眼料珠这一神奇功能可以化为现实。[1]这是任何人都会尽最大力量寻求实现的目标，是任何人都无法拒却的生命诱惑。为什么这样一个古老的埃及物件，会很快传布到两河流域，传到北欧（图16.9），进入南亚伊朗，也进入亚洲东部的黄河流域？附着在蜻蜓眼料珠背后的这一文化思想，才是最强大的原动力。《管子》书中描述的当年上层统治集团中的人物，可以不惜高昂代价去寻求“琅玕”——蜻蜓眼料珠，精绝国王、夫人、太子也都以得到一枚“琅玕”为幸福所系，道理无不在此。

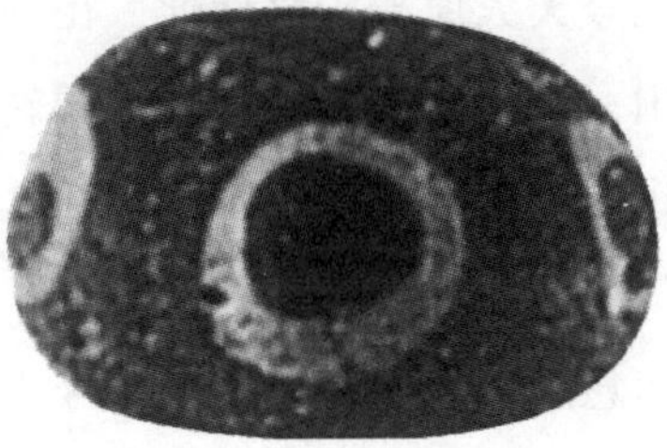

图16.9　北欧蜻蜓眼料珠

蜻蜓眼料珠从最早出现在埃及，到进入美索不达米亚、伊朗，来到我国华北地区，受高山、沙漠、戈壁等自然条件的局限，行走的大方向，也就是汉代以后张骞重新走过的“丝绸之路”。但这里有个问题，为什么最早一批来自西亚的蜻蜓眼料珠，主要是出土于山西、河南、河北、

1　关善明：《中国古代玻璃》，第18页。

山东一带？联系古代文献记录，这一现象，实际揭示着战国前后由鄂尔多斯草原进入华北平原、齐鲁大地的一条古代交通径道。《史记·赵世家》中曾收录了一件苏厉给赵惠文王的信。信中谈到防守太行山中上党、羊肠、句注径道的重要性："秦以三郡攻王之上党，羊肠之西，句注之南，非王有已。逾句注，斩常山而守之，三百里而通于燕，代马胡犬不东下，昆山之玉不出，此三宝者亦非王有已。"羊肠是赵国著名险塞，在今天太原晋阳之西北，山形屈曲、状如羊肠，故得名；句注，为雁门山，居代县西北，因山形勾转，水势流注而得名；常山即恒山。秦国东进，一旦控制住羊肠、句注、常山这些晋北险要，赵燕将无险可守。统治阶级需求的西北地区良马、猎犬、宝玉，就将无法到手。透露的历史信息是：战国时期，居于今山西东北部、河北西部地区的赵国，穿过恒山、雁门关、句注山一线，进出河套、鄂尔多斯草原，由此也形成了交通西域的一条重要通道。西亚所产蜻蜓眼料珠，最初进入华夏大地，相当数量均见于山西，应该与存在这一交通径路有着密切关联。

西亚蜻蜓眼料珠进入华夏大地，一个积极的贡献是刺激、促进了我国蜻蜓眼料珠的制造，也就是古代玻璃制造业的发展。在人们的心目中，这种造型新颖、既往不见的珠子，蕴含着一种驱邪得福的神奇力量，是人们不惜重金以求的瑰宝；但它量小、价高，难以进入寻常百姓家。广大的社会需求，是刺激生产、发明的最强大的动力。正是这一强大的社会需求，激发人们去寻找它的奥秘，摸索其制作工艺，为战国时期开始出现的中国式铅钡成分的蜻蜓眼料珠，准备好了强大的思想基础。而工艺实际上并不复杂，可以说是一点即破。于是，中原大地出现了自己生产的蜻蜓眼料珠。湖北随州市曾侯乙墓出土蜻蜓眼料珠 173 颗，其夫人墓中出土 24 颗，数量可以说相当大，而其成分既不是西方钠钙组合，也不是典型的中国铅钡成分，而是含有大量二氧化硅及较多的钾、钙，很少一点铅，几乎不见钡，为钾-钙类型的玻璃珠，是植根于本土资源基础上的一种配方。[1]虽成分不同，外观却并不逊色。产量增加，普通平民亦可享有。这一工艺的普及，且其终非必需之物，反倒使它逐渐走向了没落。

以蜻蜓眼料珠释“琅玕”，与《禹贡》《尔雅》《说文》《管子》《魏略》《本草经》等古籍中关于“琅玕”的形状、产地的记录，完全可以统一，言之成理。

小小蜻蜓眼料珠，最早出现在埃及，春秋时进入华夏大地，它在璨若繁星的华夏古代文物中，是很不起眼的一点，但也同样负载着厚重的历史文明，清楚揭示：早在公元前11世纪中期，黄河流域与西亚大地间，已经有了交通往来和文化交流。蜻蜓眼料珠，为实证之一。

蜻蜓眼料珠，进入华夏大地后，中国的学人给了它一个十分美好的、令人联想到美玉的名字：琅玕。这是纯粹的意译，还是“琅玕”在语音上留有西亚语音的痕迹，笔者寡陋，难说究竟。这是一个有待进一步探索、解析的问题。

在尼雅精绝王墓中出土的蜻蜓眼料珠，究竟是钠钙玻璃系统，抑或铅钡玻璃系统，出土当年未作分析，留下了遗憾。目前，在不损伤文物的前提下，进行成分、比重的分析并不困难，希望今后能补上这一缺憾。有一点可以注意，王室中人均以“琅玕”这一汉文化意味很重的名词称蜻蜓眼料珠，可以推见，当年王室中，必有深谙汉文化的中原知识分子。两汉王朝统治新疆时期，出于需要，十分注意汉文化的推行，这是不容置疑的。

初刊于《西域考古历史论集》，第723—738页
中国人民大学出版社，2008年

1　后德俊：《谈我国古代玻璃的几个问题》，《江汉考古》，1985年第1期。

后顾可助益前瞻

再想“尼雅考古”与“精绝文明”

20世纪帷幕初揭，尼雅即与现代考古结缘。当之无愧，在新疆地区，它是考古工作做得比较多、收获比较丰富，为国内外历史、考古界关注，且至今仍在引发思考、学人力求可以获得精神养分的一处遗址，具有如是长远生命力的考古遗存，其实是并不多的。

1901年，斯坦因进入尼雅，至1931年，他在这里先后考察、发掘过4次，获取文物不少。尤其是他重点关注、追求的佉卢文简牍，到手数量近千，在学界，尤其英国、印度，产生的影响，不可小视。

受政治、经济形势制约，中国学者虽心怀浓烈愿望，但实际得以步入尼雅沙漠，时间是相当晚的。尼雅废墟，生动、具体显示着中原王朝开拓、建设西域大地的顽强努力，完好保存着太多丝路的景物，绝难忘怀。1959年，对中国人民，其实还是存在诸多困难的岁月，李遇春先生，不畏艰难，步行、驼行、牛车运，硬是领着刚刚迈入考古门槛的新疆博物馆筹备组青年人，进入了尼雅沙漠之中，并寻得、发掘了一座东汉王朝后期的贵族墓，将保存完好的大量丝绸衣物，安全运回到乌鲁木齐，呈现在世人眼前。这极大轰动过当年中国历史文化界，又一次唤起了中国学人对精绝文明相当复杂的记忆，既有对丝绸之路的关心，更有厚重的相关绿洲变沙漠的深层思考。

新疆文物考古界，再一次较深地介入尼雅，已在20世纪八九十年代。1991年，笔者受命，参与中日尼雅合作考古，进入尼雅。吸收已经收获的尼雅考古养分，曾经反复、深层思考，应该，也必须抓住这难得的机遇，摸清楚这片绿洲最早的人群，他们从何时、何处进入这片地区？又在什么时候、因为什么离开这里，走向了何方？由此可进一步探求：尼雅河谷绿洲上，精绝故国的兴起、衰废；从考古遗存出发，认识人类活动与社会、环境等诸多方面发生过的关联。

初入尼雅，当年曾大刀阔斧，除我们新疆考古人外，还邀约了不同专业、实际相关的研究者——古代语言、佛学、地理（水文、历史）、古建筑，以至遥感，及不属新疆但同样关心尼雅的考古人，一道步入尼雅沙漠之中。这曾导致质疑，但却未惧非议。这一课题，在我主持相关业务前，已展开有年。初始的组织者、参与者，新邀约的各科学者，专业有别，切入角度、分析手段，诸多差异，甚至会产生意料不及的问题，出现未必和谐的前景。但坚信一点，任何可能的问题，应该都是可以理解，也都有发生、存在之理由。因此，最后都有可能在工作过程中，获得解决。唯一遗憾处，是相关项目并未能如自己预想一步步展开，而是戛然停止在了1997年。自己，自1991年至1996年，每年一个月在遗址中工作。时间不算太短，留下了不少未及完成的夙愿，但收获还是丰硕的。退休后，离开新疆田野考古舞台，与曾经魂梦萦绕的精绝文明研究，自然慢慢渐行渐远。

这次再想尼雅考古、思考精绝文明，确实，是因为单月英教授的好意。近年，她认真关注、研究古代和田大地的历史文化，嘱我就尼雅考古说说可能有的“新”得。盛情难却，细想，也多少有点似还值得一说的感悟。遂匆匆书之于后，期求正于关注新疆，特别是和田、尼雅的各方友人。

一　精绝绿洲兴废一例

孤悬沙漠深处，自公元前 2 世纪更前，至公元 4 世纪以后，前后总有 600 年左右，曾满溢生命欢乐的尼雅绿洲，经历初兴、兴旺、没落过程，化为了今天的一片死寂。它的起落、沉浮，厚积其中的人类活动，与周邻世界、丝绸之路、环境变化的关系，是具有永恒意义的历史研究课题。

尼雅河，西距克里雅河、东距安迪尔河，空间距离，均有 100 公里左右，其间为沙漠。因此，依存于尼雅河的尼雅绿洲，实为一个相对独立的地理单元。

有水，会出现自然绿洲；人类步入，自然绿洲成为人工绿洲；人工绿洲，因为人类活动，最后化为没有生命的荒漠，这是绿洲运动的规律。其中关键因素，既在于水，也在于人。

本着这一认识，笔者进入尼雅，第一件核心要务，是要摸清尼雅河全流域内的人类遗存，大概认识其早晚变化轨迹。

尼雅河水系内，去今 1 万年前后，始见人类遗存。足迹见于尼雅河出昆仑山口的乌鲁克萨依，与它相去约 15 公里的纳格日哈纳，发现人工打制石片、细石核、细石叶。

尼雅河突出昆仑山口，河谷深切 30 米以上，傍近山前地带，不见人工遗迹、遗物。

再见人类遗物，已在尼雅河下行近 200 公里的尾闾地段。

石油物探部门水文地质工作者王玉等人，在尼雅河故道河滩，E82°48′，N38°21′ 地带，进行水文调查时，发现了 13 处有人类遗存物的遗址点，采集到马鞍形磨谷器、碎陶片、石球、骨珠、小件青铜刀等（笔者目验过相关遗物），遗迹近处，可见到一段长约 20 米的人工土墙。据此分析，遗物主人当已进入青铜时代，有了早期农业，绝对年代不会晚于去今 4000 年前后。

我们实际调查，距现在考古工作的汉晋尼雅精绝废墟以北约 43 公里左右，处尼雅河故道河滩，发现筒形陶罐、石刀、小铜刀、羊骨。尤其是一处面积达数十平方米、厚达25厘米左右的羊粪堆积，显示了原始农业、畜养羊群。这与上引王玉等水文工作者报道的青铜时代遗存，相去不算远。

遗址、遗物不能算多。据已获资料可以引申：尼雅河水系居民，最早活动在尼雅河最上游，后逐渐循河下行，青铜时代，已驻息在尼雅河尾闾地段，有了早期农业。尾闾地带，无深沟引水之难，有漫滩用水之便，是原始农业生产的合适地带。

尼雅河居民，先顺水而下，复逆水而上，关键在水。尼雅河水量不大，据水文部门统计，源自吕什塔格冰川融水、年流量只1.8亿方；加上吸纳河谷泉水，河水总量年约2亿方。这2亿方水，大概是恒量。它要满足水系内居民、畜养的家畜、野生动植物、种植的小麦、园艺水果……一切需水维持生命的生物之需。这里的生物，是时在发展的变量。人口会增加、耕地会扩大，作物种植灌浆时段，用水量要比平时大增。这会打破平日的平衡，而形成供水可能与用水需求间的矛盾。已获佉卢文资料中，常见“无水”“耕地内无水”“已变成无水”“被强行断水”“必须供水”的文字；居民用水要交“水费”，均为干旱内陆、沙漠绿洲上，随社会进步、生产发展而难以避免、难以解决的水需求问题。丢弃原在绿洲，向河流上游行进，是解决矛盾的途径。在人口还相对较少、总水量可以满足需求的形势下，不失为一种合理方式，这就形成居民离开原居绿洲，走上另一处可开拓的自然绿洲，构建新家园的格局，完成了一次绿洲兴废的过程。

具体分析尼雅精绝绿洲之废弃，除正常所见的涉水之矛盾外，还有这几年尼雅考古中，清晰见到的社会冲突存在。1.新见的精绝新城，本是精绝国人为应对突然暴发的社会动乱，临时避难的处所，有泥筑的圆形土城垣深藏在胡杨林中；城内无居住建筑，但有足够的临时休憩空间；有木构城门，可以关闭。但我们调查清理后发现，城门被烧毁，火烧痕迹清晰遗留，城垣南门守卫的木屋中，插有一片佉卢文木简，为东汉后、晋时段之遗物。城垣断残，已是不完整围垣。2.1995年发现清理的精绝王陵，精绝老王明显死于战斗中（颈部、股骨均见刀砍痕），精绝王子遭遇亡国之难，信息清楚。3. 笔者曾在精绝王廷之 N14 前面河滩上进行踏查。有一个现象，即站身所处两平方米内，往往可以发现、采获汉式三棱形青铜镞三五件[1]，可见曾经出现过箭雨纷飞的场面。精绝故址居民撤离，多有匆匆他走、仍要返回的痕迹。这是考古发现说明而文献难觅的遗存现象，为一处绿洲废弃，提供了又一种不能无视的社会剧变景象。

绿洲兴废、起落，可能有多种原因，平常的涉水与社会冲突的交集，是足以置一处沙漠绿洲进入毁灭状态的。

沙漠绿洲中，社会发展多导致人水矛盾，是常态性存在，这在古代社会中，是很难解决的问题。总水量与可以滋养的人类群体，没有一个总体的、科学的统计数据，由此产生的比较切实可行的管理，需要强大的组织管理制度，有强大集中的权力，否则难以解决协调、平衡、科学使用水资源这一难题。

沙漠绿洲，起落变化既在水又在人。只有将一条水、全水系的所有人、所有经济生产因素，置于一个有力的管理系统下，平衡各种需要，合理调配，合理使用，才有可能使相关水域、全水系内所有人与相关经济活动项目，在一个合理、科学的轨道上运作，才有望迎来整个水系、绿洲生命的春天。这是尼雅考古可以提供给我们的初步启示。

二　安辑精绝

公元前 60 年，西汉王朝在新疆大地设置西域都护。自此，“西域服从”，入汉王朝版图。

当年，西汉王朝赋予西域都护的使命是：“都护督察乌孙、康居诸

1　王炳华：《尼雅考古百年》，《西域考古历史论集》，第 492 页。

外国，动静有变以闻。可安辑，安辑之；可击，击之。”西域都护治下，自然环境、居民、经济生活，彼此判然有别。尤其自公元前 176 年，匈奴（长时期内是汉王朝对手）统治西域，至当时已 100 多年，影响不可低估。都护，自然也必须根据形势，采取不同的“安辑”“战争”策略，手段不同，但核心是汉王朝的政治稳定，这一点并无差异。

两个实例。楼兰始终亲附匈奴，曾“数遮杀汉使”，破坏西汉王朝西向战略。终被傅介子“斩（楼兰王）尝（安）归首”，且“驰传诣阙，悬首北阙下”示众，此为“击之”一例。

活动舞台在尼雅绿洲的精绝王国，则是“安辑”政策的典型。出土相关考古资料尚且零散，无法架构全局。姑以已获有限文物为据，稍予展开。

（一）实施屯田

1959 年，在尼雅故址中，曾获炭精质“司禾府印”一枚（图 17.1）。“司禾府”，文献失录。但顾名思义，当是与屯田相关的机构，表明在精绝，中原王朝也曾经有过屯田之举。而揆诸历史实际，在“丝路南道”为交通主体的汉代，从后勤供应角度分析，择地屯田，实在也是势在必行之举。

图 17.1　司禾府印，1959 年尼雅遗址采集

精绝故国所在的尼雅废墟，深处沙漠之中。距今天的民丰县，直线距离在 120 公里以上。故址依尼雅河谷南北铺展，最长约 25 公里，东西宽约 3—7 公里。整个面积 100 多平方公里。因处在汉代尼雅河尾闾地段，水流还是比较丰沛的。农业及附属于农业的家庭饲养、园艺，是精绝王国的基础产业。这样一个小绿洲，汉代时居民仅有 480 户 3360 人。实际也就是一个不大的村寨。但因为地居于吐火罗故国安迪尔与扜弥（今于田）之间，不论缘丝路南道

东走，还是西行，沙漠途程均有100多公里，以骆驼来去，得行一周左右。因此，不论自故吐火罗绿洲西走，还是从打弥东行，至精绝，人、畜都必须补充水、草秣、粮食给养，稍事休息，恢复精力。丝路“南道”作为主要交通路线，“驰命走驿”“商胡贩客”不绝于途，驿导、粮秣供应，对精绝城邦是一个不堪其重的负担。这一客观形势，加之尼雅河尾闾地带，也不乏可供新屯之地，在这里设“司禾府”，堪谓既有可能，也有需要。而设“司禾府”，组织屯田，可以免除对精绝王国新增税赋。精绝可得“丝路”开通，自然带来的利益，而不必负责难以承受的负担。汉之安辑精神，此乃首要一端。

（二）大力推行汉文化

作为汉王朝主体居民使用之汉字，是承载、宣示汉王朝制度、法令、文化之工具。王朝属下，各民族学习、使用汉字，是形成国家共同体意识、观念之首要一环。西汉王朝统一西域后，曾大力推行汉文化、汉文字学习。

精绝王廷故址（编号为N14）出土了学习汉字的入门读本“仓颉篇”木简。在同一遗址内，还发现过王室高层们彼此应酬、礼赠的汉文木简8枚，隶书精妙。其他如经行精绝、东西行进的“过所”，中原王朝罗捕罪犯的敕文，为宴请、会见丝路来去要员时安排座次的礼宾性简文，买卖粮食的档案记录等，全都使用着汉文。清楚说明：自汉迄晋，汉文字，已是精绝社会生活中主要的文字工具。汉文，是精绝绿洲内，首先使用过的文字；在公元3世纪，佉卢文进入后，汉文字仍在精绝社会中继续通行，作用不可轻估。

（三）和亲

在以男权为中心的古代社会，异族政权间，最高统治层展开的“和亲”，曾是架构、交流彼此思想文化的渠道；而且可以用不露形迹、双方也都乐见的方式展开物质、精神层面的交流，助益、增进彼此的感情。

两汉王朝，与北方匈奴、西域乌孙，曾广行和亲。但与精绝这样小小的沙漠绿洲城邦的“和亲”，则未见史著。1995年发现、发掘精绝王陵时，覆盖在精绝王夫妇身上的全新锦被，斑斓纹锦中，“王侯合昏千秋万岁宜子孙”的汉隶文字，清楚表明，汉廷与精绝“和亲”，曾经也在沙漠深处的绿洲上轻柔展开，而且有过十分美好的收获。

在“和亲”大旗下，具体的物质、精神文明交流，文献少见记录。只是偶尔，会在行文难避时，稍予提及。《汉书·西域传》曾述及解忧公主之女、作为乌孙公主的弟史，在龟兹王子绛宾苦苦追求下，终获汉朝王廷的支持，喜结良缘的故事。因为它是乌孙、龟兹、汉王朝都乐见的好事。汉王朝曾因此“赐以车骑旗鼓歌吹数十人，绮罗杂缯琦珍凡数千万”，气派非常。东汉与精绝王廷间，曾经展开过的“和亲”，曾有怎样规模的礼赠，未见过文字记录，但在精绝王棺柩被打开的瞬间，充溢棺木内的丝锦绢绮，有幸得见者，确也无不惊其华贵，叹为观止！经过整理，发现男女主人共着锦、绢、绮类丝织物 31 件。当年堪与黄金等价的锦质袍、衫、裤等，达 17 件。观察这 17 件锦质衣物，使用了 11 种不同色彩、花纹、组织密度的锦料。在 14 件用绢的绸质衣服中，有不同色彩的绢绸 23 种，男主人贴身穿着的丝绮，柔软、厚实。说其华美空前，是一点也不夸张的。

除大量丝绸衣物外，黑漆奁盒、仍光可鉴人的铜镜、串成山形的珍珠耳饰、勾花丝履等，即使在当年的长安，不谈穿着使用，只是一睹其风采，也不是很容易的事。这类居一流的物品，经万里长途，出现在塔克拉玛干沙漠深处的精绝绿洲，曾经带给人们的惊艳、仰慕，种种无法形之于笔端的观止之情，是怎么想象也不过分的。自然，不止于固守沙漠中的精绝人，丝路上过往的使节、商旅，激起过怎样的精神波澜，进而引发的膜拜、敬慕、追求之情，肯定也是难以形容的。汉王朝在这类看似平常、实为精心设计的和亲节目中，曾经收获的社会效应，自然更是难以估价的。

通过“和亲”，中原、沙漠绿洲间不断地人来人往。中原大地和遥远沙漠中，初看陌生，但又可视、可触、可具体感受的社会生活、文化心态，也就悄无生息地，虽缓慢，但毕竟在日见行进之中，彼此渗透、产生影响。于是，我们就在沙漠绿洲上看到了右衽的服装、食具中有了木筷（贵族生活中，还见到精致的漆筷）、男女不共用的“椸枷”（衣物架）；传统的一肘长（佉卢文称 hasta）外，也有了以汉尺（23.5 厘米为一尺）为计量单位的建筑、用物，如作为贵族府邸的 N13 号遗址，它的建筑面积就是 300 尺 ×200 尺，精绝王棺是 10 尺 ×4 尺 ×4 尺，相当规整；当地通行的钱币，不仅用了汉字，而且标明了“铢”值。尤其可以响应一笔的：在精绝王陵内出土的精绝王子身边的椸枷上，赫然挂着的就是“五星出东方利中国”锦护膊。王子生前确有戴着这一护膊奔向战场，为“中国”效力的宏愿。这自然、生动说明，僻处沙漠深处的精绝，已视“中国”为家，视“汉”与“精绝”为命运共同体了！这是长达数百年岁月中，逐渐养育成的同一家国情怀，在它漫长的铸冶工程中，“安辑”政策，自然是有过一段不可小视之奉献的。

（四）接受中原王朝的礼仪规制

随着汉文字的传入，汉王朝尊奉的礼制，也同样受到精绝王室贵胄的崇奉，这是文化领域的一种变化，值得重视。

袍服右衽，适应沙漠地区的特点。尼雅遗址出土的服饰极具土著特点：如包覆头部、耳翼深长的尖顶帽，束颈、小袖、套头的上衣，颈部高领、有三对或三对以上的衣带互相交系，可防沙土侵入的对襟、束腰长袍，既左衽，也右衽内衣等。但在 1995 年发掘的精绝王陵，[1] 保存完好的精绝王夫妇的服饰，却明显为右衽深衣、右衽上衣、右衽长袍。从严重磨损痕迹观察，多为平日长期使用的衣物。这右衽的锦袍、深衣等，明显是接受了中原汉王朝服制的影响，是对传统服饰的一种变革。

男女不同椸。男女衣物，不能同置于一架，这是中原汉王朝尊奉的礼制，体现着男女有别、男尊女卑的精神。这在《礼记·内则》中有明确的规定：“男女不同椸枷，不敢悬于夫之椸，不敢藏于夫之箧笥。”[2]

1　王炳华：《95 尼雅一号墓地三号墓发掘报告》，《新疆文物》，1999 年第 2 期。
2　《礼记·内则第十二》。

精绝故址内已经出土的贵族墓，均夫妇合葬，男女主人之衣物等，均分别挂附在男女主人身旁不同的木杈上。这“丫”形木杈根部尖锐，可随处楔插在地。平日插在土室中，可作为衣物之架。入葬后，这种简易衣架，随殉入棺。男女身侧，最重要的就是这一木杈，男女主人不同随葬衣物，几乎都悬挂在这杈形木架上。木杈，是尼雅本地的造型；功能，则是衣物架，是与中原椸同一类型器物。而男女衣物，置于不同木杈之上，则明显是汉代礼制中男女有别精神的生动体现。[1]

葬制。尼雅遗址，曾发现过一批早期墓葬，土葬、殉陶器等物，但保存不好。保存稍好的精绝土著居民墓葬，多为胡杨木掏空而成的“船”形棺，和衣入殓。或有一件日用器皿入殉。这与精绝王国上层贵族使用长方形木棺，棺外有象征木椁的矩形木“栏”（大小规模视木棺而定，总是较木棺稍大一点）有关。入葬的男女主人，均覆面衣，头枕鸡形枕，盛妆盖被，多层衣服，务求豪奢。面盖覆锦质面衣这一习俗，明显是袭用《仪礼·士丧礼》中规定的“布巾”[2]制度的表现。[3]这是尼雅绿洲土著居民从来不见的，是精绝上层集团接受汉王朝礼制的有力证明。

饮食制度。大量考古资料表明，两汉以前，包括两汉时期，西域大地的游牧行国、绿洲城邦居国，很普遍的现象之一是以木盆、陶钵盛羊肉，羊肉旁边或插在羊排上的是一柄小铜刀、小铁刀。粮食制品则是烤饼、蒸饭，饭食置于陶、木盆、碗中。而到汉代，在楼兰、精绝，斯坦因、李遇春均发现了木筷。[4]斯坦因所见木筷，出土于他所编号的NX遗址，李遇春所见则是在另一房址之中，这表现当年尼雅遗址中，筷子并不少见。用木筷进食，明显受到了中原文化的影响。

1　王炳华：《桴椸考——兼论汉代礼制在西域》，《西域研究》，1997年第2期。本书也有收录。

2　《仪礼·士丧礼第十二》。

3　武伯纶：《关于复面》，《文物》，1961年第1期；王炳华：《复面、眼罩及其他》，《文物》，1962年第7—8期。

4　斯坦因：《古代和田》，NX出土物，《尼雅考古资料》（内部刊物），第62页，新疆社会科学院，1988年；李遇春：《尼雅遗址和东汉合葬墓》，《尼雅考古资料》，第28页。

（五）度量衡制度的变化

两汉时期，沿昆仑山西走的“丝绸之路”南道，是自黄河流域进入西、南亚洲的主要交通干线，是汉王朝重点经营的地区。呼应着丝路商贸活动的开展，在度量衡制度方面有怎样的发展，是我们关注的问题。文献中未有记录。20 世纪初，大家都注意到在于阗、鄯善王国境内通行的汉佉二体钱，是一种打制的铜币。除标示佉卢文外，钱体上还用汉文标明重“六铢”“二十四铢”。这样，汉佉二体钱可以与中原通行的五铢钱方便地折算、交换。这是表现在货币上的衡制变革，以“铢”为重量单位，实际呼应了贸易、商品交换的要求。作为丝路南道上的精绝，在这一背景下，会有怎样的改变，在尼雅考古期间，我们曾有意识进行探求，方法是具体测量一些重要遗迹，如 N2、佛塔、N13、精绝王陵中的棺木等，分析其遵循的度制。佛塔东侧的 N2，在尼雅遗址中部，是一组环绕一处广场呈环形分布的居址，现存房址 19 处。在这组遗存东、南，可以观察到 5 段以圆弧形展开的土墙。土墙用块状、不规则淤泥垒成，东边最长一段，长不足百米、基宽 4 米多、顶宽 2 米多、残高可达 8 米，似为土城残留；北、西边为沙土覆盖。虑及它不同寻常的地位，又傍近尼雅标志性建筑物——佛塔，故曾经详细测量这区遗址中的一号、八号、十三号、十九号房址。对其旁侧佛塔，可能与精绝后期王宫存在密切关联的第十三号建筑，精绝王陵中的棺木等，同样进行了精细测量。结果发现一个有趣的现象：在精绝，两种长度单位并行。如 N2 遗址中的多处房址、佛塔台基的高度，都可以与精绝传统的度制 hasta 相对应，成为一个整数；第十三号房址及精绝王墓（95MNM3）的棺木，以 hasta 度量，完全无序，若以东汉尺（以每尺为 23.5 cm 计）为单位换算，则是规整的数据。如十三号房址，建筑范围是 200 汉尺 ×300 汉尺；精绝王墓棺木，则是 10 汉尺 ×4 汉尺 ×4 汉尺。[1] 这说明，第十三号建筑及王墓棺木都是依据汉制，是以东汉的尺度为单位进行设计、加工的。这

1 《中日日中共同尼雅遗迹学术调查报告书（第二卷）》，第 215—222 页。

清楚表明，至东汉后期，汉尺也是精绝王国内使用的度制之一。

精绝，是丝路南道上居于沙漠深处的弹丸小村，人口虽只区区数千，但除土著成分外，这里还有“于阗人”“山地人”，偶尔前来的“汉人”；分析一些居民名字的佉卢语语音，有吐火罗语的特征；[1]文字，又使用着汉文、佉卢文，呈现着相当复杂的面貌。这在西域具有典型性。两汉王朝实践证明，“安辑”政策在这里取得了成功。终两汉之世，晚至魏晋，不论作为尼雅绿洲上的精绝王国，或沦为鄯善王国境内的一个州，它都与中原大地保持相当密切的关系。甘肃悬泉置出土的汉简，不少表现了汉代西域进入中原的情况，其中，精绝所占比重非小。足以显示当年精绝与中原王朝关系相当紧密。

两汉王朝持续努力进行安辑，终于收获了西域各城邦“思汉威德，咸乐内附”。在政治上，取得了可以稳定统治的思想基础，这是任何兵威所不能比拟的成功。在这一相当长的历史时段中，有过因为汉王朝政治、军事力量不济，有效统治中断的时期，但总体形势没有因为这种失落而逆转，“安辑”政策的影响，不可轻估。

还应看到，“安辑”政策实施的过程，也是两汉王朝占统治地位的文化在相关地域拓展其影响的过程。“安辑”政策实施之处，可以同时看到中原文明在同一地域的点点浸润、渗透，以至逐渐生根、发芽，生长出华夏文明的新枝。精绝，茫茫沙漠中的小绿洲，算得一个典型。公元前 2 世纪初，因种族、民族殊异，语言不通，文化不同，不可避免会出现种种排异心理，经过几个世纪的努力，变成心向汉王朝，这实在是精神文化领域巨大的成功。

剖析精绝各方面的变化，在边疆史、少数民族史研究中，也可以得到方法上的启迪：一定要十分努力地深化细化对考古资料的分析，不能放掉任何一个可以剖析的细节。一百年尼雅考古，涉足尼雅的中外考古

1　韩森：《尼雅学研究的启示》，《汉唐之间文化艺术的互助与交流》，第 278 页，文物出版社，2001 年。

学者实在不能算少，都曾在房址、佛塔中徘徊、凭吊。但真正不计风沙寒冷，一点点测量、分析它们的长度、高度，探求背后的度制，还真少见。要在看似平常处寻觅求新的精神，这不仅要求知识、理论的储备，也要求严谨、认真的态度，如是面对西域大地上丰富的历史遗存，分析任何一处不同的细节，在西域史研究、少数民族史研究中，肯定有望呈现新的光明。

三　尼雅考古，一盘没有终局的“棋”

尼雅考古，不仅在新疆、中国，乃至在国际中亚研究界，也依然是人们普遍关注的存在。

斯坦因的 4 次尼雅行，中日合作、持续有年的尼雅考古工程，取得过不少可以一说的收获，但也留下了值得进一步思考的诸多问题。

史籍既有载，仍赫然保存在沙漠深处的精绝绿洲，是人们可以认识人类活动与沙漠环境变迁内在关系的好课堂；是了解、研究亚欧大陆曾经展开过的物质、精神文明交流的舞台；是历经数说不尽的磨难，至今还幸存在塔克拉玛干沙漠中，人人可以涉足、目验、进一步思考的遗存，这比任何历史著述都要朴素、实在，人们可以从中吸取的营养很广、很深……因此，不是虚夸：在和田，在民丰，它可以算得上是最富物质、精神文明的历史存在，是难以计量其价值的一处文化矿藏。处置得当、工作到位，它会成为今天尼雅人的骄傲，成为尼雅人可以奉献给祖国、奉献给社会的瑰宝。

通过已经完成的尼雅考古，无法尽说的物质文明、精神文明，人们不仅可以看到沙漠绿洲中不断增进的中原色彩，而与之交相辉映，也可以看到古波斯风毛织地毯，犍陀罗艺术特色的蜡染棉布，中原大地当年还无从见的高腿、雕花木椅，以及吸引过无数人眼球、不知其制作奥秘的蜻蜓眼玻璃珠，来自远方海洋的珊瑚枝……小小一百多平方公里的沙漠绿洲，随东行西走的各方来客，呈现、打开了一个完全超乎人们想象的神奇世界，也激发了绿洲居民跨出沙漠、投入另一个空间的勇气。无声的“丝绸之路”，确实慢慢地将身处不同空间的人类实体，联系在了一起，于是，曾经陌生的世界，可以携手前行。

只是这些数说得清的、曾步入精绝绿洲的亚欧物质、精神文明，自然并不止于上列点滴：认真关注沙尘掩覆下的尼雅大地，它还呈现过更多的遗存现象，引发着难以说尽的悬念，值得我们进一步工作、答疑解惑，为勾画完整、清晰的精绝文明，奉献绵薄之力。

我们注意过横跨在尼雅河上的大木桥（图 17.2）。桥，是联通道路的梁。这东西走向的桥，曾帮助人们跨过尼雅河上滔滔的激流，走向东邻的安迪尔绿洲。这一沙漠路途中，有没有驿传、腰站？在漫长的精绝—安迪尔沙漠碛路中，沿途粮、水如何补充？沙海中如何辨向？还有太多的问题，值得探讨。

就在尼雅河大桥东岸的土坡上，还留存着一条沟通过南北、宽可

图 17.2　尼雅河上的大木桥遗址

40 厘米的水渠遗迹。今天，它满积沙尘；当年，却是清水荡波，滋养过农田、牲畜、果园，承载过精绝人无限的希望与期求。它源在何处、尾在何方？太需要剖析清楚，以助益认识 2000 年前，干旱绿洲中这生命之流，曾如何缓解用水、争水的矛盾，认识精绝人民面对沙漠缺水时的聪明智慧。

今天，被视为精绝绿洲标志性遗存的，是遗址南部的一座高近 10 米的土建佛塔。土塔易见，但人们往往忽视，土塔背后（还有）两区高耸的红柳沙包。仔细探察，沙包下，还可以看见建筑木梁的端头；沙包周围也可觅得古代桑树枝干。如果将这两区沙包轻轻、慢慢移开，当有可能觅见一处古代寺院的遗存？对汉代尼雅佛教会多一层具体的认知！而这，也会是任何佛教文献至今未见的新景，在思想文化史上的价值，难以估量。

在斯坦因编号为 N2 的遗址群周围，我们已经揭露了围绕一处广场布列的 19 区建筑遗存。木构居室外，有果树、葡萄园荫蔽。但展眼四望，在拱围着这处遗址的周边，明显存在断续展布的人工土垣。东、南面，已见 5 段，北面，却在沙包覆盖之中。这沙包下面，如果仍可以觅得相应土垣，则不仅可以呼应《汉书》中精绝国“有城”的记录，也可助益于细致认识精绝绿洲 600 年中政治中心的发展、变化轨迹，从而理清笼罩在精绝城邦头上不少的乱云。

《汉书·西域传》，说精绝城邦有居民 480 户、3360 人，十分具体，引自文档，自然也会准确。斯坦因在遗址区内工作四次，登录在册的显目遗迹只有区区 40 处；我们的尼雅工作，跨越十年，登录在册的遗迹有 150 处。这两组数字，与汉代文档中说精绝有居民 480 户，差异还是不小的。笔者有幸前后六年，每年一个月左右，跋涉在尼雅废墟之中，曾注意到一个现象：确有废墟可能已掩盖在了红柳沙包之下。证据之一，是一些大型沙包上，可以看到有木构部件稍露在外。这类情况目前虽不是见得太多，但它们揭示了一种可能，一种值得关注、探寻的方向。

斯坦因对尼雅，曾寄托过不可低估的感情。他有一句话，也说得很正确，即称尼雅是“东方庞贝”。坐落在地中海近边、维苏威火山下的庞贝城，突然间埋覆在了厚厚的火山灰下。意大利的考古人，锲而不舍，辛辛苦苦，持续百年，终于清除了厚积城中的火山灰，让现代人一点点看到了当年这座希腊小城市井生活的真面目，引发无法尽说的历史之思、火山灾难之想。尼雅城邦废毁前，城邦主人连身边的文档都来不及打开就匆匆离开；面对突发的灾难，他们曾坚信，这不得不离开的悲剧，不过是短暂的乌云；绝没有想到却是一别无回。留下的屋舍、畜厩、粮食、炉灶、待拆的书信、挂在墙上的三弦琴、放在地上的捕鼠夹……都还一仍其旧。那是公元 4 世纪前后精绝居民日常生活的实况，如果用对待庞贝遗迹的办法去处理，就可以在沙漠中，完好保存一处古代城邦瞬间凝固的场景，它的历史文化价值，可谓当然的“东方庞贝”。但尼雅没有庞贝那样幸运，它散落在古城邦各处的文物，终是被带到了伦敦、新德里；自然也有一部分现收存在乌鲁木齐。而文物离开了它原来的地点、环境，它的历史价值，任你付出怎样的努力，也是不能与留在当地、当处相比拟的。

但是，什么事情应该怎样做才是最好？想清楚，随即动手，就不能算晚。我曾经有过一个畅想：如果在高层领导部门的首肯、支持下，交由和田、民丰文物主管部门组织、管理，请有专业素养的专家、学者志愿参与，与地方培养的、具发掘知识，有浓烈爱国爱乡感情的年轻人一起，动手发掘，有计划地展开进一步的尼雅考古，慢慢做，一年一年、踏踏实实向前走，做完一个遗址点，随即保护好一个遗址点；文物、相关遗迹，就留在出土的遗址内……这一工程，不必急于完成。积以年月，实现一个目标。人们再希望了解尼雅沙漠中的精绝文明，不必去伦敦、新德里或乌鲁木齐；最好的选择，是进入民丰、走向尼雅。能如是展开，最重要的意义，是将看似与自己距离遥远的文物保护事业，化为与自身物质、精神文化利益息息相关的存在，从而激发起难以估量的积极性，使尼雅遗址的保护，可以步入一个新的境界。这该是和田、民丰人民，给人类奉献的最大、最好的珍贵礼物。要努力做这件事，好像并无不可克服之困难。

在退休前的几年，我曾认真设计、主持过尼雅的考古工作，计划不少，唯知音难觅。离开新疆考古舞台，二十多年中，走过国内外不少大学讲坛，交流、切磋的课题，涉及较多的就有“尼雅考古与精绝文明”。年事渐高，已再无体力步入精绝王国之境。但梦中烟云，却不时还会笼罩在踯躅于尼雅沙漠的步履之中。老言无忌，思之所至，草成小文，奉呈于月英教授及和田地区文物考古领域曾经共同努力过的战友们，相信尼雅考古、精绝文明的春天，终会在我们的奋斗中到来！

2021 年 3 月 1 日草于上海青浦淀山湖畔

辑　三

从新疆考古看丝绸之路的
开拓、变化、奉献

引　言

“丝绸之路”是受到国际学术界高度关注的研究课题，当之无愧地关联着全人类共同的精神文化遗产。深入剖析丝绸之路的历史，感受不同种族、民族、国家之间，你中有我，我中有你的文化故实，无疑会有助于建设一个健康的、和谐的、文明的人类新世界。

俯视欧亚大陆，地中海周围（包括北非之古埃及文明）、印度、中国，是人类文明发育最早、曾取得最辉煌成果的几个地区。而受所在地区自然地理条件的制约、社会条件的影响，它们的经济、文化，古老文明的方方面面，各具特色，并不相同。这种经济、文化的差异，文明色彩的不同，使得这些异质文明间的交流成为一种需要。而地域毗连，又使得它们间的交流成为可能。既有需要，又有可能，这些异质文化间彼此的联系，是发生得很早的。在人类开始使用文字、出现国家、步入文明之前，它们之间的交往、联系已经存在。从这一角度观察，欧亚大陆上古代几个重要文明中心间的交通联系，其时代、路线是远早于德国的李希霍芬（Ferdinand von Richthofen，1833—1905）在其《中国》（*Chine:*

Ergebnisse eigener Reisen und darauf gegründeter Studien）[1]、德国的艾伯特·赫尔曼（Albert Herrmann，1886—1945）在其《中国和叙利亚之间的古代丝绸之路》（*Die alten Seidenstrassen zwischen China und Syrien：Beitrage zur alten geographie Asiens*）[2]这些著述中提出的“丝绸之路”这一概念的。而其实质，与现在大家习称的“丝绸之路”，自然并不存在本质的差异。

在欧亚大陆古代文明中心彼此交通的过程中，新疆大地居于十分重要的地位。

位居帕米尔东麓的新疆，四周高山环绕，境内戈壁、沙漠纵横，所在多是难以逾越的交通阻碍。但它既处欧亚大陆人们交往联系的中心，自然也就成了古代印度、伊朗、希腊罗马文明与黄河流域华夏文明之间交往联系无法取代的枢纽，成为丝绸之路沙漠道、草原道上的关键地段。

又因为新疆大地气候特别干燥，地上地下的遗址遗物保存特别完好，林林总总的文化遗迹，数说不清的各类出土文物，结合历史文献，分析丝绸之路新疆段的开拓、路线变迁、在这条欧亚交通大动脉上曾经展开过的经济文化交流，无不可以得到远较文献记录为富的历史结论。因此，丝绸之路新疆段，在丝绸之路研究中，具有非同一般的地位。

1　1877年，李希霍芬在其名著《中国》中，首次提出了“丝绸之路”概念，意指汉代黄河流域与两河流域、中国与印度之间的交通路线，丝绸贸易为其重要内容。Ferdinand von Richthofen，*China：Ergebnisse eigener Reisen und darauf gegründeter Studien*，Berlin：Reimer，1877—1911.

2　1910年，艾伯特·赫尔曼在其《中国和叙利亚之间的古代丝绸之路》中强调：“丝绸之路”的概念，应该延伸为中国与西亚、叙利亚之间的交通路线。Albert Herrmann，*Die alten Seidenstrassen zwischen China und Syrien：Beitrage zur alten geographie Asiens*，Berlin：Weidmann，1910.

汉代以前的欧亚内陆交通

根据文献，人们往往将公元前2世纪汉王朝使者张骞（？—前114）通西域，作为“丝路”开拓的标志。

但是从考古资料看，欧亚大陆上东西方的交通，实际要远较公元前2世纪为早。

从目前已掌握的资料，可肯定，当年新疆大地在沟通地中海周围与亚洲东部地区的联系中，居于重要的、中心的地位。

申述这一概念，我们首先以已经有过比较深入工作、时代比较明确的罗布淖尔地区孔雀河流域的青铜时代考古遗存为例。孔雀河流域青铜时代考古文化遗存，目前主要见于古墓沟、小河这两处墓地，在墓地每个死者随身的草篓中，都见到小麦籽粒。说明这时在罗布淖尔荒原上，小麦已经成为人们日常生活中最主要的食品之一。这表明此时已非小麦栽培的最初阶段，小麦种植在这里已经历一个过程。而关于小麦，普遍被认同的一个学术结论是：它的原产地是在西亚两河流域的美索不达米亚地区。早到距今一万年前，人工栽植的小麦已经培育出来了，后来慢慢扩散到欧亚广大地区。[1]而孔雀河流域的青铜时代遗存，大量 ^{14}C 测定数据表明，其绝对年代可早到距今四千年前后。[2]

同样还是以孔雀河流域小河墓地为例，1930 年瑞典考古学者贝格曼在调查、发掘小河五号墓地时，在沙丘地表曾采集到贝珠五百多颗，标本携归斯德哥尔摩后，曾请瑞典自然历史博物馆无脊椎部的 R. 伯根海恩博士分析、鉴定，结论是：这类贝珠的材料是海菊蛤属的海生动物，可能是面蛤（Sowerby）。而这种面蛤，其产地仅见于东亚海岸。根据这一资料及分析，可以引申的逻辑结论只能是：在距今近四千年前，产自我国东部沿海、直线距差在 3000 公里以外的面蛤，已经辗转到了新疆东部的罗布淖尔地区[3]。

在东部天山北麓巴里坤发掘的兰州湾子大型石构房址，建筑面积达 200 平方米。四周石墙，墙厚达 3 米。底部见柱洞，曾先后两次废毁、三次住人。最底层，也是最早有人居住的地面，存烧灰、大型圈足铜鍑、环首小铜刀、彩陶罐、双耳鼓腹红陶罐、碳化小麦粒，马、羊、鹿骨，及大型马鞍形磨石等。陶器手制。鍑通高 54 厘米。取遗址底层木炭进行年代测定，结论为距今 3285 ± 75 年，表明了该遗址最早居住活动的时间。[4]这里也有小麦粒。而那件经发掘出土的双耳圈足铜鍑，在东到蒙古高原、西至欧洲东部的广大草原地带，是多有所见的典型炊具器型文物。[5]其中透露的交通文化联系自不待言。

1　小麦源自西亚，这是国际普遍认同的一个结论。1979 年，古墓沟墓地发掘后，出土麦粒曾经当时四川农学院颜济教授鉴定：古墓沟出土小麦，既有普通小麦，也有圆锥小麦。而新疆还存在不少天然的野生节节麦。野生节节麦与圆锥小麦自然杂交，即可形成普通小麦。因此，颜济教授提出：圆颖多花类型、具有中国特色的普通小麦，可能就是这样产生的。参见王炳华：《丝绸之路考古研究》，第 189 页。

2　王炳华：《孔雀河古墓沟发掘及其初步研究》，《新疆维吾尔自治区社会科学院首届学术报告会论文选集》，第 327—350 页，新疆社会科学院学术委员会，1982 年。

3　（瑞典）贝格曼著，王安洪译：《新疆考古记》，第 91 页，新疆人民出版社，1971 年。

4　王炳华：《丝绸之路考古研究》，第 152—153 页；王炳华等：《巴里县兰州湾子三千年前石构建筑遗址》，《中国考古学年鉴 1985》，第 255—256 页，文物出版社，1985 年。

5　郭物：《青铜鍑在欧亚大陆的初传》，《欧亚学刊（第一辑）》，第 122—150 页，中华书局，1999 年；郭物：《鍑中乾坤：青铜鍑与草原文明》，第 16—83 页，上海科学出版社，2003 年。

新疆哈密五堡，发现过一处青铜时代土著居民墓地。出土文物主要为彩陶、木器、石杵、毛织物及皮革制品、小件铜器等。取墓室盖木进行 ^{14}C 测年，结论均在距今 3200 年前后[1]，与出土文物显示的时代风格一致。五堡墓地中，出土了相当数量的海贝，包括货贝，它们只能来自周邻的海洋，显示了当年新疆与周围地区实际联系的存在。

1976 年，中国社会科学院考古研究所在河南安阳地区殷墟发掘的妇好墓，出土玉器 756 件（少量残片未计），曾取其中约 300 件标本进行材质分析，结论是“大部分均系软玉。其中大部分属青玉；白玉较少；……这几种玉料大体上都是新疆玉”，特别是有两件白玉羊、鸟，肯定是和田特产脂玉。[2] 它们有力地显示了新疆，尤其是新疆和田地区的玉石，在公元前 13 世纪晚期、前 12 世纪时，已经远销黄河流域下游、河南安阳殷商王国的史实。

同一时段，在哈密地区花园乡茶迄巴勒，农民挖土时，在深 4 米的地下，发现多件青铜器。其中一件鹿首铜刀，柄端鹿首，头长，眼鼓突，耳直立，角后曲成环。柄与刀背弧曲成一线，通长达 36 厘米，柄长 13.5 厘米。与这件鹿首铜刀一道，还有环首小铜刀、銎形铜镞、砾石等。共出陶器被挖土者毁弃。这是一组很重要的具有鄂尔多斯风格的青铜器。形制相同的鹿首刀，在内蒙古、河南安阳殷墟妇好墓、河北青龙县抄道沟及陕西绥德墕头村商代遗址内都曾经发现过，在俄罗斯境内的卡拉索克文化中也有同类型兵器。流行时代，可以早到商代晚期。[3]

时代相当、值得人们关注的还有一种文物，就是最迟在春秋晚期已经进入中国，战国、秦汉时期多有所见的蜻蜓眼玻璃珠。这些玻璃珠在

1　哈密五堡出土文物，现藏新疆文物考古所。穆舜英、王明哲、王炳华：《建国以来新疆考古的主要收获》，《新疆考古三十年》，第 3 页，新疆人民出版社，1983 年；王炳华：《哈密古墓地发掘简报》，《考察与研究》第 4 辑，第 55—58 页，上海科学技术文献出版社，1984 年。测年结论，见中国社会科学院考古研究所编著：《中国考古学中碳十四年代数据集（1965—1981）》，第 152 页，文物出版社，1983 年。

2　郑振香、陈志达：《近年来殷墟新出土的玉器》，《殷墟玉器》，第 11 页，文物出版社，1982 年。

3　王炳华：《丝绸之路考古研究》，第 154 页。相关文物，收存于哈密博物馆。

华北大地、长江流域多有所见，据不完全统计，总数在400颗以上。这些文物，大都作为奇珍出土于贵族王侯墓葬中。它们在新疆和田山普拉、尼雅、且末扎滚鲁克、沙雅、轮台群巴克等地，也都有出土，时代最早到公元前1000年前期或更早。而从更广阔的范围观察，这类蜻蜓眼玻璃珠，最初出现在尼罗河畔的古代埃及，被视为一种具有神奇力量的魔珠，可以避邪，给死者带来安宁、幸福，因而作为殉物入葬，时代可以早到距今3400年前（一说最早可到公元前2500年）。稍后，传布到了伊朗高原，在伊朗基兰出土过类同的蜻蜓眼玻璃珠实物。在伊朗基兰出土的蜻蜓眼玻璃珠，与山西出土的实物，造型图案惊人相似。这给我们以有力启示：这类蜻蜓眼玻璃珠，最早在古埃及发明，以后进入伊朗高原、进入新疆，进一步东达华北、长江流域。[1]实际，这类蜻蜓眼玻璃珠，也就是我国古代《尚书》《管子》《说文》中所称的“琅玕”。[2]《魏略》曾揭明，它们来自“大秦”。[3]实际已经准确说明，它们的原产地是在地中海边。

不论是作为琅玕的蜻蜓眼玻璃珠、哈密五堡出土的海贝、哈密花园乡出土的鄂尔多斯式青铜刀，还是殷墟所见的和田玉石，自然都不足以显示当年社会生活的全貌，也不足以显示彼此实际交往的规模。它们的意义，在于以无可置疑的事实揭示了一种历史的存在，表明在距今3300至3200年前，新疆与其四周地区，尤其是与西亚及黄河流域的联系，已经是一种不容置疑的事实。这种联系，及与这种联系互为表里的交通路线，与后人定名为“丝绸之路”的商道，是没有本质差别的。

这一联系，进入西周、春秋战国时期，有了更进一步的发展。

---

1 杨伯达：《明洁如月的中国玻璃器》，《中国金银玻璃珐琅器全集（玻璃器卷）》第4册，第1—17页，河北美术出版社，2004年；关善明：《中国古代玻璃》，第17—23页；干福熹：《中国古代玻璃研究概况》，《中国古玻璃研究——1984年北京国际玻璃学术讨论会论文集》，第1页，中国建筑工业出版社，1986年；高至喜：《论我国春秋战国的玻璃器及有关问题》，《文物》，1985年第12期，第54—65页；后德俊：《谈我国古代玻璃的几个问题》，《江汉考古》，1985年第1期，第90—96页。

2 王炳华：《也释“琅玕”》，《西域考古历史论集》，第723—738页。本书亦有收录。

3 《太平御览（全四册）》（第4册卷809），第3594页。

论及春秋战国期间（公元前7世纪至公元前3世纪）的亚欧地区间的交通，苏联学者在俄罗斯南西伯利亚阿尔泰地区卡通河、伯莱利河、乌尔苏河、乌拉干河发掘的一批大型石冢，是很值得关注的考古资料。[1]这是公元前1000年中期或更早一点阿尔泰山地古代居民首领的墓冢，发掘时封冻严实，文物保存完好。位于乌拉干河畔的巴泽雷克墓地，出土了春秋战国之际具有楚文化特点的凤鸟纹刺绣、山字纹铜镜，表明了它与中国存在的联系。而同一批墓地中，还有显示着黑海北岸希腊化殖民地艺术风格的皮革、毛毡、木雕制品，具有古代波斯阿契美尼德王朝艺术特色的野兽纹、格里芬、有翼狮图像的文物。[2]于细微处见精神，阿尔泰古代游牧部落东南与中国大地、西与黑海、西南与伊朗的这种交往，由此可以清楚捕捉。而古代中国与亚洲西部、欧洲地区交往联系的路线之一，也可由此透显在今人的面前。

与巴泽雷克古冢出土文物相通，时代略晚，是20世纪70年代发掘的中部天山阿拉沟墓地。在这里发掘的一百多座堆石墓，其中有一部分巨型石冢、竖穴木椁墓。墓内出土的凤鸟纹刺绣（图19.1）、链式绫纹罗、漆器等，明显来自中原，刺绣显示的凤鸟纹，还颇具楚文化特征。而同出大量金器，如

图19.1　凤鸟纹刺绣（1977年阿拉沟古墓葬28号墓出土）

1　C.N.鲁金科撰，潘孟陶译：《论中国与阿尔泰部落的古代关系》，《考古学报》，1957年第2期，第37—48页。

2　同前。

有翼狮形金箔（图 19.2）、对虎纹金箔带、虎纹圆形金牌，具塞人艺术特点。方座承兽铜盘，盘中伫立带翼狮形异兽，盘内见燃炭，是祆教祭器，这与古代伊朗是存在关联的。阿拉沟墓地，呈现着中国内地甚至长江流域楚文化与塞人文化汇熔于一炉的情景。[1] 还应强调一点：通过阿拉沟这一中天山道上的普通沟谷，传统习惯称谓的丝绸之路沙漠道上的重要站点吐鲁番、焉耆，与草原道上的准噶尔盆地、伊犁河谷、哈萨克丘陵实际联通于一体。1976—1978 年，笔者配合南疆铁路在阿拉沟谷地进行调查、发掘。初始，曾为阿拉沟似不当交通径道，却出土如此丰富的丝织物、漆器，而稍感不解；在多次穿行其间后，认识到它在贯连吐鲁番与伊犁地区间，具有不可替代的重要地位。这才豁然开朗，原来这条普通山沟，曾是沟通“草原道”与“沙漠道”的关节点。进而认识：古代曾经存在、展开过的欧亚大陆间的交通，实际是远较历史文献中的

图 19.2　有翼狮形金箔（1977 年阿拉沟古墓葬 30 号墓出土）

1　新疆社会科学院考古研究所：《新疆阿拉沟竖穴木椁墓发掘简报》，《文物》，1981 年第 1 期，第 18—22 页；王炳华：《丝绸之路考古研究》，第 3—5、212—214 页；穆舜英、王明哲、王炳华：《建国以来新疆考古的主要收获》，第 4—5 页；其测年结论见文物保护科学技术研究所碳十四实验室：《液体闪烁法碳十四年代测定》表五，《文物》，1978 年第 5 期，第 73 页；周利群：《凤西飞——由西域出土的镜、漆、绣看楚文化西渐》。

有限记录丰富的。邻近的绿洲、偏僻的山谷，只要是古代居民生存、活动之处，无不与欧亚大陆上交通往来的干线勾连在一起，形如网络。任何一个点，都可从中吸收到经济、文化营养，也可借此而奉献自身有特色的创造、文明。从这个意义上去认识丝绸之路，以及它在人类文明史上曾经发挥的作用，做出过的贡献，真是怎样估计也不过分的。

吐鲁番地区鄯善县洋海古墓区，规模大、时代延续长，早到春秋，晚到汉。墓地内与彩陶器共存的，有两件銎形戈。[1]这种銎形戈，是米努辛斯克盆地塔加尔文化中的典型文物。在洋海墓地第九〇号、第二六三号墓葬中，出土两件五弦箜篌，第二〇六九号墓葬中发现长115厘米、直径2.3厘米的扁形葡萄藤，为圆果紫葡萄植株，时代均早到公元前1000年前期。箜篌、葡萄，它们明显来自西亚、南亚地区，与埃及、伊朗存在关联。[2]

在新疆北部如阿勒泰等地，普遍见到鹿石，时代早到公元前6世纪或更早。类同岩刻也见于蒙古人民共和国、南西伯利亚、伏尔加河流域。[3]

阿拉沟墓地出土过的祆教铜质祭祀台，在伊犁河流域青铜时代遗址、哈萨克斯坦、吉尔吉斯斯坦、伊塞克湖周围也多有所见。而后者，还往往共出对兽铜环。这种对兽铜环，在古代伊朗是不止一见的。它们与祆教祭祀密切关联。祆教的祖源地，就在伊朗。[4]

呼图壁县康家石门子岩画，是公元前1000年前期的作品。其上清楚显示了马祖崇拜，即通过“马祀”求育。同样岩刻主题，也见于阴山岩刻。印度史诗《罗摩衍那》中，可见到这类有关马祀活动的记录，伊

1　殷晴主编：《吐鲁番学新论》，图版一，新疆人民出版社，2006年。

2　新疆考古所、吐鲁番文物局：《鄯善洋海墓地发掘简报》，《新疆文物》，2004年第1期，第21、27、30、45页。

3　王炳华：《丝绸之路草原道》，《丝路游》，1988年第6期，第17页；王博、祁小山：《丝绸之路草原道》，第258—272页，新疆人民出版社，1995年。

4　Arthur Upham Pope, *A Survey of Persian Art from prehistoric times to the present, Vol. VII, Plates: Pre-Islamic Arts, Sopa*, New York: A Survey of Persian Art Personally Oriented Ltd., 1981, p.57. 王炳华：《古代新疆塞人历史钩沉》，《新疆社会科学》，1985年第1期，第52—62、68页。

朗卢里斯坦出土的青铜器，也有同类风格的双马造型。[1]

这些考古资料，有力表明：通过塔里木盆地西去南亚、西亚的丝绸之路沙漠道，是一个早已存在的事实；新疆地区，在公元前1000年前，东向蒙古高原、西伯利亚，西向哈萨克斯坦以至欧洲东部，南向印度、伊朗，无不存在明显的文化联系。横亘于新疆中部的天山，曾是沟通其间联系的桥梁。

应该说，公元前2世纪西汉王朝使者张骞“通西域”，正是在这一历史基础上，顺应时代的要求而做出的伟大历史贡献。它使过去很可能是自发的、民间的、无组织的、接力棒似的交通联系，转化成了在西汉王朝自觉努力之下，运用政府的力量，进行强有力组织、建设、保护、管理的交通干线。它发自长安，经过河西走廊，穿越塔里木盆地的南北缘，跨越帕米尔西去西亚、南亚、中亚西部广大地区，成为沿线国家、民族进行政治、经济、技术、思想、文化交流的更为便捷的桥梁，进一步沟通了亚、欧、非洲各国、各民族之间的联系往来。从这时起，丝绸之路发展到了一个全新的历史阶段，获得了空前的繁荣。

---

1 王炳华：《新疆天山生殖崇拜岩画》，第10、65页，文物出版社，1991年。

丝绸之路新疆段路线变迁

一条交通路线的产生、发展，都有其内在的根据，既受自然地理因素的制约，也受到社会政治形势的影响。如沟通亚欧，影响及于沿线许多国家、民族的丝绸之路，在汉王朝时期步入全新的历史阶段，社会因素的影响就十分明显。大量史实表明，通西域、断匈奴右臂的社会要求，引发出十分强大的组织力量，恶劣的地理环境受到改造，以保障通路的运行；同样，在另一不同的社会形势前，社会的力量也能使自然条件远为优越的交通线路被阻断、被封闭，形成人为的却也是难以逾越的障碍。

新疆南部地区，南有阿尔金山、昆仑山、喀喇昆仑山耸峙，地势高达 5 千米以上，只有在高山雪水下泄的几条内陆河道形成的绿洲，人类才能生存、活动。与昆仑山相对，天山绵延起伏，除山前断续分布的绿洲外，还有一条横贯东西、流程全长达 2437 公里的塔里木河，这为“丝路”北道交通增加了便利。天山、昆仑山之西，是世界屋脊帕米尔，这形成了相当封闭的塔里木盆地。只是在东部天山与阿尔金山之间，留有一道宽数十公里的天然豁口，东接河西走廊。这一自然地理形势，在人类历史时期内，并没有大的变化，受这一自然地理形势的制约、影响，顺理成章，汉王朝时期开拓的丝绸之路沙漠道，比较便捷的路线只能是出河西走廊，寻路抵达阿尔金山、昆仑山北麓或天山南麓的沙漠绿洲，选择可以取得给养的路线前进。其间，可清楚观察到强大的社会需求是不可阻抑的力量，不论条件如何艰难，交通总可以维持。而在社会条件稍显变化时，路线随即变化。两汉、魏晋、隋唐，各具特色。最后，翻越帕米尔高原中的大阪、沟谷，抵达西亚、南亚地区。

论及公元10世纪前“丝路”新疆地段沙漠道的具体路线，如果说塔里木盆地南北缘的南、北道线路，即使有变化也还不是太大时，那么，在出河西走廊，进入孔雀河流域前，还有一段500公里左右途程，其间盐漠、雅丹、戈壁相继，水草补给困难。这段路线，在不同历史时段，变化可谓相当的激烈。粗略分析这些变化，可以很清楚地看到社会因素在其中的重大影响。具体分析其变化发展，可以大概划分为四个阶段：汉王朝以前、两汉王朝时期、魏晋南北朝时期、隋唐时期。

一　汉王朝以前

汉王朝以前，中原地区通过新疆与西方交通及经济、文化联系的具体情况，史无明文。根据前面介绍的考古资料，可以肯定，在公元前1000年的周秦时期或更早，自黄河流域通向西方的交通路线，实际已经存在。只不过是处于一种自发的、民间的、无组织的状态，因此在官府文档中少见反映。地理位置最近河西走廊的罗布淖尔荒原，从很早的历史时期起，已是人们通行的捷径，孔雀河水系内青铜时代墓地中所见海菊蛤、玉石，就是证明。而在开拓这条路线时，处于西北地区的秦国、秦王朝，在西向交往、联系中，自然居于关键的地位，发挥过不可低估的作用，且规模会日有进展。因此，“秦人”随这种联系的存在、发展而广播影响于南亚、中亚及新疆地区。印度、伊朗至今仍称中国为“秦”，《史记·大宛列传》记录，当年的大宛称中国人为“秦人”[1]；新疆拜

1　《史记·大宛列传》，第3177页。

城县保存至今的东汉时期摩崖刻石，《刘平国治关亭诵》，距秦王朝虽已有四百年，却还是按当地传统，称凿石建亭的工人为“秦人孟伯山”等。“秦人”的概念，无疑和后来的“汉人”“唐人”一样，是周秦时期秦王国到后来的秦王朝，曾经有相当数量中原地区人民在新疆及中亚、南亚地区广泛进行活动，并留下深重影响的产物。其实际交通路线，在没有敌对政治势力阻抑的情况下，不论是昆仑山北麓、天山南麓，还是天山北麓的通道，大概也都是随处可行，即使偏僻如阿拉沟这样的天山峡谷，前引考古资料表明，也都网织在这一交通线上。

二　两汉王朝时期

出于政治、军事等多方面的需要，两汉王朝对开拓“丝绸之路”十分重视。张骞、班超通西域，李广利征大宛，在敦煌至罗布淖尔一线建烽燧、设邮置，在楼兰、轮台、扜泥等地屯田，设“西域都护府”，设官置守，使汉朝政令“颁行”于西域。丝路交通，得正常运行。经过两汉时期坚持不懈的努力，从长安通向西方世界的“丝绸之路”，成为政府经营，沿途给养、通信联络可以得到保证的国际交通命脉。自此，“丝绸之路”正式登上世界历史舞台，亚欧交通步入一个新的历史时期。

汉王朝开拓、建设通向中亚的丝绸之路，始终和与匈奴王国的矛盾、冲突密切关联。

西汉王朝通西域的路线，最初是由于匈奴王国控制着新疆北部草原、哈密绿洲及吐鲁番盆地，而在焉耆地区设置着统领西域的最高机构“僮仆都尉”府。这一形势下，西汉王朝通向西部世界的道路，主要就只能是出敦煌，斜向阿尔金山，自阿尔金山北麓、昆仑山北麓匈奴控制相对较弱的地区西行。西汉时称此为“南道”。与“南道”并存，出敦煌后，沿疏勒河谷，经过白龙堆、盐泽、楼兰到焉耆盆地，沿天山南麓而西出大宛的路线，也是一条可以伺机而走的道路，西汉时称此为“北道”。

但北道沿途匈奴的干扰不少，为了使这条道路可以顺利行走，西汉王朝在军事上作过相当艰苦的努力。公元前 121 年，匈奴“浑邪王率其民降汉，而金城、河西西并南山至盐泽空无匈奴”[1]，把握这一形势，汉王朝遂自敦煌而西，筑长城、亭燧，稍后又在渠犁、轮台置屯田，核心就是把握对匈奴取得的军事胜利，加强建设通向中亚大地的“北道”路线。目前仍然屹立于地面的玉门关以西、沿疏勒河谷铺展的汉代长城遗迹，黄文弼先生在罗布淖尔湖北岸发现的汉居卢訾仓故址——土垠，自土垠而西，现在仍可以见到的沿孔雀河谷、库鲁克塔格山南麓铺展的汉代烽燧，都是西汉王朝努力开拓、东汉王朝进一步建设“北道”干线保留至今的历史纪念碑。

通过伊吾、车师进入焉耆，沿天山南麓西行中亚的路线，汉王朝对之比较稳固的控制，实际只是在东汉取得对匈奴王国的决定性胜利，匈奴基本丧失对新疆的影响以后，才得以实现的。东汉时期，窦固（？—88）征匈奴，组织伊吾屯田；班勇（生卒年不详）在公元 123 年以“西域长史”身份屯驻柳中，[2] 这都表明，东汉王朝仍进行着艰苦努力，力图加强对伊吾、车师的控制，求丝路便捷，交通安全。

三　魏晋南北朝时期

与两汉时期比较，魏晋南北朝阶段，“丝路”沙漠道的最大变化，是避开异常艰难的白龙堆，另觅新途的努力获得成功。这新的通途，一是经伊吾绿洲到吐鲁番的路线更为顺畅，再是使经“五船北”的新道成为现实。古代文献、出土古文书资料都说明了这个结论。

《魏略·西戎传》称：“前往西域有二道，自元始以后有三道。从

1　《史记·大宛列传》，第 3167 页。

2　《后汉书·西域传》，第 2909—2912 页。

玉门关西出，经婼羌转西，越葱领，经县度，入大月氏，为南道。从玉门关西出，发都护井，回三陇沙北头，经居卢仓，从沙西井转西北，过龙堆，到故楼兰，转西诣龟兹，至葱领，为中道。从玉门关西北出，经横坑，辟三陇沙及龙堆，出五船北，到车师界戊已校尉所理高昌，转西与中道合龟兹，为新道。”[1] 这里所说的“新道”，要“出五船北”，没有疑问，就是两汉时期曾经力图开拓的“五船北新道”。

这条“新道”的具体路线，历来是历史地理学界十分关心的一个问题。根据有关古籍记录，参证以近年出土的古文书资料，结合自然地理形势可以得出结论：这一新道，实际就是从高昌古城东出柳中，沿库姆塔格沙漠西、南缘，翻库鲁克塔格山，进抵疏勒河流域，抵达古玉门关。这样的行程，避开了令人谈之色变的白龙堆沙漠，而且，路程大大缩短，故受到人们的重视，成为古代丝路上一条重要的支线。

为探寻这条径道的具体路线，笔者在吐鲁番考古中，曾向鄯善县敢于出没沙海中的猎手展开调查，并在《吐鲁番的古代文明》一书中说明过有关结论。其路线是：“从鄯善县鲁克沁绿洲斜向东南行，经底坎尔、土古满他、比尔阿塔尔布拉克、肖尔布拉克、玉尔衮布拉克、央格布拉克、乌宗布拉克、巴勒衮布拉克、红柳泉，走到这里，就绕到了库姆塔格沙漠南缘；也可以从底坎尔向南，经和加玉尔衮，穿库鲁克塔格山道，阿里提未什布拉克，经七个泉、布尔衮布拉克到红柳泉，与前路合。复经库鲁克塔格山脉南麓，顺山势东行，经过库木库都克、羊塔格库都克、科什库都克、臭水泉、具什托克布拉克等，即抵达疏勒河流域，与出玉门关后通楼兰的大道结合在一起，把白龙堆沙漠、无法通行的盐碱滩抛在了身后。”[2] 简单说，这条通道，是从鲁克沁斜向东南，经底坎尔，逐渐进入库姆塔格沙漠，遵循着一些泉水溢出地点，过库鲁克塔格山，到红柳泉，顺山东行，即可抵达敦煌。据说，1949 年前，这条道路上

1 《魏书·乌丸鲜卑东夷传》，《三国志》第三册，第 859 页，注引《魏略·西戎传》。
2 王炳华：《吐鲁番的古代文明》，第 125 页，新疆人民出版社，1992 年。

还有人通行。这条道路的最大特点，是要穿越渺无人烟的库姆塔格沙漠，即“沙海”，因而唐代时也曾被称为“大海道”。

吐鲁番出土十六国时期文书，有北凉建平时期“守海”文书两件。文书均出土于高昌城北郊哈拉和卓第九十一号墓。内容为北凉王国兵曹下文，命令高昌、横截、田地三县发人发骑服役守海，役期十日。[1]这里的“海”，只能是高昌东部的库姆塔格“沙海”。文书表现北凉王朝对戍守大海道十分认真，证明当年高昌往来敦煌的大海道，仍是一条相当重要的交通路线。

与大海道至少处于同等地位或较“大海道”更为重要的，是由伊吾经白力来去高昌的通道。这是一条传统古道，汉代即受重视，但受政治形势影响，时通时阻，并不顺畅。在出土的北凉文书中，有六件文书与发人戍守白力有关。[2]

白力，是高昌东部重镇，控扼伊吾与高昌之间的交通。北凉“兵曹”，不断向各县下文，催遣部伍守“白力”，说明位于今鄯善县境的“白力”，是由伊吾进入高昌的一处重要关隘。

北凉王朝对“大海道”、伊吾道建设、经营的重视，既表明从高昌通过大沙海前往敦煌，或经过伊吾到敦煌，是当年吐鲁番盆地通达敦煌的重要交通线，也一定程度上说明了出敦煌后过白龙堆、楼兰交通路线地位降低，正在被取代。楼兰出土古文书表明，楼兰古城在魏晋、前凉时期还是一处屯田基地、西域长史驻节之所。但遗址内绝不见公元330年以后的纪年文字资料。人们一般都同意，此后楼兰即逐步趋于衰落，沦为荒漠。这当然意味着经过楼兰城的交通路线已失掉既往的重要地位。与这一重大历史现象密切相关，根据吐鲁番出土的北凉时期古文书，可以想见与此同时或较此稍后，与楼兰径道具有同等地位，但条件稍好、

---

1 国家文物局古文献研究室等编：《吐鲁番出土文书》（第一册），第131—132、146页，文物出版社，1981年；黄烈：《中国古代民族史研究》，第434—436页，人民出版社，1987年。

2 国家文物局古文献研究室等编：《吐鲁番出土文书》（第一册），第142—144、151页；黄烈：《中国古代民族史研究》，第434—436页。

路线大大缩短的“大海道”已是一条由官方经营、管理的交通路线。这不应是巧合，而是有着内在的联系。因为大量的历史文献反复表明，开拓“五船北新道”亦即“大海道”，一直是改进“丝路”沙漠道这一路段交通情况的希望。开通这一路线，可以回避白龙堆之险，大大缩短运输日程。北凉时期这一路线的畅通（其时间当然会比文书中所显示的时间更早），并为人们所接受，意味着楼兰交通枢纽地位的丧失，楼兰历史地位的没落。

四　隋唐时期

进入隋唐，国家统一，经济文化发展，“丝路”交通发展到一个全新的空前繁荣的阶段。

根据出土文物及各地城镇遗迹，结合历史文献，可以得出结论，这一历史时期的“丝路”交通路线，可以说是全面畅达。不论是缘昆仑山北麓、天山南麓还是天山北麓来去，都并无阻碍。但全面分析有关资料，可以更进一步作出具体结论：由河西走廊进入哈密绿洲，复由哈密绿洲经吐鲁番沿天山南麓西行的路线，由伊吾（哈密绿洲）翻天山松树塘大阪进入蒲类海（巴里坤盆地），沿天山北麓西行，过北庭、轮台（这里的轮台，是唐王朝新设的轮台），尤其是由伊吾入西州，由白水涧道入轮台、西向弓月（在今伊犁河流域）的路线，已明显居于主体的地位，成为唐代西向中亚的最主要的交通路线。

唐朝政府，深切关心丝路路政建设。近年，吐鲁番出土文书，对唐代路政建设多有揭示，颇可与古籍记录相呼应，有助于我们对丝路认识的深化。

为保证丝路交通便捷，唐朝政府在丝路沿线设置驿馆，配置驿马、驿丁，保证往来官员交通、食宿之需。吐鲁番阿斯塔那曾出土一件纸棺，糊制纸棺的材料是唐天宝十三至十四载（754—755）轮台、柳中两县下属郡坊、驿馆的马料账。来往官员住宿、用马耗料均逐日登记、逐日结算。因为是官方账册，其上钤有唐轮台、柳中两县的官印。涉及驿馆有交河、天山、酸枣、礌石、神泉、达匪、草堆、银山、柳谷、吕光、东碛石、柳中、罗护、赤亭等，当年唐代封疆大吏北庭副都护封常青及其幕下的边塞诗人岑参来去住宿、用马、消耗马料的细账，也都历历在目。[1]

为维护社会安定，保证交通安全，唐朝政府在丝路沿线设军置守，从戍、烽、铺到守捉、军、镇，组织严密。据吐鲁番出土文书，自甘州至西州途中有悬泉、苦水、常乐、盐池守捉；自西州至庭州，有赤亭烽、酸枣戍、岸头府游奕所；自西州至安西都护府途中有铁门关镇戍守捉。出土文书中所见烽，在伊州境内，有阿查勒烽、泥熟烽、故亭烽、青山烽、柽槌烽、高颈烽、速度烽、花泉烽、伊地烽、柳望烽、明大烽、波色多烽、工耳烽、乌谷铺、乌骨裸铺；西州境内有赤亭烽、小岑烽、维摩烽、神山烽、柳中上烽、武城上烽、交河上烽；在庭州境内者有耶勒烽、干坑烽、柽林烽等。这当然不是完整的统计，而是仅见于新出土吐鲁番文书中的部分烽铺。在吐鲁番盆地西缘，进入天山的阿拉沟口，笔者曾清理一处唐代戍堡，为天山县属的鹳鹆镇游弈所故址。据戍堡出土文书，镇下有白水、黑鼻、礌石、阿施、鹳鹆、赤山、小白水等烽，临蕃、揔见、断贼等捉铺，总有镇兵约百人，镇将名孙玖仙，几乎都是来自中原大地的长驻健儿。[2] 他们戍守在阿拉沟东口，实际控制了吐鲁番与焉耆、伊犁河流域交通往来的隘口，维护交通安全，颇见组织的严密。

为纠察奸宄、保证交通安全，唐朝政府向“丝路”上来去行人颁发“过所”。行人通过关戍、守捉，必须勘验过所。这是汉代以来就实行并取得效果的一项制度。在罗布淖尔、尼雅的汉晋遗址中，发现过这类木简。而到唐代，制度就更完备了。吐鲁番出土的石染典过所（图 20.1）、唐

1　国家文物局古文献研究室等：《吐鲁番出土文书》（第十册），第 54—240 页，文物出版社，1991 年。

2　王炳华：《阿拉沟古堡及其出土唐文书残纸》，《唐研究（第八卷）》，第 323—345 页，北京大学出版社，2002 年。

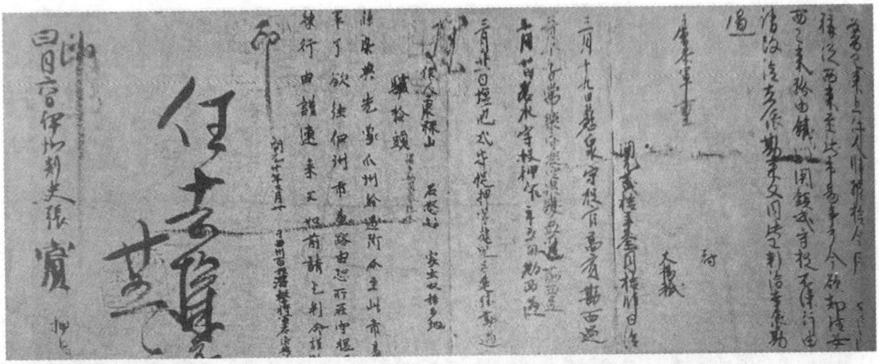

图 20.1　吐鲁番出土的唐开元二十年石染典过所

益谦过所、蒋化明过所等，对了解唐代过所制度及有关交通路线，都是难得的资料。[1] 石染典是安西商人，到瓜州市易。返程，由瓜州据原安西过所改给过所，途中经过的悬泉、常乐、苦水、盐池守捉，守捉官或守捉押官都勘验、签名、放行。石染典最后止于西州，随身过所存留伊州刺史的签押。唐益谦是安西官吏，要前往福州都督府长史唐循忠的任所，随同有唐循忠妾薛氏及奴婢、马、驴等，申请文书说明了每人身份、年龄，奴婢、马匹的来路及有关证件，说明准备通过的路线是“路由玉门、金城、大震、乌兰、僮（潼）、蒲津等关”。由于里程远，问题涉及较多，申请过所者身份也不是平常百姓，所以最后要经过当年西州都督王斛斯亲自批准签发。蒋化明过所丢失，在由西州返回北庭的途中，即被酸枣戍检查拘留。保留至今的这些过所文书，既表现了唐朝政府对人民的严密控制，也表现了在丝绸之路上只要有过所在身，即使迢迢千万里，也可以通行无阻。

为便于交通运输，据出土文书，唐代在西州设置有“长行坊”。这是一种专司运输的官办运输机构。运输工具有牛车、长运马、长运驴等。管理这类运输事务的机构称“长行转运史”。不仅在出土文书中见到“转

1　国家文物局古文献研究室等：《吐鲁番出土文书》（第九册），第 31—72 页，文物出版社，1990 年；王仲荦：《试释吐鲁番出土的几件有关过所的唐代文书》，《文物》，1975 年第 7 期，第 35—42 页。

图 20.2　唐代木牛车（1964 年阿斯塔那古墓群 22 号墓出土）

运史”“车坊”“北馆坊”“赤亭坊”，采办“车材”“具”存储备用，也见到有关“长行驴”死后处理肉、皮的文书。而且木制（图 20.2）、陶制牛车，马、驴、驼俑等更是屡见的文物。

为保证丝路交通所需给养，自汉代以来，一项成功的政策就是实行屯田。唐代屯田同样取得巨大成功。伊州、高昌、安西等处，都是当年重要的屯田基地。反映屯田状况的吐鲁番出土文书数量颇多，有关论述不少。很明显，没有屯田作为后盾，要维持丝路行政管理机构，沿线驻军、驿馆开支、使节商旅沿途供应等，都是很困难的。

应该说，正是唐代这一系列行之有效的政策，才保证了唐代丝路交通的顺畅，丝路贸易的繁荣。

论及陆上丝路交通，一般均止于唐代。唐代以后的陆上交通线，虽然因海上交通的发展而相对降低了它在沟通亚欧交通方面的地位，实际上它在唐代以后仍然是继续存在并发挥着作用的。即使如五代时的分裂割据，宋王朝不能号令西北，丝路交通不能如唐朝一样畅达，但宋王朝与于阗回鹘政权关系仍相当密切；高昌回鹘与辽也有相当频繁的往来。

元朝，通过陆路与欧洲的交通，又形成过一次高潮。明代，中国的大黄、茶叶，在欧洲、西亚仍具有十分重要地位。而运输大黄、茶叶的路线，就是传统的陆上丝绸之路。这些例子说明唐代以后的陆上丝绸之路，并没有完全退出亚欧交通的舞台，只是它们随着整个社会政治、经济形势的发展，具有了新的时代特征。

南、中、北道史迹扫描

一　南道

这是西汉以前即存在，宋、元时期仍可通行的一条古道。

关于这一路线，《汉书》说是“从鄯善傍南山北，波河西行至莎车，为南道”[1]。《魏略·西戎传》记录是“从玉门关西出，经婼羌转西，越葱领，经县度，入大月氏，为南道”[2]。至于鄯善（今若羌县境）以东怎么走，到鄯善后如何“波河”西行到莎车，则史无明文。

丝绸之路南道，据上引文献，汉、魏时期，最东段的具体路线，是由玉门关（或阳关）西行，进入鄯善。至于出敦煌至古鄯善之间的路段究竟如何走，学术界实际是相当模糊的。近年新疆沙漠地理学者曾在罗布泊地区进行了比较全面的综合考察。根据实际地理形势，参证以沿线文化遗物，判断其主要路线是：自敦煌沿疏勒河谷西进，经过羊塔克库都克、库木库都克、土牙、阿其布拉克、敦力克进入米兰。[3] 理由是：

1　《汉书·西域传》，第 3872 页。

2　《魏书·乌丸鲜卑东夷传》，《三国志》第三册，第 859 页，注引《魏略·西戎传》。

3　黄文房：《罗布泊地区古代丝绸之路的研究》，《罗布泊科学考察与研究》，第 306—315 页。

出疏勒河谷向西，南为库姆塔格沙漠，北为坚硬似铁、锐利若刀的龟裂盐漠，人、畜都难以行走；它们之间，是一条狭长的山麓沟谷地带，一些地段有泉水溢出。历史时期内，环境变化不大。因此，自敦煌入米兰，这是唯一最为近便可以通行的径道。其次，沿途也见到不少历史文物，如在库木库都克东部沙西井，曾采集到古代饰珠，唐代、清代钱币，马掌，附近山梁上见长期使用、踩踏平实的驼道。路畔有标示行进方向的人工堆石。沿线偶有泉水出露，可补给旅人。在库木库都克，采集到铁马掌、小件铜器，其中尤其值得注意的是一件已残的动物透雕铜饰牌，明显具有鄂尔多斯青铜器风格。[1]晚到匈奴文化中也不乏这样的饰件。在土牙，见到古墓遗迹。敦力克有古烽一处，方形，残高 5 米，夯土构筑。夯土层中夹含芦苇，与汉代长城、烽燧建筑方法相同。烽台下，残存半地穴式房舍四间。在敦力克古烽南约 2 公里，可以清楚见到一条古道。这里，距伊循故地米兰绿洲仅 35 公里，由伊循抵鄯善扜泥城，已属坦途。

虽然，在汉王朝控制楼兰古城后，经过楼兰古城也可以通达米兰绿洲（公元前 77 年，迁楼兰王国至扜泥，自楼兰故城至伊循、鄯善之间自然会有路可通），但在此前，自敦煌至鄯善之间，前述径道当是主要交通路线，与《汉书·西域传》的记录，是彼此切合的。

米兰，是鄯善王国境内最肥沃的绿洲，处于鄯善王国东境，近敦煌。这片绿洲，依靠源自阿尔金山的独立水系——米兰河灌溉。米兰遗址所在地区，黄土层厚达 5—15 米。土壤以轻壤、沙壤为主，含盐少，是罗布淖尔和塔里木河流域少见的优质土壤，而且地下水埋藏深，矿化度弱。加上冬日少风，气候较温和，是一处十分理想的、可资农垦的地带。确实可算《汉书·西域传》所称古鄯善国中最“肥美”且近敦煌的土地。

20 世纪后期，水利史、考古学者，在米兰地区调查，发现了一处古代灌溉渠系遗迹，并对之进行了较深入的测量。灌溉区内，大型干渠、

1　中国科学院新疆分院罗布泊综合科学考察队：《神秘的罗布泊》，第 123 页，图版 222，科学出版社，1985 年。

支渠、斗渠、毛渠的布局仍依稀可觅。水利工程人员对此进行了分析，得到了“水头控制良好，干渠线路平直整齐，渠系分布均匀，渠道引水势顺，全灌区均可得水”的结论，并推论它是汉至唐时代的一处屯田水利工程。[1]1989 年秋，笔者偕刘文锁、萧小勇到米兰地区，除踏查上述已见报道的遗迹外，又在傍近灌溉渠系处发现一处汉代遗址，采集到汉代文物，可以为米兰遗址曾是汉伊循屯地提供新的证明。

遗址位于米兰古戍堡东南约 2 公里，米兰河西北岸第二台地上，占地约十万平方米（200 米 ×500 米）。遗址范围内，陶片遍地。多夹砂灰褐陶，火候较高。器型多罐、盆。均尖唇、折沿，相当数量灰陶上饰细绳纹。这是中原地区汉代盛行的一种纹饰。新疆地区，除奇台县石城子中曾见这类绳纹灰陶外，他处未见。此外还采集到西汉“五铢钱”、三棱形铁镞、铁质鱼鳞甲片，大量铁器残片及断残铁刀。多块玉料，大小不等，以青、白玉居多。西汉“五铢钱”、绳纹灰陶、三棱形铁镞，都给人以遗址活动在汉代的有力说明。[2]

遗址区西北，灌区范围内，曾采集到一件鎏金铜卧鹿（图 21.1）。在内蒙古曾发现过与此可以类比，形式相近的铜鹿，是战国至西汉时期的作品。米兰卧鹿，形式相同，制作更为精致，透露了汉代匈奴在这片地区也有过活动的消息。

吐蕃戍堡西南一处废弃佛寺的内护壁，发现两躯有翼天使像。（彩图十六）这是斯坦因当年的劫余。斯坦因在掘取米兰壁画时，注意到画作者署名“Tita”，这是希腊罗马人常用名（Titus）的佉卢文拼法。透露了画作者可能是中亚移民后裔。[3]与这一犍陀罗式壁画遗存可以呼应，在这区出土了有翼天使的佛寺之东北，还有一处时代晚到南北朝至隋代

1　饶瑞符：《汉唐时代米兰屯田水利初探》，《水利史研究会成立大会论文集》，第 53—65 页，水利电力出版社，1984 年。但从灌渠遗迹上有东汉以后的佛寺遗址，可确证古渠开凿应在东汉以前，与西汉时的伊循屯田密切关连。可以确定，古渠最早开凿在西汉王朝时期。

2　新疆文物考古研究所、新疆维吾尔自治区博物馆编：《若羌县古代文化遗存考察》，《新疆文物考古新收获（续）1990—1996》，第 549—552 页，新疆美术摄影出版社，1997 年。

3　林梅村：《西域文明——考古、民族、语言和宗教新论》，第 52—54 页，东方出版社，1995 年。

图 21.1 米兰遗址采集的鎏金铜卧鹿

的大型土建佛寺，存巨型佛像。寺院外墙壁龛内，塑像多已不存，但龛柱明显具有罗马式风格。[1] 这些遗存，结合在尼雅遗址所见多件表明月氏胡来去的过所[2]，斯坦因第四次中亚之行中，在尼雅所获精绝王接待“大宛王使”“左大月氏”安排座次的汉文木简[3]，可以揭明一个历史事实：在汉代丝路南道上，贵霜、月氏、大宛等中亚古国居民、使者，是不绝于途的。深受希腊文化浸染的贵霜王朝，与精绝、鄯善王国关系颇密，米兰佛寺建筑细节、壁画遗存，保留着这方面的消息。

在米兰遗址区内，保存至今最为完好的遗迹，是一处吐蕃统治塔里木盆地时的戍堡（图 21.2）。戍堡土墙，植基在早期墙基之上。斯坦因曾在古堡内晚期房址中，掘获大量吐蕃文木简。20 世纪 70 年代，新疆考古工作者在古堡发掘，又获吐蕃木简二百多件，文字记述了吐蕃驻军

1 1999 年调查，遗迹仍然明显，近年再看相关遗迹，已破坏近尽。相关图片，见（英）斯坦因著，向达译：《斯坦因西域考古记》，第五十一图，中华书局，1943 年。

2 林梅村：《楼兰尼雅出土文书》。

3 王冀青：《斯坦因第四次中亚考察所获汉文文书》，《敦煌吐鲁番研究（第三卷）》，第 264—265 页。

图 21.2　米兰吐蕃戍堡全景

屯种生产的情形。[1]汉代居址、灌溉渠系、佛教寺院、吐蕃戍堡，说明自汉迄唐，这里一直是丝绸之路南道上具有重要地位的站点。

自米兰而西，约 80 公里，为若羌绿洲。上引《汉书》《魏略》中述及的丝路南道首站“鄯善”，其王国都城扜泥，故址就在今天的若羌绿洲内。它东向伊循通敦煌，西通且末，南入阿尔金山、抵羌中，入青海，在丝路南道上，是一处具有重要地位的站点。

古鄯善王国扜泥城所在的若羌绿洲，有源自阿尔金山的若羌河滋养，这使阿尔金山北麓若羌河谷成为一片可耕可牧的乐土。从残迹判断，扜泥城故址当在今天若羌县城东南，距离约六七公里处，名“且尔乞都克”。城周约 720 米，城墙宽 1.5 米、残高 1 米，用卵石垒砌。东距若羌河约 300 米，古城内建筑多已湮灭无存。仅见的一处遗存，土坯筑，周约 220 米；西北角有土台，似为佛塔基址；清理中，见过贝叶经及纸质梵文书，泥塑佛像及壁画残片。[2]（彩图六十七）在古城遗址之西南，尚存一处佛教寺院遗址，名“孔路克阿旦”，遗址周长

1　彭念聪：《若羌米兰新发现的文物》，《文物》，1960 年第 8—9 期，第 92—93 页；塔克拉玛干综合考察队：《若羌县古代文化遗存考察》，《新疆文物》，1990 年第 4 期，第 2—14 页。
2　黄文弼：《新疆考古发掘报告（1957—1958）》，第 48—49 页。

亦200多米，存佛殿、佛塔，可见壁画残迹，建筑用土坯，规模同于且尔乞都克，^{14}C测定遗址年代在距今1915±75年，约当西汉末至东汉时期。[1]此外，可以与古代扜泥联系的遗存，是今天县城西郊的一处大型土墩，直径达30米、残高仍达10米，地表见夹砂红陶片。土台四周有较大卵石，以及红烧土、灰土。比较平坦的地面，高高耸立的土台，或与瞭望戍守的功能相关。[2]这些零星的遗存，已难以显示当年扜泥城的具体面目，聊可供历史的联想而已。[3]

自扜泥故址向南，在若羌河出阿尔金山口一处峭壁断崖上，仍可见到一处古代戍堡遗迹。断崖三面环水，一边与台地相连，山势陡峻，相对高度约100米。城堡依断崖顶部形势而铺展。东侧临水之峭壁曾用块石垒砌取平。部分堡墙仍存，残高2.5米上下。堡墙内可见石垒房址数处，十间左右。观察剖面，文化堆积颇厚，内含大量木炭、炭屑、灰烬，并见青灰色条砖（40厘米×25厘米×6厘米）、石质甲片、铁炼碴、残铁器。古堡所在，是若羌绿洲进出阿尔金山的重要隘道，而且控制着若羌绿洲的生命之源——若羌河。[4]从这些遗迹分析，自古代若羌绿洲进入阿尔金山，沿河谷曾有军事性质的守御系统。从"丝路"角度说，揭示了自昆仑山北麓西行的南道与交通阿尔金山的"羌中道"，若羌河谷曾是其间联系的重要孔道之一。吐蕃进入塔里木盆地，这里是一处主要隘口，可透见当年古鄯善在丝路南道上连通东西、交通阿尔金山内外的地位。

自若羌县城西行90公里，为瓦石峡绿洲，引瓦石峡河而灌溉。古

---

1 黄文弼：《新疆考古发掘报告（1957—1958）》，第49—50页；测年结论见孟凡人：《楼兰新史》，第211页。

2 新疆文物考古研究所、新疆维吾尔自治区博物馆编：《若羌县古代文化遗存考察》，《新疆文物考古新收获（续）1990—1996》，第546页。

3 黄永武主编：《敦煌宝藏》第3册，第258页，新文丰出版公司，1986年。斯0383号《沙州地志》："鄯善城周回一千六百四十步，西去石城镇二十步，汉鄯善城见今摧坏。"则鄯善王城扜泥，早已圮毁。其规模一千六百四十步，换成今天的概念，周围应达三千米上下。上列这些遗址，最多只能是当年扜泥城内的一点建筑遗存而已。

4 张平：《若羌县"石头城"勘查记》，《新疆文物》，1990年第1期，第20—22页。

代瓦石峡城，已淹没在今瓦石峡绿洲西南6公里处的一片红柳丛中。在约2平方公里的范围内，发现三十多处居址、三处窑址、一处冶铁遗址。发掘中获得土制玻璃器皿，唐、宋钱币，元代文书。说明直至宋、元，这处遗址还在丝路南道上发挥着作用。[1]

《汉书》说，南道出鄯善后“波河西行”。应自车尔臣河谷西走。这片地区，目前为胡杨、红柳、芦苇丛生的灌木林，沿途水草不断。车尔臣河宽处，可达百米。在以畜力为主要交通工具的古代，沿河谷西走，是相当理想的交通路线。笔者曾沿车尔臣河谷进行认真调查，确也发现了一些古代废址。如阿孜勒克遗址，它失落在距河道不远处的一片枯死的胡杨林中。胡杨直径粗大，或双人才能合抱。遗址区内，部分建筑废墟仍然暴露于地面，以木为梁，土坯为墙，但不见文化遗物。附近发现的墓地，以掏空的胡杨木为葬具，具早期土著文化特征，非伊斯兰文化特点，故可判定遗址废弃时间当在伊斯兰文化进入这片地区以前。在塔提让镇克干墩，尚存两处古烽，烽燧已大多为沙掩覆，但仍可观察到其构筑办法是芦苇、红柳夹土坯，层层相叠，如汉代风格。烽台附近，采集到夹砂红陶片，同样具早期特征。这些与河谷平行的古烽，揭示了古代丝路沿车尔臣河西行的路线。

且末县城稍偏西南，与车尔臣河故道相去不远，近年，发掘过扎滚鲁克墓地。墓地附近，为占地面积相当广大的那勒克遗址。

扎滚鲁克墓地是且末王国的墓葬遗存。先后发现的四处墓地中，已发掘墓葬176座。根据墓葬形制、出土文物及^{14}C测年结论，墓葬时代早到公元前8世纪，晚可到公元3世纪。早期墓葬主要为竖穴棚架，丛葬。一墓多者可达20人，仰身、下肢上屈。尸体保存比较完好。不少死者以彩绘面，手臂刺青。长辫戴帽，毛布包脚，身穿毛布袍、裙或皮裤，束腰，戴项链。随葬木器、陶器，木器器表雕刻动物图像。其中出土的木质箜篌（图21.3），显示了他们与亚洲西部（如伊朗高原）存在

1　黄小江：《若羌县文物调查简况（上）》，《新疆文物》，1985年第1期，第20—26页。

文化交流。晚期墓葬，同样见竖穴棚架。出土文物中除传统陶、木器外，还见到漆器、玻璃器、珊瑚珠饰、丝绢织锦及棉、毛织物，还出土了魏晋时期纸质汉文书及各式点心。作为当年丝路上的重要交通站点，东来的丝、漆，西来的玻璃，均已成为且末王国居民物质生活中的重要元素。[1]

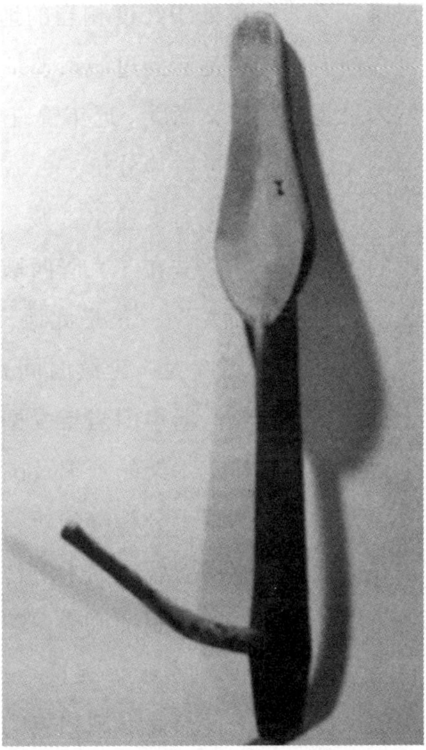

图 21.3　木质箜篌（1996 年且末县扎滚鲁克墓地 14 号墓出土）

那勒克遗址，是散布在古且末河谷一处范围相当大的早期遗存，见居住遗迹，并见三棱式铁镞，大量褐陶片、残铁器、几何形花押、玻璃器等。自河谷左右向展开，有规整平直的渠道。量度其中一条，宽达 6 米、深达 0.5 米、长达 50 米左右。它与陶器，都显示着定居农业生产的性质。陶器特征与前述米兰遗址相近，据此推论，遗址活动应在汉晋时期。当年的丝路交通，与此是存在关联的。

玄奘（602—664）东归，自吐火罗故国东行，提到“析摩塔那故国，即且末地也。城廓巍然，人烟断绝”[2]。对玄奘提到的这处且末废墟，读者往往都与这处规模相当大的遗存相联系。这不无可能，但却难以定论。我们在且末调查时，曾经了解到在县北大沙漠中，还保存着一座形制相当完整的古城，坐落在阿牙克河古道旁，北距县城约 80 公里，与

1　王博：《扎滚鲁克一号墓地与古且末国文化（公元前 8 世纪至 3 世纪）》，《吐鲁番学新论》，第 300—313 页。

2　《大唐西域记》，第 564 页，台北：广文书局，1969 年。

尼雅、安迪尔正处于纬度相当的地理位置。20 世纪 50 年代，测绘工作者在沙漠中还清楚看到过城垣遗址。兰州沙漠所的沙漠科学工作者曾在城内采集到佉卢文简牍。近年曾有学者多次深入沙漠中，希望一探究竟，但均无所获。通过航片分析，古城已经淹没在沙尘之下。

自且末西走，有安迪尔古城，这是又一处已淹没在塔克拉玛干沙漠中的古城废墟。玄奘在《大唐西域记》中提到的“吐火罗故国”，“国久空旷，城皆荒芜”，正是此地。1989 年深秋，笔者在这片废墟中踏查，对遗址范围广大、延续时间长久，而且经历过多次居住活动，有十分深刻的印象。斯坦因当年发掘过的城堡，今天又大部分掩埋在了沙尘之中，只是建筑木架的顶端及围墙，在沙尘中仍清楚可辨。我们在这里，采集到旋制得十分精美的建筑部件，陶片、钱币、碎铁片，一枚汉佉二体钱，一躯干裂发白的木质菩萨像，具有鲜明的犍陀罗艺术风格。还见到一件完好的手制带流罐，陶质夹砂，直口大流单耳大平底，通高 11 厘米，器壁见烟炱痕。在楼兰城东一座可能早到西汉的墓葬中，近年曾发掘出土一件与此形制相类的单耳带流罐。它们表明，这是可能早到西汉时期的陶器。从楼兰到安迪尔城中均见此文物，揭示了一条文化交流亦即交通联系的路线；斯坦因在此曾采集得西亚风格的玻璃珠，1—4 世纪罗马产的带花玻璃片。[1] 同时揭示安迪尔遗址人类活动的时间，可以早到西汉或西汉以前；而玄奘东归时，这里却是一片久已废弃的空城。但是，20 世纪初叶斯坦因发掘时，却不但见到了唐开元时的汉文题铭，而且获得不少吐蕃文书，生动说明在玄奘东归以后，这一废址又恢复生机，重新成为丝绸之路南道上的重要站点。[2]

两汉时期的精绝王国，是丝路南道上的重要站点。故址在民丰县北部沙漠中的尼雅废墟之中，北距民丰县城直线距离约 120 公里，遗址南

1　Aurel Stein，Serindia：*Detailed Report of Explorations in Central Asia and Westernmost of China*，Oxford：Clarendon Press，1921，pp.382—383.

2　塔克拉玛干综合考察队考古组：《安迪尔遗址考察》，《新疆文物》，1990 年第 4 期，第 30—46 页。

北长约25公里、东西宽约5公里。共见古城、房址、墓葬、畜厩、佛寺、制陶及冶铸作坊、古桥、果园、行道树、涝坝、灌溉渠、农田等各类遗存约二百处。呈南北方向，散布在尼雅河故道左右台地上。自20世纪初开始，迄至1997年，考古工作获得了大量汉晋汉文、佉卢文简牍，陶、木制器，大量丝（图21.4）、绢、锦、绣、印花棉布（图21.5），毛罽、毛毯、五铢钱、汉佉二体钱、铜镞、汉镜、漆器、玻璃、珊瑚、蜻蜓眼料珠等。不见公元5世纪以后的物品。出土的"汉精绝王承书……"简，肯定了出土地为精绝王国故址所在。佉卢文函牍上的维纳斯、宙斯图像封泥，棉布上丰收女神图像，玻璃器、蜻蜓眼料珠等，清楚显示是来自帕米尔以西的文化印痕；"五星出东方利中国"锦护膊、"王侯合昏千秋万岁宜子孙"锦衾、龙纹铜镜、漆器、藤奁盒、"司禾府印"等，则是来自两汉王朝。佉卢文中有当年以驼、马在沙漠中运输货物，沿途供应苜蓿、草料的记录。清楚表明，在公元5世纪以前，当年丝绸之路南道的具体路线，还深处在塔克拉玛干沙漠之中，距离今天昆仑山下的主要绿洲居民点，达100公里以上。[1]

应该强调，在尼雅遗址出土的佉卢文文书，对我们了解"丝路"南道相关交通细节，具有无可代替的价值。下面稍举数例，以见一斑。（文后的简号、页码，均为林梅村《沙海古卷》[2]编码。）

南道，由且末至于阗的沙漠交通路线，多件简牍揭明，具体路线是由"且末"，至"莎阇"，至"尼壤精绝"，再由精绝至"打弥""于阗"（简14，第40页；简214，第70页；简367，第103页），这里的"莎阇"，从地理位置分析，似与安迪尔遗址相当。交通往来，工具主要是骆驼，也有马。骆驼，有官驼、私驼之分。在沙漠中来去，向导十分重要，但在沙漠中，向导商旅、使者，是一件苦差（简10，第37页），不能硬派"骑都"作向导。一人名"布军"上诉家里"世代非向导"却

---

1 《中日日中共同尼雅遗迹学术调查报告书》第一、二、三卷，中日共同尼雅遗迹学术考察队，京都市：日中共同ニヤ遗迹学术调查队，1996、1999、2010年。

2 林梅村：《沙海古卷：中国所出佉卢文书（初集）》。

图 21.4　汉代红蓝色菱格纹丝头巾（1995 年尼雅一号墓地 3 号墓出土）

图 21.5　印花棉布（1959 年尼雅遗址出土）

“被派当向导”（简 438，第 115 页）。遇有重要客使，鄯善国王会直接指定提供“专用骆驼”、有经验向导亲自带路（简 22，第 44 页；简 135，第 65 页），饲料也有特别规定，比较珍贵的牲畜，要供“面粉”“谷物饲料”“三叶苜蓿”“紫苜蓿”（简 214，第 71 页）。这些记录，清楚揭示了古道在沙漠中运行的细节。在南道上进行丝绸经营，汉地商贾是关系人，在“汉地来的商贾抵达时，务必清查”（简 35，第 50 页）。看来，中原汉地商人，售卖丝绸物品时，有赊销、定期再回来收取货款的情况。但在丝路沿线，也有汉人常住，相关地点见诸残简的有“乌宾特”“且末”“尼壤”等（简 686，第 251 页）。这些细节，可深化我们对丝路南道运行情况及丝绸贸易形式的认识。

全面分析精绝遗址，可以清楚地得出结论，它的废弃不会晚于公元 5 世纪。在遗址区内，没有发现过较 5 世纪更晚的文物。因此，南北朝以后至唐代，南道的路线已不再经过尼雅。具体地点，目前还不清楚，但总在今尼雅故址之南，是不会有什么问题的。

丝路南道，自精绝西行，主要站点是“扜弥”。这同样是南道上不可回避的一站。近年，新疆考古工作者在克里雅河下游沙漠深处发现的圆沙城，可能是汉代扜弥国的都城。它东距尼雅 100 多公里，南与于田县城距离达 230 公里。古城傍克里雅河故道，作不规则四边形，周长近一千米。城内尚存六处建筑遗迹。散见残破陶器、石器、铜器、铁器及玻璃珠，大量骆驼、牛、马、羊、猪及禽类骨骼。城郊见灌溉渠。农牧结合的经济生活，可以触摸。骆驼，是沙漠中来去运输的主要工具。在这一古城址以南约 50 公里，同处克里雅河畔，为喀拉墩古城，城址正方形。城郊有佛寺、住宅、灌溉渠等遗存六十多处，出土过汉五铢钱、玻璃串珠等，佛寺内有壁画残存。遗址活动在公元 3—4 世纪。丝绸之路南道进入克里雅河流域后，圆沙古城、喀拉墩古城，是不同时段的站点，但都支撑过丝路南道的运行。[1]

1　中法克里雅河考古队：《新疆克里雅河流域考古考察概述》，《考古》，1998 年第 12 期，第 28—37 页。

地处克里雅河与和田河之间的丹丹乌列克，是唐代例谢镇故址，南北朝至唐代丝路南道上的一处要站，废毁在唐代晚期。目前已经淹没在沙漠中的例谢镇，面积约4.5平方公里，尚可见出建筑遗存十六处。出土的唐代汉文、古和田文文书，表明了当年唐王朝在这里驻军，戍边健儿生活艰难。一处佛寺名称“护国寺”。斯坦因在这里发现过一件用草体希伯来文写成的波斯书信，是一位定居在伊朗的犹太商人的商业信函；还有一幅东国公主将蚕种藏在头发里的版画，都在一定程度上揭示着丝路南道的历史细节。[1]

近年发掘的和田山普拉古墓，对认识汉晋时期古于阗王国的经济、文化状况是一批重要资料。墓地位于昆仑山北麓、玉龙喀什河东岸，今洛浦县西南14公里处。共发掘墓葬六十八座，殉马坑两处。时代早到西汉，晚至于晋。主要文物为具有特点的双系陶罐、木质用器、弓箭、大量缂毛织物（彩图十八）、棉布、蜻蜓眼和各式玻璃珠、丝绸、织锦、汉镜、桃和杏核。丝绸织物及铜镜来自中原，毛织物大部分是本地所产，但也有一些可能来自西邻。其中毛织人首马身像旗幡（彩图十九），就明显是西来的织品。人首马身图像主题源自希腊神话，挺直的高鼻明显具有希腊、罗马风格。十分精美的毛织人物像，被剪裁成小块用于靴腿之上，对这类织物的使用显示着一种内在的不协调，也表明织物不是本地的制品。[2]

古代于阗王国的都城，至今未能确认。位于玉龙喀什河东岸的阿克斯比尔古城（图21.6），城址四周河道纵横，遗迹集中，“宽广几及百里”，黄文弼推定它是于阗国都。[3] 20世纪60年代后，又在遗址地区采集到西汉、新莽、唐、黑汗王朝钱币和契丹文铜币，公元4世纪上下具有犍陀罗风格的陶塑马、象、猴，绿釉莲座陶盖（化生佛像），

---

1 Aurel Stein, *Ancient Khotan: Detailed Report of Archaeological Explorations in Chinese Turkestan*, Oxford: Clarendon Press, 1907, pp. 259—260.

2 新疆维吾尔自治区博物馆、新疆文物考古研究所：《中国新疆山普拉——古代于阗文明的揭示与研究》，新疆人民出版社，2001年。

3 黄文弼：《塔里木盆地考古记》，第52—53页，科学出版社，1958年。

图 21.6　和田阿克斯比尔古城

还有一件陶蚕。陶蚕长 5.2 厘米，身有轮脊，作平卧状。[1] 可与斯坦因在丹丹乌列克所见公主藏蚕种于发髻的版画相呼应，表现了古代于阗对蚕桑事业十分重视。

今和田市西郊约特干古遗址，位于喀拉喀什河畔，总面积达 10 平方公里，斯坦因认为这里可能是古于阗国都。[2] 遗址掩覆在厚达 3—6 米的洪积层下。村民、考古工作者不时可在断岩、泉水溢出处采集到各种小型动物的红陶塑如猴、马、骆驼，还有伎乐、佛像等，工艺精细。也曾采获一件小金鸭。鸭，唐代敦煌壁画多见，也见于榆林窟中的弥勒变壁画中，表现了西方净土世界的美好。金鸭，十分可能与古于阗王国崇信佛教存在关联。[3]

自和田西北向莎车，为南道在塔里木盆地内之终点。莎车县境，考古调查不少，但早期遗存大多厚压于沙积、洪积土中。莎车王国的都城——当年的政治、经济中心，至今仍未得到明确。

1　史树青：《新疆文物调查随笔》，《文物》，1960 年第 6 期，第 22—31 页。
2　（英）斯坦因著，向达译：《斯坦因西域考古记》，第 39—50 页。
3　史树青：《新疆文物调查随笔》，《文物》，1960 年第 6 期，第 22—31 页。

南道自和田经莎车入帕米尔，山间有径道可以通行。只是山险路陡，履步困难。进入帕米尔，重要中继站是塔什库尔干古城。古城位于今县城的北部，依山势而走，用块石、土坯砌筑补缺。城内高低不平，相当地段仍残留房垣残迹。清蒲犁厅城，坐落于古城东部。我 20 世纪 70 年代在这里工作，曾选叠压于蒲犁厅城下的早期文化层，进行试掘。出土了唐代钱币及文物标本，取其中出土树枝进行 ^{14}C 测年，结论为距今 1325 ± 75 年，当于唐代。结合有关文献记录，可以肯定，这里曾经是渴盘陀王国首都，也是唐代葱岭守捉故址所在，[1] 是塔里木盆地西向阿富汗必经的一处要隘。

出塔什库尔干县城沿塔什库尔干河谷南行，可以直入印度河上游；西南行，可以进入阿富汗瓦罕走廊。由阿富汗进一步西去伊朗、伊拉克、地中海周围地区，坦然无阻。

二　中道

这是指出敦煌后沿天山南麓过帕米尔抵大宛、碎叶的交通线，即《汉书·西域传》中的“北道”。

这一路线，自焉耆傍天山南麓西行，自汉迄唐以至宋元，变化不大。关键在于敦煌至焉耆间的路线，变化不小：或经罗布荒漠到楼兰，或经伊吾过高昌，甚至经过库姆塔格沙漠入高昌，颇为复杂。

西出敦煌，沿疏勒河谷入白龙堆，过楼兰，沿孔雀河谷西走，这是西汉时期进入西域的一条主要路线。

从自然地理条件分析，这是一条十分艰难的通路。自疏勒河谷进入白龙堆，沿途是戈壁、风蚀土丘林、盐渍荒漠，缺水少草，通行十分艰

1　王炳华：《“丝绸之路”南道中我国境内帕米尔路段调查》，《西北史地》，1984 年第 2 期，第 78—87 页；王炳华：《丝绸之路考古研究》，第 58—81 页。

难，所以选择、开拓这条道路，完全是因为匈奴控制了伊吾、车师。因着这一政治形势，西汉王朝开拓了这一路线，从而也把楼兰推上了中西交通枢纽的宝座。

前引《魏略·西戎传》中，记述三国时这条路线的具体走向，是“从玉门关西出，发都护井，回三陇沙北头，经居卢仓，从沙西井转西北，过龙堆，到故楼兰”。从玉门关过三陇沙、沙西井、白龙堆到楼兰的路程中，要经过“居卢仓”。居卢訾仓故址，是在罗布淖尔湖北岸一处三面濒湖、一面接陆的半岛上。黄文弼先生发现它时，据地貌特征，称其为“土垠”。[1]这是一个重要的考古发现。遗址中出土的七十二枚西汉时期的木简，表明这里曾是开拓丝路、维护汉代丝路交通的十分关键的站点。它不仅是仓储，而且是邮置，驻军屯田，涉及面相当广。据简文，来自中原大地的汉族吏民，应征西行，曾经在这片地区屯田。作为丝路“北”道上重要站点，它南与伊循，西与西域都护府、龟兹，北与交河等地联系密切。驻守在居卢訾仓的吏士，送往迎来，生活忙迫而紧张，在西汉王朝开拓西域、统治楼兰的事业中，它肩承、发挥的作用，无法轻估。尤其值得强调一笔的，土垠遗址，不仅通过陆路与西、南、北各处军政中心交通联系，在其西侧濒湖边，还有一处小码头，遗迹尚存，可以通过水路与楼兰、LE 古城来往。新疆丝路交通上，曾经也存在过水运，这事实，可大大开阔我们的视野。[2]

楼兰故城依傍罗布淖尔湖，位于罗布泊西北，东经 89°55′22″、北纬 40°29′55″ 处。古城城墙大都已不存。城垣原为不规则的方形，周长 1316.5 米，总面积 10800 多平方米。从残存土墙看，城垣系堆土垒筑。孔雀河的一条支流，自西北斜向东南贯穿全城。城内遗迹尚可见出官署、寺院、居民住宅区。曾出土大量汉晋简、纸文书及佉卢文木简，近年也采集到晋时残木简六十多枚，表明了魏晋时期，这里是西域长史府的驻

1 黄文弼：《罗布淖尔考古记》，第 105—112、179—220 页。

2 王炳华：《沧桑楼兰：楼兰和尼雅古国考古》，第 31—36 页，浙江文艺出版社，2002 年。

节地，屯田、戍守，任务繁重。还采集到罗马风格玻璃器（图 21.7）、贵霜钱币、犍陀罗风格木雕（图 21.8）、五铢钱、丝织物。在楼兰城郊，发掘的汉代墓葬，出土最多的是汉代锦绢、漆器、铜镜，也有不少精致毛毯、斜纹毛织物、平纹毛布、木器、陶器等。作为丝路北道枢纽，东西文化特征的文物，毕集于一处，显示了汉晋时期楼兰古城最本质的风貌。[1]

从楼兰古城斜向西南行，经过斯坦因编号的 LK 古城，可以进入米兰，即汉代伊循屯地，与丝路南道连接。

从楼兰进入天山南麓，则是斜向西北行，走库鲁克塔格山南麓，孔雀河谷水草丰沛地带进入焉耆。从这一角度讲，楼兰，堪谓丝路南北道东段的枢纽。

图 21.7　1980 年在楼兰地区采集的罗马风格的玻璃器

1　（英）斯坦因著，中国社会科学院考古研究所译：《西域考古图记》（第一卷），第 224—270 页；新疆楼兰考古队：《楼兰城郊古墓群发掘简报》，《文物》，1988 年第 7 期，第 23—39 页。

图 21.8　斯文 · 赫定发现的犍陀罗风格的木雕

图 21.9　红地对人兽树纹罽袍（1995 年营盘古墓地 15 号墓出土）

自楼兰古城西北行，仍可见几座烽燧，耸立在荒漠之中。

距楼兰古城约 80 公里，孔雀河北岸一道低矮山脊，俗称老开屏。1979 年，笔者曾独自发掘过一座孤立的汉代墓葬，出土过汉锦、汉镜及大量木器，[1] 约略表现着汉代丝路北道的走向。

在库鲁克塔格山南麓，营盘古城旁，近年发现一处相当规模的汉、晋墓群，其中见到汉、晋时期织锦、漆器，也有罗马风格图案的毛织物（图 21.9），波斯风格的玻璃器，伊朗产输石。[2]

自营盘，更西至轮台、渠犁，汉王朝曾因地制宜，设置亭障烽燧。《史记》说，在“敦煌置酒泉都尉，西至盐水（罗布泊），往往有亭，而仑头（轮台）有田卒数百人，因置使者护田积粟，以给使外国者”[3]。我们今天在楼兰古城西北、库鲁克塔格山南沿孔雀河谷一线，已找到汉代烽燧多处，较显目的遗址如：孙基、亚克伦、卡勒泰、西尼尔、脱西克吐尔、脱西克吐尔西、沙鲁瓦克、萨其垓；兴地山南口还见南北方向古峰一列，尚存三座，是与吐鲁番盆地交通有关的遗存。更西进入轮台县境，有喀拉亚、拉依苏等，彼此相连相续。这些烽燧均坐落在地势高敞之处，残高十数米上下，建筑工艺为砂土夹芦苇、红柳枝，或土坯夹红柳枝。据地理形势差异，彼此间距，稍远者距 10 公里左右。近两千年的风雨，它们虽多已颓败，四周荒烟白草，但当年丝路北道的具体走向，却可以由此而清楚触摸。[4]

至此，即可抵达汉王朝在西域的政治中心——西域都护府所在地乌垒城。历史地理学界均同意乌垒故址当在今轮台县境，但因盐碱化严重，经考古工作者数十年努力调查，仍未获确切结果。

---

1 吐尔逊·艾沙撰，王炳华整理：《罗布淖尔地区东汉墓发掘及初步研究》，《新疆社会科学》，1983 年第 1 期，第 128—134 页。

2 周金玲、李文瑛、尼加提等：《新疆尉犁县营盘墓地 15 号墓发掘简报》，《文物》，1999 年第 1 期，第 4—16 页。

3 《史记·大宛列传》，第 3179 页。

4 巴州文物普查队：《巴音格楞蒙古自治州文物普查资料》，《新疆文物》，1993 年第 1 期，第 1—94 页。

与经过楼兰的路线并存，由敦煌入伊吾，自伊吾西向入吐鲁番盆地，进入天山南麓，是一条更重要、自然地理条件也稍好的路线。

汉代伊吾城址，至今未得确定。故址当在今哈密市附近。这里泉水丰沛，地理条件优良。在哈密市内，近年发现不少古代遗址，哈密火车站附近就是一片相当密集的公元前 6 世纪左右的古代墓地，墓中出土相当丰富的彩陶，图案风格颇受甘肃四坝文化影响。

东汉以后，自敦煌经莫贺延碛至伊州（哈密），复自伊州西行，逐渐成为丝路北道东段重要路线。

自伊州西行至高昌、西州，据《新唐书·地理志》记录，有“伊西路”及又一条经罗护守捉与天山北麓联通的路线。[1] 结合地理形势及已获考古资料，大概线路就是由伊州西北行，约 60 公里，抵白杨沟畔的拉甫乔克古城。白杨沟，是哈密境内一条比较重要的河道。河谷不宽，但源自天山冰川的河水，几乎长年不断。哈密市境几处重要的青铜时代遗存，如五堡、焉不拉克墓地，都在这一河谷左右。拉甫乔克古城，目前遗迹虽主要属唐代，但其开拓、建设过程，实际是相当长久的。在拉甫乔克古城边，笔者就曾清理过一座青铜时代墓地，出土过彩陶。冯承钧先生论定拉甫乔克之名，实际源自公元 4—5 世纪鄯善王国灭亡、人民溃散之际，部分居民进入哈密绿洲，入居白杨沟河谷的结果。[2] 唐代在拉甫乔克置纳职县。自伊州西向西州，具体路线，自然会首先抵达白杨沟水系内的拉甫乔克。

在白杨沟畔，地近天山南麓，目前仍可见一处大型寺院，遗址地跨河水东西岸。在西岸的主寺，坐西面东，前庭后殿。后殿巨型塑像，肢体残迹仍可捉摸。（图 21.10）在这一唐代寺院稍北，在黄土崖下有开凿更早的中心柱式佛窟，千佛壁画，依稀可见，时代早于唐。由古城至这处佛寺，其间还有三处小型寺院。这一系列佛教遗迹，自然也旁证着

1 《新唐书·地理志四》第四册，第 1046 页。

2 冯承钧：《高车之西徙与车师鄯善国人之分散》，《西域南海史地考证论著汇辑》，第 45—47 页。

图 21.10　哈密白杨沟佛寺遗址

这一绿洲开发的历史，昭示着交通路线的走向。

过纳职后，具体路线歧分为二：

其一，据《新唐书·地理志》，是由纳职县向西，“经独泉、东华、西华驼泉，渡茨萁水，过神泉，三百九十里有罗护守捉；又西南经达匪草堆，百九十里至赤亭守捉，与伊西路合”[1]。这是在贞观十六年（642）新开的道路，它充分利用天山山前明水、潜水溢出地带的泉流，逶迤西行。具体路线约略与1933年始修的哈密汽车运输路线相当。1933年哈密始修的简易公路，多是利用当年民间交通往来的自然土路或戈壁便道，很大程度上表现着没有近代汽车交通时的古道情况。途中经过的鸭子泉、瞭墩、一碗泉、车轱辘泉等一线布列的泉水地点，与《新唐书·地理志》中提到的“独泉”“东华”“西华驼泉”“茨萁水”“神泉”可

1　《新唐书·地理志四》第四册，第1046页。

以彼此呼应。[1]虽途程稍长，但地理条件稍佳。遗憾的是相关地点考古工作做得太少。“瞭墩”仍可见古代烽燧，傍依泉水；“一碗泉”，只一眼小泉汩汩流淌，泉边也有时代比较晚的军事戍堡。这都与《新唐书》的记录气息相通，只是不能直接证明它们就是唐代的遗址，只能是在逻辑上推定，唐代古道会与这条传统土路大概一致。作这样的推定，还有一条理由。前引《新唐书·地理志》在列述多处泉水后，清楚说到罗护守捉。这“罗护守捉”在伊西路上，是一处十分重要的站点，它“西北上乏驴岭”，“至赤谷”可进入天山北麓；“西南经达匪草堆”，可至“赤亭”。“罗护守捉”今址，历史地理学界一般均同意在今七角井附近的西盐池。[2]笔者1987年曾对自西盐池穿七角井至木垒的山道进行过踏查。由七角井斜向西北，可进入天山中一条峡谷，线路七弯八拐，谷内岩壁峭立，道路崎岖，当地俗称“羊肠子沟”。相当路段，山石赭红。据这一地势、景色，《新唐书·地理志》称此为“乏驴岭”“赤谷”，可以说是相当贴切。出峡谷后，即抵天山北麓木垒县境的独山守捉城，“经蒲类县”（今奇台县）抵北庭都护府，形势与《唐书》记录完全切合。[3]而从罗护守捉斜向西南，可以抵达火焰山东端的七克台，即唐代赤亭守捉所在。

“赤亭守捉”故址，在今天七克台镇。绵延吐鲁番盆地北境的火焰山，东端止于七克台。“赤亭镇”故址，就在火焰山丘陵上，遗址尚存。范围100米×50米左右，地势陡险，难以攀援。但站在故址上，东、北面形势，却可一览无余。[4]由此，唐代交通路线就在火焰山南行进。鄯善县新近出土的唐代文书，表明蒲昌府（鄯善县）、柳中县（鲁克沁）、临川城（连木沁）、酒泉城（今吐峪沟乡洋海下村）、高宁城（吐峪沟

1 陈国灿：《唐西州蒲昌府防区内的镇戍与馆驿》，《吐鲁番研究》，第489—509页，新疆人民出版社，2006年。

2 同前，第495页。

3 王炳华：《天山东段考古调查纪行（二）》，《新疆文物》，1988年第1期，第1—11页。

4 新疆文物普查办公室等：《吐鲁番地区文物普查数据汇编》，《新疆文物》，1983年第3期，第37页。

西南）沿一线铺展，[1] 由此可以十分方便地进入高昌城中。

其二，是自纳职县沿白杨沟水向南折西行，经老瞭墩、十三间房，进入吐鲁番盆地七克台镇，与前路合。这条路线，因路程稍短，清代仍为驿道。清陶葆廉赴新，曾走过这条路，他在《辛卯侍行记》中记述过这一路线，文中称此为“旧驿路”。途经之处多为严重剥蚀的丘陵，少水草、途程短，但风季狂风，交通不便。这类路，在没有现代交通工具前，改变不多，清代称为“旧驿路”，大概表明此为隋唐时期老路路线。[2]

高昌、交河故城，是丝路中道的枢纽性中心城镇，遗迹保存尚好。

高昌故城城垣保存基本完好，现存遗迹可见出外、内、宫城三重。这是长时期发展的结果，并不是一次性规划完成的城市布局。（图 21.11）

外城略呈方形，周长 5000 多米，城垣基址厚达 12 米，城墙残高至

图 21.11　高昌故城（局部）

1　陈国灿：《鄯善新发现的一批唐代文书》，《吐鲁番学研究：第二届吐鲁番学国际学术研讨会论文集》，第 3—15 页，上海辞书出版社，2006 年。

2　（清）陶葆廉：《辛卯侍行记》（卷六），《重修四库全书》第 737 册，第 600 页，上海古籍出版社，1995 年。

今仍有 11.5 米，夯筑，部分地段用土坯修补。城墙外有马面。它是唐西州到回鹘高昌时期的遗迹。

内城居外城正中。西、南两面城墙大部完好，北面部分残存，东墙全毁。复原周长约 3000 多米，《隋书》记高昌王国“都城周一千八百四十步”[1]。隋唐时期，每步六尺四寸。据吐鲁番出土唐尺，一尺实际长度为 29 厘米。换算结果，一千八百四十步，当 3415 米，与高昌中城周长，约略相当。故可肯定：它是高昌王国都城所在。

高昌王国的宫城，位于内城北部，俗称“可汗堡”。堡内塔柱至今仍高十多米。其旁，是一组面积达一百多平方米，包含地下庭院、暗燧的大型建筑。暗燧道宽 3 米多。宫城墙还基本完好，高达 6 米，南向开门。门阙地基清晰，其间有宽达 3 米的门道。宫墙东侧，曾出土“沮渠安周造寺功德碑”，为高昌王室寺院的所在。[2]

至于公元 9 世纪以后高昌回鹘王国的宫城，从现存遗迹看，范围已不很明确。南北朝时期高昌王国宫城在高昌回鹘王国时期是否被继续使用，目前还无充分资料可供明确结论。有的学者提出，高昌回鹘王国的宫城是在现存外城的北部，处内、外城北墙之间，外城北墙即宫城之北墙，而内城北墙即宫城南墙。[3] 主要根据是这一范围内目前保留着不少高出地面三四米的高土台，建筑规模宏伟，推测可能是回鹘王族的宫廷遗址。

高昌城外北、西北郊是晋、唐时期的墓葬区。20 世纪 60 年代以后，在这里发掘古墓葬四百多座，出土物既有大量汉民族居民墓志、汉文书资料，也有许多粟特胡姓如康、安、史、曹姓居民墓葬，不少深目、高鼻、多髭的胡人俑，甚至保留了唐王朝护送波斯王子泥涅师返国途中的傔人姓名的文书；出土许多来自中原的汉式丝绢锦绣，其中不少适应中亚地区喜好、装饰带波斯风格图案，也见到波斯银币、仿制拜占庭金币（图 21.12），与佛寺并存的摩尼寺等，生动而具体地表现了唐代前后

---

1 《隋书 · 西域传》第六册，第 1847 页，中华书局，1973 年。

2 黄文弼：《吐鲁番考古记》，第 4 页，科学出版社，1954 年。

3 阎文儒：《吐鲁番的高昌故城》，《文物》，1962 年第 7—8 期，第 28—32 页。

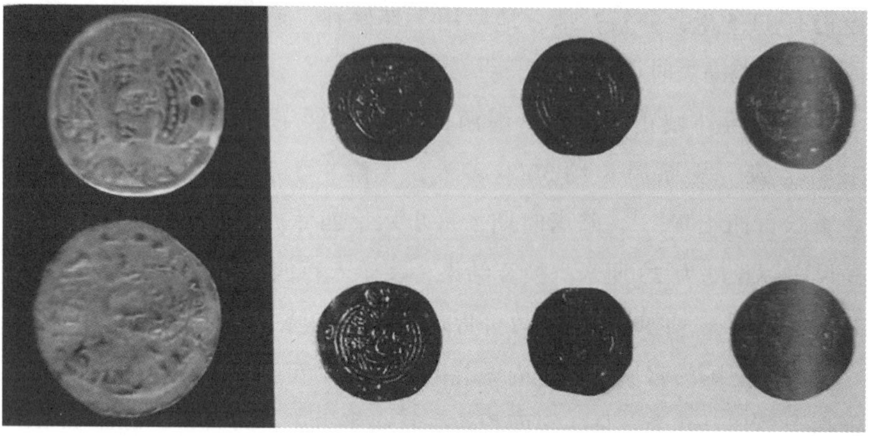

图 21.12　阿斯塔那墓葬出土的仿拜占庭金币和波斯银币

图 21.13　交河故城（俯视）

丝绸之路上，东来西走的人流，繁荣的贸易，多种不同的宗教信仰，是一个多彩的、丰富的、适应多种社会需求的现实世界。[1]

高昌城西北约50公里，是交河故城。自高昌北向吉木萨尔、乌鲁木齐或西向焉耆，交河均是交通要隘，历史上一直也是吐鲁番地区的重要军事中心。

故城所在土岛南北长1650米，最宽处约300米，建筑遗迹多位于土岛南半部，长达1000米，宽与岛同。（图21.13）

城内建筑遗址总面积，初步测量约22万平方米，可见出衙署、寺院、民居、道路和水井、窖藏、窑址、地下寺院等性质不同的遗存。

纵贯全城南北方向，有一条长约350米、宽约10米的大道。大道直通城北一处大型寺院，寺院建筑面积达5100平方米。

自这一主干道中部向东为另一干道，通向东门。主干道以东，东西干道以南，为全城内最大一处建筑遗址，系衙署所在。东西干道以北，建筑相当密集，门庭较小，为一般居民住宅。

交河故城是新疆保存最好的古城遗址，建筑富有特色。其一，街道两旁是高厚土墙，临街不见门窗。纵横交错的巷道，通过土墙将庭院分隔为坊曲。穿过街巷，进入坊墙，才能到达民户大门。其二，土崖土质致密，所有建筑均挖地为院，隔梁为墙，掏洞成室。街巷也是挖地而成的路沟。高度不足，则以挖地掏出的土夹板夯筑。屋顶主要由土墙承重，所用木料不多。这是适应新疆地区干燥少雨的特点而形成的生土建筑风格，极大地减省了木材及能源的消耗，富有特色。[2]

近年在交河沟西、沟北发掘的车师王陵、竖穴土坑墓中，游牧民族的野兽纹金器（彩图二十、二十一）、骨雕、土著文化风格的陶器，与汉式铜镜、五铢钱、丝织物，共存一室。这生动而形象地显示：汉代交

---

1 新疆社会科学院考古研究所：《新疆考古三十年》，第70—123页。

2 李肖：《交河故城的形制布局》，北京文物出版社，2003年。

河大地，可以见到各方面物资与文化艺术的交流，展现着丝绸之路的精神。[1]

不仅可说明丝路走向，更足以展示丝路文化特色的佛教遗迹，除交河城外石窟外，还有桃儿沟、吐峪沟、胜金口、伯孜克里克等多处。

丝路自吐鲁番西去，下一站为焉耆。自吐鲁番盆地进入焉耆盆地，其间为天山支脉喀拉克孜尔山、喀拉塔格山、克孜尔塔格山隔阻。《新唐书·地理志》记录其间的交通路线是“至天山（唐西州天山县——引者）西南入谷，经礌石碛，二百二十里至银山碛，又四十里至焉耆界吕光馆”[2]。敦煌所出唐《西州图经》残卷，记其路线为“银山道，右道出天山县界，西南向焉耆国七百里”[3]。唐西州天山县，地在今托克逊境。由此向“西南”，山谷有多条，如阿拉沟、乌斯套沟、干沟、苏巴什沟等，究竟哪条沟谷为银山道所经，是一个需要辨明的问题。玄奘西行记录，为我们提供了比较清晰的线索。惠立、彦悰的《大慈恩寺三藏法师传》记述，称“从此西行至阿耆尼国阿父师泉。泉在道南沙崖，崖高数丈，水自半而出……法师与众宿于泉侧。明发，又经银山”[4]，则进入唐之“银山”前，必先经“阿父师泉”。1991 年，为改善乌鲁木齐至库尔勒的交通路况，新修 314 国道，路线变穿干沟为经苏巴什沟。配合修路进行考古调查，笔者曾数入苏巴什沟。多处遗存标示，唐代银山道路线，走的就是苏巴什沟。[5]此沟为山水长期冲刷而成的天然沟谷，宽十米至百米不等，“苏巴什”突厥语意为“水之源头”。沟内泉水丰沛，在阿哈布拉克附近道南岩壁上，距地面 3 米左右，有泉水穿透岩壁汩汩流涌，与《三藏法师传》中所记“阿父

---

1 新疆文物考古研究所：《交河沟西：1994—1996 年度考古发掘报告》，第 4—41 页，新疆人民出版社，2001 年；交河故城保护修缮办公室：《交河故城：1993、1994 年度考古发掘报告》，第 15—72 页，东方出版社，1998 年。

2 《新唐书·地理志四》第四册，第 1046 页。

3 《西州图经》，罗振玉编纂《敦煌石室遗书百廿种》，《敦煌丛刊初集六》，第 699 页，台北：新文丰出版公司，1985 年。

4 《大慈恩寺三藏法师传》，第 24 页，中华书局，1983 年。

5 王炳华：《近年新疆考古所见唐代重要史迹》，《唐研究（第一卷）》，第 431—447 页，北京大学出版社，1995 年。

师泉”特征一致。而自此前行40里，即“库米什山”，汉语意为“银山”（山有银矿）。沟谷内，考古调查中，确也发现过唐代遗存。因交通条件较好，清代驿道也选此途。[1]

进入焉耆盆地，与丝路交通关系最为密切的站点，当首推汉晋时期的焉耆王国都城。据现有考古资料，目前坐落在焉耆县城西南的博格达沁古城，当为汉唐时期都城故址。它在焉耆盆地内，规模最大（周长三千多米），且四面环水、地势险要；古城四周，有多处防卫设施。城内，采集到自汉迄唐的各式文物。傍近墓地中有汉镜、五铢钱、包金铁剑及金带扣（彩图二十三）等物。城郊墓葬出土的金质龙纹带钩，具典型汉代风格，是汉王朝赐赏羁属小国统治者的珍品，一定程度上透露城址为焉耆王都的消息。唐焉耆都督府和焉耆镇城，根据地势、规模，应该也在这片地区。[2]

与博格达沁古城相去不远，为锡克沁佛寺遗址，曾经出土过大量佛像，犍陀罗风格十分明显。古焉耆文《弥勒会见记》，也出土在这一佛寺之中。具有波斯风格的银盘、粟特风格的银盘（图21.14）均见于此。[3]

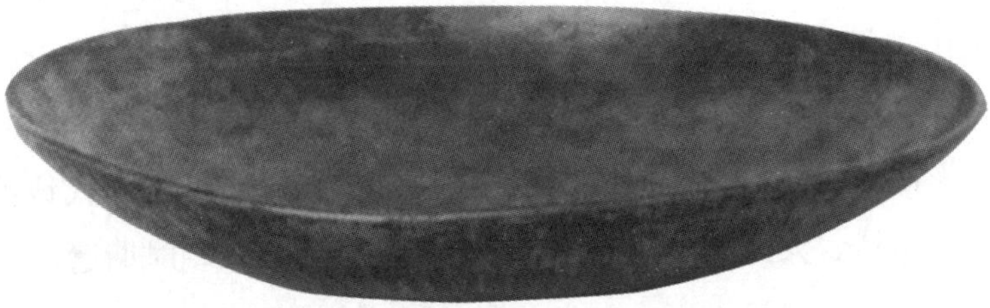

图21.14　狮纹银盘（1989年巴音郭楞蒙古自治州老城村窖藏出土）

1　袁大化修，王树相、王学曾纂：《新疆国志·道路二》卷八十，《续修四库全书》第650册，336—337页，上海古籍出版社，1995年。

2　韩翔：《焉耆国都、焉耆都督府治所与焉耆镇城——博格达沁古城调查》，《文物》，1982年第4期，第8—12页。

3　新疆维吾尔自治区文物事业管理局等编：《新疆文物古迹大观》，第180—187页“锡克沁佛教遗址”条，新疆美术摄影出版社，1999年。

当年丝绸之路上曾经展开过的文化艺术交流，在此留下了斑斑遗珍。

焉耆西去，最重要的城镇是轮台。这里是汉轮台国所在，也是汉王朝政府为经营、开拓丝路进行屯田的主要基地。

屯田遗迹主要散布在克孜尔河畔，距现代居民点多已在30公里以外，目前均已沦为盐渍荒漠。梯木沁、黑太沁、柯尤克沁、卓果特沁等古代遗址上，周围渠道、田埂遗迹仍清楚可辨，粮食、陶器、汉代钱币等物屡见。[1]

自轮台西行，越过一片戈壁，即进入库车绿洲。在今天公路的南侧，彼此距离不远，如二八台等处，还可以见到一些唐代烽墩、戍堡，显示了丝路中道的走向。

库车绿洲居新疆之中，古称龟兹。古代龟兹王国，统治地域主要在库车、新和、沙雅绿洲及拜城盆地，地理位置冲要，自然条件优越，长时间中一直是西域大地最重要的政治、军事、经济、交通中心。东汉西域都护府、唐安西都护府均曾置于此。

汉、唐龟兹国都称“延城”（唐代又名伊罗卢城），遗址即今库车县城郊之皮朗古城。古城西傍库车河，从残迹追寻，周长约7公里。考古工作者曾在城内喀拉墩进行发掘，文化遗物可分早晚两期。早期可到青铜文化时代至汉，出土石器、骨器、彩陶片、部分铜器及一枚汉代五铢钱；其上叠压成组大陶瓮，以及莲纹铺地砖、蓝纹砖、筒瓦等。砖的纹饰、形制与唐长安大明宫麟德殿出土铺地砖近同。共出唐代钱币如建中钱、中字钱、大历元宝、开元通宝等，明显为唐王朝时期遗存。[2]

龟兹王国，自汉迄唐，向为丝绸之路“中道”上的最大国，是十分重要的交通枢纽。皮朗城东郊的苏巴什是唐安西都护下属雀离关所在，雄踞铜厂河口，控制了自库车绿洲进入天山玉尔都斯草原的径道，而玉尔都斯草原曾是汉代匈奴、乌孙，隋唐突厥的主要牧业基地。自都城北

---

1 黄文弼：《塔里木盆地考古记》，第10—12页。

2 黄文弼：《新疆考古的发现》，《考古》，1959年第2期，第76—81页。

向，过盐水沟，是龟兹王国的盐水关所在，关址二、三，至今仍耸立于盐水沟西岸峭岩之上。伯希和（Paul Peliot，1878—1945）曾在此掘获用龟兹文书写的龟兹王苏伐叠签发的过所文书。[1]过盐水关进入拜城后，在天山博者克拉格沟口（图 21.15），有东汉时期的刘平国治乌垒关摩崖刻石（图 21.16）。[2]它是两汉王朝时期经丝路中道由龟兹进入伊犁河流域乌孙王廷的径道，西汉细君、解忧公主嫁乌孙，往来都曾由此隘口通过。在龟兹都城西约 24 公里的渭干河口，河东岸目前仍有古城堡屹立，河西岸遗址大都已遭破坏。伯希和曾在这片地区发掘，名其为“都勒杜尔·阿胡尔”，发现过佛寺、佛像壁画及二百多件汉文文书。笔者 1985 年在巴黎图书馆检视这批汉文文书，粗粗浏览，文书涉及“河西寺”“行客营”，坊里组织及屯田事务等多方面内容。在其中编号为 D. A27 的残纸上，可见“……大至柘橛关……”文字。联系《新唐书·地理志》[3]，笔者推论，这里是唐柘橛关故址之所在。[4]

作为汉唐西域的政治中心，龟兹境内不仅古代城镇遗址众多，作为佛教文化的主要中心，也留下了十分丰富的佛教寺院遗存。举其大者，如拜城县境克孜尔、台台尔、温巴什，库车县库木吐拉（图 21.17）、克孜尔尕哈、玛扎巴赫、森木塞姆及苏巴什佛寺，新和县境内的托乎拉克埃肯等，粗略统计，全部石窟保留至今仍存五百多孔。尚存壁画可达二万平方米以上。这不仅是研究古代西域佛教思想史、佛教艺术史的瑰宝，从中也可透见佛教自印度、阿富汗进入西域后的状况，以及它在文化艺术各方面产生的影响。

自库车而西，进入中亚之丝路干线主要有两条。自库车西偏南行，过柘橛关，沿塔里木河、克孜尔河方向过巴楚，入喀什，翻天山谷道进

---

1 （法）伯希和、烈维著，冯承钧译：《所谓乙种吐火罗语即龟兹语考》，《吐火罗语考》，第 11—16 页，中华书局，1957 年。

2 黄文弼：《塔里木盆地考古记》，第 33—35 页。

3 《新唐书·地理志七下》第四册：“安西西出柘厥关，渡白马河，百八十里西入俱毗罗碛。”（第 1149 页）

4 王炳华：《新疆库车玉其土尔遗址与唐安西柘厥关》，《西域考古历史论集》，第 76—94 页。

图 21.15　天山博者克拉格沟口

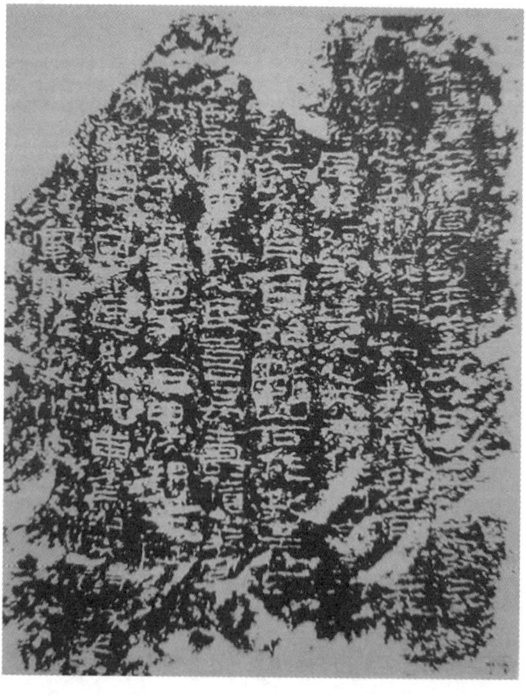

图 21.16　天山博者克拉格沟口东汉刘平国治乌垒关摩崖刻石拓片

图 21.17　库车县库木吐拉石窟

入乌兹别克斯坦费尔干纳盆地，这是《汉书》强调指出的“北道”；而从库车过温宿，沿托什干河谷到乌什，斜向西北，翻天山险隘别迭里山口，是汉唐时期由新疆进入伊塞克湖、碎叶、坦罗斯的一条重要路线。这条线路是沿托什干河西走。在柯坪县见托木里克古城、沙牙提古城，县城西北苏巴什河口有克斯勒塔格佛寺。乌什县旁托什干河谷有古力瓦克古城、沙依拉石窟。进入别迭里山口，沿途还保存着古代烽燧。这些遗迹，可以说都显示着丝路中道通过别迭里山口以出中亚的具体路线，[1]有学者称此为“热海道”[2]。

自库车西偏南行，至巴楚。沿途见到不少唐代烽燧、驿馆遗址。如柯坪亚依德梯木、阿克沁、都埃梯木，巴楚县的穷梯木、玉木拉克梯木、柯西梯木、泽梯木等，绵延连续至托库孜萨来古城。根据出土之唐代文物，结合《唐书·地理志》，判定为唐代“和平铺”（都埃梯木）、“济

1　阿克苏地区文管所：《阿克苏地区柯坪、乌什两县文物调查》，《新疆文物》，1986 年第 2 期，第 23—26 页。

2　向达：《西域见闻琐记》，《文物》，1962 年第 7—8 期，第 35 页。

浊馆”（亚依德梯木）、“谒者馆”（穷梯木）等馆驿的故址。[1]

巴楚县托库孜萨来古城（图 21.18），位于巴楚县东北柯坪山派生的一座孤立的石岭上，为唐代据史德城故址，喀什噶尔河流贯其南。喀什噶尔河上游主支称克孜尔河（意为红河）。这一地理位置与《新唐书·地理志》所记“据史德城，龟兹境也，一曰郁头洲，在赤河北岸孤石山”[2]的地理特征可以完全统一。

古城遗存仍可见内外两重，依山势而铺展。伯希和曾经在这里发掘，得到了十分丰富的唐代佛教文物。新疆考古工作者 20 世纪 50 年代也曾在这里进行发掘，发现了自南北朝到唐宋时期的大量文物，如佛教塑像，唐代汉文文书，古龟兹文书，丝、毛、棉织物，以及南北朝时期五铢钱铸范。关于托库孜萨来城的年代上限，最近有学者提出应早到汉，认为

图 21.18　巴楚托库孜萨来古城（局部）

1　柳晋文：《巴楚—柯坪古丝道调查——兼述“济浊馆”、“谒者馆”之地望》，《新疆文物》，1985 年第 1 期，第 17—19 页。

2　《新唐书·地理志七下》第四册，第 1150 页。

它是疏勒王国的盘陀城，一度作为疏勒王国的都城。[1]但从出土文物分析，相关文物似乎均较汉代为晚。

在古城南郊、东郊 2 公里左右，发现过大型佛教寺院，俗称“图木休克”。佛教塑像具有浓烈的犍陀罗艺术风格。

自据史德城向西进入疏勒故城，丝路中道基本依傍喀什噶尔河西行。与今天的公路线比较，已偏南 40 公里左右。这段路途中，迄今，只进行过十分一般的调查。据已刊资料，在据史德故城以西，乌库麻扎塔格以东一处遗址上，发现过南北朝以后的玻璃器碎片，在伽师县英阿瓦提、喀拉墩，发现过唐代前后的佛像。在谢尔托胡拉遗址，发现过不少玻璃器残件。在喀勒呼其农场，发现过佛塔，傍近数公里，有烽燧遗址。在英吾斯坦，笔者 1978 年进行调查，见过多处聚落、烽燧。从这些遗存，可以大略把握，唐代由据史德城向疏勒行进的路线，主要是在喀什噶尔河左右。[2]

疏勒王国居帕米尔高原东麓，在丝绸之路中道上地位冲要。至此，不论西行、南走，均可穿越葱岭而进入中亚西部、南亚大地，迈向广阔的西部世界。只是考古工作较为滞后，已获考古成果远不足以展示它在丝路上曾经踞有的重要地位。

汉、唐时期疏勒王国的都城，位置大概就在今天的喀什市。它背依大山，周围环克孜尔河，与唐代史籍记述的地理形势相当切合。

自疏勒北走 12 公里，为卡克玛克河。在卡克玛克河南岸峭壁，有东西一列佛窟三座，俗称“三仙洞”。塑像、壁画残迹，显示着魏晋时期特征。

佛窟之南、东，为一大处古代遗址。遗址区内，出土过具有早期特征的梵文贝叶经，惜残碎过甚，无法通识。其他如佛像之手、眼、衣纹，

1　梅邨：《疏勒考古九十年（上）》，《文物天地》，1990 年第 1 期，第 23—27 页；梅邨：《疏勒考古九十年（下）》，《文物天地》，1990 年第 2 期，第 24—28 页。

2　喀什地区文物普查队：《喀什地区文物普查资料汇编》，《新疆文物》，1993 年第 3 期，第 1—112 页。

表明曾有被毁的佛寺。一件具有贴塑人面像的三耳红陶瓮，显示了公元3—4世纪犍陀罗艺术风格，表明了和贵霜等地曾有的联系。而顺卡克玛克河谷西走，过托云，可以比较方便地到达安集延。自古迄今，这都是疏勒西去中亚西部的一条捷径。

自喀什斜向西南，可抵乌帕尔绿洲。这是古代疏勒王国境内一处名胜，水足林密，位置冲要。在绿洲西缘，乌布拉特村西一处河谷台地上，笔者曾发现过一处淹没在洪积土下的方形城堡，边长约近80米。城毁于火，据出土文物风格及^{14}C测定，古城活跃在3世纪前后。[1] 自古城西走，可抵乌恰，进入安集延。

乌帕尔绿洲，背依艾斯热提毛拉山。笔者在这里调查时发现过多处佛教遗迹，塑像多已毁碎，往往只见衣褶、手指、眼睛等碎残部分。山下为穆罕默德·喀什噶里陵墓。陵墓重修，地下发现过不少的梵文贝叶经，与山上佛像残件可以互相补充，说明这里也曾是重要的佛寺遗址。[2]

自乌帕尔斜向西南，可渐入帕米尔山地。

自喀什西北走，经乌恰，也有径路入安集延。1959年，在今乌恰县西北一处荒山石缝中，曾发现波斯银币947枚、金条13根，共重1330克。[3] 出土地点属天山南支，地接帕米尔。山谷幽深，傍依溪谷。而自此西行，经斯姆哈纳，即可进入吉尔吉斯斯坦奥什、乌兹别克斯坦安集延。

在喀什市南郊，有艾斯克沙尔古城，虽大部已遭破坏，但残存土垣，仍高及3米。一般均认为这当是汉代疏勒王国之乌即城。[4]

喀什东郊，伯什克然木乡东北有罕诺依古城。比较一致的结论是其为黑汗王朝的东都。城内曾出土过大量黑汗王朝钱币、波斯银币。公元10世纪，黑汗王朝萨图克·布格拉汗，首先皈依伊斯兰教，对伊斯兰

---

1 新疆社会科学院考古研究所：《新疆考古三十年》，第40页。

2 所见贝叶经，后收存于喀什文物保管所。

3 李遇春:《新疆乌恰县发现金条和大批波斯银币》,《考古》,1959年第9期,第482—483页。

4 武伯伦：《新疆天山南路的文物调查》，《文物参考资料》，1954年第10期，第81页。

教在新疆的本土化发挥过不可估量的影响。[1]

与罕诺依古城邻近，是以摩尔佛塔为标志的一处宏大佛教寺院，可以在一定程度上表现古代疏勒王国曾经有过的佛教文明。[2]

三　北道

这里的“北道”，系指自敦煌过伊吾、入天山北麓西走，最后进入碎叶的干线。这是一条十分重要的古道。西汉以前，匈奴右部控制新疆地区，主要基地就在水草丰美、宜牧宜农的巴里坤草原。自巴里坤到伊犁河谷、碎叶城，这一交通干线的开辟，不仅与汉、唐王朝的努力密切相关，与匈奴及其他一些古代游牧民族的努力，也存在密切关联。

为顺利使用这条自然地理条件比较理想的交通线，汉王朝政府曾进行过持续的努力。但它成为沟通黄河流域与中亚广大地区联系的干线，则是在隋唐时期。隋在哈密设伊吾郡，唐在哈密置伊州，并在此驻军屯田，以保证丝路交通安全。

自河西走廊出星星峡，在苦水、烟墩、长流水、大泉湾、黄芦岗、一棵树、墩墩湾等处，仍可见到可能是明清时期的戍堡。这些遗址，时代稍晚，但驼、马交通对自然地理条件的依赖，基本一样，由此可以大概看到古代自河西走廊到哈密驿道的径路走向。

笔者曾于 1983 年四五月间，自乌鲁木齐出发，沿天山北麓东行，至巴里坤后穿天山松树塘大阪至哈密，复自哈密沿天山南麓西走，探寻古伊州至西州间的历史遗存。至七角井后，西北走入羊肠子沟，入色必口，至木垒，驱车 3000 多公里，对丝绸之路在天山南北存留的

1　喀什地区文物普查队：《喀什地区文物普查数据汇编》，第 13—14 页。

2　喀什地区文物普查队：《喀什地区文物普查数据汇编》，第 13—14 页。

史迹进行了比较认真的踏查。[1]

自哈密进入天山北的巴里坤草原，古代主要是翻越天山松树塘大阪。这是纵穿天山的一条谷道。自哈密南山口至巴里坤口门子，谷道长达 24 公里。山道曲折回环，泉流奔涌，左右松林密布。进南山口不远，一块巨型漂砾，汉、唐、清三朝刻字集于其上。（图 21.19）清刻“焕彩沟”三个大字，远远可见。其南，认真辨读，可见“唯汉永和五年（140）六月……”等汉刻隶字，在“焕彩沟”三字下，依稀可见有“唐贞观十四年（640）六月……”刻字残迹。山北，也出土不少汉代碑石，目前分别收存在巴里坤文管所、乌鲁木齐新疆博物馆中，十分清楚地提示了汉代以来，入唐及清，这条古道一直是兵家必争之地。在军事上具

图 21.19　巴里坤草原南山口“焕彩沟”石碑

1　王炳华：《天山东段考古调查纪行（一）》，《新疆文物》，1987 年第 3 期，第 24—32 页；王炳华：《天山东段考古调查纪行（二）》，第 1—11 页；王炳华：《天山东段考古调查纪行（三）》，1988 年第 4 期，第 28—34 页。孙进己、孙海主编：《中国考古集成（西北卷 · 甘肃省 青海省 新疆维吾尔自治区）综述（二）》，第 767—791 页，中州古籍出版社，2000 年。

有重要地位。这条穿越天山的谷道，是哈密地区交通天山南北的要隘。[1]

巴里坤草原，古属蒲类。这里水足草茂，夏天不热而冬天不冷，是十分理想的牧业基地，也是蒙古高原交通西域大地的重要前哨站。汉与匈奴争西域，巴里坤曾是一个焦点。除上述永和五年汉碑外，巴里坤发现过汉永和二年（137），敦煌太守裴岑大败匈奴呼衍王的记功碑。[2]近年，又发现过永元五年（93）任尚记功碑，都透露着这段历史的消息。[3]唐代统一西域，同样把在军事上控制巴里坤草原作为一个重要环节。唐设伊吾军，其重要任务是防突厥、卫北道，同时进行屯田生产。吐鲁番出土文书中，有多件涉及伊吾军屯田的资料。屯田收获，除保证自身需要外，还要上交伊州、北庭都护府，满足军政之需。伊吾军的驻地，就在巴里坤县大河乡的大河古城。[4]古城周长 1140 米，残高 10 米左右，曾出土过大量唐代文物。（图 21.20）古城附近地区气温高，地势平，水利好，宜于农业生产。直到今天，这里仍然是哈密地区主要的农业生产基地。

自巴里坤草原，缘天山北麓西行，沿途古烽相望。更西行，过色必口、大石头、沙河子、三十里大墩、三个泉，入木垒河谷，抵木垒城。沿途同样可以见到主要是清代的烽墩、清代以前的戍堡。

木垒县，值得注意的古城遗址有新户、英格堡、木垒古城。新户古城居天山北麓木垒河畔，古城为长方形，280 米 ×200 米，出土过不少西辽时代陶器。英格堡居木垒西去奇台的大道上，古城略近方形（300 米 ×280 米）。出土文物除辽元时期陶器外，多见察合台汗国银币。地

1 马雍：《新疆巴里坤、哈密汉唐石刻丛考》，《出土文献研究》第一册，第 196—203 页，文物出版社，1985 年；马雍：《西域史地文物丛考》，第 16—23 页；王炳华：《新疆访古散记》，第 105—109 页。

2 王树楠：《新疆访古录》，《中国西北文献丛书续编·西北史地文献卷》（第六册），第 3—4 页，甘肃文化出版社，1999 年；王炳华主编：《新疆历史文物》，第 46 页，新疆美术摄影出版社，1999 年。

3 马雍：《新疆巴里坤、哈密汉唐石刻丛考》，《出土文献研究》第一册，第 196—199 页；马雍：《西域史地文物丛考》，第 16—19 页。

4 王炳华：《近年新疆考古所见唐代重要史迹》，第 431—434 页。

图 21.20 巴里坤县大河乡伊吾军驻地故址

控水草湾子入天山隘道，更前可至吐鲁番盆地。木垒古城傍木垒河谷。城墙依地势变化展开，略近方形，地理位置冲要。从地理形势分析，或与唐独山守捉城有关。距木垒县城不远的东城乡，曾出土过大量动物饰牌，如野猪与马互斗、野猪纹、虎形纹等青铜牌，具有匈奴民族文化特色。[1]

奇台县境，与丝路关系密切的遗迹颇多。傍奇台县城而在的奇台古城，依水磨河，东西 235 米、南北 400 米，周长约 1300 米，从出土文物分析，主要是唐代遗存。有学者认为它是唐蒲类县故址所在。“奇台”，似“契丹”之音转。宋代，当为“西辽”之重镇。临准噶尔沙漠边缘，另有古城一座，俗称“北道桥古城”。城垣方形，周约 600 米，控扼自蒙古高原、北塔山入天山北道的咽喉。自阿尔泰入天山北麓一线，这里也是一处隘道。[2] 应是唐代“回鹘路”上的重镇——郝遮镇故址。

---

1 王炳华：《天山东段考古调查纪行（三）》，第 28—34 页。

2 王炳华：《天山东段考古调查纪行（二）》，第 24—32 页。

奇台县半截沟乡麻沟梁“石城子”古城，依山傍涧，控扼进入天山的隘口。古城东、南为峭壁深涧，西、北面筑土垣。北墙长 280 米、西墙长 155 米。城址范围内出土了大量汉式灰砖、云纹瓦当、绳纹板瓦、筒瓦及汉式绳纹盆、罐之类，文化内容单纯。古城之兴、废，只能在汉代。结合地望、形势，当为东汉疏勒城故址，是柳中过天山入金满途中的要站。[1]

自奇台缘天山山前地带，过营盘滩、碧流河、吉布库、东湾、中渠，途程 75 公里，抵吉木萨尔县。沿途存在不少时代相当于唐代或更早的石堆墓，[2]标示了古代居民聚落、交通路线的实际情形。

吉木萨尔县，是天山北道一线中文物荟萃之处。北庭大都护府所在的北庭故城，就在县北 10 公里。故城西郊近年发掘出土高昌回鹘佛寺，还有北庭故城周围的戍堡烽驿，都显示着丝道的痕迹。

北庭故城略呈长方形，夯筑，内外两重。外城周长 4596 米，见角楼、马面、护濠，现存遗迹是唐、回鹘高昌至元代的遗存。内城周长 3000 米。城区内陆续出土过大量唐印、唐代钱币、陶质下水管道、铜器、瓷器及多量陶器、砖瓦等，瓦当形制与唐代长安所出文物近似。[3]

位于古城西郊的“西大寺”，是高昌回鹘王室寺院。遗址面积约 3000 平方米，北为正殿，南为庭院、配殿。配殿中残存塑像壁画，贴金妆彩，富丽堂皇。绘画回鹘王族供养人并见回鹘文题记，是研究当年回鹘佛教信仰、绘画艺术、世俗生活的珍贵资料。[4]（彩图十三）

北庭故城与吐鲁番盆地高昌、交河城，隔天山相望，联系密切。汉代车师前、后部，唐代西州、庭州，回鹘高昌王国夏都、冬都，分置在吐鲁番、吉木萨尔，都必须穿越天山峡谷来往。人们称这条丝路支线为“他地道”，“金岭道”。自北庭故城南行，沿着现代翻越天山的线路

---

1 王炳华：《天山东段考古调查纪行（二）》，第 24—32 页。

2 王炳华：《天山东段考古调查纪行（二）》，第 24—32 页。

3 中国社会科学院考古研究所新疆队：《新疆吉木萨尔北庭古城调查》，《考古》，1982 年第 2 期，第 165—175 页。

4 中国社会科学院考古研究所新疆队：《北庭高昌回鹘佛寺遗址》，辽宁美术出版社，1991 年。

踏查（翻越天山大阪，受自然条件局限很大，古今道路，往往不变），沿线可见古城遗址三处："贼疙瘩梁"古城、卡子湾古城、水西沟古城。进入天山石窑子大阪，还见古代石冢。这些遗迹，显示了北庭、高昌之间交通往来的实际。[1]

自北庭古城西走，距离约 20 公里，见双河古城。城傍双河水。古城长方形，南北长 125 米，东西宽 85 米，城墙残高约 3 米。夯筑，夯层厚 7 厘米上下，城址内陶片显示唐代风格，一件枣形蚀花玻璃器，亦为唐代文物。

自双河古城堡向西行，距约 22 公里，为"八家地古城"，左右傍河道。城堡长方形，南北长 280 米，东西宽 135 米，墙宽 10 米，残高达 3 米，外附马面。夯筑，夯层厚 10 厘米上下。其南，相去约 2 公里，为又一 70 米 ×80 米遗存，遗存中部为一相当高大的圆形建筑遗迹，直径约 15 米，残高达 3 米。遗址内外，随手即采集得唐开元钱五枚、玻璃器片、铜带饰及铁炼渣、窑流等，当为与古城相关的一处冶炼遗存。[2] 自"八家地古城"西行，北庄子、阜康市六运、米泉县下沙河，都还可以见到古代城堡、大型遗址，清楚表明了古道行进的方向。《新唐书·地理志》"北庭大都护府"条下，称"自庭州西延城西六十里有沙钵城守捉，又有冯洛守捉，又八十里有耶勒城守捉，又八十里有俱六城守捉，又百里至轮台县，又百五十里有张堡城守捉……"[3] 相关记录与双河、八家地、北庄子、六运、下沙河以至昌吉古城堡联系分析，颇相切合。遗憾的是至今未对相关小型城堡进行考古发掘，无法将它们与文献记录中的古址作进一步具体联系。

上引《新唐书·地理志》中的"轮台县"，在丝路北道上，是一个十分重要的所在。《新唐书·西域传》"焉耆"条，文称"诏焉耆、龟

1 王炳华：《天山东段考古调查纪行（一）》，第 1—11 页。

2 王炳华：《天山东段考古调查纪行（一）》，第 1—11 页。

3 《新唐书·地理志四》第四册，第 1047 页。

兹、疏勒、于阗征西域贾，各食其征；由北道者轮台征之”[1]。轮台在丝绸之路北道上居于十分重要的地位，由唐玄宗在公元8世纪初下达的这一诏文，表现得十分清楚。目前的关键问题是，唐代轮台，与汉、清均异。[2]它究竟坐落在什么地方，是一个需要究明的问题。近年，新疆历史地理学界，对此曾多次讨论。目前，比较倾向一致的结论是在乌鲁木齐南郊。依傍乌鲁木齐河谷东岸的乌拉泊古城，当为唐轮台故址所在。[3]（图21.21）它正当吐鲁番盆地与乌鲁木齐交通联络的大道，是唐代丝绸之路中道与北道交通联络的要隘。古城废址仍存，略近方形，南北约550米，东西约450米，夯筑。城四角见角楼遗迹，四墙外见马面。城内北部见子城。地理位置、城墙构筑工艺、子城设置等与唐轮台作为军城及在丝路交通北线的地位，相当切合。[4]如是，公元8世纪，丝路中道、

图21.21　唐轮台故城遗址

1　《新唐书·西域传上》第二〇册，第6230页。

2　汉代、清代轮台，可以肯定，在今天山南麓轮台县境。唐代轮台，与汉代轮台，不居于一处。文史学界，过去多有混淆。

3　徐百成编著：《轮台丝路今觅处》，第140页，新疆大学出版社，1996年。

4　孟凡人：《唐轮台方位考》，《北庭史地研究》，第96—112页，新疆人民出版社，1985年；陈戈：《唐轮台在哪里》，《新疆大学学报（社会科学版）》，1981年第3期，第46—53页。

北道有一个重要的变化，就是中道上的西州，穿过白水涧道，进入轮台，沿天山北麓入伊犁河谷弓月城，成为一条重要干线。

自米泉下沙河古城向西，或自乌鲁木齐乌拉泊古城向北，均可抵昌吉。昌吉市区见古城一座，城内曾出土大量察合台汗国时期银币。学界一般都认可，这处城址应为唐代张堡城守捉故址，入元，名“昌八剌城”，[1] 在丝路北道上，自然也是一处要站。

自昌吉西北行，有两条路线可入伊犁地区。其一，自精河斜向南行，入天山，进入巩乃斯河谷。继续西走，入伊犁河谷地；其二，自精河过赛里木湖，入天山果子沟，进入伊犁河谷地。成吉思汗西征，后者是一条主要通道。

丝绸之路北道，进入伊犁后，其经济中心是在“弓月”。弓月城，曾是西突厥汗国的一处重要政治中心。唐代统一西域大地后，这里成了丝路北道上一处十分重要的交通、贸易中心。对弓月在丝路北道上这一经济贸易地位，过去人们并未关注。自吐鲁番阿斯塔那出土了一批有关弓月城胡商曹禄山状告汉商李绍谨的文书后，弓月城在丝路交通、贸易中不一般的地位，引发了人们广泛的关注。相关文书共见八残件，经过整理，可大概把握这一事件的原委：唐乾封二年（667），粟特商人曹禄山之兄曹延炎与汉商结伴，自长安至安西（今库车地区），穿越天山到了伊犁地区之弓月城，同行者还有胡商曹果毅、曹毕娑。唐总章三年（670），李绍谨因商业经营，在弓月城向曹延炎借“二百七十五匹绢”。其后李绍谨又与曹延炎结伴“从弓月城向龟兹”，途中曾遇安西使者四人。但曹延炎后来未出现在龟兹。而曹果毅及曹毕娑这两个关系人又自弓月“向已西去”，这过程中，李绍谨又与曹禄山一道从龟兹到了高昌。曹禄山因一直不见其兄曹延炎下落，内心不安，有十分强烈的疑虑，所

1 新疆维吾尔自治区社会科学院考古研究所：《昌吉古城调查记》，《文物资料丛刊（4）》，第 218—222 页，文物出版社，1981 年。

以在高昌状告了李绍谨。[1]从这些保留至今的唐代司法案卷中，可以清楚看到：伊犁地区的弓月城，当年确是丝路贸易活动中一处重要中心，汉商李绍谨一次就可以从粟特商人曹延炎处举借绢二百七十五匹，在此集中的丝绸商品，看来数量是相当巨大的；从长安经过安西到弓月，汉商、胡商相继于途；粟特胡商在丝路贸易中是主要角色，他们的重要中心地之一就在弓月。自此东去长安，南向龟兹，西往中亚两河流域，都相当便利。[2]

关于弓月城之故址，相关论述不少，如阿力麻里、吐鲁番圩子古城、巩乃斯古城等，均在人们的视野之中。[3]在没有考古资料提供直接证明前，关于弓月城故址的今地，看来一时还难以解决。但它在伊犁地区，当是可以肯定的。通过上引弓月城相关丝绸贸易的唐代文书，唐代伊犁地区在丝绸之路北道上曾具有十分重要的地位，是可以充分肯定的。

北道到弓月，自弓月抵达碎叶，西去亚洲西部、欧洲，是一条坦途。

这几条据历史文献及考古遗迹连缀起来的交通路线，只是几条主干道，在这几条运输动脉之间，诚如《隋书·裴矩传》所述，“亦各自有路，南北交通”[4]。当年的丝路交通线，可以说是如同纵横交错网络。大大小小的绿洲聚落基本都可与丝绸之路程度不等地联系在一起。这里我们拿唐代设置在吐鲁番绿洲的西州作例。西州，除作为中道上的枢纽而交通东西外，以其为中心，还有翻越天山抵达北庭等广大地区的“他地道”“乌骨道”“花谷道”“移摩道”“萨捍道”“突波道”，有斜向西北，进抵乌鲁木齐地区的“白水涧道”，入苏巴什沟进入焉耆盆地的“银山道”；穿行天山乌拉斯台，进入巩乃斯河谷的山道等。可以说

1　国家文物局古文献研究室等：《吐鲁番出土文书》第六册，第470—479页，文物出版社，1985年。荣新江：《西域粟特移民聚落补考》，《吐鲁番学新论》，第460—461页。

2　荣新江：《西域粟特移民聚落补考》，《吐鲁番学新论》，第460—461页。

3　李志常述，王国维增订：《长春真人西游记校注（卷上）》（民国刊本，香港大学图书馆藏），第24页下；岑仲勉：《弓月之今地及其语原》，《西突厥史料补阙及考证》，第186—193页，中华书局，1958年；王明哲：《吐鲁番出土有关弓月城文书初析》，《西域史论丛（第一辑）》，第171—181页，新疆人民出版社，1985年。

4　《隋书·裴矩传》第六册，第1580页。

每条能够穿越的山谷均得到开发利用，四通八达。

以吐鲁番盆地为中心，四向辐射的古代交通路线，表现了唐代丝路的实际，与之相类的情况，在其他较大的西域文明中心当是同样存在的。

三道之间

既见于历代文献，也可与相关古代城镇遗址相呼应的丝绸之路新疆段，不论是沿昆仑山北麓，还是天山南、北麓西走的南、中、北三道路线，以及它们在历史长河中的变化、沉浮，已略如上述。

认真思考上述三条交通干线，可以清楚地得出结论，在其开拓、发展的过程中，不仅深受自然地理因素的制约，更受到不同时段内政治、军事形势的影响。后者在特定情况下，对路线的变化发挥着更大的，有时甚至是决定性的作用。

只是这一概括，实际是站在中原王朝的角度，对奠基在黄河流域的政治中心与南亚、西亚古代政治、经济中心间交往路线的总结，对西域大地三条干线之间（也就是众多经济实体之间）如何交通，却未予关注。这对剖析丝绸之路新疆段在历史上的运行实际，不能不是一大缺憾。

这一问题，隋代裴矩（547—627）已关注到了。隋炀帝时，“西域诸蕃，多至张掖，与中国交市”。杨广任命了一名知道自己“勤远略”方针，而且善于管理的裴矩，至张掖主持其事。裴矩利用这一有利条件，与抵达张掖的“诸商胡”倾心交接、联络，“令言其国俗山川险易”。最后撰成《西域图记》三卷，详述了“发自敦煌，至于西海”的三条交通干线及其相关“襟带”，得出“其三道诸国，亦各自有路，南北交通”

的结论。[1]

但《西域图记》早已失佚。在近年国际关注的丝路研究热潮中，三道之间的交通往来，除殷晴先生有过一次探讨外，[2]确还是学界涉猎不多的一个领域。

亘阻南、北道之间的，是东西长约 1070 公里、南北宽约 410 公里的塔克拉玛干沙漠，在约 33 万平方公里的范围内，几乎全为沙丘覆盖，不仅极端干旱，而且风沙活动频繁，要穿越这样的沙海极为不易。但是，源自昆仑山、喀喇昆仑山下泄的和田河、克里雅河，夏日水势盛大时，是可以纵贯沙漠南北与塔里木河连通的，今天流程稍短、水量稍少的策勒河、尼雅河，古代流程也远较今日为长，可以深入塔克拉玛干沙漠腹地。沿河谷行进，虽不足以直接交通南北，但也可为此提供一点方便。汉、晋时期（公元 5 世纪以前），尼雅河水系内的精绝王国，活动中心在距今昆仑山下民丰绿洲以北约 120 公里的沙漠中，北面是浩渺无际的沙漠。但精绝居民，在十分迫切的需要面前，还真可以排难涉险，穿过沙漠，走到天山南麓的龟兹。尼雅遗址中出土的佉卢文，曾记录了一件事：叶吠地方的陶工詹左的儿子沙迦牟韦，有妻室儿女，却与黎帕那的妻子善爱有了婚外恋情。两人抛弃家庭，从塔克拉玛干南缘的尼雅私奔到了天山脚下的龟兹绿洲。[3]这自然是冒着生命危险穿越了塔克拉玛干沙漠的，表明了沙漠南北实际可以交通往来。与此可以呼应，是公元 4 世纪末、5 世纪初，法显去印度，离开天山南麓的焉耆后，也是纵穿塔克拉玛干沙漠，到了昆仑山北麓之和田的。[4]从沙迦牟韦到法显，实际都是穿越了塔克拉玛干沙漠。这两个例子虽属个案，但清楚表明了实际生活中确有需要时，穿越沙漠、交通南北的可能。

纵穿塔克拉玛干沙漠的古道，主要是依凭和田河谷，自和田通达今

---

1 《隋书·裴矩传》，第 1578—1580 页。

2 殷晴：《古代新疆的南北交通及经济文化交流》，《新疆文物》，1990 年第 4 期，第 111—128 页。

3 林梅村：《沙海古卷：中国所出佉卢文书（初集）》，第 141—143 页。

4 贺昌群：《古代西域交通与法显印度巡礼》，第 38—39 页，湖北人民出版社，1956 年。

阿克苏地区。这条道路，自汉至今，历代均见文献记录。《汉书·西域传》“姑墨国”条，称“姑墨，南至于阗，马行十五日”。[1]北魏郦道元《水经注·河水篇》，有相类文字记录：“姑墨川，水注之，水导姑墨西北，历赤沙山，东南流经姑墨国西，治南城，南至于阗，马行十五日。”[2]《新唐书·地理志》称：“自拨换南而东，经昆岗，渡赤河，又西南经神山、睢阳、咸泊，又南经疏树，九百三十里至于阗镇城。”[3]《新唐书》的记录引自贾耽的《边州入四夷道里记》，是当时的实际调查资料，应表现着唐代自拨换（今阿克苏）沿和田河南行穿越塔克拉玛干沙漠的情况，其间的“神山”，故址在今和田河下游玛扎塔格山，古代城堡仍存。“赤河”“咸泊”“疏树”遗址所在，目前无法确指，但途中有这么一些具体指称的站点，可以表明，当年这条路，是路线大概明确，也可能存在路政管理的。唐“九百三十里”，合450公里左右。驿程马行十五天，一天30公里左右，是比较正常的速度。

这条道路，宋代仍然通行。北宋乐史编撰的《太平寰宇记》中的相关记录是：“又从拨换正南渡思浑河，又东南经昆冈、三乂等守戍，一十四日程至于阗大城约千余里。”[4]

与此同时，保留至今的敦煌写本《西天路竟》，也说“……割鹿国（姑墨），又西南行十日，至于阗国”。[5]说明至宋代，这还是可以穿越、也有人穿越的一条路线。

这条南北向通路，直至近代仍是民间使用的一条路线。1929年黄文弼由沙雅至和田，走的就是这条路。[6]在杨增新主新时期，还曾派人实际勘察，并计划沿河设驴站、马站，在塔里木河设渡船，认为开通这条路线，实际缩短和田至阿克苏、龟兹间交通路线之半，“于军务政务

1 《汉书·西域传》，第3910页。
2 《水经注·河水》卷二，第87页上，中华书局，1991年。
3 《新唐书·地理志七下》第四册，第1150页。
4 《太平寰宇记》第七册，第3000页，中华书局，2007年。
5 黄永武主编：《敦煌宝藏》第3册，第285页，台北：新文丰出版公司，1986年。
6 黄文弼：《塔里木盆地考古记》，第42—45页。

图 22.1　玛扎塔格山戍堡烽燧遗址

商务均有裨益”。[1]

与上引文献可以呼应的是遗迹犹存的和田河下游玛扎塔格山上的一座古代戍堡及相去约 50 米的古烽燧（图 22.1）。剖析相关烽、戍，构筑工艺不一，可以肯定不是一个时代的遗存。其主体用材为土坯，但也见具有早期特征的胶泥土堆砌，这种胶泥土堆砌工艺可以早到汉，或较汉代更早，足见汉代在此，已筑亭、鄣。遗存最晚可能到伊斯兰教进入西域，与和田李氏王朝展开的宗教战争阶段，绝对年代已至公元 11 世纪前期。[2]

遗址中曾出土过汉文、吐蕃文、古和田文、阿拉伯文书，箭镞、陶器、木器、唐代钱币、龟兹小铜钱等，据以分析，唐代及唐中期以后吐蕃占领西域时段，曾是戍堡使用的高峰期，出土之吐蕃文书，有军事活动报告、要求补给武器等内容。作为军事戍堡，在吐蕃占领西域时期，其功能得到了充分发挥。

这里，需要说明两点：一是沿和田河穿行南北的路线，实际在无人沙漠中行进的里程，是没有四五百公里的。于阗古国汉唐时期的绿洲，要北入沙漠中一两百公里。塔里木河古道，也较今天的河床偏南。因此，

1　杨增新：《呈明拟开由库赴和小路以利交通文》，《补过斋文牍》（甲集下），第 212—216 页，台北：文海出版社，1965 年。

2　侯灿：《麻扎塔格古戍堡及其在丝绸之路上的重要地位》，《文物》，1987 年第 3 期，第 63—75 页。

远离人烟的沙漠行程，大概也就200公里左右。虽然这也是十分艰难的行程，但较之想象中的四五百公里，算是短得多了。

其次，这里提出真正没有人烟的沙漠行程，可能只在200公里左右，也有一个可以参照的事实。与和田河并列、居于和田河之东的克里雅河，同样源自昆仑山冰川，在7—9月的丰水期内，河水或可流贯塔克拉玛干沙漠。克里雅河绿洲，汉代时是与于阗并列、有力量互争雄长的打弥国。近年的考古调查、发掘，在古克里雅河下游，发现了不晚于西汉时期的圆沙古城（经纬位置为E81°34′90.5″，N38°52′23.6″），[1]城址以南距今天于田县绿洲近300公里，已越过塔克拉玛干沙漠腹心，再100多公里，就可抵达塔里木河了。较圆沙古城更早，在圆沙古城北约40公里、同处克里雅河尾闾，最近发现了一处青铜时代的墓地，地表特征与罗布淖尔地区小河墓地相同，这处墓地，距塔里木河已经不足100公里了（此据新疆考古所伊第利斯在2008年8月于《新疆通史》史前卷讨论会上刊布的资料）。较圆沙古城稍晚，在公元4—5世纪，克里雅河谷中心绿洲在喀拉墩，[2]向南退行达40多公里。在和田河东、克里雅河以西，更南约60公里，目前已沦入沙漠中，有唐代例谢镇故址丹丹乌列克。[3]在更东的尼雅河尾闾，较精绝国故址更北约40多公里，还新发现一处青铜时代遗址。[4]这些今天已经发现的古代聚落——丹丹乌列克、尼雅北青铜时代遗址、喀拉墩、圆沙城，与玛扎塔格戍堡一样，传达的十分强烈的历史信息是：自汉迄唐，在塔克拉玛干沙漠腹地，与和田河、克里雅河、策勒河、尼雅河有关，曾经存在过多处绿洲城镇，有城堡、佛寺，自然，它们曾经有力支撑、沟通过交通沙漠南北的路线。人类社会经济生活的需要，是一种不可阻抑的力量。纵穿塔克拉玛干沙漠的古道，很

1　中法联合克里雅河考古队：《新疆克里雅河流域考古考察概述》，《新疆文物》，1997年第4期，第1—12页。

2　同前。

3　萧小勇：《探索沙漠遗址丹丹乌里克》，《新疆文物》，1997年第4期，第13—19页。

4　张铁男、于志勇：《新疆民丰尼雅遗址以北地区考古调查》，《新疆文物》，1996年第1期，第16—21页。

生动地展示了这一真理。

天山南麓的“中道”与天山北麓的“北道”，是另一需要关注的问题。它们彼此交通往来，需要翻越天山大阪，或穿越天山峡谷。

天山，在新疆境内，东西延展达1760多公里，南北宽250—300公里，面积达46.4万平方公里，山地平均海拔4000米上下，最高峰高达7435米。天山东段，山体逐步降低，至喀尔里克山以东，渐隐没于戈壁之中。整个山系，为数列东西向断块山地组成，地理学界分别称之为“北天山”“中天山”“南天山”，山区冰川近七千条，总储水量达三千六百亿立方。因此，虽是峰峦叠嶂的高山，却包容着众多盆地。且水流丰富，草被如茵，自然成了古代游牧民族理想的活动天地，也为交通南北提供了最好的支持。

由于天山亘阻在准噶尔盆地与塔里木盆地之间，南北两大盆地形成了不同的气候、不同的地理环境、不同的物产，这又导致两大盆地间产生强大的互补要求。因此，穿越峡谷，翻越大阪冰川以沟通南北来往，几乎可以说是与人类生活共始终，出现得很早，只是在进入文明社会后，在政治、经济利益驱动下，这些早已自发存在的古代交通隘道，受到了更好的开发、建设，交通更为便捷了。

在上文说及北道路线时，曾多少涉及一点穿越天山的南北交通。如果进行一个总结性的概括，可以说：天山南北任何一处稍有实力的政治实体，无不努力利用天山中的断裂带、河谷形势，开拓、建设并逐渐完成了穿过天山、联络丝绸之路山南沙漠道与山北草原道间的交通支线，在历史上发挥过重要的作用。

这里，稍列比较重要、路线比较清晰的几条径道，作为实例，予以说明。

自哈密绿洲，翻越天山松树塘大阪，自汉迄唐，晚到清朝直至今天，一直是伊州与巴里坤盆地之间的重要交通路线。伊州，是中原王朝由敦煌入西域后，首先接触的最重要的一处绿洲。巴里坤盆地，东连蒙古草原，北接阿尔泰山地，西为准噶尔草原，是古代游牧民族活动的重要舞台。因此，自哈密至巴里坤的古道，经济、军事价值绝不同于一般。古道路线是从天山南麓“南山”口，到北麓“口门子”，循自然山谷而行进。沿途溪谷回环，泉水淙淙，松林、草场绵延不绝。

自伊州西行至西州（今吐鲁番盆地）。在伊、西路上，自天山南麓的罗护守捉西北行，入天山，可至天山北麓木垒县境独山守捉城。

进入吐鲁番盆地，据《西州图经》，南北向交通在唐代曾有六条山道，沟通着“西州”“庭州”间的往来。庭州是“北道”上的中心，西州，长时期是丝路中道上的经济枢纽。这一形势，早到汉代，晚到回鹘高昌时期，实际都是一样的：汉代，山南吐鲁番是车师前部王国，山北吉木萨尔为车师后部王国，原本就是一家。吐鲁番出土唐代文书中，不少是来去庭州、西州间进行市易的过所。北庭地区的面粉也在西州市易。唐代以后，高昌回鹘王国都城在高昌；而山北吉木萨尔地区则为其夏都所在。两地气候迥异，物产不同，经济上的互补性是很强的。

这六条记录在案的山道，目前并没有完全考察清楚。其中只有“他地道”经过多次踏查，已比较清晰。《西州图经》中记录“他地道”的路线是“右道出交河县界，至西北，自柳谷，通庭州四百五十里，足水草，唯通人马”[1]。从北庭入山的沿途情况，前文略有所及，而自吐鲁番交河古城西北行，入大河沿河谷，经红柳河（柳谷）、桃树园子。途中，发现过突厥石人。至石窑子大阪，大阪上岭秃山荒，少见树木，一座石砌古堡，断垣壁立，周围木栅。过大阪后，有一条长约 40 米、宽 1 米多的石“巷”，左右峭壁直插云天，现在人们称之为“石门”，是一处天然关隘。过石门后，有“六道桥”。高出山涧 20 多米的木桥，桥下水势急湍。大龙口河谷，有一土城，人称“贼疙瘩梁”，更北行，可直下北庭都护府所在的护堡子古城。[2]

宋太平兴国六年（981），王延德（938—1006）奉使回鹘高昌。

---

1 佚名：《西州图经》，第 698 页。

2 王炳华：《访古吐鲁番》，第 141—143 页，新疆人民出版社，2001 年。

到吐鲁番后，国王在山北避暑，不得不骑马自交河入天山，至金岭口、汉冢寨，过金岭，“度岭一日至北廷”。他留下的《西州使程记》（亦称《王延德使高昌记》）记述的沿途形势与今日所见地势基本一致。[1]

除“他地道”外，由高昌城向北，入木头沟，经七泉湖、黑沟，翻萨尔勒克大阪，可入山北奇台；从鲁克沁北行，入二塘沟，经碱泉子，翻沟川大阪，可抵木垒。这些沟谷，当是可以与《西州图经》记录在案的其他通道如“花谷”“移摩”“萨捍”“突波”“乌骨”等相联系的，但究竟哪一条山道可与唐代名称相契合，还是一个没有解决的问题。

西州，除有上述六条山道可与天山北部连通外，还有一条“白水涧道”，可以抵达北道上的轮台。“白水涧道”，《西州图经》保留至今的文字是“右道出交河县界，西北向处月巳西诸蕃，足水草，通车马”[2]。这条路沿白水涧西走，途中还保留着唐代白水镇城、烽燧，[3]更前，可以通达唐轮台县，将中道、北道紧密地联系在一起。由于沿途所经峡谷比较开阔，海拔低，出白水镇后，沿途草场连片，走马行车，均称便利，在穿过天山的十多条路线中，这条白水涧道，可以说是最近捷、路况最好、最重要的一条路线。

行文至此，有一个问题。这就是在《西州图经》中，只说从西州出发后，可通“处月巳西诸蕃”，根本没有提到“轮台”。判其原因，因为置轮台县，系在《西州图经》完成以后。所以《西州图经》只说出白水涧道后，通“处月巳西诸蕃”，不提轮台。而轮台县所以设置在目前这一位置，却确实与白水涧道在沟通中道与丝路北道上的重要作用密切关联。唐中期以前，中原王朝并没有能力完全、直接控制自西州至乌鲁木齐间的白水涧峡谷，因而路线不畅。唐开元中，西州、庭州均在唐王朝政府直接统辖之下，在白水涧道出天山北口，地近北道干线处设置轮台县，已不存在任何阻难。置轮台，既有军事上的需要，也有沟通丝路

1 王延德：《西州使程记》，《古西行记》，第 160 页，宁夏人民出版社，1987 年。

2 佚名：《西州图经》，第 698—699 页。

3 王炳华：《唐西州白水镇初考》，《新疆社会科学》，1988 年第 3 期，第 105—110 页。

中、北道联系这一运输需要。正因为这一点，今天观察丝路北道行进路线，在过阜康后，路线并不直接西向昌吉（昌八剌），而是折向西南，抵达轮台（今乌鲁木齐南），才又转进昌吉，形成了一个并不便捷、令人费解的拐角，[1]（图 22.2）留下了一个发人深省的现象。

由吐鲁番盆地西部托克逊（唐西州天山县）西入天山，过阿拉沟，入于尔都斯草原，沿巩乃斯河谷走，可以抵达伊犁谷地。这条山道，唐代文献未见记录，但近年在阿拉沟口发现的唐鹳鸽镇城故址，据城内出土的唐代文书，沟谷内有一系列烽台、游弈警卫安全，“给使首领康□□”的供给文书，说明它是唐代西州通达伊犁河流域的小道，在军事、交通上具有重要地位。[2]

自西州西行，为焉耆。古焉耆王国活动的舞台——焉耆绿洲，本来就是南天山与中天山间的一个山间盆地。自焉耆北入于尔都斯草原，至伊犁河谷，可以说没有任何隔阻。清朝文献关于自焉耆盆地西北进入伊

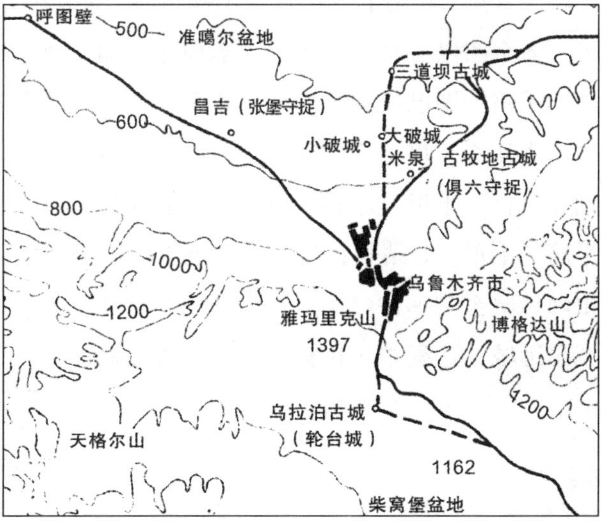

图 22.2　唐轮台县与丝路中、北道示意图

1　徐百成、程鸿远：《浅论唐代丝绸之路过天山路径》，《轮台丝路今觅处》，第 119—148 页。
2　王炳华：《阿拉沟古堡及其出土唐文书残纸》，《唐研究（第八卷）》，第 323—345 页。

犁的路程记录，[1]实际同样表现着汉、唐时期的情况。

龟兹，是天山南麓最大的绿洲，汉、唐时期的龟兹王国，经济、政治实力举足轻重，与天山北部交通联系紧密。西汉王朝和亲乌孙，往来取道龟兹，路线主要是由前述汉刘平国刻石所在的天山博者克拉格沟，北入于尔都斯草原，即可抵达伊犁河流域昭苏、特克斯盆地。自西突厥重镇弓月城进入龟兹，道路略同。

由龟兹地区北入伊犁，还有一条比较有名的山道：木素尔岭冰川道。这条古道，南起阿克苏温宿县境克孜布拉克，北入昭苏县的夏台山口。这条山道，南北两端均平坦易行，只是中间有冰川三十华里。过冰川时，由其东侧小路行进。历代文人描写路途中的冰峰雪岭，令人胆战心寒。由于这条路在清王朝统一战争中，转饷运粮，关系重大，留下的文字记录比较多。乾隆时期还曾御旨“应多派回人专责修治道涂冰雪”[2]。《新疆图志》对沿途情况也有比较朴素的记述：“冰桥道里记温宿至扎木台一百里，均系大路。扎木台至盐山口八十里，均平路行车。盐山口至可力峡一百里，中隔石山一座，不甚高峻，余均平路通车，中有大河一道。可力峡至图巴拉特六十里，中隔横流水沟三道，半山斜险石路二十里，余均平路。图巴拉特至瑚斯图托海四十里，均乱石险途。瑚斯图托海至塔木塔什八十里，途中乱石大河，水沟甚多，无好路。塔木塔什至黄草湖驿一百八十里。冰路一百里。中有冰梯雪路三十里，上山脊三十里，平路二十里，此站长且险。”[3]过此冰雪山路后，由黄草湖驿至阿仁墩，由阿仁墩至勺梯，勺梯至特克斯河、至和乐火依、至布噶乐、至坎尔、至宁远城，途程中多树林，平路，再无险途。“由温宿起至宁远止，共

1 《新疆图志·道路三》卷八十一：焉耆“城西北十五里太平渠，五里北大渠，七十里喀喇木墩，四十里垓布齐山口，六十里巴龙台，百四十里小裕勒都斯，三百里大裕勒都斯，二百里巩古斯达阪出境接伊犁东南支路”（第 343 页）。

2 《高宗纯皇帝实录（八）》卷六一三，《清实录三》第一六册，第 600 页，中华书局，1986 年影印本。

3 《新疆图志·道路三》卷八十一，第 347 页。

计一十四站，一千三百二十里。”[1]这虽只是清朝记录，但由汉至清，在基本运输工具（马、骡、大车）没有变化的情况下，利用天然山峡，穿越溪流，形势不变，路线当大概相同。中间，令人谈虎色变的冰川、凌山，实际就只塔木塔什至黄草湖驿一程，全路约九十公里，其中真正险恶的“冰梯雪路三十里”，据《戡定新疆记·归地篇》中介绍，实际是由“阿克苏冰岭之东，沿特克斯河”[2]行进的。椿园的《西域闻见录》，对此有文学化的描写，说是：“无土沙，无草木，在在皆冰，冰之厚薄，初不知其几何寻丈。层峦叠嶂，千仞攒空，巉巉如嵩华者，皆冰也。裂隙处下视，正黑不见其底。水流之声，澎湃如雷鸣人聚。驼马之骨横布其上，乃可置足。陡绝处，亦凿有冰蹬，陡峰攀援，滑聿万状。跬步不谨，辙落冰涧中。时闻冰裂，其声琅然，山谷相应。经其地者，人畜鱼贯而行，莫不惴栗。冰上皆石块、石子，小者如拳如栗，大者如屋如楼，往往有数丈大石，惟径尺冰柱支撑而立，人必于其下往来。”[3]放开想象，令人不寒而栗。其实，他在这段描写前还有一句话是：“人畜皆于山坡侧岭，羊肠曲径而过。”正常情况下，是并无虑碍的。否则，怎么会成为清代的驿路呢？

沟通天山南北的山路，比较重要的还有一条，就是翻别迭里大阪，抵达伊塞克湖的古道。《新唐书·地理志》叙述，从安西都护府西北行，“又六十里至大石城，一曰于祝，曰温肃州。又西北三十里至粟楼烽。又四十里渡拔达岭，又五十里至顿多城，乌孙所治赤山城也”[4]，继续前行，至热海、碎叶城，抵达坦罗斯。从《新唐书·地理志》，可以肯定，这是安西都护府通达中亚名城碎叶、坦罗斯的干线。历史地理学界均认同唐代“温肃州”就在今天的乌什县。“拔达岭”，就是今天习称的“别

1 《新疆图志·道路三》卷八十一，第 347 页。

2 《戡定新疆记·归地篇》卷六，《中华文史丛书之一〇四》，第 209 页，台北：华文书局，1969 年。

3 （清）椿园：《西域闻见录·回疆风土记》卷七，《清抄本林则徐等西部纪行三种》，第 207—208 页，全国图书馆文献缩微复制中心，2000 年。

4 《新唐书·地理志七下》第四册，第 1149 页。

迭里山口”。李健超教授，为一探唐“凌山道”究竟，曾于1980年夏，骑行至别迭里山口，直接观察山口交通形势，认为玄奘经行的“凌山”与木素尔岭冰川形势迥异，而与别迭里山口形势多暗合处，因此，唐代“凌山道”实即拔达岭山道。[1] 这是一个学界多有关注的问题。笔者也曾对这一路线进行过踏勘。我们从乌什县城出发，沿托什干河谷西偏南行，至牙满苏，折向西北，进入天山山前冲积带，地势渐高，砾石纵横。30公里后，至别迭里河口，发现一座古烽。沿河谷上行约50公里，为又一古烽（经纬度为E78°44′22.2″，N41°07′4″），残高仍达7米，底周略近方形，10米×13米，顶部8米×4米。保存尚好。从暴露之遗迹，可清楚见出，主体为一层夯土（夯层厚12厘米）、一层砾石，其间夹木骨红柳（厚10厘米左右）。后期，在夯土台基四周又砌以卵石，形成石质防护层。烽台顶部尚存木炭、炭灰。

自这一古烽上行，5公里后为又一古烽。烽顶尚存木杆数根。更上行，10多公里，可以翻越大阪。这一形势与先至“栗楼烽”，又四十里后“渡拔达岭”的记录，完全契合。

为判定古烽绝对年代，曾取第二座古烽内层之夹木，进行^{14}C测年，结论为去今1645±90年。建筑年代大概在公元3—4世纪。[2] 拔达岭古道，汉代以来一直是塔里木盆地西北向碎叶的隘道，与古道相关的保卫设施早有设置，古烽建于3—4世纪，或在这一时段增修、加固，并不令人费解。通过这条古道，交通来去，虽也有地势高寒之难，但较之木素尔岭冰川，便捷得多。

东西绵延达1700多公里的东天山，横空出世，将新疆大地分隔成自然地理有别、经济生产不同的两盆地，山南山北，形势迥异。但是，社会需要的力量，经济生活互补的要求，是强大的。人类在这一需要的驱动下，又硬是踏破铁鞋觅得各处地势稍低、方便跨越的大阪和自然断

---

1 李健超：《唐代凌山地理位置考》，《汉唐两京及丝绸之路历史地理论集》，第417—425页，三秦出版社，2007年。

2 王炳华：《近年新疆考古所见唐代重要史迹》，《唐研究（第一卷）》，第438—440页。

裂的峡谷，将山南、山北——所谓的丝绸之路“中道”“北道”深深地联系在了一起。裴矩深谙这一形势，说“三道诸国亦各自有路，南北交通”，总结得贴切而准确。使我们可以体会到，丝绸之路作为亚欧内陆经济、文化交流的路线，切合时代、沿线国家、人民的要求，凡有居民集群活动处，就会有不同的交通线路，将之联系在一起。丝绸之路，在实实在在的历史生活中，它绝不只是几条干线，它是一个有主干、有支线的网络，将沿线大大小小不同民族的政治、经济实体，或紧或疏地联系在一起，这是丝绸之路交通往来的真实面目。

丝绸之路考古几点新收获

新疆，作为丝绸之路沙漠道上不可回避的重要路段，地上地下，保留了许多足以展现当年丝路历史面目的珍贵遗物。一个世纪以来，尤其是近几十年的新疆考古工作中，有不少新的收获，可以在一定程度上说明“丝绸之路”在沟通亚欧经济、技术、文化思想交流中，曾经有过巨大贡献，它为人类文明进步、发展做出的奉献，是怎么估价也不会过分的。虽然，这些有幸出土，并已被认可的“丝路遗珍”，与当年实际存在的十分丰富的社会生活相比，只能算是片鳞只爪，肯定不足以表现全貌。但一斑窥豹，这些细节总还是可以使我们的认识得到深化。凝集其上的文化精神，自然应该充分阐发、继承。现择其主要者，略予介绍。

一 丝绸织物、丝织工艺西传

在出土的足以表现丝路内容的珍贵文物中，首推丝绸：出土数量大，品种多，地域广，时代延续长。这十分有力地表明，在丝绸之路上，轻薄美观的各种丝绸织物，深受西亚、南亚、欧洲人民的欢迎，是通过丝路西去的主要商品。

近四十年来，新疆考古工作中见到丝绸织物的遗址点相当丰富。举其大者，南道，如若羌东部的阿拉尔、且末县扎滚鲁克、民丰县尼雅、策勒县喀拉墩、于田县屋于来客、洛甫县山普拉、阿克斯比尔；中道，如土垠、楼兰城东北郊的孤台、平台墓地，孔雀河谷老开屏墓地、库鲁克塔格山南麓的营盘古墓，吐鲁番盆地中鄯善县鲁克沁、洋海，吐鲁番县阿斯塔那、哈拉和卓、库车苏巴什、巴楚县托库孜萨来古城等；北道，天山中阿拉沟、鱼儿沟古墓地、乌鲁木齐南郊盐湖、木垒四道沟古墓葬、伊犁昭苏盆地波马古墓等处，均有所见。尤其是吐鲁番高昌故城北郊的阿斯塔那晋唐墓地，可以说无墓不见丝绸文物，有力说明当年丝绸织物在高昌地区相当普及的情况。只是这些地点，大部都在天山以南，天山以北发现较少。所以如此，应与天山以北地区降水较多，湿度较大，织物不易保存有关。

有关织物的时代，早可以到战国，盛于两汉，大盛于隋唐，宋元数量渐少。

织物品种，主要为素绢及染色绢，以及各种花纹图案的织锦、暗花绮、绫、缣、纱、罗、轻容、刺绣及染缬等。这些文物，出土时多零散、破损，绝对数量不算多，但实际却代表着巨大的数字。斯文·赫定在楼兰古城遗址发掘过一枚汉文简牍，简文称“入三百一十九匹。今为住人买彩四千三百廿六匹”。前文提到的唐代长安汉商在弓月城胡商处，一次就调剂到绢二百七十五匹。弓月城，是西突厥政治中心，却也是丝路贸易中心。将上列出土文物品种与这出土文字资料结合分析，可以说，通过丝路进行的丝绸织物贸易，数量是相当巨大的。

分析丝绸织物图案，可以得到的强烈印象是汉代或汉代稍前的织锦，花纹布局均成行排列，循环往复。花纹图案多是变幻的云纹中游动着象征吉祥的瑞兽，并穿插种种吉祥用语如“延年益寿长葆子孙”“富贵且昌”“王侯合昏千秋万岁宜子孙”“五星出东方利中国”“世无极锦宜二亲传子孙”“广山”等，形成醒目的时代特点。南北朝以后，尤其隋唐时期，既有传统的中原图案纹饰，也出现了流行于中亚、西亚的狮、象、鹿、野猪、马及佛教艺术的化生、莲花图案。其中一些标本，如联珠对雀“贵”字纹锦、联珠猪头纹锦、鸾鸟衔绶带纹、联珠鹿纹等，更是明显具有波斯风格的纹样。唐代，吐鲁番地区出土的联珠禽兽纹锦，数量巨大，其中一些兽纹锦还织有“胡王”字样，更具特色。（图 23.1）

图 23.1 “胡王”锦（1964 年阿斯塔那墓群 18 号墓出土）

丝织物图案上的这种变化、发展，可以说明两方面的问题。

一是表明通过丝绸之路上的文化交流，传统的中国丝织物装饰图案，吸收了西亚的营养，显得更为丰富而光彩夺目。

二是可以肯定，丝织物方面的这一发展，与中原王朝推进丝路贸易密切相关。适合波斯等西亚地区人们喜好的联珠禽兽、鸾鸟衔绶带纹饰织锦，会更加受到他们的欢迎。在织锦图像中，织上“胡王”字样的锦，十分明显，当是为外销目的而组织生产的。

值得强调一点，在论及“丝路”上的“丝绸”贸易时，一般的概念，都是从丝绸的祖国——中国西去，这当然是正确的结论。但在新疆出土文书及丝织实物中，可以得到另一历史信息，那就是在隋唐以前，在新疆大地上还有来自波斯的织锦。吐鲁番哈拉和卓第九〇号墓出土文书中，见到“钵斯锦”（此墓同出有永康十七年［482］文书），阿斯塔那第一七〇号墓葬中，出土高昌章和十三年（543）孝姿随葬衣物疏，其中见到“故波斯锦十张”。对这些文字记录，有学者认为，此“‘钵斯锦’……颇似当地所产”，并不一定就是来自波斯的实物。[1]这自可备一说。只是应该考虑，死者衣物疏中出现了“波斯锦”，则可以肯定，当年高昌社会中，存在波斯锦，且波斯锦相当珍贵。否则，不会在死者随行的“衣物疏”中，表现出这一美好的愿望。它存在的数量多少，流入的途径如何，是可以研究的问题。夏鼐先生曾经考证，吐鲁番出土的鸾鸟衔绶带纹锦，织造工艺为纬线显花，图案具有波斯特点，可以作为波斯锦的标本。[2]

通过丝路，不仅大量中国丝绸织物西传，美化了人们的生活；意义更为重大、影响更为深远的是育蚕缫丝及丝绸织造工艺的西传，这在新疆出土文物中也有表现。

在民丰尼雅遗址中，曾发现过蚕茧，表明最迟在两晋时期，和田已有了养蚕业。[3]策勒县唐例谢镇故址丹丹乌列克中曾见过表达蚕种西传的版画。在洛浦县北阿克斯皮尔古城，发现过陶蚕。[4]这几组极具说服力的文物，深刻表现：在育蚕、缫丝、丝织工艺西传过程中，南道具有重要地位，是相关技术、知识西走的主要路线。

中道，车师、高昌所在的吐鲁番，是十分重要的一个丝织物生产、贸易中心。

在吐鲁番出土的高昌文书中，有西凉建初十四年（418）的“赁薄蚕桑”文书，表明5世纪初，在吐鲁番地区“蚕桑业已有相当规模”，“并导致缫丝制锦业的发展”，另几件西凉文书表现了为官茧缫丝，领取官粮以为工价的史实。在麹氏高昌时期的出土文书中，有在茧丝交易中收取“秤钱”的记录。而在高昌地区购买茧丝者又颇多胡人，故可推

1 武敏：《从出土文书看古代高昌地区的蚕丝与纺织》，《新疆社会科学》，1987年5期，第92—100页。

2 夏鼐：《新疆新发现的古代丝织品——绮、锦和刺绣》，《考古学报》，1963年第1期，第45—76页。

3 李吟屏：《和田考古记·前言》，第2页，新疆人民出版社，2006年。

4 新疆文物局等:《新疆文物古迹大观》，第78页图版第0164，新疆美术摄影出版社，1999年。

论“当时销往中、西亚的中国茧丝，其中相当部分产自高昌”[1]。

在育蚕缫丝业发展基础上，根据麴氏高昌时期征收寺院官绢的文书，初唐时期记录绵练价格的文书，反映官属纺织工匠报告因火灾受损的文书，则可肯定麴氏高昌时吐鲁番地区已有相当规模的丝织业。文书中还留下了他们织造“黄地丘慈锦”的文字记录。出土实物中也确实发现了丝、棉混织几何纹锦。

这里，作为典型，着重说明了吐鲁番地区的情况。而从文书中记录的“疏勒锦”“丘慈锦”，则可以推论，与吐鲁番绿洲相类，在南北朝晚期，库车、喀什绿洲，丝织业也都达到了相当水平。这类技术，自新疆进一步远及中亚、西亚，实际已不存在困难。

二　漆器及制漆工艺

漆器，也是古代中国一大发明，曾光显于世。色漆，初见于新石器时代晚期遗址，商代安阳发现过红色雕花木器印痕，是漆器之滥觞。周秦两汉，漆器兴盛，《史记》称西域“无丝漆”，文字背后，透显着的是华夏大地富有丝漆而不同于一般的自豪。也因此，各种漆器作为赐赠的礼品，很早就到了日本、朝鲜、蒙古及南亚、西域各处。2005 年夏，笔者得机会参加“美国、蒙古联合考古队”，在塔米尔河流域考古发掘，汉墓中几乎都有漆器出土，一件口缘包金、器底有汉隶“宜子孙”三字的黑地红彩漆盆，出土时仍光鲜耀眼。（图 23.2、23.3）在新疆，近几十年的考古调查、发掘中，战国以来的遗址、墓地，几乎是在在见漆器。中天山腹地阿拉沟，战国时期竖穴木椁墓中，漆器多见，有漆盘、耳杯等物。[2]罗布淖尔湖北岸土垠，是西汉时期的重要遗址，出土过西汉木简，

1　武敏：《从出土文书看古代高昌地区的蚕丝与纺织》，第 95 页。

2　王炳华：《新疆阿拉沟竖穴墓发掘简报》，第 18—22 页。

图 23.2　漆器图案（蒙古人民共和国塔米尔河流域出土）

图 23.3　漆器底部“宜子孙”铭文

遗址中也有多件漆器；[1]昭苏夏台乌孙墓，湿度大，漆器保存不好，但漆皮仍存；[2]和静县拜勒其尔墓葬，时在汉代前后，见到保存完好、相当精美的夹纻漆盘；[3]楼兰城郊，两座保存较好的汉墓，仅漆器即见七件，当年楼兰王国上层占有漆器之多，可见一斑。[4]在民丰尼雅遗址东汉时期贵族墓葬中，也出土过漆奁，用为贵族夫人的梳妆盒，内置铜镜、粉袋、胭脂袋。[5]汉晋（最晚至南北朝初年）的墨山国墓地，也出土漆耳杯、漆奁盒等，其中一件圆形带盖的漆粉盒、一件外壁见弦纹的筒形杯，不仅器形别致，制作工艺也别具特色。[6]后者与昆仑山北麓古且末王国扎滚鲁克墓地（时代最晚到西汉，早可到东周）出土过的一件筒形杯形制相近。这件筒形漆杯，表面髹黑漆，器表雕刻鹿、羊。发掘者根据木杯材质及雕刻纹样判定，无疑是本地制作的一件漆器。[7]其他还有髹漆食案等物，同样具有地区特点。[8]其他，如古于阗王国境内汉晋时期的山普拉墓地，出土过单耳漆罐及漆篦，[9]漆篦纹饰鲜亮如新，黑地红彩（少量黄、绿彩点），正面作云纹，背面以四圆点为一组，密布于几何形方格中，极具特色，有观点认为图案表现了鲜明楚文化特征。[10]两晋以后，在吐鲁番阿斯塔那高昌王国时期墓地出土过漆盘等物，天山南麓巴楚县托库孜萨来唐据史德故城遗址，在南北朝阶段文化层内，出土过一件鼓

1　黄文弼：《罗布淖尔考古记》，《中国西北科学考察团丛刊之一》，第 108—109 页。

2　中国科学院新疆分院民族研究所考古组：《昭苏县古代墓葬试掘简报》，《文物》，1962 年第 7—8 期合刊，第 98—102 页。简报文字，对漆器未作具体介绍，笔者参与过这一发掘。

3　周金玲：《和静县拜勒其尔墓地的发掘研究》，《新疆文物》，2004 年第 1—2 期。

4　新疆楼兰考古队：《楼兰城郊古墓群发掘简报》，第 23—39 页。

5　新疆文物考古研究所：《尼雅 95 一号墓地 3 号墓发掘报告》，《新疆文物》，1999 年第 2 期，第 1—26 页；图版见新疆文物局等：《新疆文物古迹大观》，第 60 页图 0113。

6　李文瑛：《新疆尉犁营盘墓地考古新发现及初步研究》，《吐鲁番学新论》，第 393—408 页。

7　新疆博物馆、巴州文管所等：《新疆且末扎滚鲁克一号墓地》，《新疆文物》，1998 年第 4 期，第 1—53 页；图版见新疆文物局等：《新疆文物古迹大观》，第 46 页图 0075。

8　新疆文物局等：《新疆文物古迹大观》，第 49 页图版 0084。

9　新疆维吾尔自治区博物馆、新疆文物考古研究所：《中国新疆山普拉——古代于阗文明的揭示与研究》，第 29 页图版第 190、191。

10　新疆文物局等：《新疆文物古迹大观》，第 90 页图版 0199 文字说明。

图 23.4　南北朝时期漆器（1980 年楼兰孤台墓地出土）

形漆盒，木胎，用红、黑色漆，髹出彼此相间的条纹，[1] 也很具特色。（图 23.4）

这里罗列的漆器资料，肯定是并不完整的，但总体上还可以表现古代中原漆器西及新疆，及新疆漆技的情况。战国时期，中原漆器已经到了西域，两汉至晋，尤其是两汉时期，是漆器多量进入西域的时期，这与两汉王朝对西域各地王国实施安辑政策，对王国上层集团赂遗不绝，存在密切关联。南北朝以后，漆器在日用器皿中的地位，要逊于两汉，在新疆发现的漆器标本也相对减少了许多。

还有一个比较重要的问题，就是髹漆技术何时进入西域？只要能获得漆液，获得稀释剂桐油，进行髹漆工艺是并不复杂的，只要注意漆液的密封运输即可。从扎滚鲁克出土的工艺比较简单的黑色漆筒观察，可以得到的结论是：最晚到汉，这种漆髹工艺，新疆已经大概了解。在尼雅遗址东汉末期的王族墓地，男主人随身的剑鞘，皮套外表也曾经涂过红色漆，[2] 而鞘剑图案却具有贵霜风格，这一现象也表明，东汉后期的精绝王国，大概也已经掌握了髹漆工艺，并在少数贵重物品上髹漆了。

更晚，这一工艺传到了波斯、阿拉伯。而欧洲掌握这一源自华夏大

1　新疆文物局等：《新疆文物古迹大观》，第 266 页图版 0726。

2　新疆文物考古研究所：《尼雅 95 一号墓地 3 号墓发掘报告》，第 1—26 页；图版见新疆文物局等：《新疆文物古迹大观》，第 60 页图版 0113。

地的漆髹工艺，并从东方进口桐油，已在16世纪前后了。

三 棉花东传

中国，是棉花种植大国。今日中国棉纺织业居世界前列，全球受其惠泽。只是棉花原产地却并不在中国。棉花植根中国，同样源自丝绸之路。只是这一过程，颇多曲折。贯穿其中的，是“丝路”沟通欧亚非文明的精神，是人民始终不变的对美好事物的追求。

属于锦葵科植物的棉花，适宜于在亚热带生长，据纤维长度、外观分类，有非洲棉、亚洲棉、陆地棉、海岛棉之别。从已获考古数据分析，最早进入中国西部地区的，是原产非洲、纤维比较短粗的非洲棉，又名草棉，时代约在公元2世纪的东汉时期。新疆塔里木盆地南缘，和田地区多处绿洲王国遗址，罗布淖尔地区楼兰、鄯善王国境内多处遗址，曾多批、多量发现过棉布、棉织衣物。1959年，新疆博物馆考古队，在和田民丰县北沙漠中尼雅遗址区发掘的一座东汉时期精绝贵族墓中，出土了多件保存完好的棉织物——男主人穿着在身的棉布面、细绢衬里长裤，缀附于女尸上衣的方形棉布手帕，男主人棉布覆面，都保存完好。另外，还有两块分别长77厘米、88厘米的长方形蓝色印花棉布，出土时覆盖于随殉的盛储食品的木盘上。印花图案有三角形、狮、龙、鸟，以及希腊风格的裸上体、项光、手持角状杯、缨络缠身女像（彩图六十八）。除这些棉布衣物外，在女主人盛化妆品的藤奁中，还有一件棉花团，用来涂擦胭脂。[1]这批棉织物，透露的历史信息是：在精绝，棉布还是不平常的珍稀品，所以男主人长裤以棉布做面，丝绢做里，并用棉布覆面；除棉布外，出土了棉花团，似乎本地已有棉花；

1 新疆维吾尔自治区博物馆：《新疆民丰县北大沙漠中古遗址墓葬区东汉合葬墓清理简报》，《文物》，1960年第6期，第9—12页。

用为食布的印花布，尤其是其上的裸体女像，不是新疆本土图案，学者研究，相关棉布织物可能来自印度；[1] 但也有学者认为这一裸体女像，与贵霜王朝胡毗色伽王（Huvishka）时金币背面的丰收女神阿尔多克洒（Ardochsho）的形象几乎完全一致，表明了贵霜文化的痕迹。[2] 则这件印花棉布更有可能来自贵霜。而贵霜王朝，在东汉时期与新疆的关系是十分密切的。

1959 年尼雅发现的棉织物，学界印象比较深。但尼雅发现棉织物，其实是远远早于 1959 年的。20 世纪初，斯坦因在尼雅、楼兰等多处遗址中，就发现过棉织物。他为判明所获那些织物碎片的材质，曾经委托汉诺塞克博士进行过分析，确认为棉织物，而且结论为这些是当地的“手工产品”。[3]

在尼雅遗址中，进一步、大量、多次发现棉织物，是在 20 世纪 90 年代。其中，尤以 1995 年发掘的一号墓地出土为集中，如其中三号墓，男主人着裤为锦面棉里；四号墓，男主人头戴白棉布帽，女主人头部包裹棉布方巾；八号墓，男女主人盖身之布单、男主人长袍、女主人内衣均用棉布。[4] 这一墓地，全面分析，定为东汉末年精绝失国时期的王陵，[5] 表明东汉末年，在尼雅河绿洲，棉布已比较常见。

同处和田地区，与民丰尼雅遗址邻近的洛浦县山普拉墓地，曾进行过多次发掘。在墓地出土的大量织物中，主要为毛织物，棉织物占 5%。

---

1 夏鼐：《中国文明的起源》，第 67 页，文物出版社，1985 年；武敏：《从出土文物看唐代以前新疆纺织业的发展》，《西域研究》，1996 年第 2 期，第 9 页。

2 孙机：《建国以来西方古器物在我国的发现与研究》，《文物》，1999 年第 10 期，第 71—82 页。

3 Aurel Stein, *Ancient Khotan: Detailed Report of Archaeological Explorations in Chinese Turkestan*, Chapter XI, vii, New Delhi: Cosmo Pubns., 1981, p.410; Aurel Stein, *Serindia: Detailed Report of Explorations in Central Asia and Westernmost of China*, Chapter XI, pp.393—399, 442—448.

4 《中日尼雅遗迹学术调查报告书（第二卷）》，第 88—114 页；于志勇：《新疆尼雅遗址 95MNIM8 概况及初步研究》，《西域研究》，1997 年第 1 期，第 1—10 页。

5 王炳华：《精绝王陵考古二三事》，《西域历史语言研究集刊》第一辑，第 103—122 页，科学出版社，2007 年。本书也有收录。

经过分析，棉织物不少为汉代遗存。[1]

且末县扎滚鲁克墓地，规模大，沿用时间长，在这处墓地汉代墓葬中，也发现过平纹本色棉布。[2]

罗布淖尔地区不少遗址，同样出土过棉织物。这些遗址，早到东汉，晚到晋。例如，斯坦因在楼兰城LA Ⅱ号遗址采得的棉织物，为棉麻混织，据汉诺塞克和温顿分析，“棉类似曾予丝光处理，可能在碱溶液中浸过”。

其他如LA Ⅳ号遗址也见到本色平纹粗棉布碎片。在楼兰城郊LB遗址也见到三件本色平纹粗棉布片。[3]1980年，在楼兰城东郊一座墓葬中（编号为MB2），新疆文物考古所曾发掘到棉织物五件，这座墓葬的时代，约当东汉。[4]1998年，在楼兰城郊LE曾截获盗墓者掘取的棉布袍，保存十分完好，时代最晚到晋。[5]

从山普拉、尼雅，缘昆仑山北麓东行，经且末至罗布淖尔地区，自汉及晋，几乎所有曾经发掘的遗址中，都见到了棉织物碎片及完整的衣、裤、袍、被等。据此推测东汉时期塔里木盆地南缘，古代绿洲居民已普遍穿用棉布，可能也已种植棉花、纺织棉布，是不无道理的。棉织物生产成本低，结实耐磨，保暖，透气性能好，这对改善人们的生活，作用是难以轻估的。

晋代以后，吐鲁番地区高昌王国成为显目的植棉、棉纺织业中心。高昌王国植棉、织造棉布既自用且投入市场，不仅见诸历代史籍记录，也有大量出土棉织物、出土古代文书提供的直接证明：棉织物，已是社

1　新疆博物馆：《洛浦县山普拉古墓发掘报告》，《新疆文物》，1989年第2期，第1—48页。

2　扎滚鲁克墓地，自1988至1989年，曾多次发掘。相关资料载于《新疆文物》1992年第2期、1998年第3、2002第1—2期、2003年第1期。

3　T. F. Hanausek，A. L. Winton，*The Microscopy of Technical Products*，New York：J. Wiley，1907，p.66；quoted from Aurel Stein，*Serindia：Detailed Report of Explorations in Central Asia and Westernmost of China*.

4　新疆楼兰考古队：《楼兰城郊古墓群发掘简报》，第23—39页。

5　笔者作为鉴定组成员曾目验原衣物。图版刊于新疆文物局等：《新疆文物古迹大观》，第33页图版0027。

会生活中最重要的物资。[1]此外，这一时段，在昆仑山下于田县乌于勒克、[2]克孜尔石窟窟前积土清理时，也发现了南北朝时期棉布。[3]克孜尔石窟处塔里木盆地北缘，说明这时期棉花种植、棉布使用，已遍及塔里木盆地周缘古代绿洲。

入唐，新疆植棉业更进一步发展，棉花种植地域扩大，棉布产量增加，棉织业在人民生活中的地位进一步增强。考古工作中发现的棉籽、棉絮、棉布，不仅见于吐鲁番，还见于巴楚托库孜萨来、库车通古斯巴什、和田地区的喀达列克、昆仑山脚下安迪尔、阿尔金山脚下米兰古堡……凡气候干燥、多少有过一些考古工作的地点，几乎都发现过棉织物。新疆考古学者在托库孜萨来发现的棉籽曾经过鉴定，根据其籽粒小、纤维短等特点，可以肯定为草棉，[4]这为了解古代新疆唐代以前的棉花品种及通过“丝路”沙漠道进入新疆的途径提供了直接证明。

高昌回鹘、元朝，新疆考古中发现的棉织物标本，同样丰富。[5]

草棉，由于纤维短、粗，产量不高，虽然进入中国很早，并且曾在中国北方尤其是新疆、甘肃西部地区，为改善人民的物质生活做出过无可估量的贡献，最后还是在实际生活中，遭遇被淘汰的命运，经过海上丝路进入中国的亚洲棉逐渐成为民间种植品种。19世纪，又为从美国引入的陆地棉取代。通过棉花，人类物质文明发展、进步的过程，浸透、显示着“丝绸之路”文化的精髓，在在可见，值得发扬。

1　王炳华：《从考古资料看古代新疆植棉及棉纺织业发展》，《西域考古历史论集》，第316—347页。

2　新疆维吾尔自治区博物馆出土文物展览工作组：《丝绸之路——汉唐织物》，图版21，文物出版社，1972年。

3　新疆文物保护维修办公室：《1989年克孜尔千佛洞窟前清理简报》，《新疆文物》，1991年第3期，第1—35页。

4　沙比提：《从考古发掘资料看新疆古代的棉花种植和纺织》，《文物》，1973年第10期，第48—51页。

5　吐鲁番地区文管所：《吐鲁番哈拉和卓乡竖穴木椁墓发掘简报》，《新疆文物》，1986年第2期，第48—50页；王炳华：《盐湖古墓》，《文物》，1973年第10期，第28—36页。

四　造纸

纸及造纸技术，是中国人民对人类文明做出的最伟大的贡献之一。造纸技术传入新疆，并通过新疆进一步西去，促进了人类文明的进步与发展。

1933 年在罗布淖尔地区，发现过西汉麻纸。在尼雅东汉墓中，发现过一小块纸片“绉成一团，大部分涂成黑色，长仅 4.3、宽 2.9 厘米”。[1]但当时的书写材料还是以木简为主，也有少量书写在羊皮上，纸质材料是十分少而珍贵的。三十多年来，在吐鲁番地区，获出土汉代以后、晋唐时期的文书约三千多件。目前所见文书最早在 4 世纪前期的十六国时期。自此以后，纸质文书渐成吐鲁番古墓中最常见的出土物——官方文档、私人契约、书信，抄写经典、蒙童习字，无不用纸。纸，在当年吐鲁番地区的社会中，已经是一种须臾不可离开的物品。

据此，可以推论：在十六国时期，尤其是东晋咸和二年（327），前凉张骏在这里置高昌郡以后，吐鲁番可能已逐渐掌握制纸工艺。理由是，社会对纸有重大需求；其制作工艺并不复杂；自西汉开始造纸，至此已有四百年历史。在河西地区进入吐鲁番的大量移民中，会有了解制纸工艺的匠师。其技术知识，当有可能已稍普及。本地造纸的主客观条件，至这一历史时期，已经具备。

这一推论，有一定的事实根据。

对吐鲁番出土古纸，潘吉星教授曾进行分析。取北凉到唐代古纸标本二十六件（其中四件为库车出土），对纸的物理、化学结构进行观察分析。纸质标本，包括官府文档、私人文书、古籍抄本、佛经等。观察表明，晋、南北朝时期，重要典籍抄本、官府文档用纸，纤维分散均匀，纤维束少，打浆较细，纸质较好；而一般民间用纸，如民间私契、丸药

1　新疆博物馆：《新疆民丰县北大沙漠中古遗址墓葬区东汉合葬墓清理简报》，第 9—12 页。

包装纸，纤维交织不均，打浆不匀，纤维破碎程度较差，杂质或未除尽，纸质明显较次。分析抄纸工艺，主要为布纹纸，也有帘纹纸。吐鲁番出土建兴三十六年（348）、建初十四年（418）用纸，都是用织纹模抄造的布纹纸。其中建初十四年古纸，可以观察到纸模网目约为 110 孔 / 平方厘米，是我国目前有准确纪年的早期布纹纸标本。[1]

布纹纸是比较古老的产品，表现着传统的工艺。汉、晋、南北朝时期，多为这种技法。值得强调说明的是新疆土法造纸，当地至今仍保持这一传统。笔者 20 世纪 80 年代曾在和田县调查过一处桑皮纸作坊。取当地桑树皮，在碱水中浸泡、击打，取得纸浆后，复以木框布帘抄出，阴干成一张张桑皮纸，色泽不白，但纸质韧，民间仍然使用这一造纸工艺。[2]它接受的是中原地区比较古老的一种工艺。可以推论，其接受的时代也当是这一工艺在中原、河西地区盛行的时代。

帘纹纸，是晋以后始见的抄纸工艺产品。在潘氏测定的十八件隋唐时期古纸中，除少量帘纹不显外，几乎都是帘纹纸。细致分析吐鲁番出土唐“白怀洛借钱契”“卜老师借钱契”及“卜天寿《论语》郑注”“宁和才授田户籍”，可以见出纸质有粗帘纹及制作稍精的细帘纹之别。蒙童习字等平常普通用纸，明显为粗帘纹；官府文档如户籍等，纸质即较精良。帘纹纸工艺与敦煌石室中所见粗横帘纹纸一样，工艺一致。[3]

唐代吐鲁番地区已有了官办的造纸作坊，这得到阿斯塔那第一六七号墓中出土唐代文书的证明。文书存字“当上典狱配纸坊驱使”[4]，可作为唐代吐鲁番已存在“纸坊”的确证。唐代西州既有纸坊，纸质标本显示的工艺与敦煌地区用纸又一样，说明，当年吐鲁番地区纸张生产工艺得之于河西地区的影响；甚至生产者就直接来自河西地区。汉晋时期，吐鲁番居民多“汉魏遗黎”，大量河西地区移民进入了吐鲁番，纸作工

1 潘吉星：《新疆出土古纸研究》，《文物》，1973 年第 10 期，第 52—60 页。

2 笔者调查手记，未刊。

3 潘吉星：《新疆出土古纸研究》，第 52—60 页。

4 国家文物局古文献研究室等：《吐鲁番出土文书》第九册，第 231 页。

艺随之进入这片地区，自是情理中事。

在分析吐鲁番古纸标本时，还应注意一个工艺现象：在纸浆中加入淀粉糊，以使纸质平润、增光、受墨。而这一传统，也显示着中原地区造纸历史的印痕。

坦罗斯之战（751）后，造纸工艺传入阿拉伯，并进一步及于非洲、欧洲广大地区，大大推进了人类文明发展的进程。这一工艺西传的中继站，就在新疆。

五　毛纺织工艺

近四十年的新疆考古工作，最大的收获之一，是对新疆地区毛纺织生产有了比较具体的认识，对毛纺织生产工艺的发展有了进一步的了解。

这些年的考古工作，在孔雀河古墓沟墓地、哈密五堡、且末扎滚鲁克、阿拉沟、鱼儿沟、和静察吾呼沟、巴里坤南湾、哈密焉布拉克、哈密火车站附近、洛浦山普拉、鄯善洋海、楼兰城郊、尼雅、于田屋于勒克、巴楚托库孜萨来、吐鲁番阿斯塔那、米兰吐蕃戍堡等处，都有相当数量而且保存情况很好的古代毛纺织物出土。从公元前2000年，直到唐宋时期，前后历时差不多达三千多年。

这为我们总结、认识古代新疆毛纺织发展历史提供了充分的基础。

粗略统计一下现有毛织物种类，如提花毛毯、平纹毛织毯、平纹毛布、毛罽、缂毛织物、各种编织毛带等，其中，不能排除少量缂织物（如山普拉出土的人首马身毛织物）是来自境外，但绝大多数当均为本地自产。

现在，可以肯定提出一点：中国中原地区在唐宋时期运用得十分成熟，有过许多惊人产品的缂丝工艺，其通经断纬的织造技术，应该是借“丝路”联系，吸收了西北地区少数民族在毛纺织生产中早就运用的一种生产工艺。在新疆出土的毛纺织物中，早在公元前1000年（如哈密五堡青铜时代墓地），已见到这类通经断纬的生产工艺。出土的公元前后的毛织物中，通经断纬技术运用得十分成熟。其他如毛织物染色，也很值得注意。三千年前的毛织物，其色彩至今仍然鲜艳而光泽，是了不起的成就。

六 玻璃

玻璃制作工艺，初见于埃及、美索不达米亚。最早在公元前1500年，蜻蜓眼玻璃珠已见于上述地区。当年，这是被认为具有神奇力量、可以辟邪得福的神物，因而受到社会上层统治人物的青睐。于是，这种具眼睛外形的料珠，及它背后的文化思想，很快北传到欧洲，东传到伊朗高原，并进一步向东亚地区扩展其影响。前面曾经简述过蜻蜓眼玻璃珠进入中国的史实，中国古代最早接触玻璃制造工艺，应该是与蜻蜓眼的东传密切相关的。

汉代以后，在新疆古代遗址中，见到了各种造型的玻璃器皿，如杯、罐、盆、盘之属。与这一进程同时，其制作工艺也渐为人们所了解，适应环境，很快有了中国特色的制造品。

在新疆不少早期考古遗址中，出土过蜻蜓眼料珠。最早的出土地点，是在天山南麓轮台县境的穷巴克墓地中，发现一枚。时代最早可能到公元前7世纪或更早。[1]时代较此稍晚，则出现在昆仑山脚下且末县境扎滚鲁克墓地，共见6枚。[2]入汉，蜻蜓眼料珠发现更多。在尼雅精绝遗址，仅1995年一号墓地，即出土6枚。出土时，或置于贴身内衣下，说明确实被视为辟邪神物，而非一般装饰品。[3]与尼雅相邻近的洛浦县山普

1 中国社会科学院考古所新疆工作队：《新疆轮台县群巴克第二、三次发掘》，《考古》，1991年第8期，第684—703、736页。

2 新疆维吾尔自治区博物馆等：《新疆且末扎滚鲁克一号墓地》，《考古学报》，2003年第1期，第89—136页。

3 《尼雅95一号墓地3号墓发掘报告》，参见前文。

拉墓地，时代也在两汉，发现蜻蜓眼料珠 21 枚，[1] 由此可见这类料珠受到人们重视的程度。

主要根据在尼雅精绝遗址出土的精绝王室贵胄们互相礼赠“琅玕”的汉简文字，结合王室墓葬中对蜻蜓眼料珠的处置情形，参证以历代文献中对“琅玕”的记录，笔者曾分析：古代文献中所述“琅玕”，实即指西来的蜻蜓眼料珠。[2] 如此论不谬，则这类玻璃珠，进入我国，时代是相当早的。东周时期在山西、河南、山东等贵族大墓中所见蜻蜓眼料珠不少，是生动的证明。[3]

就笔者实际工作中的体验，且末县那勒克、安迪尔、墨玉县扎瓦、疏附县英吾斯坦等处，都曾见过细碎的玻璃片，这本是测定其成分、判明产地的好标本，遗憾的是这一工作始终未进行。只是器形稍大，特征比较显明的器物，大家关注较多，也就其形制进行过分析。如在楼兰古城发现的、具有西亚风格的玻璃杯残片，在扎滚鲁克、营盘古墓地、巴楚托库孜萨来等处，见过的具有波斯风格的玻璃器。（图 23.5）时代都在公元 4 世纪以前。自然，这些只是历史长河中挂一漏万的一点实证，但却清楚表示了一种存在。西亚、伊朗玻璃进入中国的过程，也因此引起人们关注，不少学者进行过专门研究，[4]此处不赘。

图 23.5　具有波斯风格的玻璃器

1　新疆维吾尔自治区博物馆、新疆文物考古研究所：《中国新疆山普拉——古代于阗文明的揭示与研究》，第 34—35 页。

2　王炳华：《也释“琅玕”》，见本书。

3　王炳华：《也释“琅玕”》，见本书。

4　安家瑶:《北周李贤墓出土的玻璃碗——萨珊玻璃器的发现与研究》,《考古》, 1986 年第 2 期，第 173—181 页。

玻璃器的主要原料，是二氧化硅，取得不难；工艺，也并不复杂。随玻璃珠、玻璃器皿进入，中国似很快就有了仿制、自行生产的情形。如被视为神物而售价奇昂的蜻蜓眼，在战国时期的随县曾侯乙墓中，就已有了自己生产的同类珠子，只是其成分，不是西亚的钠钙，而是以钾钙为主。[1]在新疆也有一个相似的实例，在拜城县克孜尔墓地，曾在多座墓葬中发现过蜻蜓眼玻璃珠，一般均置于死者颈、胸部。发掘者曾取十八个样品进行分析，成分颇不一致：既有钠钙玻璃；也有铅系玻璃，一些标本中钾、镁含量还很高，为其他钠钙系统玻璃少见。发掘者认为这是在吸收西方技术的基础上，利用本地资源生产的具有自身特点的制品，[2]而其绝对年代也在公元前400年以前，是比较早的。在新疆若羌瓦石峡元代遗址中，也发现过自行制造玻璃器的作坊，并采获六件小口细颈凹底瓶（图23.6），四件玻璃罐（残），分析其成分，为钠钙玻璃，制造工艺似存在西部影响，但助熔剂是用的新疆土硝，是本地特点。器壁中虽气泡较多，工艺不是很进步，但也不是原始的生产形态，说明在新疆地区，因

图23.6　新疆自产玻璃瓶（瓦石峡遗址出土）

1　后德俊：《谈我国古代玻璃的几个问题》，《中国古玻璃研究：1984年北京国际玻璃学术讨论会论文集》，第60页。

2　张平、潜伟、李青会：《新疆拜城县克孜尔墓地出土的玻璃珠及其相关问题》，《吐鲁番学研究》，第368—374页，新疆人民出版社，2006年。

地制宜自行生产玻璃，也已走过一段岁月了。[1]

中国传统文化中用陶、瓷，与玻璃相比较，后者自有其优点。玻璃器及其工艺东传，对丰富中国人民的物质生活，其贡献，也是应该充分肯定的。

除了这几个方面的资料外，其他如小麦东来、水稻西去、古代采矿及金属冶铸工艺、犁耕技术、水利灌溉技术（如凿井、坎儿井）、音乐舞蹈绘画技艺的彼此吸收、多种宗教信仰（如祆教、佛教、摩尼教、伊斯兰教）的东传等，也都有新的发现，从不同角度表现着古代丝路上思想文化技术知识的交流。相关论著颇多，此处不赘。

丝绸之路，是古代人类文明进程中的产物，推动过人类文明的发展和进步。丝路的历史，表现了全人类在自身发展、进步的崇高事业中，交流，是客观的需要。一个互相联系、积极交流、共同发展与进步的世界，是全人类的共同愿望和要求。这一积极的文化精神，应该成为人类的共识，随人类的进步而不断发展。

2008 年 9 月初稿于上海

2010 年 1 月改定于北京中国人民大学静园

附记：

20 世纪 80 年代初，笔者曾撰《丝绸之路新疆段考古新收获》一文（刊于《新疆社会科学》1982 年第 3 期）。主要是据文物考古新发现，以丝绸之路为中心梳理成的一篇文章。这类文字，最大特点之一，是会随文物考古事业发展、新资料出土，而显现不足、出现遗憾。没有想到

1　张平：《若羌县巴什夏尔遗址出土的古代玻璃器皿》，《新疆社会科学》，1989 年第 3 期，第 87—92 页。

的只是变化出现得那么快。2007 年，应中国人民大学出版社之邀，辑印个人的《西域考古历史论集》（中国人民大学出版社出版，2008 年），在整理旧文过程中，深切感到 20 世纪 80 年代后大量出土的文物考古新资料，已远远突破我在《丝绸之路新疆段考古新收获》中的认识，资料应予补充，观点也可增强。但诸多限制，当时却没有可能去完成这件事。文集中不收它，感到缺失；收它，又感到遗憾。2009 年，得机会在香港大学饶宗颐学术馆做相关主题之系列讲座，自然在原文基础上增补了不少资料、心得。最后以《丝绸之路新疆段之开拓、变化、奉献》为题，草成此文。辑印文集时之遗憾，多少得到一点弥补；但应予涉及的“丝路草原道”“葱岭古道遗痕”等环节，虽想到了，应予补足，也还是没有完成。还是有点遗憾，更深感这确实是一个随新疆考古事业展开，应该、也可以不断完善的研究课题。希望在今后还可完成一个续篇。最后应该谢谢饶宗颐学术馆各位友人，提供了这么一个让我弥补遗憾的机会，谢谢在此文编辑工作中付出不少辛劳的陈德好小姐。

王炳华

2010 年 5 月再次校订于台北市合江街寓所

后　记

书稿即将付梓，还有一些关于本书的细节，值得向读者说明。

一、这本书，是没有预案、没有设计的文稿结集。我在新疆考古行脚六十四年，自1979年得缘进入罗布淖尔荒原、初探楼兰（LA），迄今，在罗布淖尔大地考察活动跨时近四十个春秋。除楼兰外，鄯善（扜泥），阿尔金山脚下米兰河畔伊循，孔雀河下游、罗布淖尔湖畔居卢訾仓（土垠），以及塔克拉玛干沙漠深处尼雅河畔的精绝故址等，都是与本书有具体关联，而我又进入过多次的一些重要遗址。每次工作后都会有一些心得，成稿后就发表在了海内外各处。从人们难以接触到的《新疆文物》（内刊），到与新疆历史文化关系比较密切的《西域研究》、《西域文史》、台北"中研院"历史所下属的《往复》、香港大学饶宗颐研究院内部刊印的资料等，可以说是散在各地各处、很可能会随时光流逝而慢慢消失的片片落叶。因为许多考察项目，并不是自己有计划的安排；相关心得自然也没有特定的归宿地。如果要找相关文字的共同点，有二：一是均涉楼兰、鄯善历史研究；二是都以考古心得为主，是用脚、用手铲捕捉到的新资料。虽也关注到有关历史文献，但却不是从文献记录中衍生出来的文章。不是从文章到文章，这是它们共有的个性。

二、形如飘零落叶的文字，所以得成为"书"，奉献给各界，则完全是广西师范大学出版社（上海我思工作室）师友们辛勤努力的结果。是她们的慧眼，关注到相关散叶的存在，并捕捉到了它们在认识西域古代文明、古代中国与西部欧亚大陆早就存在的诸多联系的作用。先祖们在开拓西域过程中难以尽说的奉献，文献中难觅迹痕，只是地不爱宝，戈壁上、沙尘下，干燥的环境又使当年无意中沉落的有机、无机物还能完好地保存至今，为我们显示、点拨清楚许多意想难及的历史篇页，揭示了太多的历史细节。广西师大出版社的友人们关注到了它们的存在，也注意到相关新资料，大可补益于西域研究史林。为做好这本小书，她们真是锲而不舍、穷尽心力。其精神令我感佩！

三、大家都了解：任何一区古代文明的孕育、成长，绝对不能离开它特点独具的自然地理环境，及继后的政治、经济、交通环境。要将一个地区、一处古代绿洲，一个更大的政治、经济实体成长、发展、繁荣，最后走向寂灭的过程认识清楚、说明清楚，除适当的文字外，绝对少不了相关地理背景的展示。相关地图就是十分重要、不可或缺，同样具有强大说服力的资料，用这一标准去要求《楼兰、鄯善考古研究》，应该说，笔者在这一环节上是做得相当差的。为具体认识罗布淖尔荒原上的历史风云，笔者在数十年行脚罗布淖尔荒原、阿尔金山北麓米兰河伊循绿洲、若羌河扜泥绿洲、尼雅河全水系的绿洲及其变化轨迹中，曾深获其益，感受殊深，因而认真思考过：应该有具体、准确的地图，与文字结合，介绍给读者同道。但相关能力之局限，这一任务没有能够完成，遗憾殊深。但愿明天能有适当机缘，弥补这一缺憾！

2024 年 3 月 11 日夜中

书于广东惠州涛景度假村

我思，我读，我在

Cogito, Lego, Sum